视觉大百科

奇思妙想让你脑洞大开

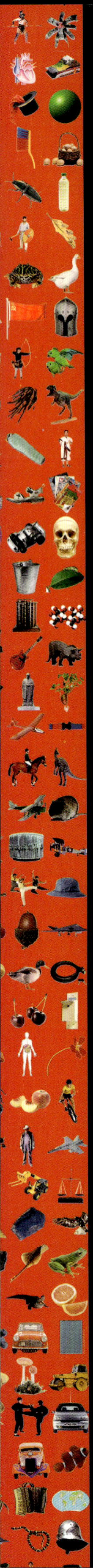

DK Penguin Random House

Original Title: WOW!: The Visual Encyclopedia of Everything

北京市版权登记号:图字01-2021-0748

审图号：GS(2021)6056号

图书在版编目(CIP)数据

DK视觉大百科 / 英国DK公司编著 ； 张劲硕等译. — 北京 : 中国大百科全书出版社，2022.2
书名原文：WOW!:The Visual Encyclopedia of Everything
ISBN 978-7-5202-1041-6

Ⅰ. ①D… Ⅱ. ①英… ②张… Ⅲ. ①科学知识—儿童读物 Ⅳ. ①Z228.1

中国版本图书馆CIP数据核字（2021）第197687号

译　　者: 张劲硕 吴海峰 寇文 李霓
齐东峰 郑伯承 马甜甜

策 划 人: 杨　振
责任编辑: 赵　萌
封面设计: 邹流昊

DK视觉大百科
中国大百科全书出版社出版发行
（北京阜成门北大街17号　　邮编:100037）
http://www.ecph.com.cn
新华书店经销
当纳利（广东）印务有限公司印制
开本:889毫米×1194毫米　1/8　印张:37.5
2022年2月第1版　2022年12月第2次印刷
ISBN 978-7-5202-1041-6
定价:218.00元

For the curious
www.dk.com

混合产品 纸张｜支持负责任林业 FSC® C018179

DK

视觉大百科

奇思妙想让你脑洞大开

中国大百科全书出版社

编著：英国DK公司

译者：张劲硕 吴海峰 寇文 李霓

齐东峰 郑伯承 马甜甜

1

2

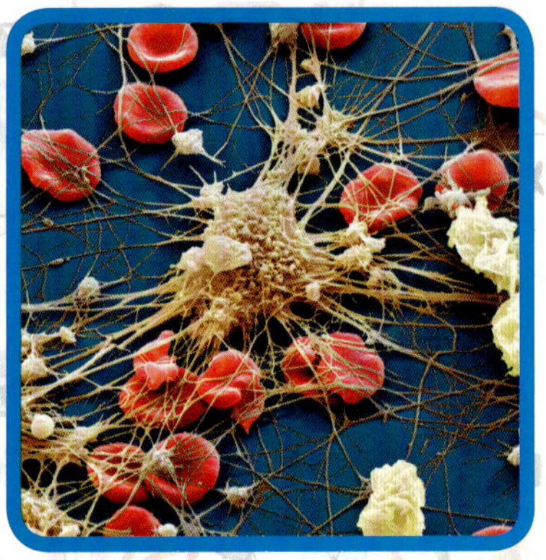

3

4

目录

5

地球 153

6

人文地理 191

7

8

信天翁的繁殖地

每年，黑眉信天翁都会回到位于大西洋的马尔维纳斯群岛繁衍后代。马尔维纳斯群岛是世界上最大的信天翁繁殖地之一，信天翁数量超过50万只。每对信天翁每次只会产一枚卵。

自然

植物

所有绿色植物都会利用太阳能将水分和空气中的二氧化碳转化为碳水化合物——糖类，而糖类是植物的营养来源。这就是为什么绿色植物只有在光照充足以及相对潮湿的环境下才能生长旺盛的原因。糖类被源源不断地制造出来，并被用于合成纤维。坚韧的纤维对植物从茎、叶到花的各个部位起到支撑作用。

❶ 发芽

豆科植物的生命起始于一个由两个瓣儿组成的种子。这两个瓣儿被称为子叶。当温暖的春天到来时，种子会通过种皮上的种孔吸收水分，然后膨胀，大约三天后，生根并破土而出。这一过程被称为发芽。

❷ 根

植物的根从土壤中吸收水分，水分被叶片用来制造养料。水中还含有可溶性无机盐，如硝酸盐和磷酸盐，而这些是植物生长所必需的。

❸ 茎

植物强壮的茎支撑起叶，使叶暴露在阳光之下。茎中包含维管束，能将含有可溶性营养物质的水分从根输送至叶，同时将糖类从叶转移至植物的其他部位。

❹ 叶

叶是植物的养料制造厂。叶就像太阳能电池板，叶绿素吸收阳光中的能量并进行光合作用。在这一过程中，植物将从空气中获得的二氧化碳与从土壤中吸收的水分结合生成糖类。氧气也是在这一过程中被制造并释放到空气中的。

❺ 蒸腾作用

当阳光的照射使植物温度升高时，植物体（主要是叶）中的水分会以水蒸气的形式通过气孔散布到空气中。然后，叶会吸收茎中的水分，这促使植物通过根吸收更多水分。水分中含有土壤中的养分。

新叶由嫩芽发育而成
叶中的叶绿素可以吸收太阳能并进行光合作用
豆科植物的生长点位于植株主干顶端的叶柄之间
叶制造的糖类与水分混合形成汁液，流向植物的其他部位
茎在水压的作用下直立生长，然后，在坚韧的纤维的作用下逐渐变硬
子叶为植物的早期生长提供养料，但会在叶长出后脱落
根在土壤中交织呈网状，既可以固定植株，又可以吸收水分和养料
土壤为植物提供了牢固的根基，同时也是水分和养料的主要来源

树

最高、最重、最长寿的生物便是树。生长在美国加利福尼亚州的谢尔曼将军树是世界公认的最大的巨杉，重量约为2800吨，这相当于最大的动物蓝鲸重量的15倍。长寿生物狐尾松也生长在加利福尼亚州，它的年龄约为5000岁。直至今日，这些古老的巨树仍能产生可以长成大树的种子。

叶

同所有的绿色植物一样，树通过叶吸收太阳能，并利用这些能量将空气中的二氧化碳转化为糖类。叶是树的养料制造厂。

针叶和鳞叶

纤薄的叶可以高效地制造养料，但很容易被烈日或严寒伤害。因此，那些生长在高温或极寒环境中的树往往长着更厚、更坚韧的针叶或鳞叶。

复叶

大多数树的叶是形状多样的单叶，但也有一些树的叶是复叶，复叶由许多小叶组成。小叶排列在叶轴左右两侧的是羽状复叶，小叶从叶柄末端生出的是掌状复叶。

果实

有些树的花会结出多汁的含有种子的果实。如果鸟吃了这样的果实，种子就会被散播到很远的地方，而种子本身并不会因为被消化而受到损伤。

花

一般来说，几乎所有树都会开花。例如苹果树，拥有能吸引昆虫的艳丽的花。然而有些树的花没有五颜六色的花瓣，因此不易被察觉。

年轮

树干每年都会长出一层新的形成层。如果树被砍倒，它的生长情况就会以年轮——同心圆的形式呈现，我们可以根据年轮的数量来推测树的年龄。

球果

针叶树，如松树，有含有小种子的木质球果。球果成熟后，种子会脱落并被风吹散。

种子

有些树的种子很小，还有一些树则会长出被称为坚果的大种子。坚果可能会被动物吃掉，但也可能会被埋入地下并被遗忘在那里，因此有机会长成新的树。

落叶

很多树的叶会在冬天掉落，到了春天又会长出新叶。掉落前，叶会由绿色变成黄色、棕色或红色。

花

很多植物都可以开出美丽的花，花往往有艳丽的色彩以及醉人的香气。花这一复杂的结构是植物的生殖器官，能吸引昆虫或鸟吸食其中的花蜜。吸食花蜜时，昆虫或鸟的身上会沾上花粉。这些花粉由雄蕊产生，含有雄性生殖细胞。花粉被昆虫或鸟带到另一朵花，并被有黏性的柱头“捕获”。这一过程被称为传粉。随后，花粉管会向下伸长至子房并使其中的胚珠受精。这一过程叫作受精。一些植物，如草和许多树，依靠风传播花粉，因此不需要艳丽的花瓣或香甜的花蜜来吸引动物。由于这是一种效率较低的传粉方式，它们必须制造更多花粉。弥漫在空中的花粉，会使一些人过敏。

❶ 花的结构
花由茎顶端的花蕾发育而来。花蕾开放后会露出一圈花瓣，每片花瓣的底部都会分泌花蜜。花的中心排列着可以产生花粉的雄蕊。雄蕊包围着含有胚珠（或卵细胞）的雌蕊。外圈的绿色花萼对幼嫩的花蕾起保护作用。

❷ 雌蕊
雌蕊主要由子房、花柱和柱头三部分组成。胚珠位于花中心的子房中。花柱从子房顶部延伸而出，顶端是有黏性的柱头。有些植物的花有多个雌蕊，每个雌蕊都有一个柱头，而图中的百合花只有一个雌蕊。

❸ 雄蕊
像尘埃一样微小的花粉中含有雄蕊产生的雄性生殖细胞。雄蕊通常环绕在雌蕊周围，每个雄蕊都有细长的花丝，花丝支撑着产生花粉的花药。

❹ 传粉

有些昆虫，如蝴蝶，通常只吸食某一种花的花蜜。蜂鸟也是如此。鸟和昆虫在吸食花蜜的过程中会沾上花粉，并将花粉传给另外一朵相同种类的花。

❺ 受精

如果一只蜂鸟吸食了百合花的花蜜，那么它胸部的羽毛就会沾上花粉。如果这只蜂鸟又去吸食另外一朵百合花的花蜜，那么有黏性的柱头就会捕获这些花粉。每一颗沾在柱头上的花粉都会向下伸出一根长长的花粉管，通过花柱到达胚珠。雄性生殖细胞沿花粉管向下移动，使胚珠受精并最终发育成种子。

果实

所有植物都会结出含有种子的果实。某些果实有干燥的外壳，而另一些则美味多汁。果实能吸引动物，动物吃掉果实，并将果实中的种子“带走”。外皮坚韧的种子不会被消化，而是会通过动物排出的粪便被散播到其他地方，并长成新植株。

❶ 橙子

橙子的果肉柔软多汁，由许多瓣组成，每一瓣都由内果皮包裹着。每个瓣中通常含有一粒种子。橙子属于柑果，由花的子房发育而来。它们最初是绿色的，随着逐渐成熟而变得饱满并变成橙色。

❷ 香蕉

人们在热带地区种植的香蕉已被培育为无核品种，但实际上，东南亚地区的野生香蕉的果实很小，还有又大又硬的种子。香蕉树上有巨大的叶子，香蕉成串生长在香蕉树上。

❸ 坚果

所有坚果都是很大的种子，其中含有植物为幼苗生长所储备的浓缩养料。这些养料为幼苗的生长提供了一个良好的开端。坚果被坚硬的外壳包裹，这层外壳其实是果实的果皮。不像其他果实那样柔软多汁，坚果十分坚硬且富含纤维。

❹ 榴梿

为了吸引以果实为食的动物，很多果实喷香迷人。但东南亚地区的榴梿却因其浓郁而特殊的气味而著名，有些人对其钟爱有加，还有些人则对其厌恶至极。野猪和猩猩似乎非常喜爱榴梿的气味和味道。

❺ 葡萄
葡萄成串生长，是一种柔软、皮薄的浆果。每一颗葡萄中都含有几粒种子，当然，某些人工培育的品种除外。浆果通常色彩鲜艳，能吸引那些拥有彩色视觉的鸟。

❻ 桃子
桃子的果肉中含有一颗坚硬的核，核中有一粒种子。这类果实叫作核果。果肉被动物吃掉后，核就会被散播开来；但有些动物，如鹦鹉，还能够将核敲碎并吃掉里面的种子。

❼ 蚕豆
蚕豆可食用的部分是它的种子，它的果实是整个豆荚。野生豆科植物对于动物并没有吸引力。豆荚干枯后会裂开，种子被弹射出去并散播在地上。

❽ 番茄
并非所有植物的果实都可以食用。番茄的某些野外近亲，如颠茄，就含有剧毒。然而，有些动物却能吃下这些果实而不被伤害。番茄与辣椒也有亲缘关系。

真菌

那些一夜之间从潮湿的地方冒出来的蘑菇其实不是植物。它们在生物分类中属于完全独立的真菌界，以死去的或活着的动植物为营养来源。真菌是由隐秘的结构——菌丝构成的。菌丝就像细长的茎，微小到难以用肉眼直接观察到，那些可以被我们观察到的部分叫作子实体。子实体可以散播孢子，这就像树上的苹果可以散播种子一样，孢子会长成新的真菌。

❶ 牛肝菌

通常情况下，孢子由菌盖下面的菌褶产生。而有些真菌，如牛肝菌，其菌盖下面则像海绵一样，它们通过菌管释放孢子。

❷ 云芝

真菌对其他生物而言至关重要，因为它们可以分解并循环利用死亡的有机体。云芝生长在枯木上，吸收并利用枯木的营养。

❸ 鬼笔鹅膏菌

有些真菌含有剧毒。在已知的因菌类中毒致死的事件中，有 90% 都是鬼笔鹅膏菌引起的。

❹ 松乳菇

很多真菌会环绕在某种植物的根部生长，它们向植物提供营养，从而换取糖类。松乳菇通常与松树生长在一起。

❺ 高环柄菇

有些蘑菇，如美味牛肝菌和高环柄菇，吃起来很美味。但如果你不是研究真菌的专家，可能会因误食鬼笔鹅膏菌而中毒。

❻ 毒蝇鹅膏菌

毒蝇鹅膏菌是一种广为人知的有毒真菌，它含有剧毒，不可食用。红色菌盖上的白色鳞屑，是其生长过程中外菌幕的残留物。

❼ 美味牛肝菌

菌丝体是在菌丝顶端生长并多次分支产生的交织网状结构。那些像根一样附着在菌柄上的纤维正是美味牛肝菌菌丝体的一部分。这些菌丝体可以覆盖一个巨大的区域。一个蜜环菌的菌丝体可以覆盖 15 万平方米。

❽ 马勃

当被雨滴击中时，成熟的马勃会喷射出云状粉尘，这些粉尘是马勃的孢子。一个巨大的马勃中包含 7 万亿个孢子。

动物界

所有的生物都可以被归为五大类，或称“五界”，即原核生物界、原生生物界、真菌界、植物界和动物界。动物界由无脊椎动物（如昆虫）和脊椎动物（如哺乳动物）两大类组成。它们都有运动和感知周围环境的能力，并且都需要寻找食物。

❶ 昆虫

昆虫这类小型动物有坚硬的外骨骼。所有昆虫发育为成虫后都有六条腿，多数情况下还有两对翅。蝴蝶、黄蜂、苍蝇和甲虫都属于昆虫。有些昆虫很漂亮，但是也有些昆虫会叮咬其他动物，传播致命的疾病。

这只绿豹蛱蝶的翅膀上有鲜艳的斑纹

❷ 蠕虫

世界上有许多种蠕虫，包括寄生于其他动物体内的绦虫、扁形虫和蛔虫。还有一些常见的环节动物，如掘食土壤的蚯蚓、生活在潮汐海岸的海生蠕虫，以及水蛭。

水蛭靠吸食血液为生

❸ 两栖动物

皮肤柔软的两栖动物，如青蛙和蟾蜍，身体中的水分很容易散失。为了避免这种情况的发生，几乎所有蛙类都生活在潮湿的地方，如池塘附近。多数情况下两栖动物会将卵产在水中或其他比较潮湿的地方，这些卵最终将孵化成像鱼一样的幼体，如蝌蚪。

青蛙充满黏性的脚趾可以提

❹ 鸟类

鸟是高度进化且体温恒定的脊椎动物。它们是杰出的飞行家，其中某些鸟类甚至会在天空中度过一生中的大部分时间。鸟类是唯一有羽毛的动物，羽毛不但可以减少热量的散失，还可以使鸟类具有飞翔的能力。羽毛通常有鲜艳的颜色。

❺ 哺乳动物

与鸟类一样，哺乳动物也属于恒温动物，这意味着它们可以将体温控制在一个相对恒定的范围内。雌性哺乳动物用乳汁哺育幼崽。多数哺乳动物以植物为食，但也有一些哺乳动物，如狮子，以肉为食。人类属于哺乳动物。

❻ 蛛形纲动物

蜘蛛、蝎子、蜱螨，以及它们的近亲都是长有八条腿的无脊椎动物。它们有坚硬的外骨骼，但没有翅。蜘蛛用毒牙杀死猎物，蝎子的尾部长有毒刺，它们中的某些种类甚至强大到可以杀死一个人。

墨西哥红膝鸟蛛有八条用来行走的腿和一对用以抓取猎物的螯肢

⑦ 软体动物

大多数软体动物生活在水中，它们柔软的身体外面有保护壳。贻贝、蛤蜊和海螺都是软体动物。唯一能在陆地上生活的软体动物是蜗牛和蛞蝓。枪乌贼和乌贼也属于软体动物，它们高度进化，有发达的脑和眼。

⑧ 甲壳动物

与昆虫一样，甲壳动物也有分化的体节、坚硬的外骨骼，以及带关节的腿。除鼠妇外，几乎所有甲壳动物都是水生的。它们包括一些有坚硬外壳的动物，如蟹、龙虾，以及一些小虾和水蚤。

⑨ 多足纲动物

多足纲动物因其数量众多的腿而得名，它们拥有长且分节的身体。蜈蚣的每个体节上长有一对步足，而千足虫的每个体节上则长有两对步足。有些千足虫有90多个体节和180多对步足。千足虫主要以腐肉为食，但蜈蚣却是敏捷的捕食者。

⑩ 鱼类

鱼是最早出现的脊椎动物，也是所有两栖动物、爬行动物、哺乳动物和鸟类的祖先。鱼类高度适应水中的生活。水对它们的身体起支撑作用，还为它们提供生命所需的氧气。鱼类大致可以分为两大类：硬骨鱼和软骨鱼（包括鲨鱼和鳐鱼，体内有灵活的软骨）。

⑪ 棘皮动物

海胆、海星、海参和海百合都属于棘皮动物，它们的皮肤有棘状突起。棘皮动物的身体近似轮状，嘴在中央。海百合通常在海床上寻找食物，但有时也用羽毛一样的腕拦截漂浮在水中的食物。

⑫ 爬行动物

虽然与两栖动物一样属于变温动物，但蛇和蜥蜴这些爬行动物体表有鳞片，可以防止体内水分蒸发，这使它们可以生活在干旱地区，如荒漠。大多数爬行动物是敏捷的捕食者，有些蛇还拥有致命的毒液，不但可以杀死猎物，还可以在自身受到威胁时起到防御的作用。

浮游生物

多数能被阳光照射到的水体表层生活着大量的生物，但其中大多数需要用显微镜才能观察到，它们过着四处漂流的生活。这些漂流着的生物被统称为浮游生物。浮游生物包括浮游植物和浮游动物。浮游植物能像植物一样利用太阳能将二氧化碳和水转化为养料，浮游动物则以浮游植物或其他浮游动物为食。这张图显示的是一滴被放大25倍以上的海水中的浮游生物。

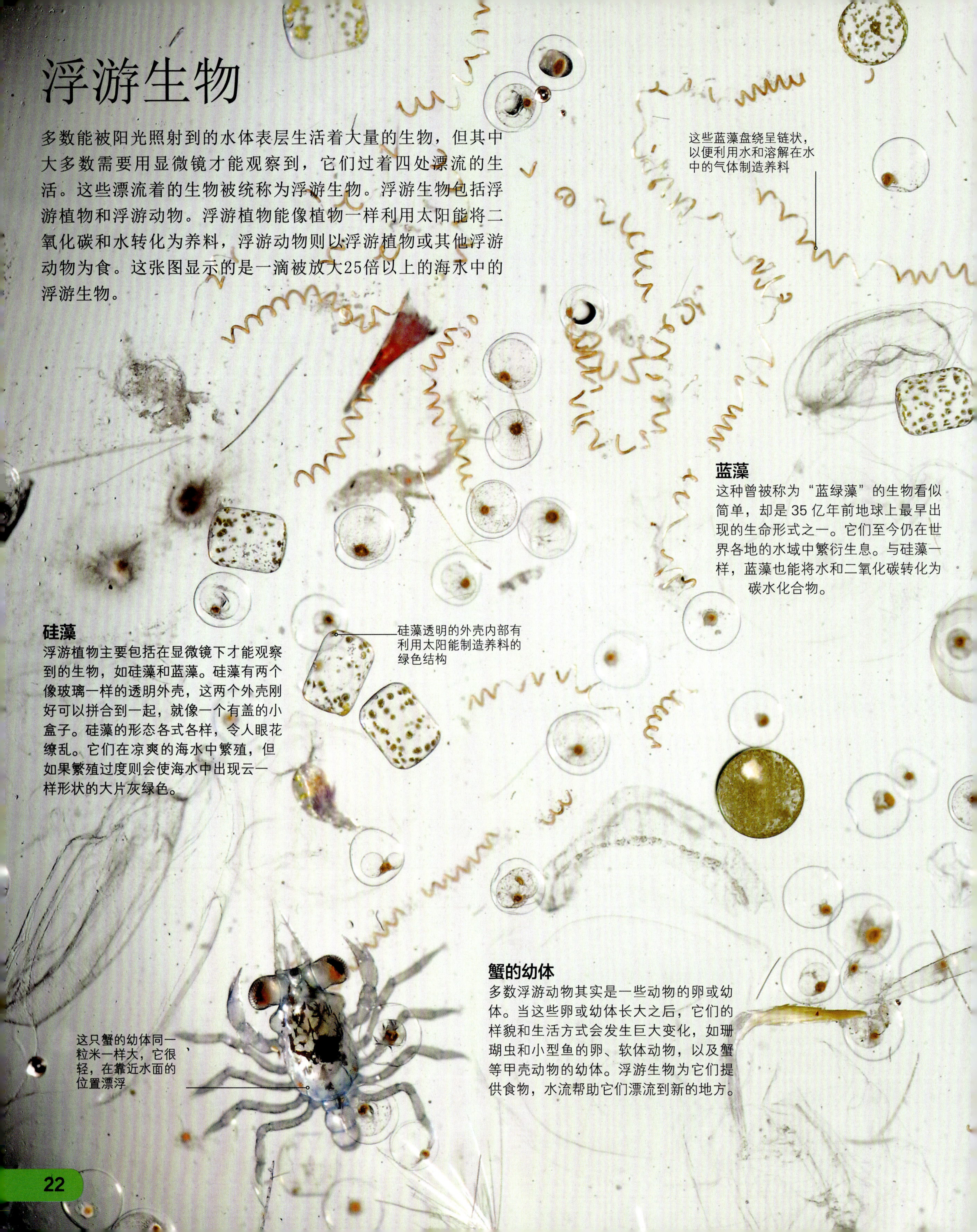

蓝藻

这种曾被称为“蓝绿藻”的生物看似简单，却是35亿年前地球上最早出现的生命形式之一。它们至今仍在世界各地的水域中繁衍生息。与硅藻一样，蓝藻也能将水和二氧化碳转化为碳水化合物。

硅藻

浮游植物主要包括在显微镜下才能观察到的生物，如硅藻和蓝藻。硅藻有两个像玻璃一样的透明外壳，这两个外壳刚好可以拼合到一起，就像一个有盖的小盒子。硅藻的形态各式各样，令人眼花缭乱。它们在凉爽的海水中繁殖，但如果繁殖过度则会使海水中出现云一样形状的大片灰绿色。

蟹的幼体

多数浮游动物其实是一些动物的卵或幼体。当这些卵或幼体长大之后，它们的样貌和生活方式会发生巨大变化，如珊瑚虫和小型鱼的卵、软体动物，以及蟹等甲壳动物的幼体。浮游生物为它们提供食物，水流帮助它们漂流到新的地方。

桡足动物

许多动物的一生都只是浮游动物，如像小虾一样的桡足动物。桡足动物在海洋中密集成群，为鱼群和庞大的须鲸提供了食物。

箭虫

这种身体细长、几乎透明的动物以捕食包括桡足动物在内的其他浮游动物为生。它们围捕食时像箭一样射向猎物而得此名。

昆虫

昆虫是地球上进化最成功的生物。仅甲虫的种类就占目前已知动物种类的1/3。一些昆虫体形微小，但另一些的体形却很大，足以让我们看清它们错综复杂的身体结构。有些昆虫身上长有刺。有些昆虫是害虫，但大多数昆虫是无害的。

蝴蝶

蝴蝶的生命始于以叶子为食的毛毛虫。毛毛虫吐出丝将自己包裹起来，然后变成蛹。长成有美丽翅膀的成虫后，蝴蝶会以吸食花蜜为生。

蛾

蛾与蝴蝶很相似，但大多数蛾会在夜间活动，它们扇动翅膀，发出呼呼的声音。很多蛾的翅膀为暗棕色，可以起到伪装的作用，但也有一些蛾的翅膀上有明亮的斑纹。

蝇

蝇只有一对真正用于飞行的翅膀，不像其他昆虫那样有两对。某些种类的蝇是会咬人的“吸血鬼”，还有一些种类能够传播疾病，但大多数蝇对人无害，如食蚜蝇。

胡蜂和蜜蜂

虽然长着有毒的刺，但多数胡蜂和蜜蜂是不会给人们带来麻烦的。胡蜂将猎取到的昆虫喂给它们的幼虫，而蜜蜂则在花丛中穿梭着采集花蜜。

蚂蚁

所有蚂蚁都受它们所属的蚁群中的蚁后统领。蚁群中只有蚁后能产卵，而工蚁的职责则是建造并保卫蚁穴，以及收集食物。

甲虫

大多数甲虫有坚硬的鞘翅，很容易辨识。鞘翅下面隐藏着精致的后翅。某些种类的甲虫有长长的角或巨大的颚，尤其是雄性甲虫，它们可以利用这些结构与对手决斗。

昆虫解剖学

很多昆虫起初是外表柔软的幼虫，但最终都会变成成虫。成虫拥有坚硬的外壳、分节的身体以及六条足。它们的皮肤因含有一种叫作几丁质的物质而十分坚硬，有点像硬塑料，扮演了外骨骼的角色。昆虫的外骨骼通常闪耀着五彩光泽，但也有可能长着毛或鳞片。大多数成年昆虫的翅由薄薄的几丁质构成，并由身体内部的飞行肌驱动控制，如这只胡蜂。

❸ 眼

与其他很多昆虫一样，一只成年胡蜂拥有两只大复眼，每只复眼由许许多多的小眼组成。因此，它们眼中的世界就像由彩色小点组成的马赛克图像。胡蜂的头部顶端还有三只小单眼。

❶ 触角

昆虫长长的触角虽然可以帮助它们探路，但其最主要的作用却是感受气味。触角被敏感的神经末梢覆盖，可以捕捉化学信号。某些蛾的触角甚至可以探测到 1 千米外的气味。

❷ 头

昆虫的头容纳了它们的大脑和大部分感觉器官。头部还有专门用来进食的口器。蚊子的口器像一根锋利的针管，用以吸食血液。而胡蜂则拥有结实的颚，用以咀嚼其他昆虫。

❹ 胸

昆虫的足和翅长在身体前部的胸上。胸部有飞行肌，为翅提供动力，就像人坐在船上划桨一样。昆虫的嗉囊也位于胸部，用以储存食物。

❻ 翅

昆虫的翅通常很薄，由透明薄膜构成，如胡蜂的翅。蝴蝶和蛾的翅有很多相似之处，都覆盖着彩色的鳞片。多数昆虫拥有两对可以飞行的翅，而苍蝇却只有一对。

❼ 针

大多数昆虫对人类是无害的，但有些昆虫却有螫针。这只胡蜂的尾部就长着一根螫针，可以向敌人注入引发疼痛的毒液。胡蜂通过这种办法来自卫、保卫巢穴，以及捕食其他昆虫。

❺ 腹

柔软的腹部容纳了昆虫的大部分器官，包括它们的消化系统。腹部的气门吸入空气，通过气管将氧气供给器官和肌肉。这只胡蜂身上鲜艳的条纹在警告其他动物它可以蜇人。

❽ 足

所有成虫都有六条足。行走时，它们会抬起其中的三条足，只用另外三条足走路。这就像一个三脚架，因此平衡对昆虫来说不是问题。每条足就像一串硬管子，由其内部的肌肉连接并驱动。

鱼类

5亿多年前，鱼类率先进化出当时地球上其他动物都不具备的结构——脊椎。随后，它们演化出各种各样的形态。从强大的鲨鱼到纤弱的海马，鱼类的种类占所有脊椎动物的一半以上。大多数鱼生活在咸的海水中，有些则生活在河、湖等淡水中，还有个别鱼类在两种环境中都可以生存。

❸ 镊口鱼
镊口鱼是一种生活在印度洋和太平洋珊瑚礁中的蝴蝶鱼。在它们延伸的口鼻部顶端长有一个小小的嘴，镊口鱼利用自身的这一特点来取食珊瑚裂缝和海胆棘刺缝隙中的小动物。

❺ 河鲀
当遭遇捕食者时，河鲀会将身体吸满水，使捕食者无从下口。鲀形目中的刺鲀还长有尖尖的刺，大大提高了防御能力。河鲀的部分内脏中含有致命的毒素。

❶ 鳐鱼
鳐鱼是一类与鲨鱼亲缘关系较近的鱼，它们都有由软骨组成的骨架。鳐鱼体形扁平，通过扇动像翅膀一样的胸（鳍）游动。它们喜欢栖居在海底，以小型鱼类和甲壳动物为食。

❷ 箱鲀
古怪的箱鲀因其像箱子一样的防御装甲而得名，它们的装甲由厚实且连为一体的鳞片构成。这阻碍了身体的运动，因此箱鲀用像桨一样的鳍划水前进。

❹ 海马
这种奇怪的鱼因拥有与马相似的头部而得名。它们在浅海中生活，利用尾部将自己固定在海底的植物上。雄性海马在腹部的育儿囊中孵化由雌性海马产出的卵。

❻ 鲑鱼
大而强壮的鲑鱼会在海洋中度过生命的大部分时光，但它们会沿河流逆流而上，繁衍后代。经过长期的进化与适应，它们已经适应了在淡水与咸水间穿梭的生活。

❽ 图丽鱼
图丽鱼更为大众熟知的名字是奥斯卡鱼。它们生活在南美洲那些流速缓慢的河流中。它们在河床里挖掘小动物，如蠕虫和淡水虾。

❿ 狗鱼
这种凶猛的猎手生活在欧洲、亚洲北部和北美洲的湖泊及流速缓慢的河流中。狗鱼以鱼和水鸟为食。捕猎时，它们潜伏在水生植物的周围，一旦锁定猎物，就会像箭一样迅速出击。

❼ 鲤鱼
鲤鱼可以生活在含氧量较低的水中，如温暖平静的湖泊和池塘。鲤鱼用其可伸长的嘴翻动水底，搜寻可以食用的小动物和水生植物。

❾ 刺鱼
刺鱼因其背部的尖刺而得名。它们生活在池塘、河流、湖泊，甚至浅海中。春天，雄性刺鱼用植物纤维筑巢，并跳起欢快的舞蹈，以此来获得雌性刺鱼的青睐。

⓫ 食人鱼
食人鱼因其锋利的牙齿而臭名昭著。它们生活在南美洲的河流中，主要捕食其他鱼类，也以较大的落水动物为食。

进食

所有动物都必须通过进食植物、动物或其他有机物（如细菌和真菌）来获得自身所需的营养。一些食物或许易于获得，但却难以消化，如树叶和草；另一些食物虽然易于消化且营养价值高，但却难以寻找和捕获，如动物。动物进化出了多种收集和消化食物的方式，其中一些收集和消化食物的方式非常独特，主导着动物的生活方式。

❶ 姥鲨
姥鲨体形巨大，但它们的牙齿却很小。姥鲨以微小的浮游生物为食。捕猎时，它们张开大嘴从成群的浮游生物中游过，然后通过滤网一样的鳃将食物过滤出来并吞下。很多鲸也采用相似的方法滤取食物，某些鸟类也是如此，如火烈鸟。

❷ 长颈鹿
长颈鹿超长的脖子使它们能吃到其他动物够不到的树叶。与很多以树叶或草为食的动物一样，长颈鹿的消化系统中也有很多细菌等微生物，这些微生物可以分解坚韧的植物纤维，从而获得必需的营养物质。

❸ 水蛭
水蛭吸附在动物的身体上，吸食血液。某些种类的水蛭一次甚至可以吸食相当于其自身重量五倍的血液，但每年只会进食一两次。

❹ 鹦鹉
鸟类食用营养价值较高但不会给体重带来负担的食物，因此大多数鸟类以昆虫、肉、果实或种子为食。许多鹦鹉能够用强有力的钩状喙啄开坚果的外壳，取食里面的果仁。还有一些鹦鹉则长着像毛笔头一样的舌头，能够舔食甜甜的花蜜。

❺ 狮子
狮子依靠其长而锋利的犬齿将猎物杀死，然后通过剪刀一样的臼齿把肉切下，直接吞入肚中。它们很少咀嚼食物，这是因为肉类相对于植物易于消化。

❻ 大食蚁兽

很多动物都以昆虫为食，但很少有哪种动物像大食蚁兽这样专注。大食蚁兽长着一个长而黏的舌头，通过每分钟 150 次的高速收缩将藏在蚁穴中的猎物黏出来。

❼ 绦虫

绦虫寄生在包括人类在内的一些动物的肠道中。它们没有自己的消化系统，甚至也没有口，通过薄薄的皮肤来吸收寄主体内的营养。

家蝇在食物上走一走，就能对食物造成污染

❽ 白兀鹫

食腐动物以腐肉或其他腐烂生物为食。这类动物，如白兀鹫，会清理掉那些腐烂的东西。多亏了这些食腐动物，我们的世界才更加干净卫生。

❾ 家蝇

很多昆虫，包括所有蝇类，只能吃流食。它们吸食血液、花蜜或植物的汁液。家蝇能将一些固体食物，如糖类，转化成液态形式。它们先用唾液将食物浸湿，然后用拖把一样的口器进行吸食。

❿ 棕熊

棕熊虽然在大多数情况下吃肉，但也吃包括鱼、蜂蜜、水果在内的各类食物。这意味着它们不会仅食用一类食物，而是会随着季节的变化改变食物类别。人类和棕熊一样，都属于杂食动物。

甲壳动物

在无脊椎动物中，甲壳动物种类众多，大约有67000个物种。甲壳动物因拥有坚硬且有关节的外壳（外骨骼）而得名。它们的外骨骼对内部的身体起到支持和保护的作用。多数甲壳动物生活在海洋、淡水湖或河流中，但鼠妇和一些种类的螃蟹会永久地生活在陆地上。甲壳动物长着有关节的腿（至少四对）、可用于水下呼吸的鳃，以及感知周围环境的灵敏触须。

❶ 蟹

蟹有一对强有力的螯，还被厚厚的外壳保护着，天生具备进攻和防御能力。蟹其实是可以向前爬行的，只是爬得很慢，因此它们更愿意横着走，这样比向前爬快得多。

❷ 藤壶

藤壶幼体像小虾一样过着居无定所的生活。但成年之后，它们便会附着在岩石、桥墩，甚至其他甲壳动物的身上。藤壶用它们伸出外壳的像羽毛一样的蔓足捕捉微小的浮游生物，并以这些浮游生物为食。

❸ 海螯虾

发现于大西洋和北海地区的海螯虾又名挪威龙虾。每当夜幕降临，海螯虾便会从海底的洞穴中爬出来寻找食物，如蠕虫和小型甲壳动物。海螯虾的尾部常被人们食用。

④ 龙虾

厚重的外壳使龙虾的行动变得有些艰难，因此它们通常在海底缓慢地行走。但遇到危险时，龙虾能通过快速摆动尾部倒退着逃走。与其他甲壳动物一样，龙虾在生长过程中也会蜕皮。

⑤ 鼠妇

鼠妇是甲壳动物中完全陆生的种类之一，但它们必须生活在潮湿的地方。鼠妇有七对足。当受到威胁时，有些鼠妇能将自己卷成一个球。

⑥ 对虾

许多对虾可以在水中游泳或漂流，但另一些则花费一生中的大部分时间在海底寻找食物。一些种类的对虾专门以生活在珊瑚礁中的鱼身上的吸血寄生虫为食，因此会有鱼排队等待被清理。

两栖动物

虽然两栖动物看起来有点像长着鳞片的爬行动物，但它们的皮肤却不具耐热功能，因此不能生活在干燥、炎热的地方，这种环境会使它们脱水而死。大多数两栖动物过着昼伏夜出的生活。它们必须将卵产在池塘或其他潮湿的地方。

❶ 林蛙
所有两栖动物都以动物为食，它们依靠视觉捕捉猎物。左边这只林蛙一跃而起，捕捉一只瓢虫，它会将捕捉到的猎物活生生吞下。

❹ 产婆蟾
大多数蛙或蟾蜍会将卵产在水中，而雄性产婆蟾却将受精卵固定在自己的腿部，并一直照看受精卵直到其孵化。

❻ 箭毒蛙
生活在美洲热带地区的一些小型箭毒蛙利用皮肤上的强效毒液保护自己。某些种类的毒液甚至是致命的，当地人会把这些毒液涂抹在矛或箭的尖端。

❼ 红瘰疣螈
与蛙类不同，蝾螈和鲵长着一条长长的尾巴。其中某些种类的皮肤色彩鲜艳，如亚洲的红瘰疣螈。这些警戒色提醒捕食者：有毒！

❽ 绿雨滨蛙
树蛙的指尖长有吸盘，因此它们可以吸附在潮湿的植物表面。大多数树蛙只在繁殖期间才会造访水塘。

❾ 安东暴蛙
很多蛙或蟾蜍，如安东暴蛙，会吸入大量的空气使身体膨胀，从而使捕食者无从下口。

❷ 蝌蚪

几乎所有蛙类的一生都是从生活在水中的长尾巴且没有腿的蝌蚪开始的。它们会逐渐长出腿，跳出水面，尾巴也将慢慢消失。

❸ 非洲牛蛙

牛蛙几乎可以吃下它们能捕捉到的任何动物。对牛蛙而言，一只老鼠就像一道美味的甜点。

❺ 泡巢树蛙

一些树蛙将卵产在位于树木高处的泡沫巢中，使卵处于相对潮湿的环境中。

❿ 蚓螈

形似蠕虫的蚓螈生活在热带森林中，它们使用头部在泥土中钻洞。蚓螈没有腿，并近乎失明。

⓫ 背眼蛙

背眼蛙的背部长着一对眼斑。受到攻击时，背眼蛙会将背部朝向敌人，并使身体充气膨胀，让自己看起来就像一只凶猛的动物。

⓬ 真螈

明亮的斑纹对敌人起到警示作用，真螈甚至可以将致盲的毒液喷射到 4 米远的地方。

生命的循环

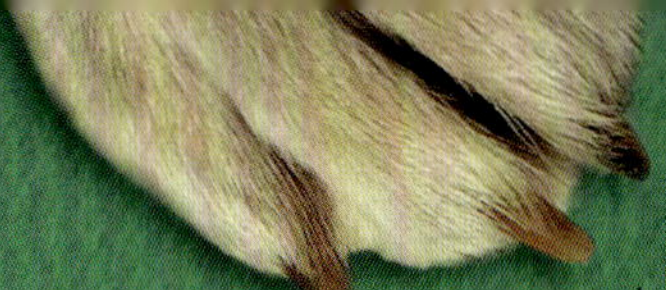

在长成发育完全的成体之前，所有动物都将按顺序经历几个不同的生命阶段。第一个阶段是新生命的开始，而对大多数动物来说，生命的最后一个阶段将会以生育下一代作为终结。对于一些高等动物，如哺乳动物，每一生命阶段的个体都极为相似；而对于另一些动物，如昆虫，每一生命阶段的个体却截然不同，两个阶段之间会经历完全变态或部分变态的过程。

❶ 一只刚出生的小狗还没有睁开双眼，看起来十分无助，它甚至不能吃固体食物，只能以母乳为食。

❷ 在生命的前两个星期，小狗还不能看清它周围的世界。

❸ 再过两周，小狗可以看到周围的世界了，但它的消化系统依然只能消化母乳。

❹ 稍大一点的幼犬能够吃母犬给的固体食物，并且能够在玩耍的过程中学习到一些重要的生存技巧。

❺ 虽然还不能繁育后代，但这个阶段的小狗已经能够自己去寻找食物了。

❻ 发育完全的狗会寻找配偶并繁殖后代。

狗

狗的生命阶段可以代表很多哺乳动物的生命循环过程。幼犬简直就是其父母的缩小版。在成长的过程中，幼犬的器官会不断发育，使其能够像成年个体一样进食，长成成体之后，它们还会生育自己的后代。

蛙

大多数两栖动物，如蛙，进化的过程很复杂。一只普通的蛙会在水中产卵，卵将孵化成像小鱼一样的蝌蚪。蝌蚪逐渐长出肺和四肢。当蝌蚪变成幼蛙时，它们将离开水中，来到陆地，最终发育成蛙。

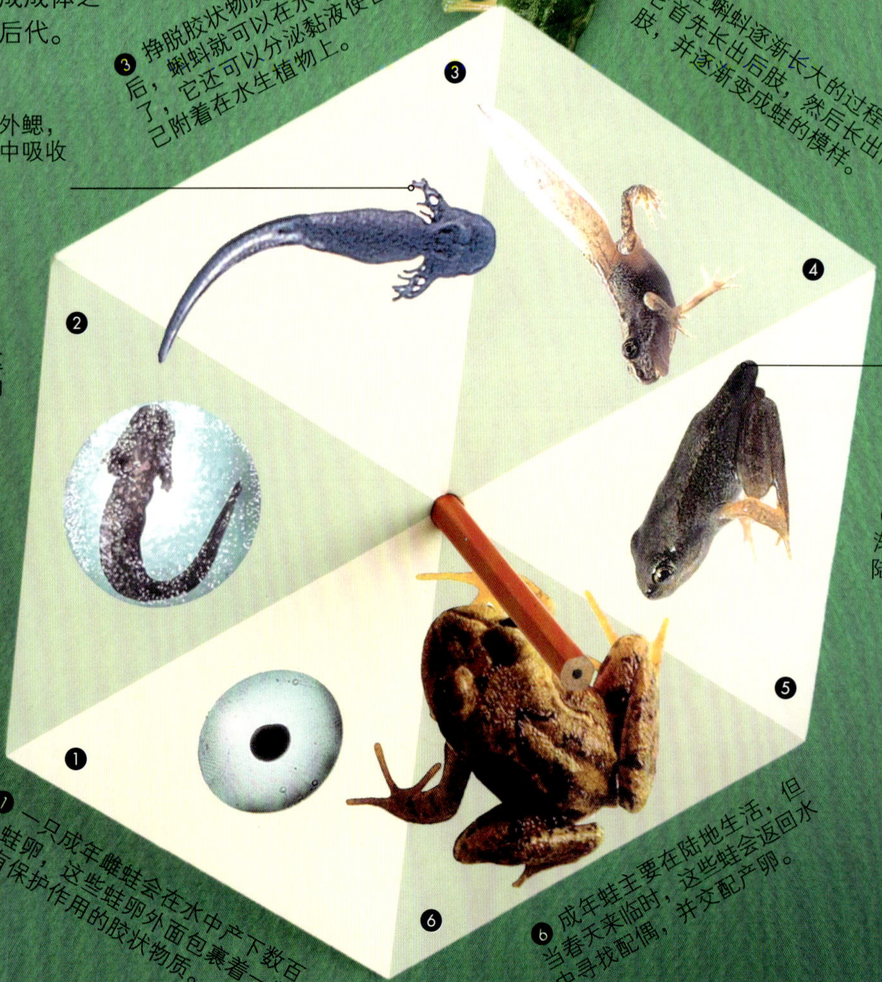

蝌蚪有三对羽状外鳃，这些鳃可以从水中吸收必需的氧气

幼蛙学会用四肢游泳和跳跃后，尾巴就退化了

❶ 一只成年雌蛙会在水中产下数百个蛙卵，这些蛙卵外面包裹着一些具有保护作用的胶状物质。

❷ 胚胎在卵中不断发育，并逐渐具有运动能力，这一过程依靠卵黄所提供的营养。

❸ 挣脱胶状物质的束缚之后，蝌蚪就可以在水中畅游了，它还可以分泌黏液使自己附着在水生植物上。

❹ 在蝌蚪逐渐长大的过程中，它首先长出后肢，然后长出前肢，并逐渐变成蛙的模样。

❺ 肺慢慢发育，而尾巴则逐渐消失，幼蛙将离开水中，在陆地上以捕食小动物为生。

❻ 成年蛙主要在陆地生活，但当春天来临时，这些蛙会返回水中寻找配偶，并交配产卵。

③ 发育完全的毛毛虫那丰满而柔软的身体中充满了能量，这些能量将会在毛毛虫蜕变成蝴蝶的过程中被消耗掉。

② 毛毛虫不断进食，生长得十分迅速。随着毛毛虫的不断生长，它的外皮将会蜕掉数次。

毛毛虫将色彩斑斓的皮肤包裹起来，变成了苍白的蛹。

④ 停止进食并变成蛹，这是毛毛虫变成成虫之前必须经历的一个过程。

① 成年雌性蝴蝶会将卵产在经过精心挑选的植物上。一段时间之后，毛毛虫将会从卵中孵化出来。

蝴蝶破蛹而出

⑤ 蛹一动不动数周。在这期间，蛹里面的毛毛虫将蜕变成一只美丽的蝴蝶。

⑥ 破茧之后，蝴蝶从吸食的花蜜中获得飞行所需的能量，但蝴蝶的主要任务是交配和产卵。

蝴蝶

与很多昆虫一样，蝴蝶的一生也将度过两个形态完全不同的阶段。刚孵化的幼虫身体柔软，并会将所有时间都花在进食上。它们迅速生长，不久之后将蜕变成有翅的成体，而成体则不再继续生长，甚至不再进食。

龟

大多数爬行动物，如龟、蜥蜴和蛇，会以产卵的方式繁殖后代。从卵中孵化出的幼体就像它们父母的缩小版。幼体与成体的习性完全相同，就连吃的食物也没有什么差别。

小海龟刚出生的时候，鳍状肢就已经发育成熟了

④ 小海龟的进食方式与它们的父母相同，并且它们的食谱也是相同的。

③ 破壳而出之后，小海龟将出发前往大海。

⑤ 海龟一边进食一边成长，它不会出现类似两栖动物或昆虫那样的变态过程。

海龟长长的鳍状肢确保它们能进行长途旅行，并找到适合繁殖的沙滩

② 雌性海龟将卵埋藏在沙子中，这些被“遗弃”的卵将会在阳光的照射下保持一定的温度，胚胎将在卵内发育。

① 卵内有一层皮革般柔软的薄层，可以防止卵中水分的散失。

⑥ 成年海龟有能力繁殖后代，雌性海龟将产下的卵埋在热带海滨的沙滩中。

攻击与防御

很多动物是猎杀其他动物的捕食者，但抓住并杀死快速移动的猎物绝非易事。久而久之，捕食者进化出了一些相应的技能和策略，使捕猎变得容易。但同时，这也使被捕食者的生存变得更加艰难。因此，许多被捕食者也进化出了相应的防御策略，使捕食者的捕杀过程变得困难，甚至是危险。

◀ 夜空猎手

以昆虫为食的蝙蝠通过发射高频的声波来定位猎物。声波遇到目标后反射回来，并被蝙蝠接收，形成的声像可以帮助蝙蝠在完全黑暗的环境中捕抓到飞虫。

漂浮的陷阱 ▶

箱水母长长的触手上长着成千上万个微小的刺细胞。箱水母随着水流漂浮，任何不幸被它们的触手捕获的生物都会被吃掉。

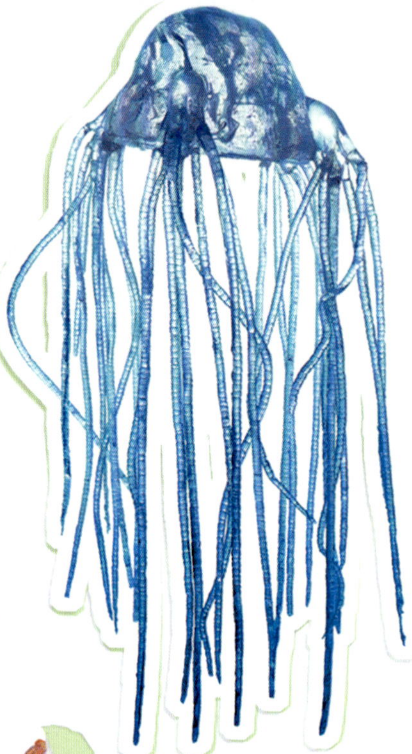

▲ 伏击

螳螂静静地潜伏在植物上，等待进入其捕猎范围内的昆虫。当猎物靠近时，螳螂迅速伸出带刺的前臂抓住猎物，并将其活活吃掉。

◀ 毒液与螯

很多动物长有毒刺，用以杀死猎物或保护自己。蝎子通常用螯抓取猎物，并用尾巴末端的刺保护自己。

◀ 团队合作

狮子长有匕首一样的牙齿和长长的爪子，但它们捕猎的主要方式却是团队合作。它们通常采用将猎物包围的策略，使其无处可逃。

致命缠绕 ▼

一条巨蟒将猎物紧紧缠绕。每当猎物呼气时，巨蟒便会缠得更紧，直到猎物无法呼吸。蛇的下颌通过有弹性的韧带与头骨连接，它们可以将猎物整个吞下。

毒腺 ▶

一旦被捕食者攻击，蟾蜍便会吸入空气使身体膨胀，并通过皮肤分泌毒液，保护自己。这使捕食者难以下口，即便能将其吃掉，口感也十分糟糕。当遇到这种情况时，捕食者都会选择离开。

伪装 ▼

不被敌人发现往往是最好的防御手段。如果伪装得当，捕食者就很难发现猎物。如这只雪兔，当冬天到来时，它的毛会变成白色，与雪地融为一体。

尖刺 ▼

一些动物装备有防御盔甲。如这只豪猪，它的身上长着长而尖的刺。这使豪猪几乎不可能遭受攻击，对那些冒险发起进攻的捕食者来说，这甚至会危及自身的性命。

装死 ▼

很多捕食者只吃那些它们亲手杀死的猎物。一些动物，如这只负鼠，在受到威胁时会采用装死的防御方式。一只负鼠可以保持装死状态长达六个小时。

难闻的气味 ▼

臭鼬因其能从尾巴根部的臭腺喷射散发着恶臭的液体而臭名昭著。它们可以准确地击中两米以内的目标，而它们的目标通常是敌人的面部。

以数量取胜 ▶

单个动物很容易成为捕食者的目标，因此一些动物会集群生活以迷惑敌人，如鱼群、鸟群和兽群。这群鱼紧紧地挨在一起，看起来就像是一条大鱼，而不是很多小鱼。

▲ 蟒

大部分体形较大的蛇都属于蟒。它们身强力壮，但不分泌毒液，通过缠绕使猎物窒息而亡。

游蛇 ▼

游蛇的种类数量占全部蛇类的 3/5。大多数游蛇是无害的，但有些种类的嘴后部长有毒牙，如黄环林蛇。

鬣蜥 ▼

鬣蜥是典型的蜥蜴——这类爬行动物长着四条腿、一条长尾巴，以及覆盖着鳞片的皮肤。大多数蜥蜴以小动物为食，但绿鬣蜥却是素食者。

▼ 毒蜥

希拉毒蜥是世界上仅有的两种有毒蜥蜴中的一种。这两种毒蜥都生活在墨西哥和美国的荒漠地区。

变色龙 ▶

变色龙因拥有改变皮肤颜色的能力而为人熟知。它们虽然行动缓慢，却能迅速弹射出有黏性的长舌头来捕捉昆虫。

壁虎 ▼

壁虎宽大的趾尖就像吸盘一样，上面生有特殊的绒毛，使敏捷而活跃的壁虎几乎可以吸附在任何物体的表面，如玻璃，甚至天花板。

爬行动物

爬行动物是一类体表覆盖着鳞片，爬行移动的变温动物。它们的外表看起来面目狰狞，尤其是毒蛇和咬力惊人的鳄。但另一些爬行动物则外表光滑、体色鲜艳且行踪诡秘。大多数爬行动物是捕食者，但因为它们不用消耗自身的能量来维持体温，所以食量并不大。鳄数月不进食仍可正常活动，而一些体形较大的蛇在饱餐一顿后的一年中都不用再次进食。

▼ **喙头蜥**

喙头蜥仅分布在新西兰，包括两个种。1 亿年前，也就是恐龙生活的年代，与喙头蜥一同生活在地球上的其他爬行动物几乎都灭绝了。

蛇蜥 ▶

一些蜥蜴没长腿，因此它们的样貌和行为看起来都与蛇十分相似。不过玻璃蛇的身体上还残存着腿的痕迹，表明它们的祖先可能与普通蜥蜴体形相似。

▼ **眼镜蛇**

眼镜蛇是最致命的毒蛇之一。它们分泌的神经毒素可以麻痹猎物，使其呼吸困难，最终窒息而亡。

▲ **龟**

龟早在恐龙时代就已经出现了，它们有厚厚的外壳，因此很容易辨认。龟的爬行速度很慢，但在水中游泳的速度却不慢，甚至可以快速地游很远的距离。

蝰蛇 ▶

蝰蛇有长长的毒牙，当它们张开大嘴时，毒牙会向前伸出。蝰蛇，如响尾蛇，是极其危险的动物。幸运的是，在发起攻击前，响尾蛇会用尾巴发出声响，以示警告。

▲ **鳄**

短吻鳄与其他鳄一样，力大无穷。它们是凶猛且残忍的捕食者。它们埋伏并杀死猎物，能吃掉与斑马一样大的动物。

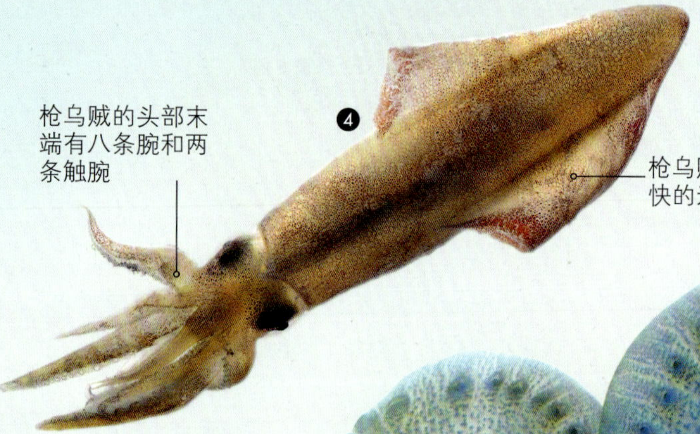

软体动物

蜗牛、蛤蜊、贻贝，甚至章鱼，都属于软体动物。它们的身体柔软，通常有坚固的外壳。有些软体动物生活在陆地上，但大多数软体动物生活在水下或潮间带。像蜗牛和章鱼这样的软体动物可以四处移动，并用它们的感觉器官寻找食物。而很多水生软体动物，如贻贝，成年后会附着在一个地方度过一生。这些软体动物没有明显的感觉器官，甚至没有头部，它们的身体被两片贝壳夹在中间，这两片贝壳在关键时刻可以闭合，起到保护作用。

❶ **蜗牛** 蜗牛利用其发达的腹足爬行。当危险来临时，蜗牛可以将柔软的没有骨骼的身体缩进壳中。

❷ **非洲大蜗牛** 原产于热带地区的非洲大蜗牛可以长到30厘米长。位于其腹足前部的腺体可以分泌黏液，帮助蜗牛滑行。

❸ **大砗磲** 大砗磲是体形最大的软体动物之一，长度可以超过1米。一只大砗磲一旦在珊瑚礁中选定地点，一生都在那里生长，不再移动位置。

❹ **枪乌贼** 枪乌贼游动的速度很快，能用腕抓捕鱼。枪乌贼有改变身体颜色的能力，还能喷射水流，推动身体前进。

❺ **蛞蝓** 蛞蝓就像没有壳的蜗牛，它们可以生活在白垩质含量较少的地方，而其他软体动物在生长时则需要借助这种物质构筑外壳。

❻ **帽贝** 帽贝拥有将其坚硬的外壳固定在岩石上的能力，它们甚至能在海边的乱石堆中生存，这些岩石的表面往往很粗糙。

❼ **章鱼** 同枪乌贼和乌贼一样，章鱼也是聪明且视力发达的动物。它们可以用长着吸盘的八条腕捕捉蟹。

❽ **蛾螺** 蛾螺是海螺的一种，它们可以利用敏锐的嗅觉追踪到水中的动物尸体，并以此为食。

❾ **扇贝** 与蛤蜊一样，扇贝也属于拥有两片贝壳的双壳动物。通过快速闭合贝壳，扇贝可以将水快速排出，从而产生推力，它们通过这种方式逃离危险。

❿ **贻贝** 贻贝通过强壮的足丝将自己附着在岩石上，通过过滤富含营养的水来获取可以维持生命的养料。

⓫ **海蛞蝓** 很多海蛞蝓拥有色彩艳丽的褶皱。鲜艳的颜色起到警戒捕食者的作用。

⓬ **乌贼** 与很多软体动物不同，乌贼拥有一个内壳。乌贼体内还有一个墨囊，遇到危险时能喷出墨汁，掩护其逃生。

贝壳

从蟹到犰狳等很多动物类群，它们的身体被坚硬的外壳保护着。这些动物中最出名的是水生软体动物，如蛾螺、蛤蜊，以及其他贝类。它们从食物或海水中吸收白垩质，并将其转变成有雕纹的颜色鲜艳的美丽贝壳。有些贝壳中还有散发着多彩光泽的珍珠母。

❶ 鹦鹉螺
鹦鹉螺是章鱼的近亲，它们长着巨大的眼睛和最多可达 90 只的触手。它们可以将身体缩进有珍珠光泽的外壳里，躲避危险。鹦鹉螺外壳内的壳室可以控制身体起浮。

❷ 栉棘骨螺
骨螺的外表看起来像梳子。这种生活在印度洋和大西洋热带海域的海螺最多可以长出 100 根尖锐的刺，而这些刺可以保护骨螺免受捕食者的攻击，如以贝类为食的鳐鱼。

❸ 锦鲤笔螺
笔螺有 800 多种，锦鲤笔螺是其中之一。它们的外壳尖尖的，上面有橙色或红色斑点。它们可长到 15 厘米长。

❹ 古巴糖果蜗牛
一些蜗牛同样长有明亮鲜艳的花纹，这些花纹的颜色通常与它们所处的环境相似。如果蜗牛的颜色与所处环境差异明显，那它们很容易成为鸟的美餐。

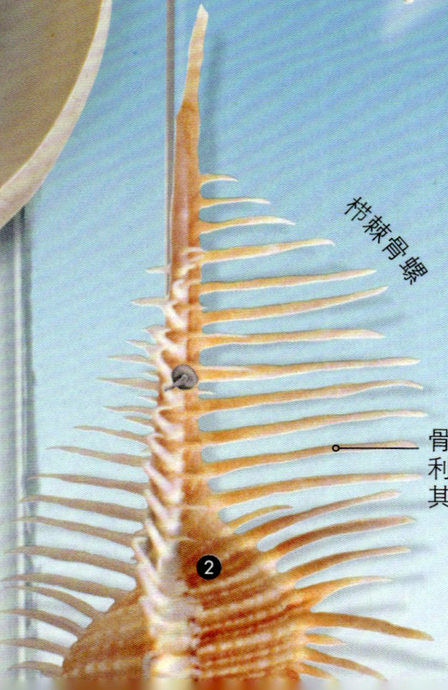

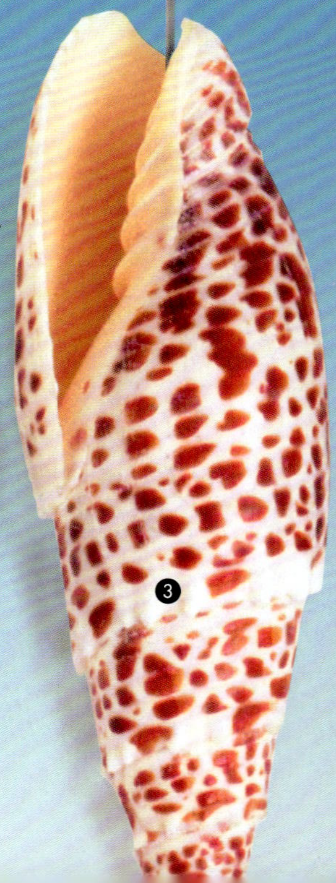

❺ 牡蛎

大多数牡蛎的外壳表面粗糙，但内侧却散发着珍珠的光泽。那些进入牡蛎贝壳里的沙粒被层层包裹，最终形成了珍珠。

❻ 海胆

海胆属于棘皮动物，“壳”由皮肤覆盖，因此它们的外壳与软体动物的并不相同，上面布满了小洞和疣突，海胆棘就长在这些疣突上。

❼ 多刺鸟蛤

鸟蛤和蛤蜊都是有两片贝壳的软体动物，它们被称为双壳动物。鸟蛤喜欢在海滩的沙子里挖洞，它们挖洞的位置通常选在退潮后会变干的地方。退潮时它们紧闭贝壳，保持身体湿润，直到下次涨潮。

❽ 巴布亚树蜗牛

所有蜗牛都有一个螺旋状的外壳，越靠近尖端越狭窄。随着蜗牛的生长，构成蜗牛壳的物质会在壳口不断聚集，壳也会不断变大。

鸟类

鸟类是唯一长有羽毛的动物，它们广泛地分布在世界的各个角落。很多鸟具备高超的飞行技能，通过发达的胸肌驱动翅膀。从翱翔天际的信天翁和色彩艳丽的孔雀，到不能飞的大美洲鸵和体形微小的蜂鸟，鸟类的物种多样性令人惊异。

▲草原雕
雕是凶猛的猎手。它们在高空翱翔，锁定目标，然后俯冲而下，用尖锐的利爪抓住猎物。草原雕还因偷取其他鸟的战利品而臭名昭著。

斑胸草雀▲
与很多鸟一样，澳大利亚的斑胸草雀也会聚集成大群飞行和营巢，以确保安全。斑胸草雀粗壮的喙适于啄碎草籽坚韧的外皮，吃到里面富含营养的籽。

▲大美洲鸵
这种生活在南美洲草原地带的大鸟不会飞，可以长到 1.5 米。它们吃坚果和水果，也吃昆虫和其他小动物，如蜥蜴。

▲ 信天翁

窄而长的翅膀可以使信天翁乘着海风翱翔数小时，且无须扇动翅膀。信天翁以海洋生物为食，它们通常用喙抓取海里的猎物。

雪鸮 ▶

大多数猫头鹰在夜晚捕猎，而雪鸮也会在北极极昼到来时捕猎。雪鸮利用其敏锐的听觉锁定小动物的位置，如躲在积雪下面吃东西的旅鼠。

◀ 啄木鸟

啄木鸟用强壮的喙在树上凿洞，寻找昆虫。这只绿啄木鸟正在用长长的舌头抓蚂蚁吃。

巨嘴鸟 ▶

这只托哥巨嘴鸟那巨大的喙实际比看上去要轻很多，因为它是中空的。构成喙的物质是质量很轻的角质。巨嘴鸟的喙不但可以用来取食，还可以用来炫耀。

火烈鸟 ▲

涉水而行的火烈鸟以滤食生活在温暖湖水中的小动物和藻类为生。火烈鸟将奇特的喙倒置于浅水中，并借助舌头将水从筛子似的喙缘排出，滤出其中的食物。

孔雀 ▶

与美丽的雄孔雀相比，雌孔雀看起来显得暗淡许多。求爱时，雄孔雀会向雌孔雀展示绚丽的扇形尾羽。

鸟卵

雌鸟负责产卵。雏鸟破壳前会在卵中发育，卵由它们的父母孵化。为了破壳而出，雏鸟必须在卵壳上凿出一个洞。有些雏鸟，如小鸭子，在孵化后不久就能到处跑和走。但对于那些破壳时尚处于发育早期的还没有长出羽毛、睁开双眼的雏鸟来说，这一过程非常艰难。

❶ 大海雀的卵

这枚美丽的卵是由体形较大，但不会飞的海鸟——大海雀产下的，现已灭绝。大海雀曾经生活在北大西洋，像企鹅一样以捕鱼为生。一对大海雀每次只产一枚卵，人们已知的最后一对大海雀死于 1844 年。

❷ 金雕的卵

一只雌性金雕会在几天内产下两枚卵，但在产下第一枚卵后就开始孵卵，因此第一枚卵孵化得较早。如果食物紧缺，这只先破壳的雏鸟很可能是唯一的幸存者。

❸ 王企鹅的卵

王企鹅在南极洲附近多风的岩石岛屿上繁殖。雌性企鹅每次只产一枚卵，由双亲轮流孵化。孵卵时，王企鹅会将卵置于脚上，用温暖的腹部为其保温。

❹ 鸵鸟的卵

鸵鸟是世界上最大的鸟，而鸵鸟的卵也是世界上最大的鸟卵。每枚鸵鸟的卵可重达 1.9 千克，大约相当于 27 枚鸡的卵的重量。

❺ 鹌鹑的卵

鹌鹑将卵产在地面的巢中，每窝最多 18 枚。与很多其他鸟卵一样，鹌鹑卵的伪装使其难以被发现。当产下最后一枚卵时，雌鹌鹑才开始孵卵。这意味着这批卵将在同一时间开始发育，并会同时孵化。与鸵鸟一样，鹌鹑雏鸟也是一孵化出来就可以活动了。

❻ 雀鹰的卵

20 世纪 60 年代，雀鹰遭受了农用

杀虫剂的毒害。这些农药使雀鹰的卵壳变得很薄，孵化时极易破碎。现在，大多数此类杀虫剂已被禁止使用。

❼ 杜鹃的卵

杜鹃将卵产在其他鸟的巢中，每次产卵一枚，卵的颜色与寄主的卵颜色相似。当杜鹃雏鸟孵化后，会将其他卵全部挤出鸟巢，以得到其养父母收集到的全部食物。

❽ 几维的卵

几维的大小约是鸸鹋的 1/20，但其卵却与鸸鹋的一样大。这意味着几维的卵对于雌几维来说是十分巨大的，甚至可以达到雌几维体重的 1/4。这相当于一个女性生下了一个 3 岁大的孩子。

❾ 矶鹬的卵

矶鹬是一种涉禽，它们将卵直接产在水边的凹坑中。鸟卵尖尖的形状使它们可以聚集在很小的空间内。矶鹬的卵上布满斑点，因而难以被发现。但请记住，无论你发现了哪种野生鸟类的卵，捡拾或破坏它们可能要承担法律责任。

❿ 蜂鸟的卵

蜂鸟的卵是世界上最小的鸟卵。它们的卵小得像一粒豌豆，而成年蜂鸟大约与一只蛾一样大。这枚红喉北蜂鸟的卵在蜂鸟中是相对较大的，但与鸵鸟的卵相比依然十分微小。

⓫ 鸡的卵

这枚所有人都认识的卵是由家鸡产下的，人类每年共吃掉约 1.1 万亿枚鸡的卵（鸡蛋）。

运动

动物区别于其他生物的最主要特征是它们拥有运动的能力。有些动物不太移动，如海葵，它们栖息在一个固定的地方，以其触手能捕捉到的生物为食。而大多数动物都可以移动，它们寻找食物和配偶，以及躲避敌人。它们可以滑行、爬行、行走、跳跃、奔跑、游泳或飞行，有的甚至能达到不可思议的速度。有些动物则进化出了令人惊异的运动方式，如某些昆虫和蜘蛛可以在水面上行走，响尾蛇可以横向移动。

❶ **长臂猿**
虽然长臂猿可以行走，但它们通常用长而有力的手臂抓住树枝，在树林中荡来荡去。它们将自己从一根树枝抛到另一根树枝上，迅速、敏捷，令人惊讶。

❷ **蛇**
蛇通常弯曲身体向尾部发力，滑行前进。而这只沙漠中的蝰蛇的移动方式则有所不同，它在沙子上横向移动，像一只滚动的弹簧。

❸ **章鱼**
章鱼通常用长而灵活的腕拖动自己在海底移动。不过遇到危险时，它们也可以将水吸入体内，然后在高压下喷出，迅速逃离险境。乌贼和枪乌贼也用这种方式逃离险境。

❹ **企鹅**
所有企鹅都是游泳健将，它们用翅在水中"飞翔"。但它们在陆地上行走时却很笨拙。当经过雪坡时，企鹅更愿意用厚实的腹部滑行，并用肥厚的长有爪的脚来推动身体前进。

❺ **鱼**
大多数鱼拥有灵活的身体，便于在水中自由移动。鱼用鳍保持平衡并控制方向。有些鱼，如金枪鱼，仅仅通过摆动尾部便可以在水中以极快的速度前进。

❻ **海星**
海星的腕可以弯曲，但它们实际上是通过长在腕背面的微小的管足在海底爬行的。每个管足中都充满了水，海星通过改变管足中的水压伸展身体和移动。

❼ **蜗牛**
蜗牛通过足部肌肉的收缩与舒张产生的波动推动身体前进。足部的腺体分泌的黏液可以起到润滑的作用。黏液还可以保护蜗牛免受擦伤。

❽ 水黾

池塘表面的水分子在张力的作用下形成了一层富有弹性的薄膜。这层膜足以支撑一些微小的动物，如水黾。水黾特化的足部像毛刷一样，使水面形成浅浅的凹陷。因此它们可以在水面上滑动而不会下沉。

❾ 猎豹

猎豹是陆生动物中奔跑速度最快的，其速度可以达到惊人的每小时 95 千米。猎豹通过脊背的屈伸，向前飞奔。但这样的速度只能维持大约 40 秒。

❿ 仓鸮

鸟类是天空的主宰。大多数鸟，如仓鸮，用其强壮的羽翼向前飞行。有些鸟还可以像滑翔机一样乘着上升气流翱翔很远的距离，而无须扇动翅膀。

⓫ 袋鼠

袋鼠利用腿后侧充满韧性的肌腱使身体像弹簧一样跳跃前进。每当袋鼠长长的足部落地，肌腱就像皮筋一样拉伸开，然后再收缩，使袋鼠向前弹射出去。

共生

动物和植物的生存往往会依赖其他生物。养料、庇护和传粉是最好的例子。然而，有些动物和植物间拥有更亲密的关系，它们是伙伴，为彼此提供食物或庇护。还有一些生物会附着在其他生物身上，却不提供任何回报。有些生物的行为更加恶劣，它们像寄生虫一样寄生在其他生物上，伤害甚至杀死无辜的寄主。

与珊瑚共生的微小的藻类赋予了珊瑚艳丽的色彩

❶

❷

长长的管状花与刀嘴蜂鸟的喙相匹配

❸

蚂蚁保护蚜虫免受天敌的侵扰，从而换取蚜虫分泌的糖浆般的蜜露

❹

小杜鹃发育得比寄主和寄主的巢都大时，仍叫喊着索要食物

绞杀植物会以一棵树作为支撑，不断向上生长，最终被绞杀植物因营养被掠夺而逐渐死去

❺

6

黑斑羚欢迎红嘴牛椋鸟来它们身上寻找“美味”的寄生虫

鲫鱼通过头部上面的吸盘吸附在鲨鱼的皮肤上

7

❶ **珊瑚**

珊瑚利用有刺细胞的触手捕获食物。它们从食物中获取养分，并将一部分养分传递给生长在珊瑚上的藻类。而藻类会利用太阳能产生糖分，再将一部分糖分回馈给珊瑚。

❷ **蜂鸟**

蜂鸟在吸食花蜜的过程中，会将沾在身上的花粉传递给其他花。某些植物的花朵已经进化，其形状能够与特定种类的蜂鸟的喙相匹配。这种进化可以吸引蜂鸟光顾，进而达到高效传粉的目的。

❸ **蚂蚁与蚜虫**

蚜虫是以含糖的植物汁液为食的一种微小的昆虫。它们必须大量进食以获得足够的蛋白质，同时它们会将多余的糖分以蜜露的形式分泌。蜜露是蚂蚁的最爱，因此蚂蚁“养殖”蚜虫，并为蚜虫提供保护，以获得充足的蜜露。

❹ **杜鹃**

杜鹃属于巢寄生型鸟类，会将卵产在其他鸟的巢中。杜鹃雏鸟很快破壳而出，并破坏巢中的其他卵，从而得到养父母提供的全部食物。要不了多久，小杜鹃的体形就会超过其养父母，但它的养父母似乎并没有注意到这一点。

❺ **绞杀植物**

一些生活在热带雨林中的植物，如无花果，会缠绕在一棵树上生长，它们会逐渐杀死这棵树，这一过程最长可以持续 150 年。它们吸食树木中的营养，导致树木枯萎死亡，只剩下绞杀植物继续存活。

❻ **牛椋鸟**

有蹄类食草动物，如黑斑羚，常常被一些“吸血鬼”折磨，如蜱。单纯的抓挠难以将寄生虫清除。在非洲，有一种喙部粗壮的鸟叫作牛椋鸟，它们可以将动物身上的寄生虫吃掉。

❼ **鲫鱼**

掠食性鲨鱼拥有尖利的牙齿，可以将猎物撕成碎片，而掉落的食物碎屑则会被鲫鱼抢食。鲫鱼会吸附在鲨鱼身上，紧跟鲨鱼的“步伐”。鲫鱼不会对鲨鱼造成伤害，而鲨鱼看起来也并不在意鲫鱼的存在。

哺乳动物

哺乳动物属于恒温动物，它们用母乳哺育幼崽，直到幼崽能够取食固体食物。哺乳动物不同于其他脊椎动物，它们大多长有毛发。有些哺乳动物以植物为食，有些哺乳动物以其他动物为食，还有一些哺乳动物，如人类，则两者皆食。

针鼹 ▶

针鼹和鸭嘴兽都很特别，它们是为数不多的卵生哺乳动物。针鼹幼崽出生后的前六个月以雌性针鼹的母乳为食。而成年针鼹会用细长的吻部挖掘土壤中的蚂蚁和蠕虫，并以其为食。

▲ 鼠

近半数的哺乳动物属于啮齿动物，如小鼠、大鼠、河狸、豪猪和松鼠等。而家鼠是除人类以外，唯一一种遍布所有大洲的哺乳动物。

◀ 象

象很聪明，利用灵敏的象鼻取食粗糙的植物，并用巨大的牙齿将植物磨成糊状。它们是陆生哺乳动物中体形最大的。

▲ 蝙蝠

蝙蝠是一类拥有飞行能力的哺乳动物。有些蝙蝠以水果为食，但大多数蝙蝠，如长耳蝠，以昆虫为食。蝙蝠是夜行动物（在夜间活动），它们发射高频声波，并接收来自目标的回声，以此在黑暗中锁定猎物。

袋鼠 ▶

有袋类动物，如袋鼠，出生时体形很小且尚未发育完全。刚出生的袋鼠宝宝会爬到位于母袋鼠腹部的育儿袋中吮吸乳汁，并在育儿袋中长成发育完全的小袋鼠。

◀ **虎**

强大的捕食者，如虎，以其他哺乳动物和鸟类为食。它们长有长长的像匕首一样的犬齿，用来杀死猎物；还长有剪刀一般的臼齿，用来磨碎猎物的皮和肉。

▲ **鼹鼠**

鼹鼠高度适应地下的生活环境。它们长有可以用来掘土的强健的爪子，还有灵敏的嗅觉，通过这些补偿视力上的不足。

▲ **虎鲸**

海豚和鲸生活在海洋中。如虎鲸，利用强有力的尾部上下摆动，在水中行进。它们会浮到海面上呼吸空气。

◀ **大猩猩**

与我们人类关系最亲近的哺乳动物是类人猿，如大猩猩。大猩猩生活在非洲热带地区，主要以植物为食。

河马 ▶

河马每天花费大量的时间泡在河流和湖泊中。它们是体形巨大的植食性动物，它们的嘴是所有陆生哺乳动物中最大的。

睡眠

睡眠可以帮助动物积蓄能量、放松肌肉，以及使大脑加工处理清醒时得到的信息。捕食者往往睡眠较多，因为它们每天只需花费几个小时去寻找猎物。而那些被捕食者则花费更多的时间保持清醒和警觉。

蝙蝠以倒挂的姿势在洞穴里、地窖中或树上睡觉

❶ **蝙蝠**每天睡大约 20 个小时，并且总是聚在一起。

❷ **二趾树懒**每天只有 4 个小时是醒着的。像蝙蝠一样，它们用爪子将自己倒挂在树枝上，并快速进入睡眠状态。

❸ **大猩猩**通常每天睡 12 个小时。

❹ **马**每天仅需要 3 个小时的睡眠时间。

❺ **象**一般每天睡 4 个小时，其中 2 个小时是站着的。当它们进入梦乡后，就躺下来，因为这个时候身上的肌肉已经变得十分松弛，无法保持站立的姿势了。大型食草动物的睡眠时间一般比小型食草动物的少，因为它们要花费更多的时间来寻找食物，摄取足够的能量。

❻ **海豹**通常在礁石或海滩上睡觉，但也能漂浮在海面，甚至在水下睡觉。它们还可以在不中断睡眠的情况下浮出水面换气。

❼ **狼**每天最多可以睡 14 个小时，尤其是在它们捕猎成功，饱餐一顿之后。

❽ **猪**和人一样，每天需要 8 个小时的睡眠。

❾ **熊**同样每天睡 8 个小时。

❿ **虎**每天的睡眠时间多达 16 个小时，这是因为它们可以在很短的时间内捕获所需的食物。

⓫ **绵羊**的祖先是野生动物，它们需要保持清醒来躲避天敌，因此羊每天的睡眠时间少于 4 个小时。

⓬ **蜜熊**与浣熊很像，都在夜间觅食，并且在白天睡大约 12 个小时。

⓭ **犰狳**在地洞中蜷缩着身子，每天睡 18 个小时。

海豹每天睡 6 个小时

⓮ **婴儿**每天需要 15 个小时的时间来睡觉。随着年龄的增长，人类的睡眠时间越来越少。成年人平均每天睡 8 个小时，而老年人每天的睡眠时间则少于 6 个小时。

⓯ **针鼹**是卵生哺乳动物，它们每天睡 14 个小时。科学家们认为，与其他哺乳动物不同，针鼹在睡觉时不会做梦。

⓰ **赤狐**通常每天白天睡 10 个小时，与很多其他捕食者一样，它们在夜间较为活跃，能够利用敏锐的嗅觉和听觉跟踪猎物。

⑰ **树袋熊**以坚韧的桉树叶为食，桉树叶难以消化，提供的能量也很少。因此为了减少能量消耗，树袋熊每天需要睡 15 个小时，另外还有 5 个小时用来打盹儿。

⑱ **狗**每天的睡眠时间为 10 个小时。

⑲ **小熊猫**长得像浣熊，以竹子为食。小熊猫每天的睡眠时间大约为 11 个小时。

⑳ **猫**通常每天睡 15 个小时，野猫在夜间很活跃。

㉑ **狮子**每天至少要睡 13 个小时。当狮子睡觉的时候，其他动物可以在它们附近进食而不会受到攻击。

㉒ **毛丝鼠**每天大约在地洞中睡 13 个小时，它们生活在南美洲的高山上。

㉓ **兔子**每天大约睡 8 个小时，主要在白天睡觉。兔子喜欢夜间进食，这样就不容易被捕食者攻击了。

㉔ **黑猩猩**通常每天睡 10 个小时，其幼崽的睡眠时间会更长一些。

㉕ **大猩猩**幼崽需要的睡眠时间比它们的父母多，睡眠和打盹儿的时间可能超过 15 个小时。

㉖ **刺猬**通常在白天睡 10 个小时。冬天，它们会冬眠（处于像睡眠一样的不活跃状态，以度过寒冷的冬季）。

鳄的头骨 ▲

鳄与恐龙有亲缘关系。鳄的颌骨很长，上面布满了用于抓捕猎物的尖牙。生活在印度河中以鱼为食的恒河鳄的牙齿可能超过 100 颗。

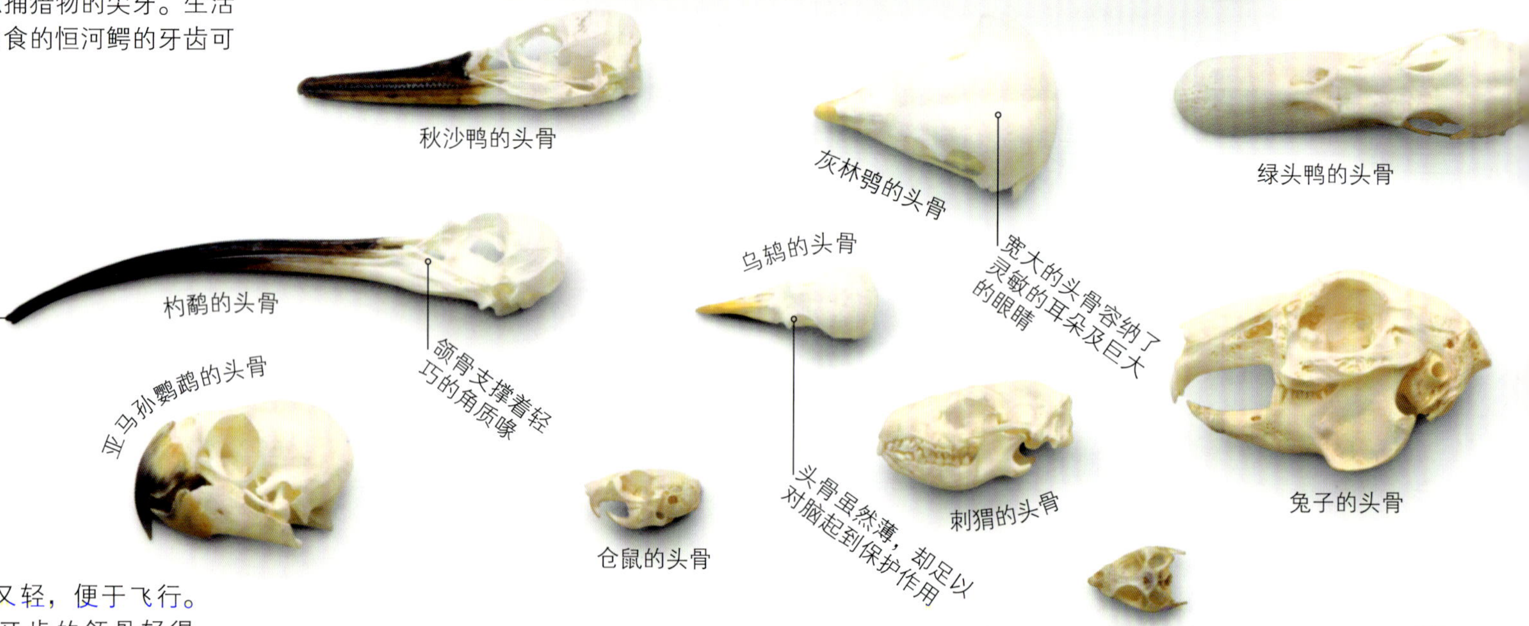

鹦鹉的头骨 ▸

鸟类的头骨又薄又轻，便于飞行。鸟喙一般比长着牙齿的颌骨轻得多，它们也许不适合用于咀嚼，但某些鹦鹉的喙却非常坚硬，可以啄开坚果。

蛙的头骨 ▸

蛙的头骨很宽，为它们大大的眼睛和嘴提供了足够的空间。它们能一口吞下整个猎物而不需要咀嚼。

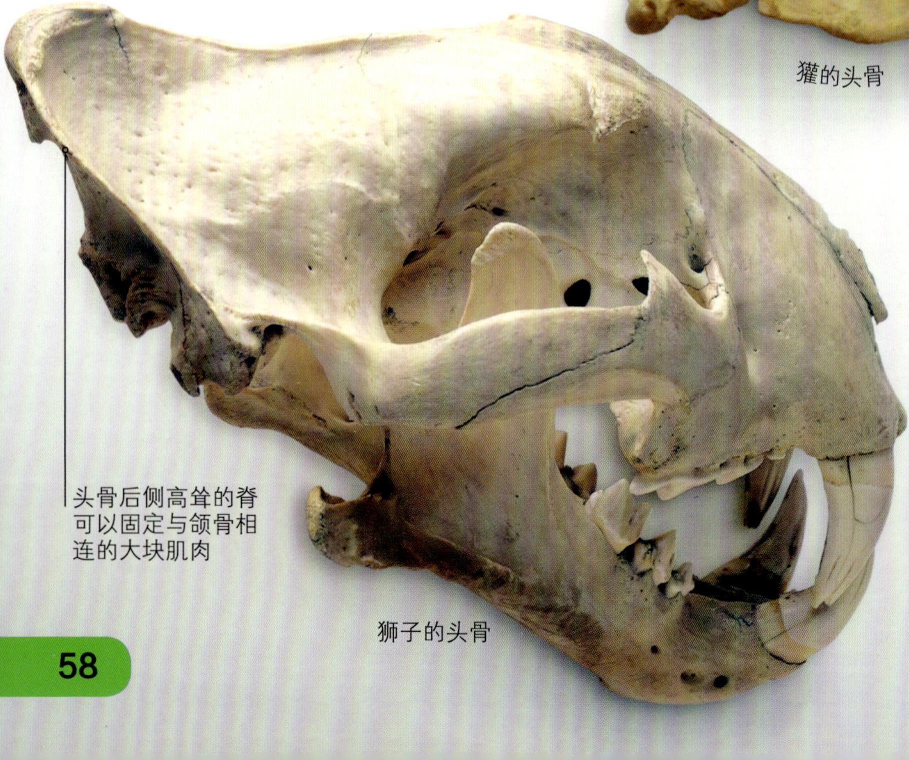

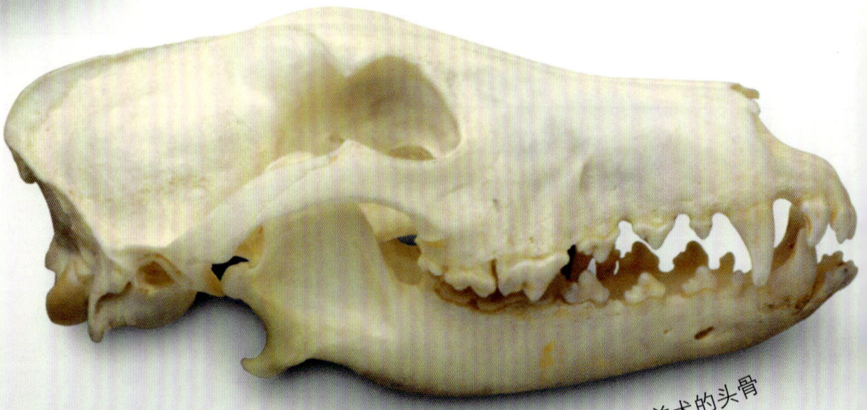

◂ 狮子的头骨

与猫一样，狮子也是捕猎高手。狮子拥有短而强壮的颌骨，颌骨前部长着巨大且尖利的犬齿，后部则生有切肉机一样的裂齿。

头骨

大多数脊椎动物的头骨非常结实。头骨由头盖骨、颌骨及面骨组成。头盖骨起到保护脑的作用，颌骨主要支撑牙齿或喙，而面骨则容纳了眼窝和鼻腔。所有头骨加在一起很重，但颈部强壮的肌肉可以很好地支撑头骨的重量。

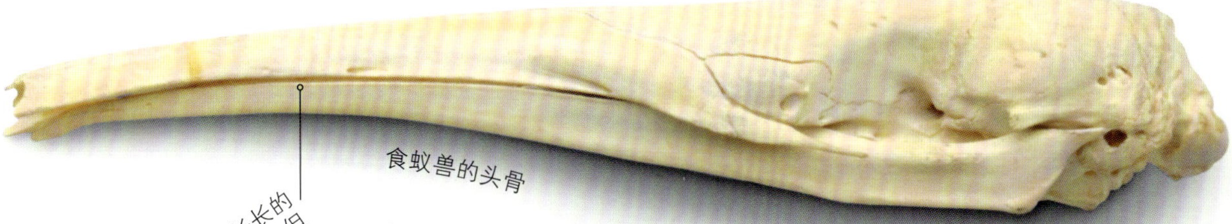
食蚁兽的头骨

食蚁兽拥有长长的下颌骨和舌头，但它们没有牙齿

▼ 羚羊的头骨

一些动物，如羚羊和牛，头上长着又大又结实的角，可以用于防御或与对手争斗。雄鹿的鹿角可以用来吸引雌鹿和与其他雄鹿搏斗，但这些角会在繁殖季节后脱落。每年雄鹿都会长出新的角。

羚羊的头骨

强壮的骨质柱外覆盖着坚硬的外壳，即有棱的角

羚羊长长的口鼻部能够使它们一边吃草一边提防危险

鹿的头骨

鹿茸是雄鹿未骨化的密生茸毛的幼角，具有很好的药用价值

长在下颌上的像刀一样锋利的门齿非常适于切割草和采集树叶

梭鱼的头骨 ▶

鱼的头骨相当坚固，但不同骨块之间却不像哺乳动物那样是连接在一起的。很多鱼的下颌骨与头骨其他部分是分离的，但它们之间通过骨头连在一起，这些骨头能够使颌骨向前伸出捕捉猎物。

梭鱼的头骨

这种凶猛且游速极快的捕食者的眼睛位于其宽大的眼窝中

巨大的颌上长着像针一样尖的牙齿，可以紧紧地咬住猎物而不滑脱

▼ 狒狒的头骨

作为人类的近亲，狒狒的头骨与人类的很相似，但狒狒的颌骨更长，臼齿更大。这是因为狒狒会吃大量的草，需要它们具备更强的咀嚼能力。狒狒还长有长而尖的犬齿，有助于杀死其他动物，或在狒狒之间进行争斗时派上用场。

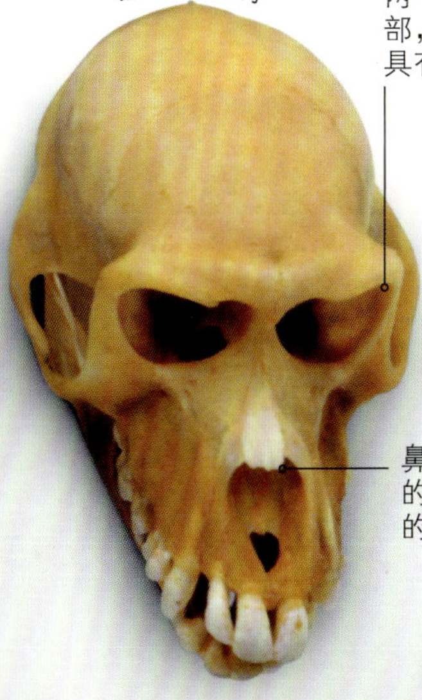
狒狒的头骨

两个眼窝位于头骨的前部，使狒狒看到的物体具有立体感

鼻腔处有一块薄薄的卷曲的骨，负责支撑探测气味的薄膜

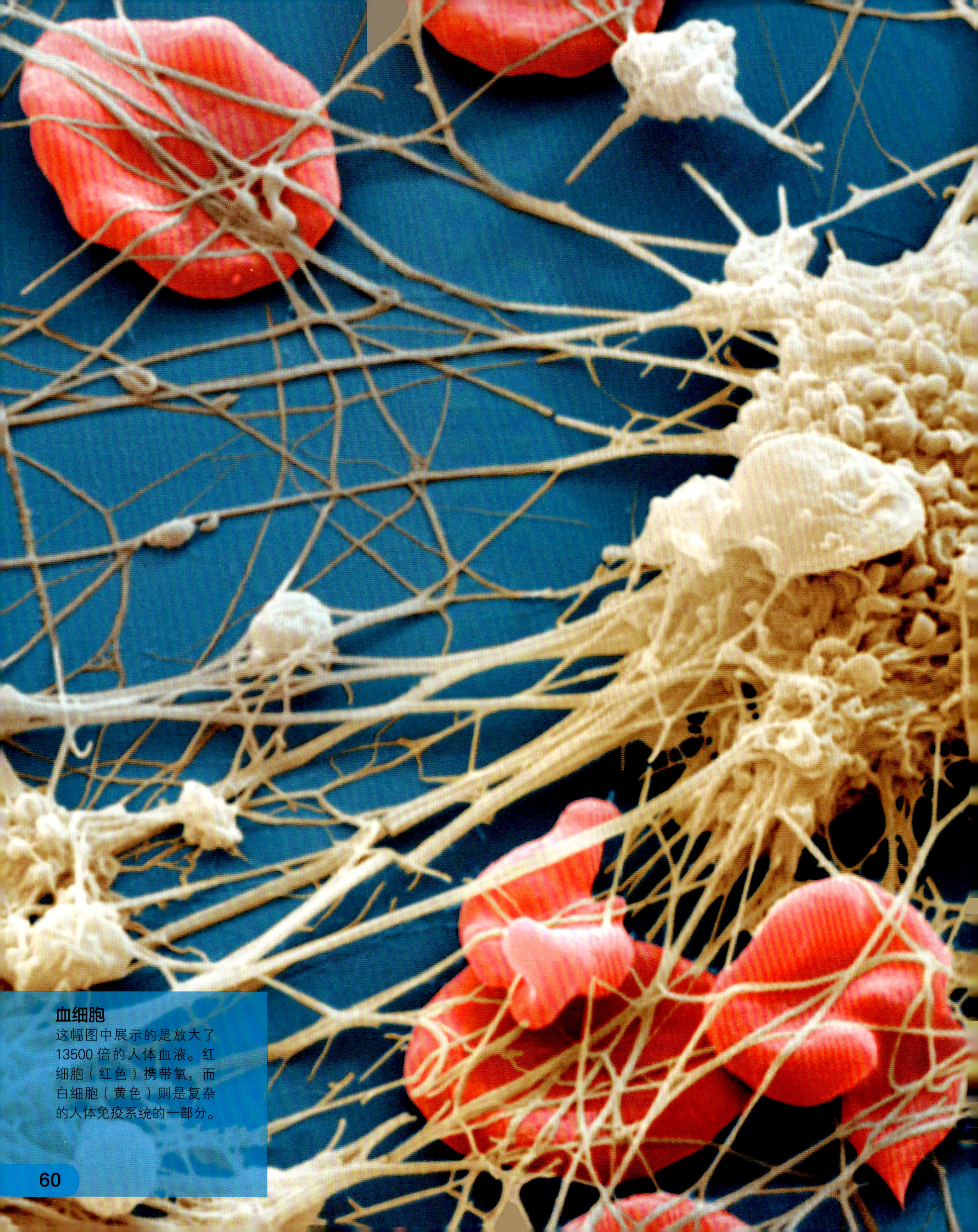

血细胞

这幅图中展示的是放大了13500倍的人体血液。红细胞（红色）携带氧，而白细胞（黄色）则是复杂的人体免疫系统的一部分。

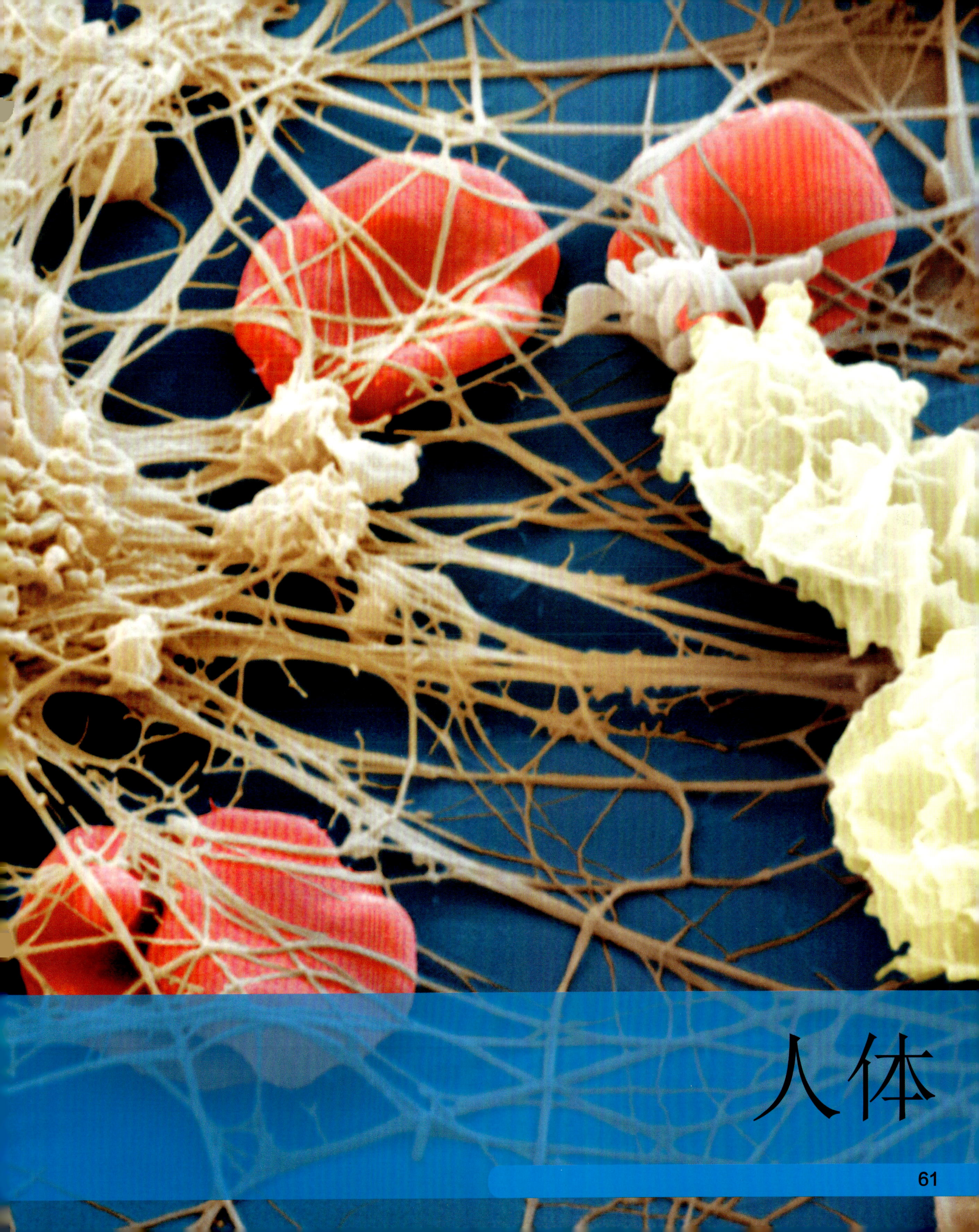

人体

细胞

人体由数以万亿计微小的有生命的单位——细胞组成。人体里的细胞有200多种类型，每种类型的细胞都有自己的形状、大小和功能。通常，同一类型的细胞在一起结合成组织。每个细胞都被一层薄膜包裹着，营养物质和其他物质进出细胞，都由这层薄膜控制。细胞不断分裂成两个一模一样的“后代”，从而增加数量。细胞分裂使身体得以生长，损坏和衰老的细胞则被替换。

单核细胞能伸出伪足抓住细菌（蓝色），然后将它吞噬

❶ 神经细胞

神经细胞又叫神经元，分布在脑、脊髓和神经里，能产生和传输被称为神经冲动的高速电信号。这些冲动能协调身体活动，使我们能够感觉、思考和移动。

❷ 白细胞

白细胞在血液和被称为淋巴的澄清体液里循环，能帮助身体抵御疾病。白细胞分为单核细胞、中性粒细胞和淋巴细胞等。单核细胞和中性粒细胞能吞噬细菌和其他微生物，淋巴细胞能释放抗体。

❸ 上皮细胞

上皮细胞紧密地排列在一起，形成一个屏障，阻止有害的化学物质和细菌进入身体组织。它们覆盖在身体表面，构成最外层的皮肤，还覆盖在胃、肺、膀胱等空腔脏器上。

❹ 骨细胞

骨细胞使骨骼保持健康状态。起初，骨细胞产生基质和纤维，然后被限制在椭圆形的骨陷窝中。骨陷窝通过骨小管彼此连通，并从邻近的血管中获取养分。

❺ 肝细胞

肝细胞使肝拥有上百种控制血液成分和维持身体稳定的功能，其中包括加工和储存营养物质及排除毒素。

❻ 脂肪细胞

脂肪细胞是专门储存脂肪的细胞。脂肪细胞聚集在一起，形成脂肪组织，用作能量储备和器官（如肾）的缓冲垫，皮下的脂肪层还能起到隔热的作用。

骨骼

人体的骨骼由206块骨头组成，坚固而灵活，它支撑着人的身体，并且能够被肌肉牵引着完成各种动作。骨骼还保护着脆弱的内脏器官，如脑和肺。骨头约占人体重量的20%。骨头之间的连接处称为关节，依靠坚韧的条带状组织——韧带将骨头连接在一起。

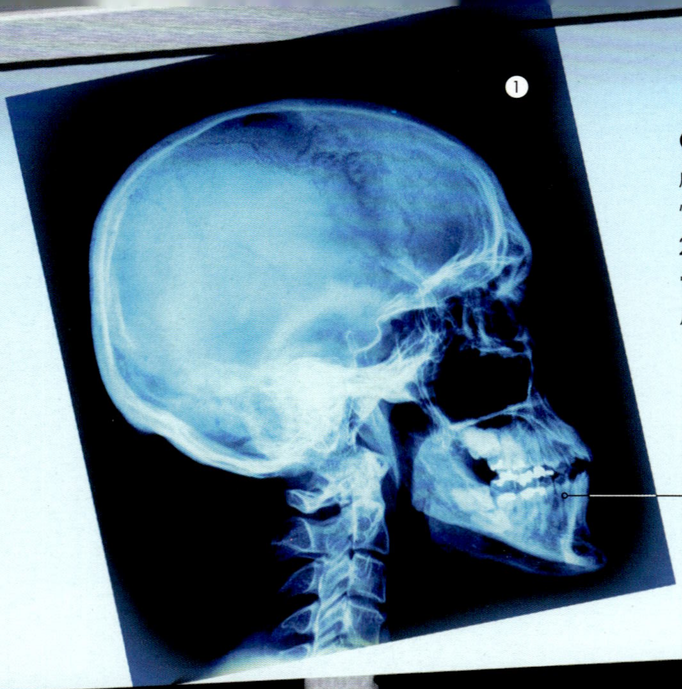

❶ 头

颅骨保护着脑，支撑着面部，控制表情的肌肉也附着在颅骨上。颅骨由23块骨头组成，其中除下颌骨和舌骨外，各骨之间都借缝或软骨相连，属不活动的连结。

❷ 胸

胸部的骨骼包括胸骨、肋骨和部分椎骨。这些骨头共同组成了笼子一样的结构，保护着肺和心脏。

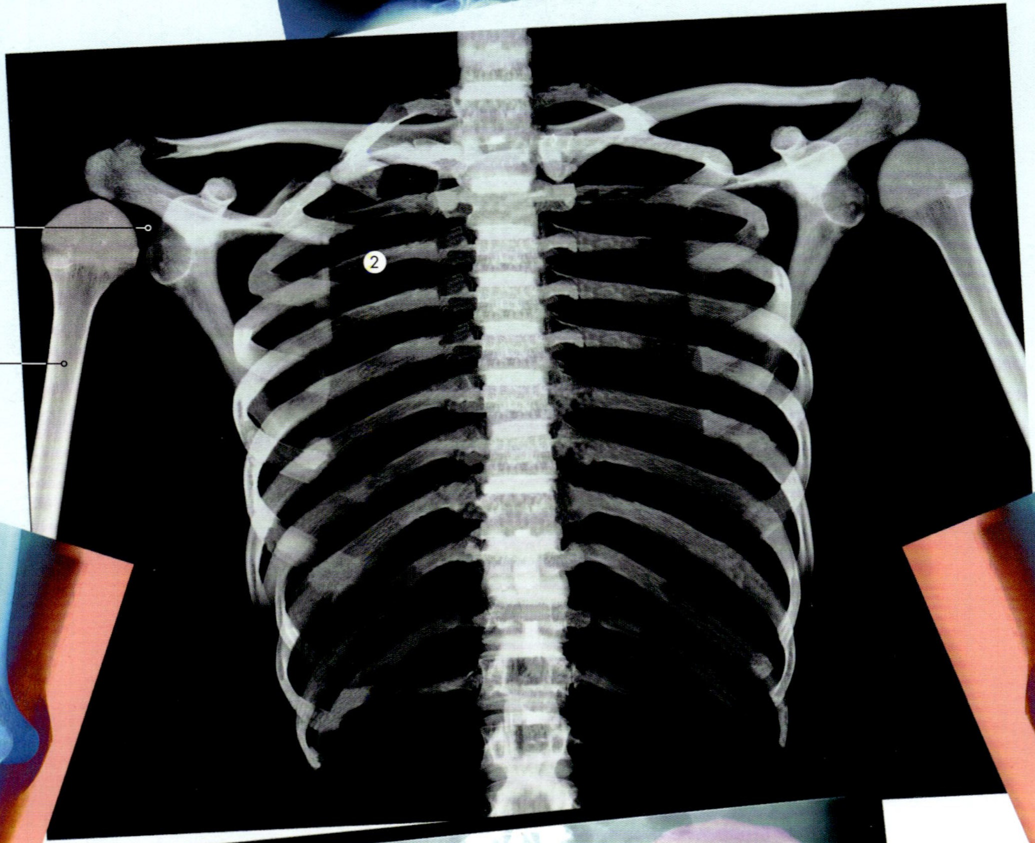

❹ 肘

上臂的肱骨与前臂的尺骨、桡骨在肘部交会。肘关节就像门上的铰链，使胳膊能够弯曲和伸直。肘关节还可以使前臂旋转，使手掌朝上或朝下。

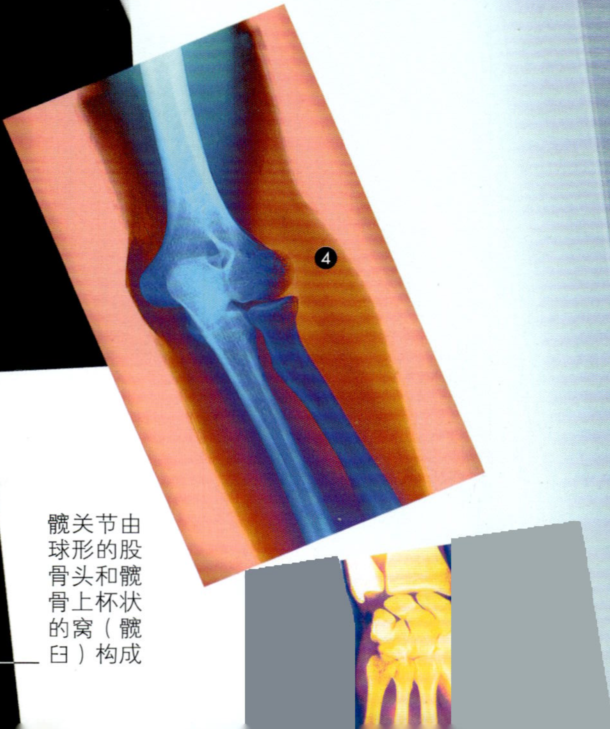

❸ 前臂

前臂有两块骨头——尺骨和桡骨。尺骨与肱骨构成了肘关节；桡骨的远端与腕骨构成了腕关节。

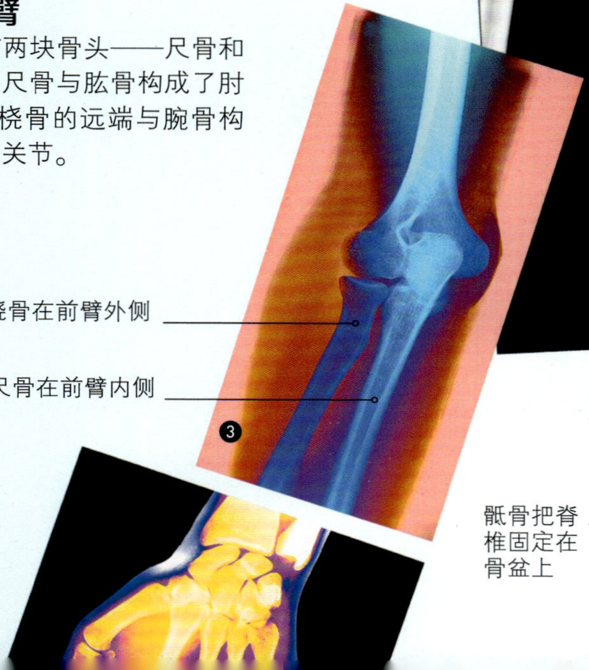

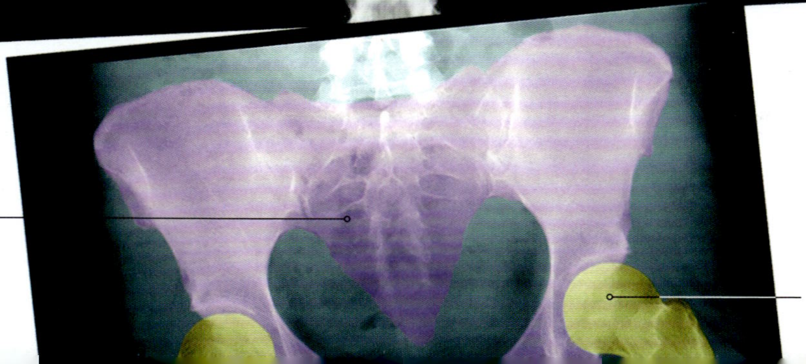

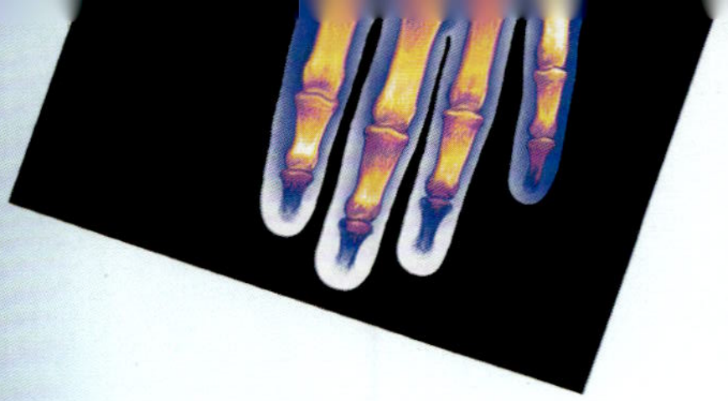

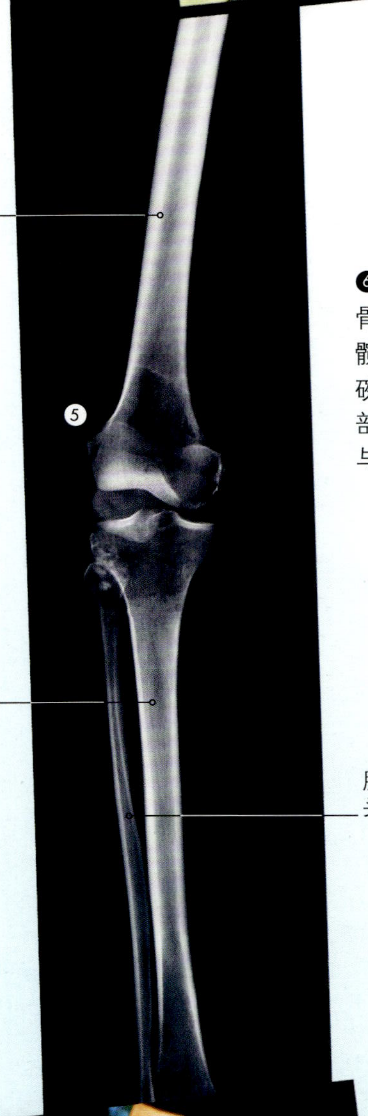

股骨是人体最长的骨头

❺ 膝

膝关节在股骨（大腿骨）与胫骨（小腿骨）之间，是人体最强大最复杂的关节。膝关节使腿能够弯曲和伸直，并在做跑、跳、踢等动作时支撑身体的重量。

胫骨分别与股骨和跗骨形成关节

腓骨是小腿两块骨头中较小的一块

❽ 脚

脚由跗骨、跖骨和趾骨构成，身体由脚支撑和移动。这些骨头提供了一个柔韧的平台，在身体移动时把身体推离地面。

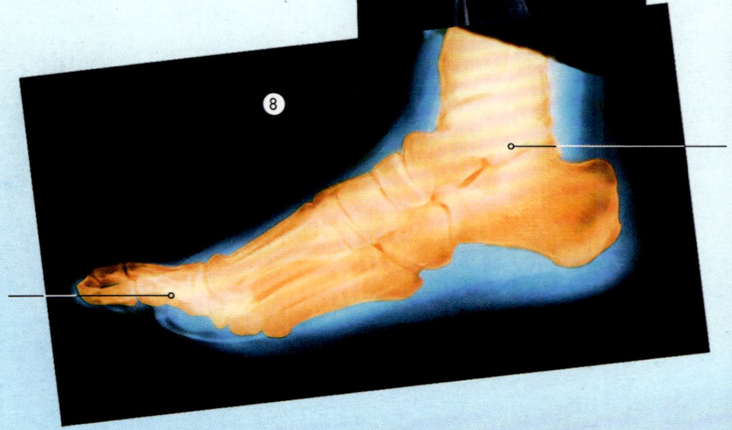

跗骨有 7 块，它们构成了脚踝、脚跟和部分足弓

脚趾由 14 块趾骨构成

❻ 骨盆

骨盆是由两块表面弯曲的髋骨及骶骨组成的坚固的碗状结构。骨盆支撑着腹部的器官。股骨通过骨盆与骨骼的其他部分相连。

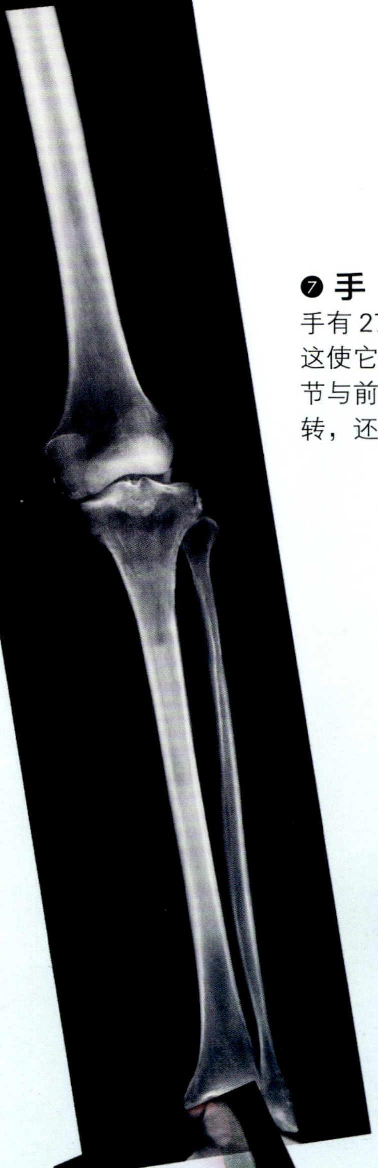

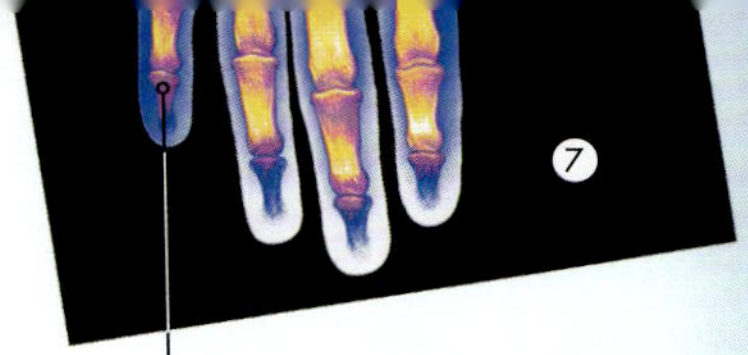

指骨有 14 块，它们构成了拇指和其他手指

❼ 手

手有 27 块骨头和许多可活动的关节，这使它能完成许多动作。手通过腕关节与前臂相连。人的拇指不仅能够旋转，还能触碰到其他手指。

❾ 脚趾

趾骨比指骨短，并且不如指骨灵活。趾骨不仅能使身体直立，还能使身体踮脚站立。走路时趾骨协助身体向前移动。

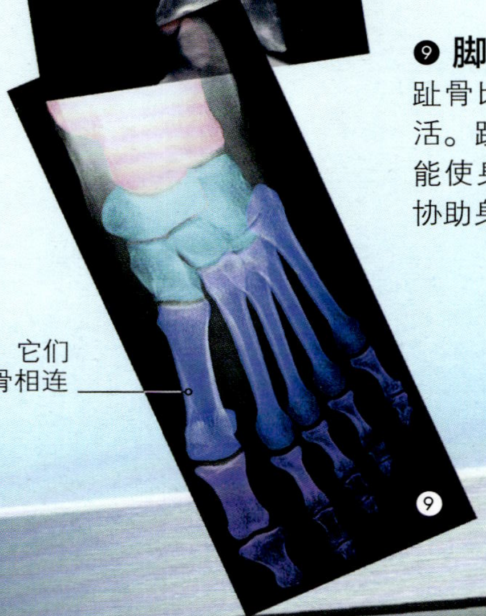

跖骨有 5 块，它们将趾骨与跗骨相连

肌肉

身体的每一个动作，无论是跳跃、眨眼，还是心脏跳动，都是由肌肉产生的。骨骼肌附着在骨头上，牵引骨头，使我们随意运动。平滑肌将食物沿肠道推动。心肌使心脏跳动。所有肌肉都是由叫作肌纤维的细胞构成的，通过收缩来产生牵引力。

❶ 骨骼肌

骨骼肌纤维呈细长的圆柱形，长度可达 30 厘米。肌纤维集合成束，平行排列，构成肌肉，并通过强韧的肌腱附着在骨头上。骨骼肌受神经系统指示，移动身体。

❷ 平滑肌

平滑肌纤维集结成层，构成空腔脏器(如小肠、膀胱)的内壁，将食物、尿液等向前推动。平滑肌收缩得很慢，而且不受意志支配。

❸ 心肌

心肌纤维只存在于心脏内，纤维分支构成一个网络，自动收缩，且不知疲倦地将血液输送到全身。神经系统的刺激可根据身体的需要加快或减慢心率。

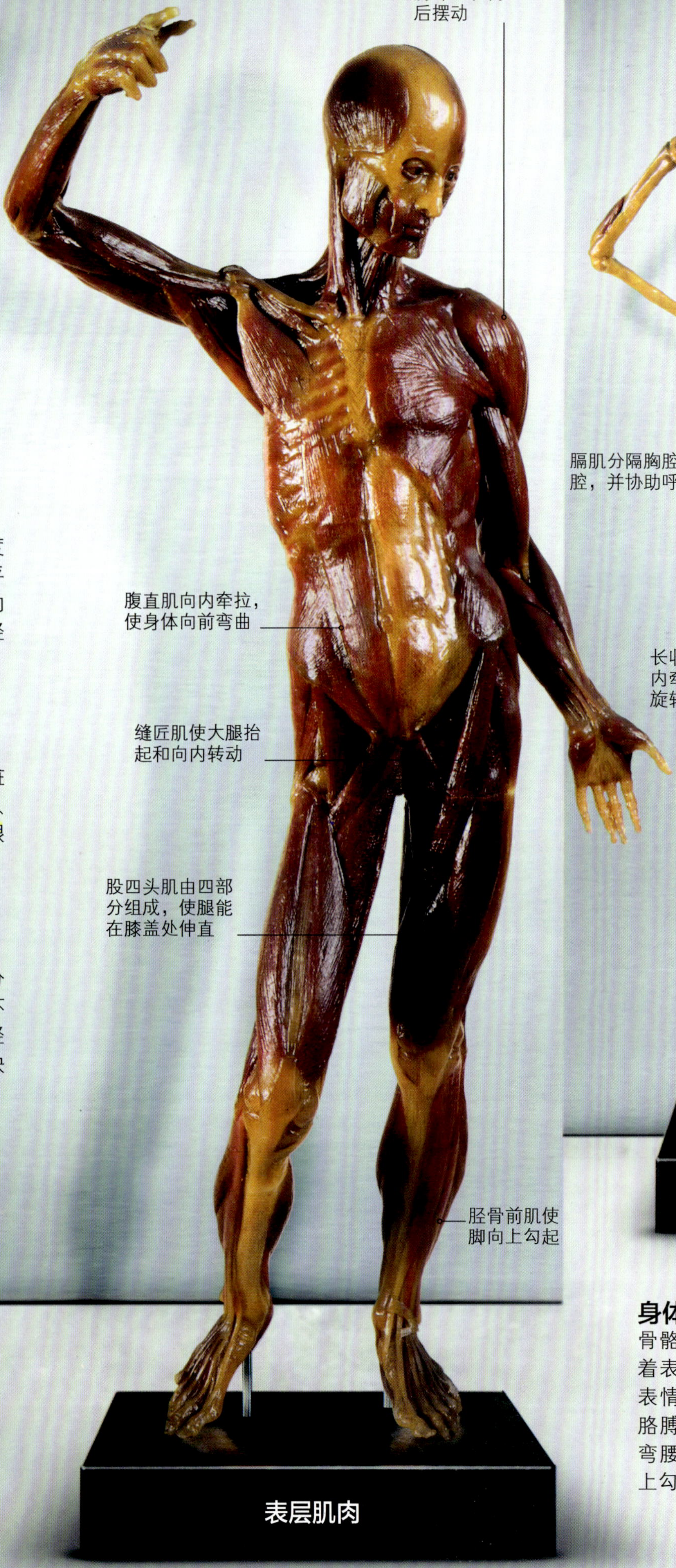

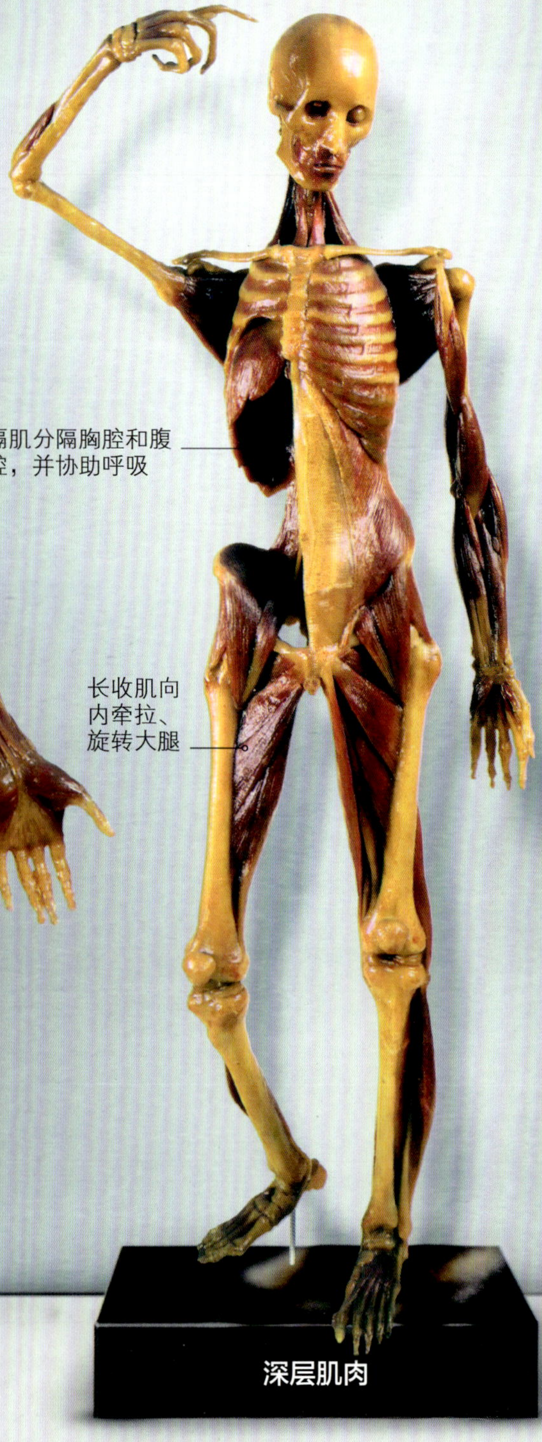

身体前部的肌肉

骨骼肌排成互相重叠的许多层，外面覆盖着表层肌肉。身体前部的肌肉能产生面部表情，使头向前方和两侧移动，向前移动胳膊，使胳膊在肘部弯曲，向前方和两侧弯腰，抬起大腿，伸直膝盖，以及使脚向上勾起。

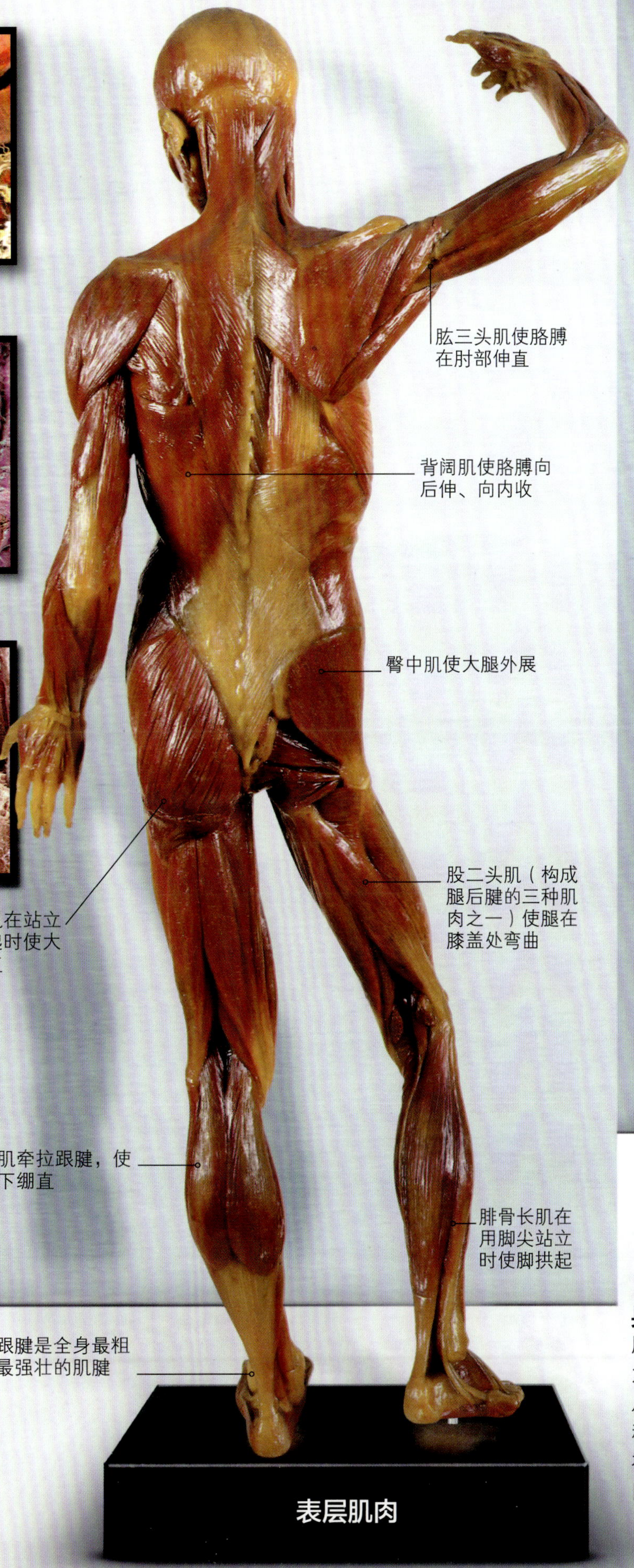

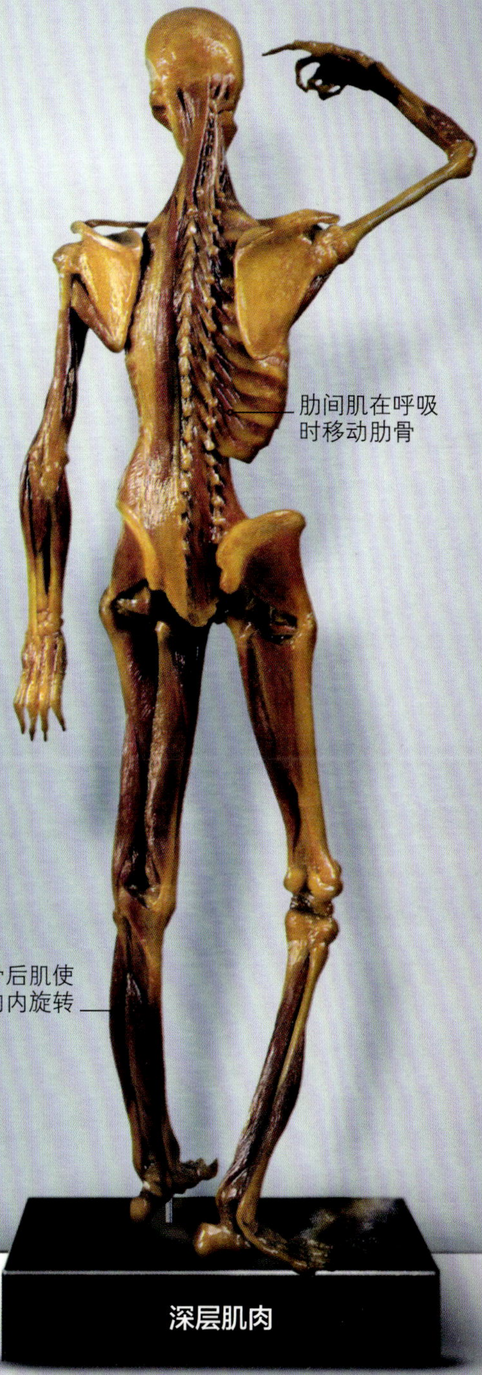

身体后部的肌肉

所有肌肉都有拉丁文名称，用于描述它们的大小、位置、形状、作用或其他特征。这些从头到脚分布在身体后部的肌肉能使头竖直，稳定肩部，挺直腰身，向后伸胳膊，使胳膊在肘部伸直，在髋部伸直大腿，弯曲膝盖，以及把脚向下绷直。

系统

人体里有大量高度有序的细胞。同一类型的细胞聚在一起形成组织。器官由两种或多种组织构成。多个器官关联起来构成系统，每个系统都有各自的职责，如消化系统具有消化食物、吸收营养的作用。人体有11个（也有9个或8个之说）系统，这些系统通力合作，相互作用。这里展示了6个系统的组成器官。另外5个系统是骨骼系统、肌肉系统、内分泌系统、免疫系统和生殖系统。

◀ 脑

脑是神经系统的中枢。神经系统负责控制身体的活动，由布满沟回的大脑所支配。大脑使我们能够感觉、思考、记忆，并向身体发出各种指令，完成各种动作。脑还包括小脑和脑干。小脑藏在大脑下面。脑干控制呼吸和心率，并把脑与脊髓连接起来。

◀ 脊髓

脊髓与脑相连，向下延伸到背部，通过脊神经在脑和身体之间传递信号。脊髓还控制着许多身体的反射动作，如接触到尖锐的东西，手会立刻缩回。脑、脊髓和神经共同构成神经系统。

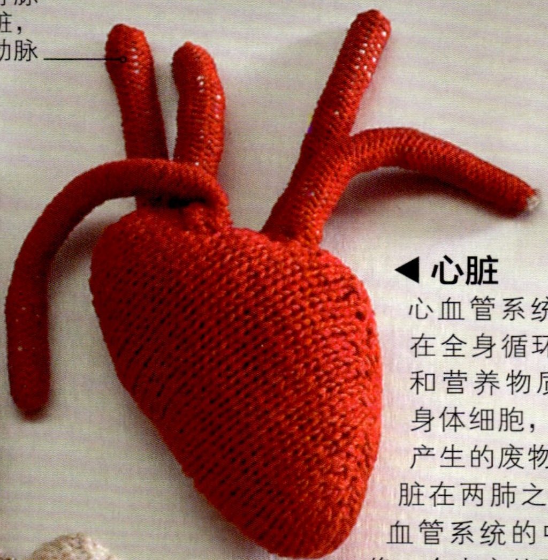

◀ 心脏

心血管系统使血液在全身循环，把氧和营养物质输送给身体细胞，并把细胞产生的废物带走。心脏在两肺之间，是心血管系统的中枢。它像一个中空的泵，每分钟收缩70次以上，把血液泵出，使其沿血管流遍全身。

肺 ▼

呼吸系统包括两个肺和把空气从外界带进体内的呼吸道。肺的主要部分是气道，气道多次分支组成树状结构。细支气管壁上有数以百万计的微小的肺泡。空气中的氧通过这些肺泡进入血液，然后被输送到全身各处，并把从食物中得到的能量释放。

◀ 脾

脾是淋巴系统的一部分。它里面的白细胞能杀灭细菌、对抗感染。另外，脾还有清除血液中衰老的红细胞的功能。

◀胃

胃是一个囊状器官。食物经过咀嚼、吞咽后进入胃，胃接受和储存食物后体积膨胀。储存在胃里的食物被胃壁搅拌成半消化的粥状，然后被送入小肠。

▲肝

肝是人体内部最大的器官，它控制血液成分，加工小肠吸收的营养物质。

胰腺▶

胰腺分泌的消化酶进入小肠帮助消化，它分泌的胰岛素进入血液，控制血液中葡萄糖的水平。

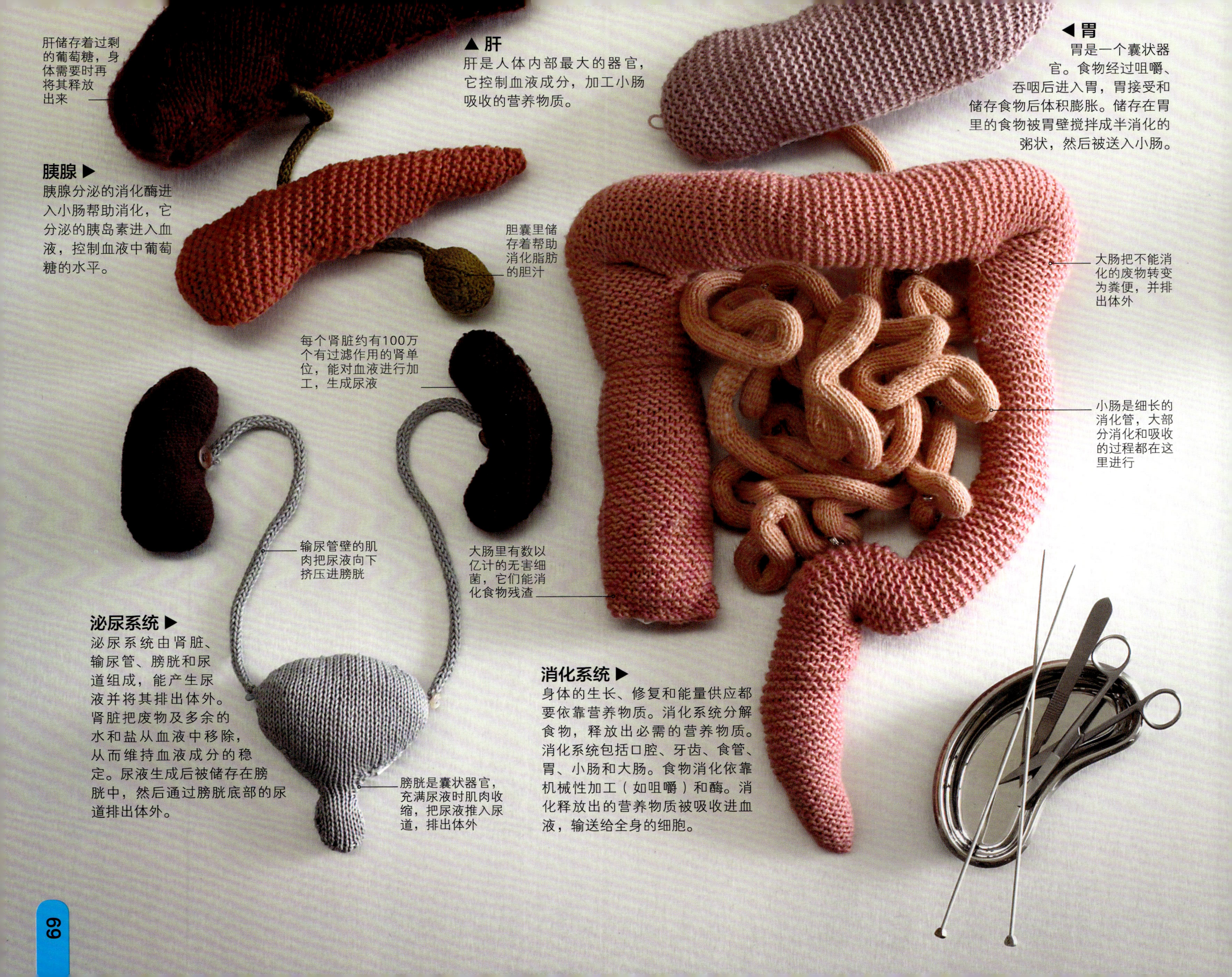

泌尿系统▶

泌尿系统由肾脏、输尿管、膀胱和尿道组成，能产生尿液并将其排出体外。肾脏把废物及多余的水和盐从血液中移除，从而维持血液成分的稳定。尿液生成后被储存在膀胱中，然后通过膀胱底部的尿道排出体外。

消化系统▶

身体的生长、修复和能量供应都要依靠营养物质。消化系统分解食物，释放出必需的营养物质。消化系统包括口腔、牙齿、食管、胃、小肠和大肠。食物消化依靠机械性加工（如咀嚼）和酶。消化释放出的营养物质被吸收进血液，输送给全身的细胞。

呼吸

身体中大量的细胞需要不间断的氧气供应，这样才能提供细胞自身生存所需的能量。这些细胞借助呼吸过程获得氧。富含氧的空气通过呼吸系统进入身体。氧通过肺进入血液，并被输送到细胞。代谢产生的二氧化碳被血液带到肺，呼出体外。

呼吸系统

呼吸系统位于头、颈和胸部，包含两个填满了大半个胸腔的肺及呼吸道。呼吸道是供空气通过的管道，包括鼻腔、咽、喉、气管和支气管。这张 X 射线图显示了胸腔中的呼吸系统。

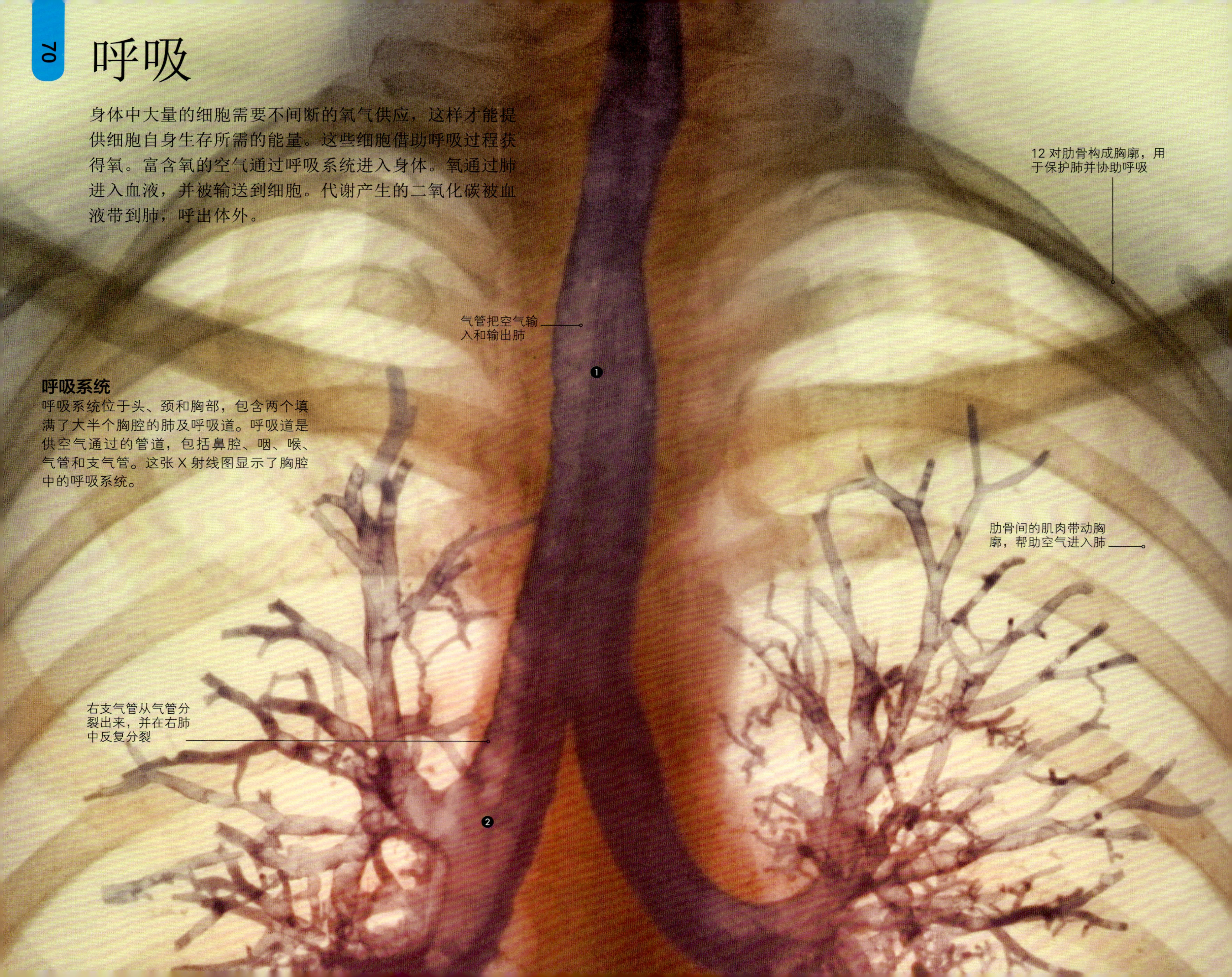

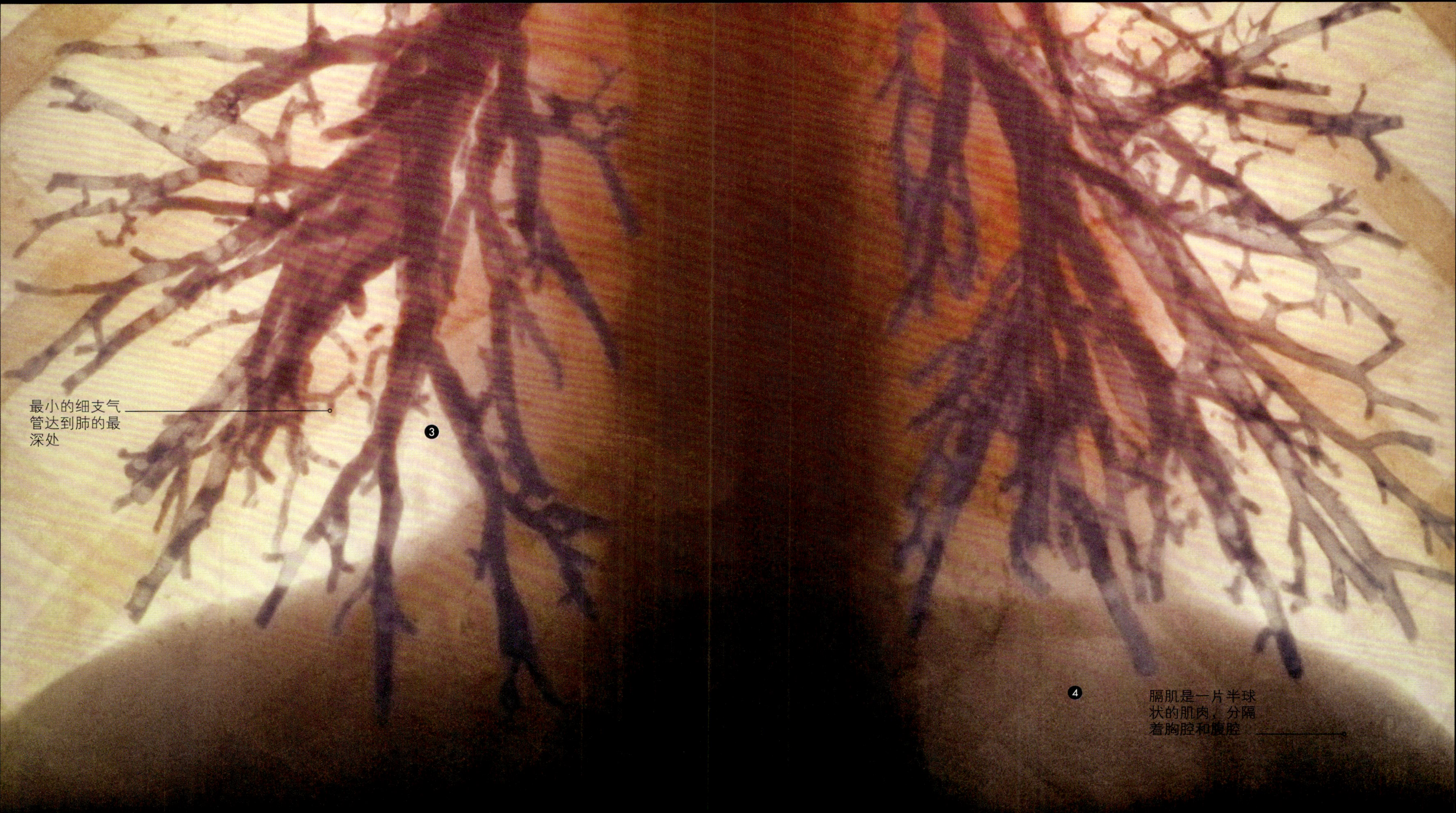

① 气管

气管是一条柔韧的管子，上端与喉连接，下端分裂为两条支气管。气管被 C 形的软骨环围绕，使气管在吸气时保持开放状态。气管内壁衬有黏膜，能捕获空气中的污物和微生物，这样的清洁过程从鼻腔就开始了。

② 支气管树

支气管进入肺之后，分裂为更小的支气管，然后继续分裂。从气管到最小的一级细支气管，整个结构被称为“支气管树”，因为它的形状像一棵倒置的树，树干（气管）在上面，树枝（支气管）和细枝（细支气管）在下面。

③ 细支气管和肺泡

最微小的细支气管壁上有许多充满空气的小囊泡，被称为肺泡。肺泡被毛细血管包围。氧通过肺泡壁进入血液，交换出二氧化碳，二氧化碳沿着与氧相反的路径被排出体外。肺泡的表面积极大，因此气体交换的效率很高。

④ 膈肌

膈肌位于肺的下方，在呼吸过程中起关键作用。吸气时，肋骨间的肌肉将肋骨向上、向外牵引，膈肌收缩、变平。这时胸腔的空间扩展，空气被吸入肺。呼气时，膈肌松弛，肋骨下降并向内收缩，肺内的气体被挤出。

血液

血液流遍全身，把营养物质、氧和其他必不可少的物质输送到细胞，并把细胞产生的废物带走。血液还能把热量散布到全身，并使身体免受感染。血液由浅黄色的液体——血浆构成，血细胞漂浮在血浆里。红细胞从肺中带走氧，并将其输送到全身。白细胞帮助身体抵御病菌。血液中还有血小板，如果血管受损，血小板能使血液凝固堵住伤口。心脏把血液泵出，血液沿着三种类型的血管流遍全身：动脉把血液带离心脏；静脉把血液送回心脏；毛细血管连接动脉与静脉，并为细胞供应血液。

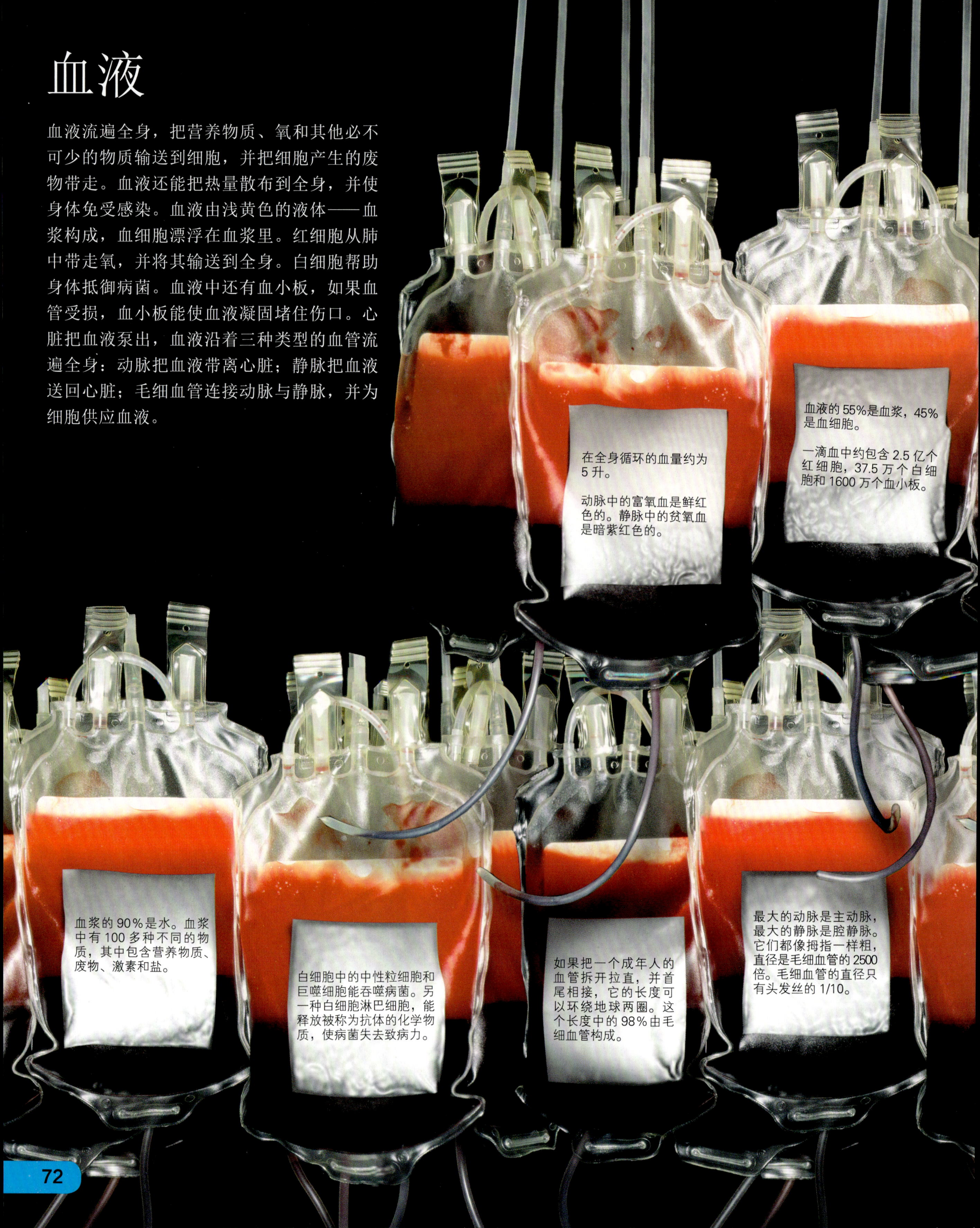

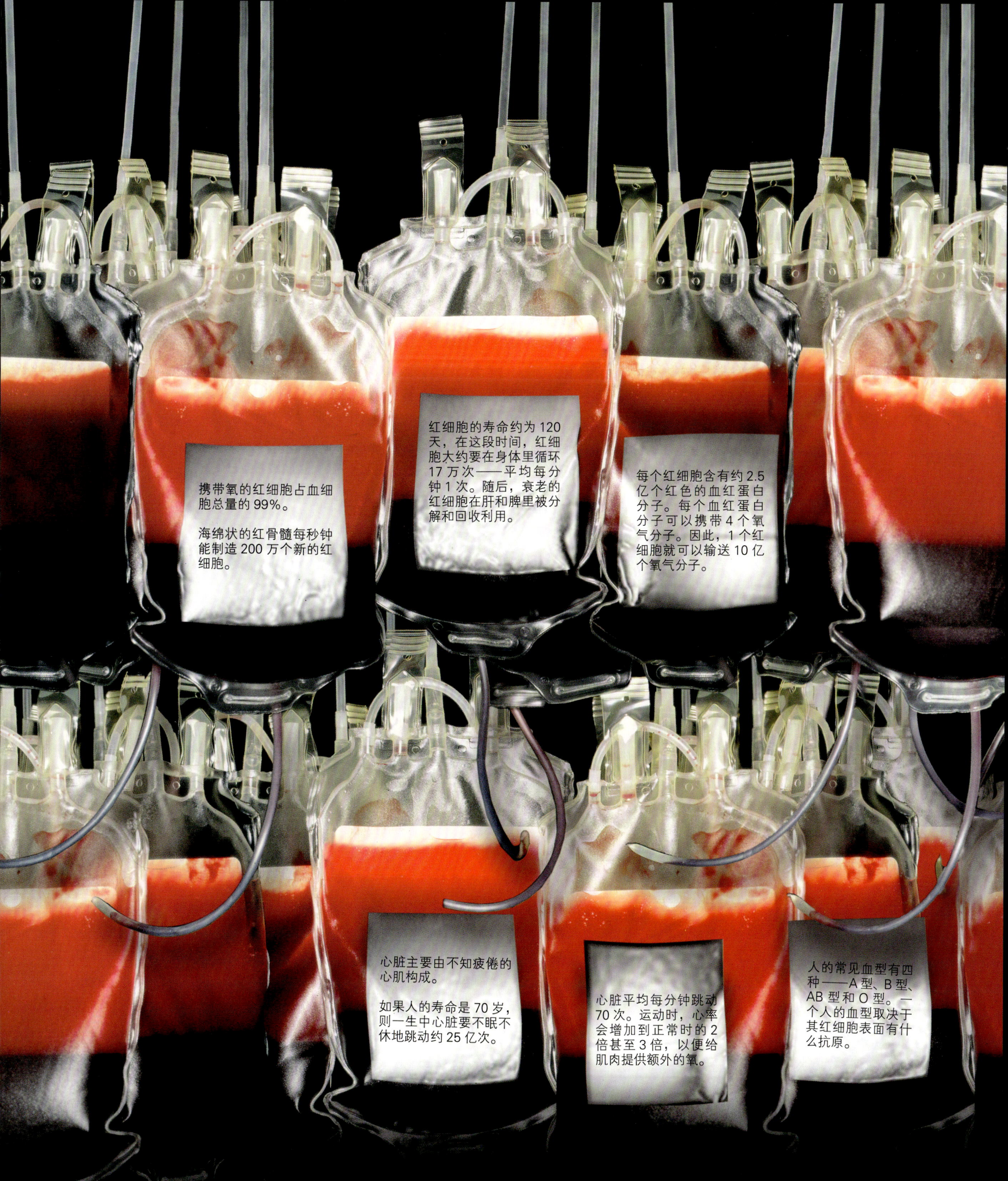

携带氧的红细胞占血细胞总量的 99%。

海绵状的红骨髓每秒钟能制造 200 万个新的红细胞。

红细胞的寿命约为 120 天，在这段时间，红细胞大约要在身体里循环 17 万次——平均每分钟 1 次。随后，衰老的红细胞在肝和脾里被分解和回收利用。

每个红细胞含有约 2.5 亿个红色的血红蛋白分子。每个血红蛋白分子可以携带 4 个氧气分子。因此，1 个红细胞就可以输送 10 亿个氧气分子。

心脏主要由不知疲倦的心肌构成。

如果人的寿命是 70 岁，则一生中心脏要不眠不休地跳动约 25 亿次。

心脏平均每分钟跳动 70 次。运动时，心率会增加到正常时的 2 倍甚至 3 倍，以便给肌肉提供额外的氧。

人的常见血型有四种——A 型、B 型、AB 型和 O 型。一个人的血型取决于其红细胞表面有什么抗原。

全世界每年的献血量达1.125亿次。输血可以补充病人在手术中流失的血液，也可以治疗一些其他病症。

皮肤、毛发和指（趾）甲

皮肤是身体最外面的保护层，在脆弱的身体组织与严酷而多变的外界环境之间形成一道屏障。皮肤可以防止水分流失，阻止细菌入侵，帮助身体保持温暖，使我们感知周围的事物。皮肤受到损伤后能自我修复。皮肤最外面的一层由已经死亡的细胞构成，细胞里充满了角质，这是一种坚韧、防水的物质。毛发和指（趾）甲都是皮肤的衍生物，也由充满角质的死亡细胞构成。

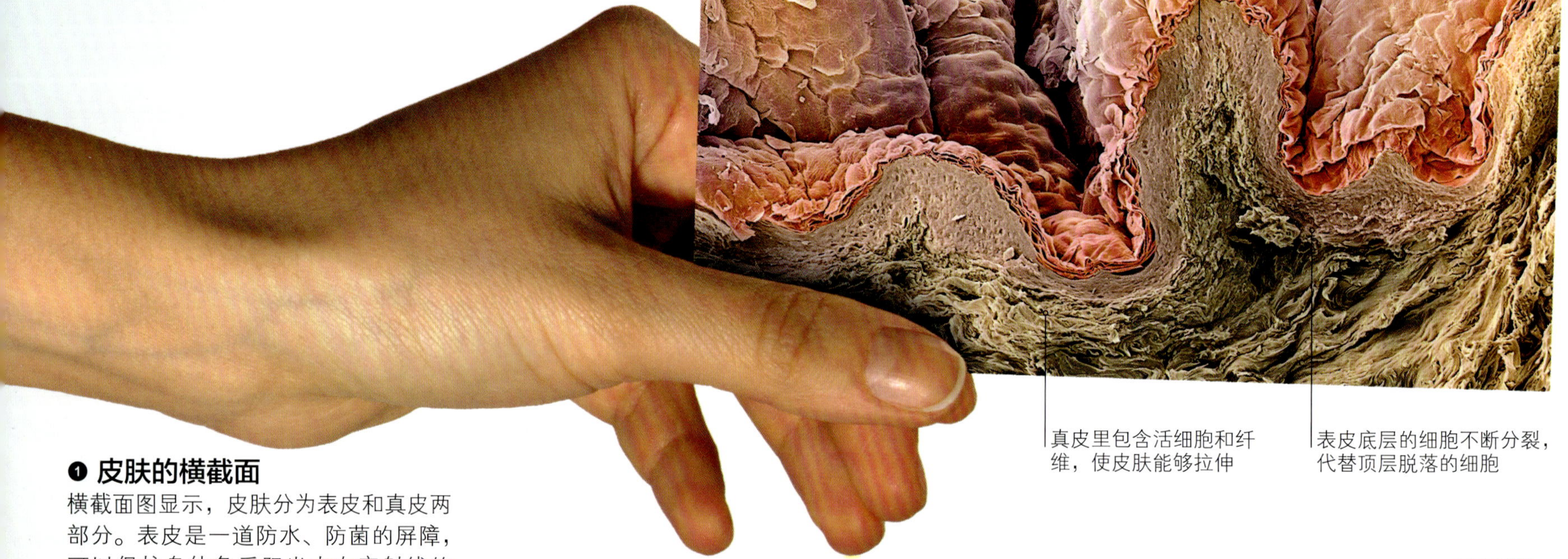

❶ 皮肤的横截面

横截面图显示，皮肤分为表皮和真皮两部分。表皮是一道防水、防菌的屏障，可以保护身体免受阳光中有害射线的损伤。真皮更厚，包含血管、感受器和汗腺。

❷ 汗

汗是一种有咸味的液体，由真皮里的汗腺分泌。在炎热的环境中，皮肤表面排出汗。汗蒸发，带走热量，使体温保持在 37 摄氏度左右。

❸ 肤色

表皮中有一种特殊的细胞，能产生被称为黑色素的褐色色素。黑色素能过滤掉阳光里有害的紫外线，使皮肤细胞免受伤害。

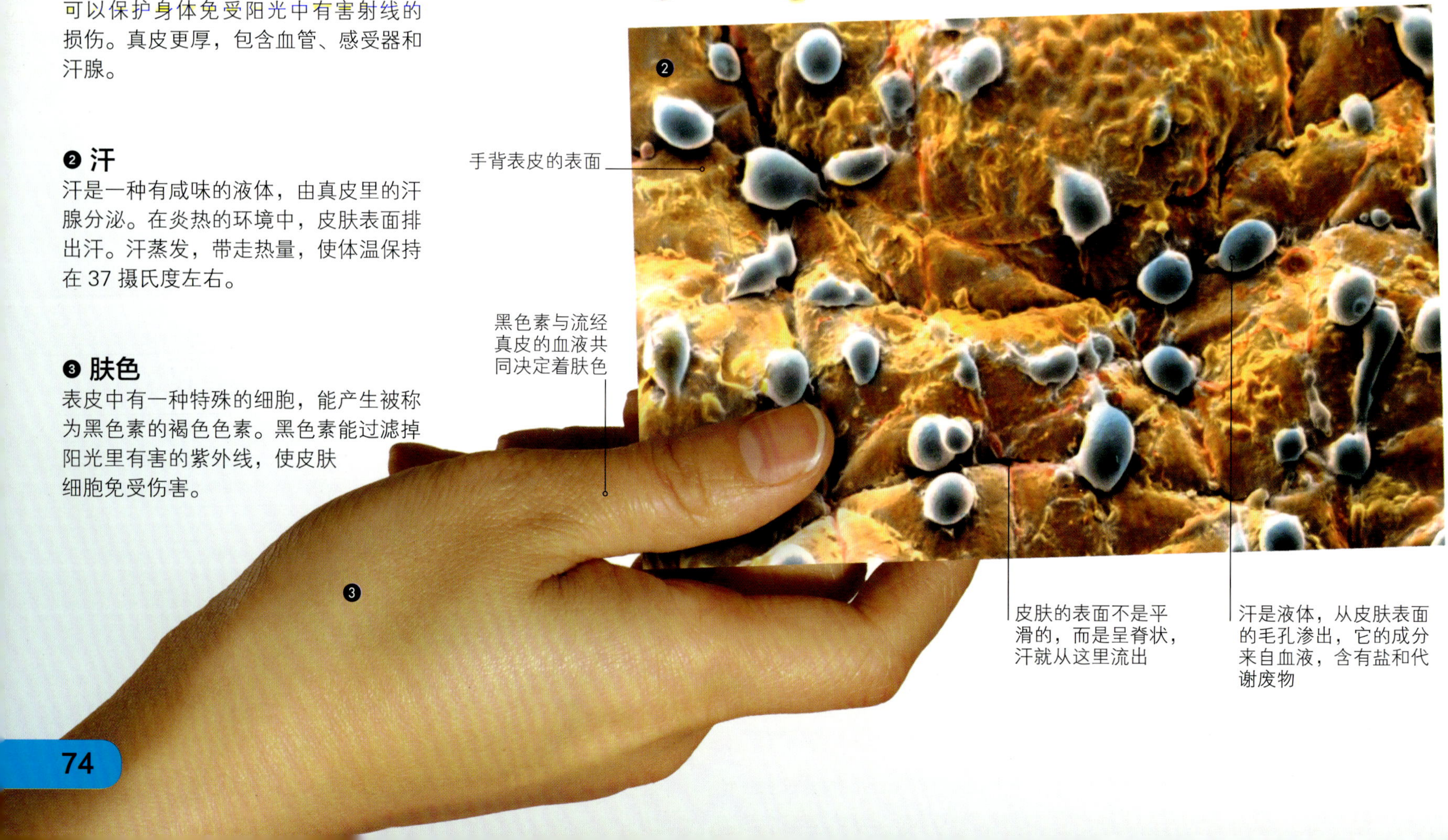

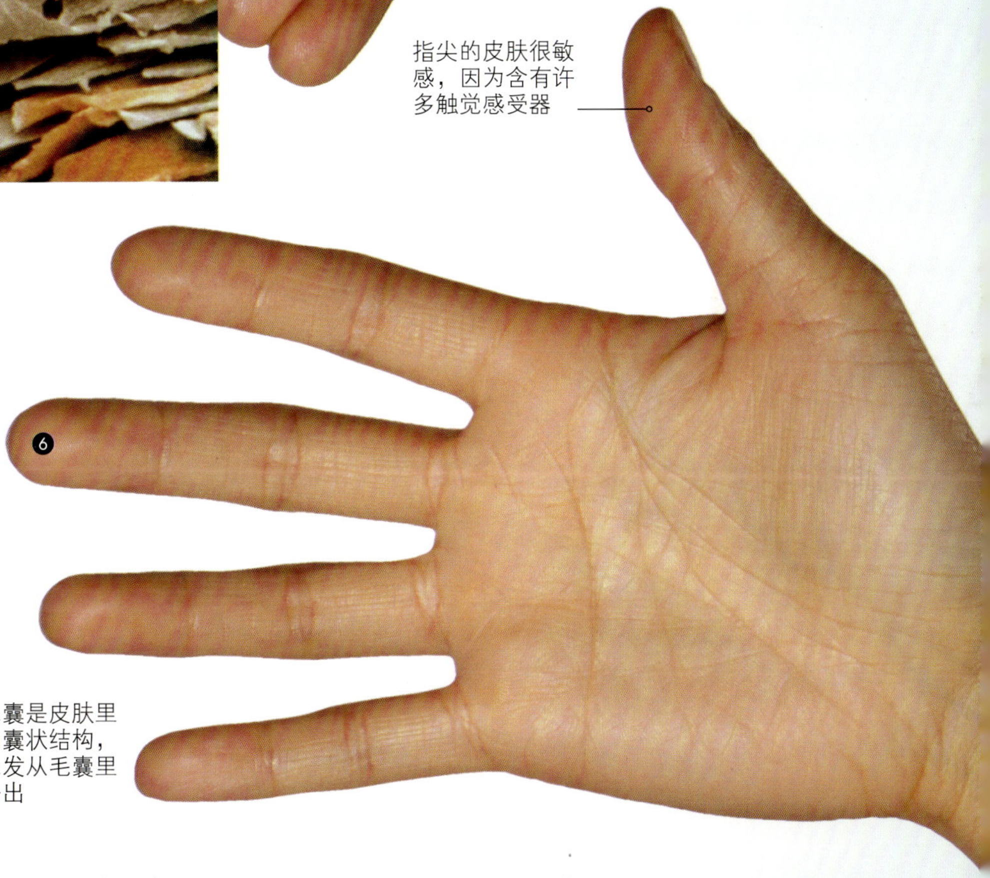

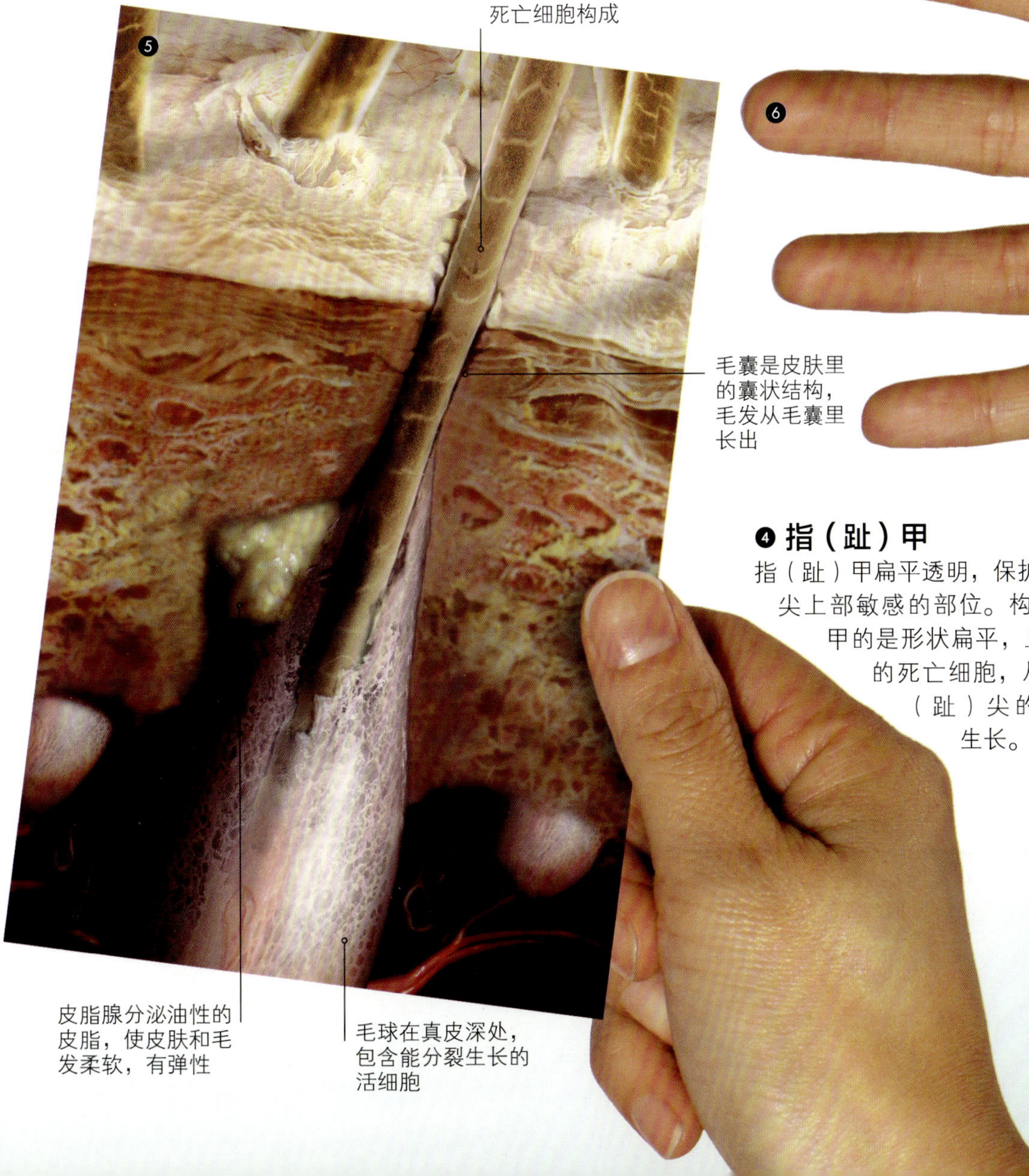

❹ 指（趾）甲

指（趾）甲扁平透明，保护着指（趾）尖上部敏感的部位。构成指（趾）甲的是形状扁平，且充满角质的死亡细胞，从甲根向指（趾）尖的方向推进生长。

❺ 毛发

无数的毛发覆盖着身体的大部分区域。头发保护头部的皮肤免受阳光照射，并减少热量流失。毳毛更短更纤细，使我们在被叮咬之前感觉到落在皮肤上的蚊虫。

❻ 触觉感受器

真皮里有多种感受器，可以感受触摸、压力和振动，并将信号传送到大脑，使我们能感知周围的环境。真皮里还有感受疼痛、冷热的感受器。

脑

脑在颅骨里面，十分安全。脑使我们能够感觉、思考、学习、记忆和运动。脑还能自动调节呼吸等维持生命的重要机能。大脑是脑的主要部分，分为两个半球。左半球控制身体的右侧，负责语言、数学和解决问题，而右半球控制身体的左侧，负责创造、音乐和艺术。大脑的主要职责由它的外层，即大脑皮质来完成。大脑皮质的不同区域各有分工。运动区触发运动，感觉区处理感觉，而联合区则解读信息。

❶ 前额皮质

前额皮质是大脑最复杂的部分，我们之所以成为我们自己，正是由这部分皮质决定的。它决定我们的个性和智力，使我们能推理、计划、创造、学习复杂的概念，以及具有良知。

❷ 布罗卡区

19 世纪的医生保罗・布罗卡发现了这个区域，于是这个区域就以他的姓氏命名。通常布罗卡区位于左半球，它主管语言，决定要说什么话，并向咽喉、舌头和嘴唇的肌肉发出指令，从而产生话语。

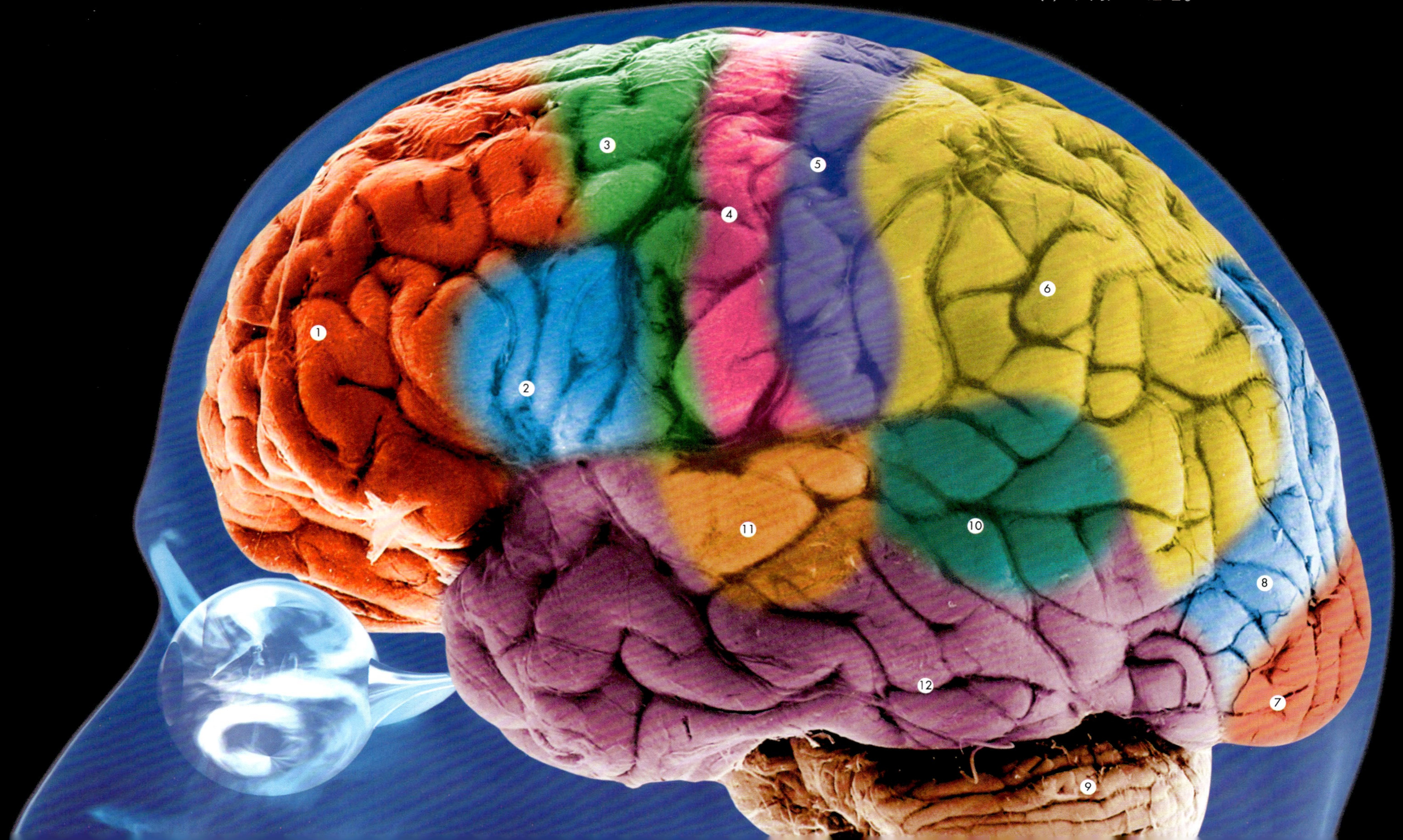

❸ **前运动皮质**

通过学习而获得的运动技巧，如打网球，由前运动皮质控制和协调。前运动皮质通过主要运动皮质向肌肉发送信号，有时也直接控制肌肉。

❹ **主要运动皮质**

我们做的大部分动作都由主要运动皮质控制。在来自小脑和脑的其他部分的信息的指导之下，主要运动皮质向骨骼肌发出指令，告诉它们什么时候，按照什么顺序收缩。

❺ **主要感觉皮质**

皮肤里的触觉、压力、冷热及痛觉感受器向主要感觉皮质发出信号，使我们能够产生这些感觉。嘴唇和指尖的感受器密度很高，因此这些部位非常敏感。

❻ **感觉联合皮质**

触觉、压力和其他皮肤感觉的基本信息被主要感觉皮质传送到感觉联合皮质。在这里，各种感觉被分析、储存，以及与之前的经验做比较。这样我们就能依靠触摸识别物体。

❼ **主要视觉皮质**

当光线照射到眼睛内的视网膜时，上面的感光细胞就向主要视觉皮质发送信号。信号在主要视觉皮质被解读为基本的形状、颜色和动作，然后被传送到视觉联合皮质。

❽ **视觉联合皮质**

来自主要视觉皮质的信息在这里被解读，并与之前的经验做比较。视觉联合皮质能识别我们看到的是什么，以及它的空间位置，从而使我们能“看到”它。

❾ **小脑**

小脑负责使身体运动保持平稳、协调。它分析接收的关于身体当前空间位置和运动状态的信息，然后与主要运动皮质相互作用，使肌肉在精准的时间点收缩。

❿ **韦尼克区**

韦尼克区通常位于大脑的左半球，主要功能是理解听到和读到的词义。这个区以德国医生卡尔·韦尼克的姓氏命名。韦尼克区与布罗卡区有直接的联系，布罗卡区使我们能说出听到或看到的词。

⓫ **主要听觉皮质**

耳朵听到声音时，就向主要听觉皮质发送信号。声音的音量、音高和韵律在这里被识别。然后，信息被传到听觉联合皮质。

⓬ **听觉联合区**

声音在听觉联合区被“听到”。听觉联合区利用来自主要听觉皮质的信息，拼合出完整的声音，并与存储在记忆中的各种声音做比较，识别它是音乐、语言，还是雷声等其他声音。

感觉

感觉使我们能感知到周围的世界及其中发生的事情。眼睛能感受光波，耳朵能感受声波，这两个器官使我们能够看和听。舌头和鼻子能感受分散的化学物质，这两个器官使我们能够尝和嗅，享受美味和芳香。皮肤使我们感觉物体的质地和温度。

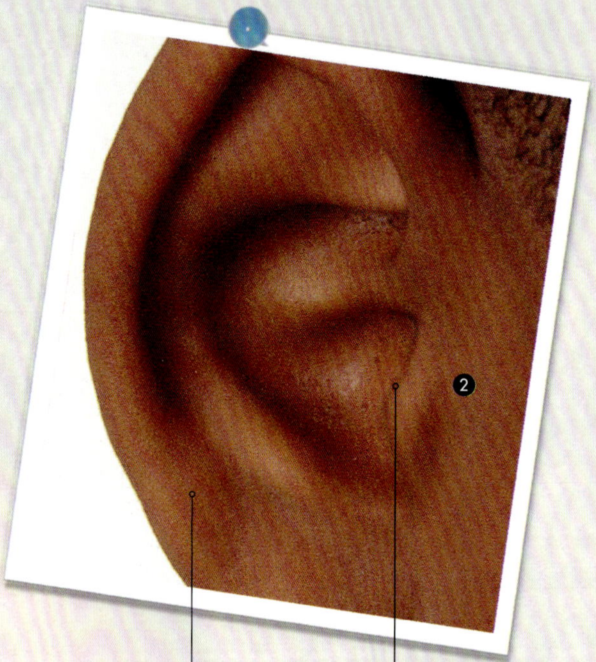

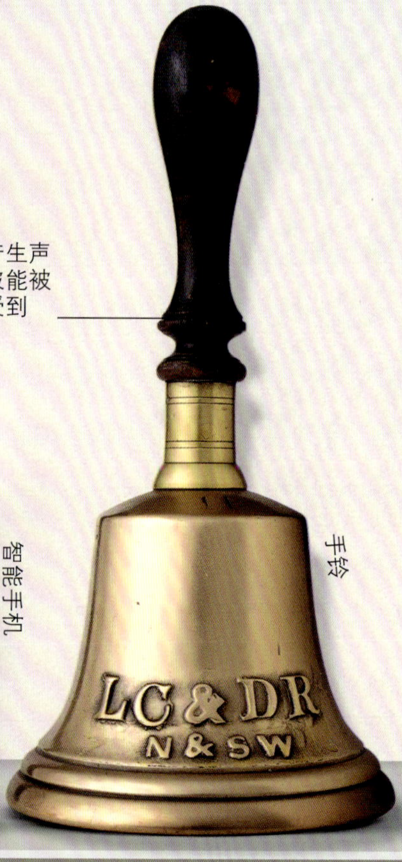

❶ 视觉

视觉是最重要的感觉，它向大脑提供了大量关于身体周围环境的信息。外界物体反射或产生的光线，自动聚焦到眼球后部的一层光感受器上。光感受器随即发出信号，传入大脑后部的几个区域，从而使我们能够判断看到的是什么，在什么位置。这样我们就能“看见”运动的彩色立体图像了。

❷ 听觉

耳朵能感觉到通过空气传来的声波。声波是正在振动的物体（如正在响的手机或被摇响的手铃）产生的。声波传入位于颅骨两侧的内耳，感受器在这里将其转变为信号。这些信号被传入大脑，大脑识别出声音的音高、音量和方位。

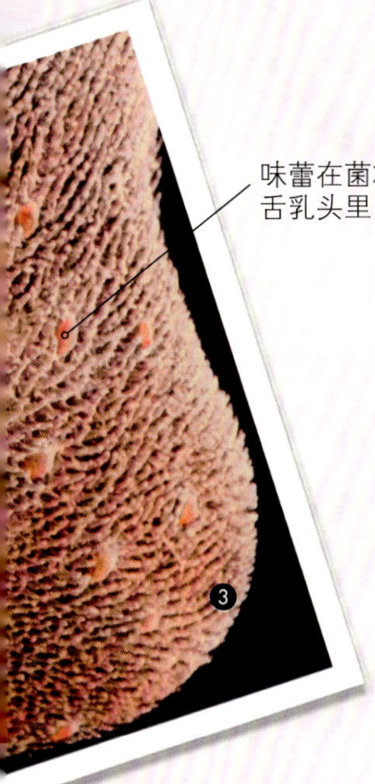

❸ 味觉

舌头表面有许多小突起，称为舌乳头。舌乳头里藏着被称为味蕾的味觉感受器。溶解在唾液中的食物分子被味蕾发现。味蕾能辨别酸、甜、咸、苦、鲜五种基本味道。除了帮助我们享受美味外，味觉还能帮助我们发觉可能有毒的食物。

❹ 触觉

皮肤是触觉器官，里面有几种不同的感受器，使我们能感觉周围的环境。皮肤中的大部分感受器是触觉感受器，当皮肤接触物体时会发出信号，传入大脑，其中有的能感受轻微的触碰，有的能感受较重的压力，有的能感受振动。皮肤中的一些感受器能感受温度或疼痛。

❺ 嗅觉

鼻子能闻出一万多种气味。当空气被吸入时，气味分子溶解在黏液中，被位于鼻腔顶部的气味感受器察觉。我们同时拥有嗅觉和味觉，所以能感受到食物的滋味，其中，嗅觉甚至更为重要。这就可以解释，为什么我们感冒鼻塞时吃什么都觉得没有滋味。有些气味，如燃烧产生的气味，能警告我们危险临近。

生殖

人类的寿命是有限的，但人类能通过生殖来繁衍后代作为继承人。男性和女性的生殖系统产生各自特化的性细胞——精子和卵子。精子与卵子通过受精过程合为一体，并把各自携带的遗传指令结合起来，构成一个新的独特的个体。妊娠期间，胚胎在母亲的子宫里生长发育，成为胎儿。

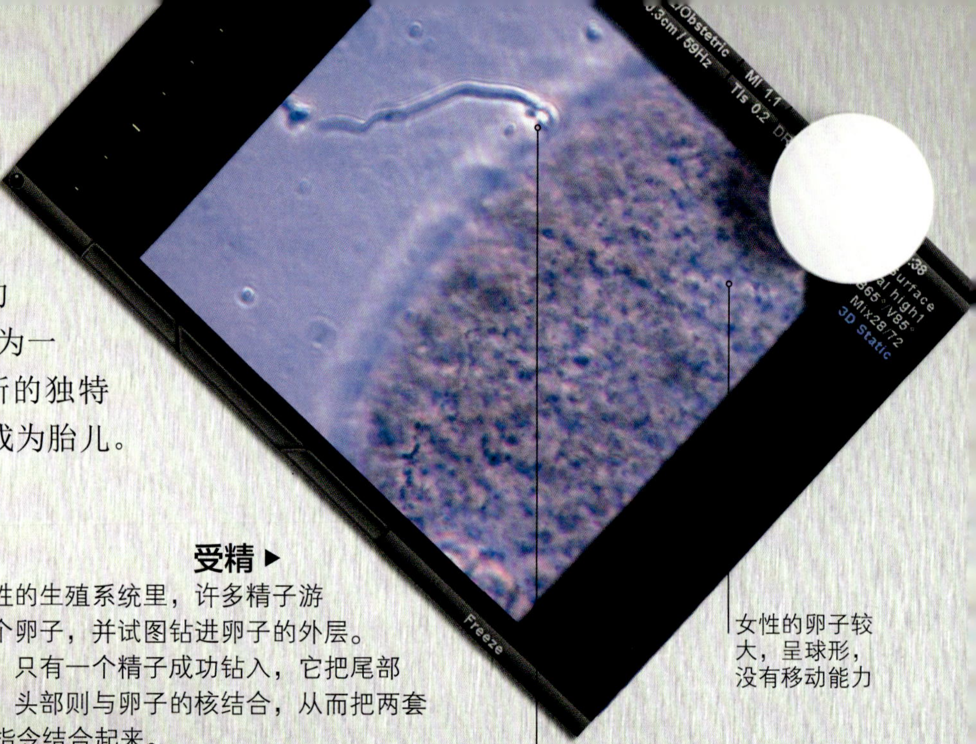

受精 ▸
在女性的生殖系统里，许多精子游向一个卵子，并试图钻进卵子的外层。最后，只有一个精子成功钻入，它把尾部丢弃，头部则与卵子的核结合，从而把两套遗传指令结合起来。

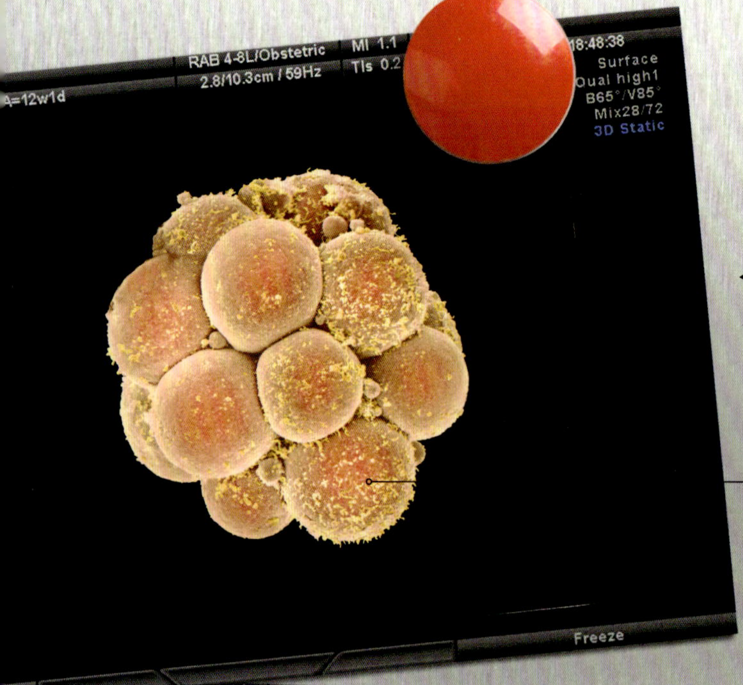

◂ 细胞分裂
受精卵一边向子宫缓慢移动，一边分裂。它先分裂为 2 个细胞，然后是 4 个、8 个，以此类推。受精后约 6 天，受精卵到达子宫，并钻进子宫内膜，这个过程叫作着床。

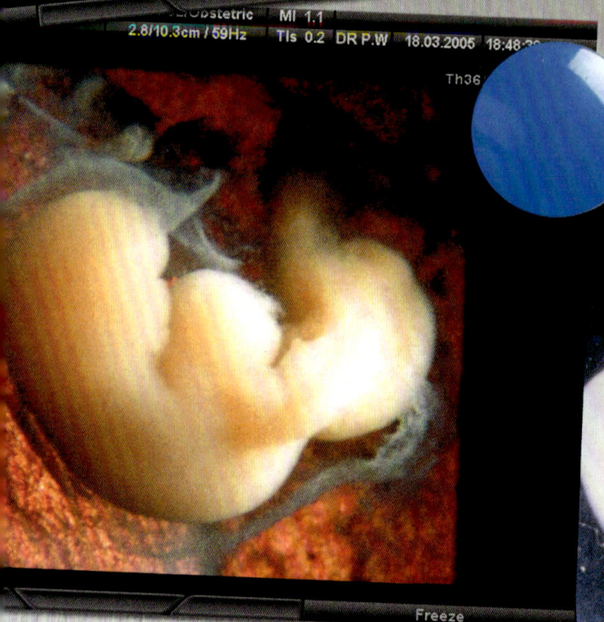

▸4 周
4 周的胚胎像豌豆一样大，在母亲的子宫里发育。图中胚胎的头部位于左侧。小心脏已在跳动，神经系统和其他重要器官也在形成。

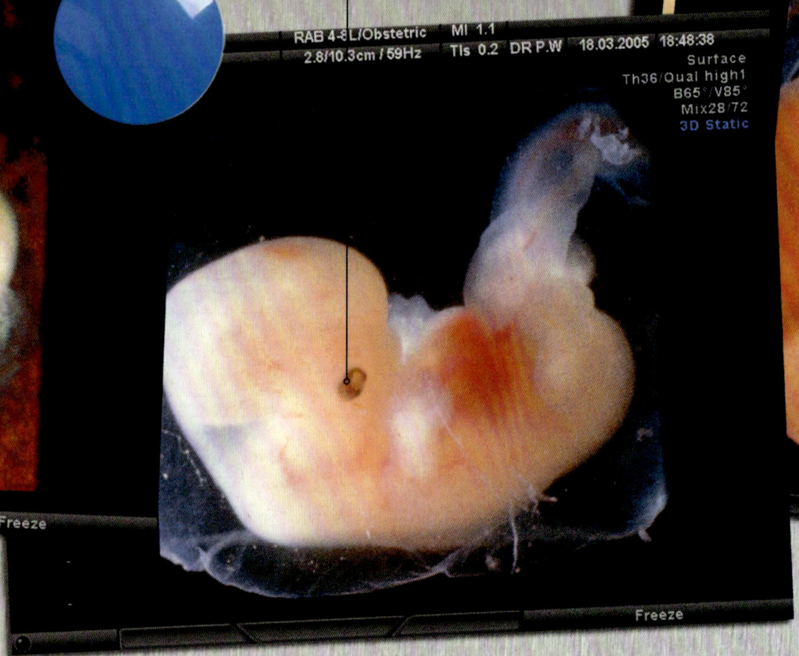

▸5 ~ 6 周
脑和其他器官（如肠）继续发育。头和面部正在成形。四肢开始生长，呈芽状。胚胎漂浮在一个充满保护性液体的囊内。

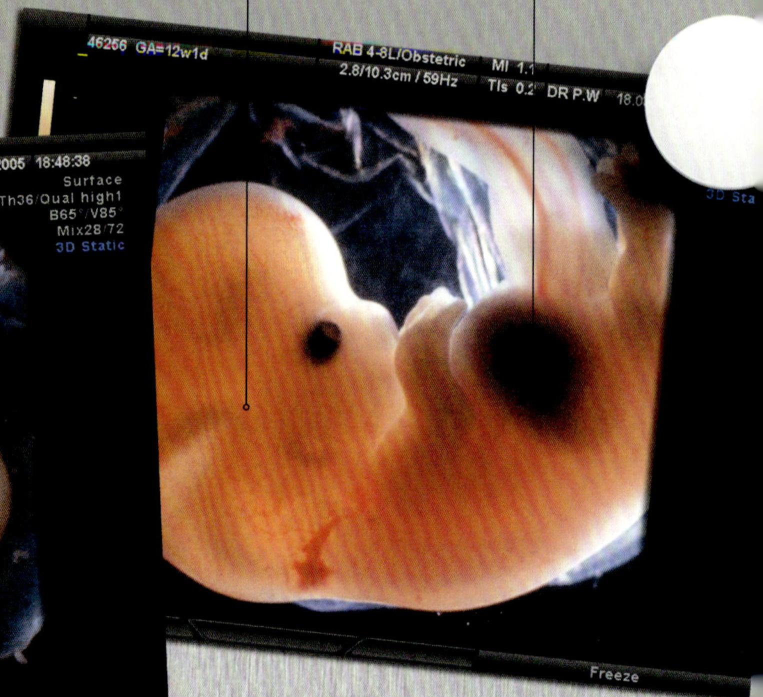

▸7 周
在葡萄大小的胚胎里，骨头开始变硬，肌肉正在发育，变得更为有力。现在可以看到手腕和脚踝，手指和脚趾开始出现。在胚胎体内，肾脏开始移除废物，制造尿液。

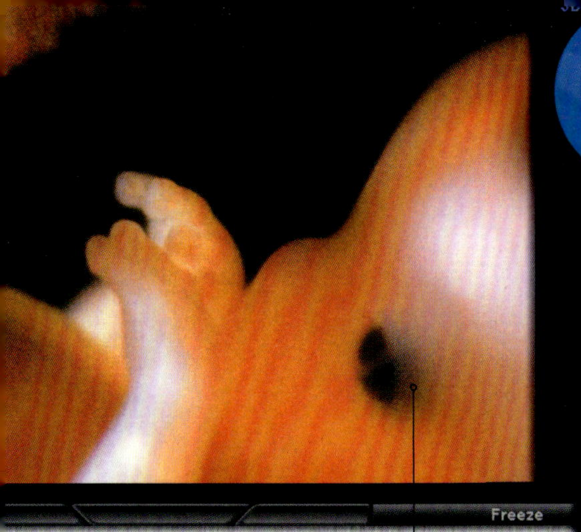

眼睛从头的侧面移向正面，眼睑正在形成

▸10周
现在的胚胎被称为胎儿，它的体积是受精卵的500倍，由无数不同类型的细胞构成，生长迅速，所有基本的器官都已具备。头较大，容纳了迅速增大的脑。手指已经成形，指甲正在生长。

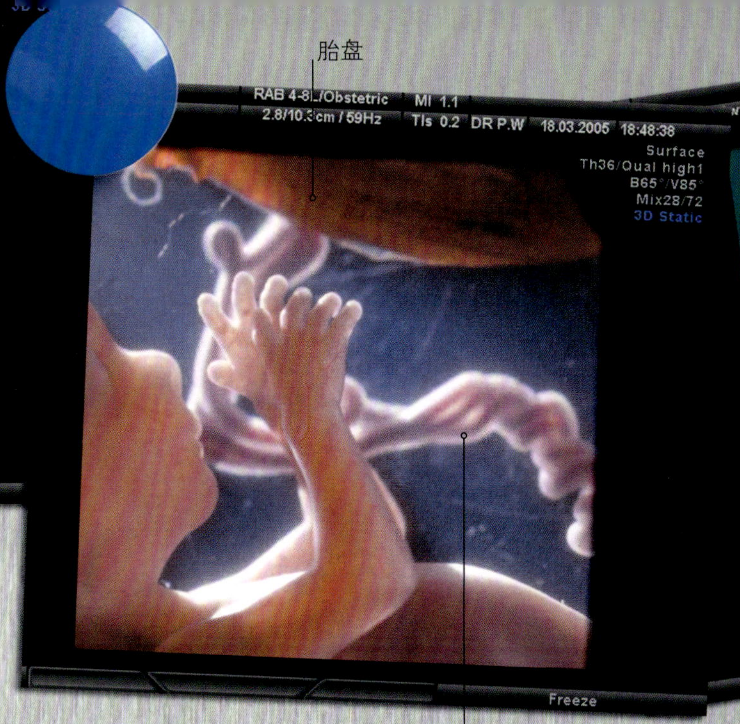

胎儿通过脐带得到营养物质和氧，脐带通过胎盘与母体相连

▸12周
自着床以来，受精卵一直在生长和特化。细胞塑造的小个体已成人形，具有人的面部特征，原来连在一起的手指和脚趾已经彼此分开。内脏器官都已形成，心脏在跳动。

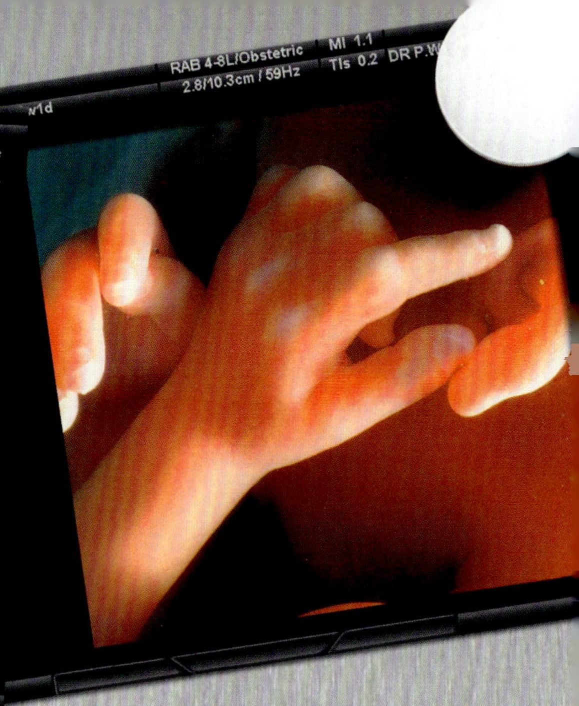

▸20周
手指和耳朵清晰可见。母亲能感觉到胎儿在她增大的子宫里移动。胎儿会眨眼和吞咽，有自己的作息规律。指尖上出现构成指纹的脊。

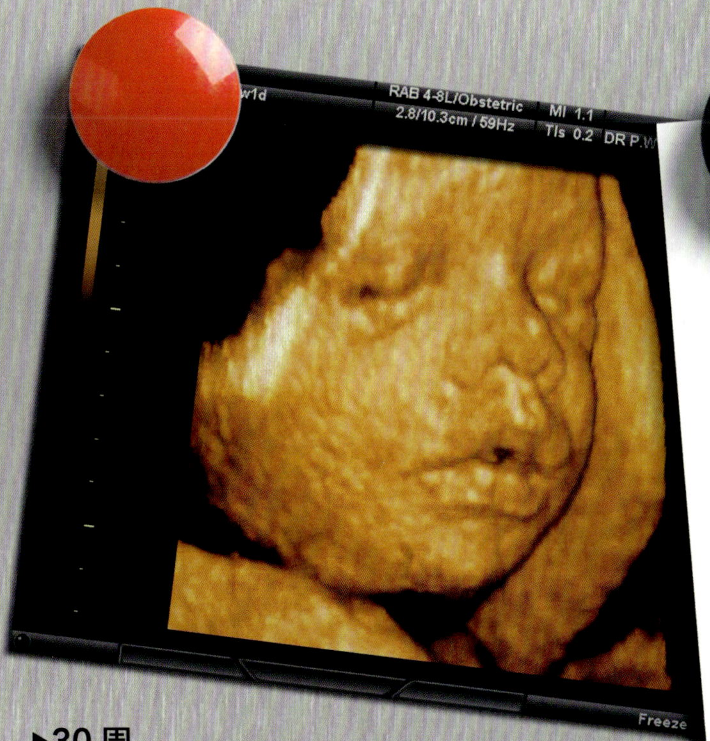

▸30周
超声是一种安全的方法，可用来监控胎儿的发育情况，也能揭示胎儿的性别。这是一张超声图像。在这个阶段，脑仍在迅速生长。胎儿能听到声音，眼睛能感受到光线。肺已具备呼吸空气的潜能。

新生儿
当妊娠进入尾声，子宫收缩，把发育成熟的胎儿送到明亮、喧闹的世界。新生的宝宝吸入第一口空气，脐带被剪断。在下一个生长发育阶段，宝宝完全依靠父母获得食物、温暖和保护。

遗传

虽然所有人的基本构造是相同的，但是我们每一个人（双胞胎除外）都是独一无二的个体。这是因为决定我们各自特征的遗传指令（基因）在人与人之间有些许不同。遗传是研究我们从父母那里继承的基因是怎样使我们成为现在的样子的。

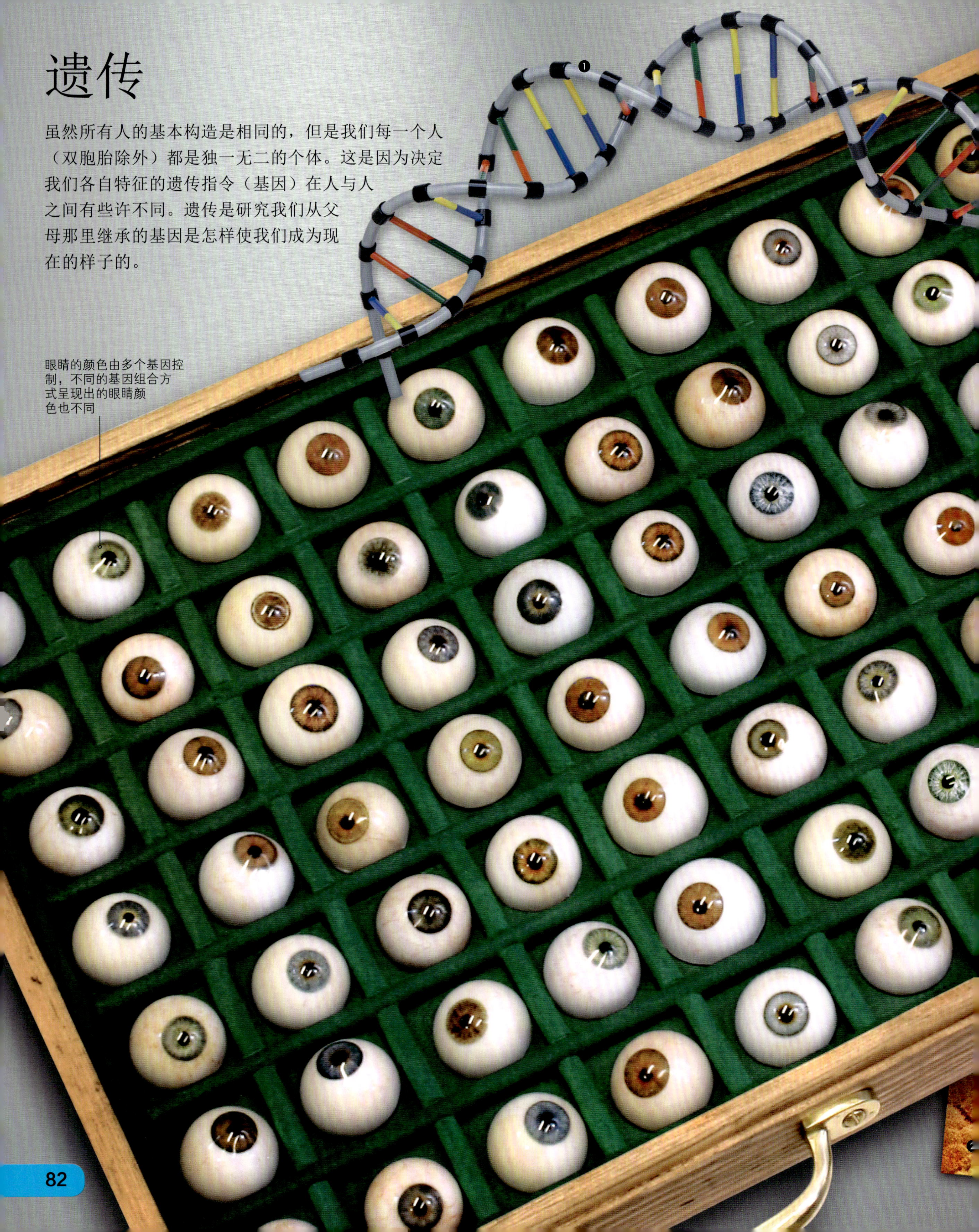

❷ **染色体**

细胞的 DNA 分子包含在 23 对染色体里，而染色体则位于细胞的控制中心——细胞核内。一般情况下，染色体是细长的，但当细胞准备分裂时，DNA 分子会盘绕起来，染色体也会变短并进行复制，呈现出 X 形。

❸ **继承**

我们的染色体一半继承自父亲，另一半继承自母亲。每套染色体有 23 对，包含 2.5 万个基因。来自父母双方的染色体携带着基因，每个基因（如控制眼睛颜色的基因）都有另一个基因与它配对，但这两个基因不一定是一模一样的。如果这两个基因有差异，那么其中的显性基因将决定表现出来的性状。

❶ **DNA**

每个身体细胞中都可以找到脱氧核糖核酸（DNA）的长分子。放大后的 DNA 就像是扭曲的梯子，梯子的“横档”由称为碱基的 4 种化学物质组成（在图中以绿、红、黄、蓝 4 种颜色标示）。DNA 片段中碱基的排列顺序构成基因的遗传指令，基因控制蛋白质的合成，而细胞正是由蛋白质构成和运行的。

❹ **遗传相似性**

同一家庭中，兄弟姐妹的基因都继承自父母，与没有亲缘关系的人相比，他们的相貌更相像。同卵双胞胎的基因几乎相同，因此他们的性别相同，相貌非常相像。

营养

平衡膳食是健康生活的一部分。食物为我们供应了构建和修复身体所需的营养物质，并为身体提供能量。大部分营养由三种类型的食物——碳水化合物、蛋白质和脂肪组成，但我们也需要少量的维生素和矿物质。水和膳食纤维也是保持健康的关键成分。为了保持健康，一个人应当适量摄取各类食物。碳水化合物是身体主要的能量来源，以复合碳水化合物和味甜的糖这两种形式存在。

◀ 糖类

糖果、蛋糕和饼干不宜食用过多，因为它们含有许多糖。与从复合碳水化合物中获得能量不同，食用大量糖会导致身体摄入的能量骤然增加。多余的糖会转变为脂肪并被身体储存起来，使体重增加。

脂肪和油 ▶

虽然脂肪和油能提供维生素，对身体运作必不可少，但是要适量摄取。植物油，如橄榄油，含有对健康有益的不饱和脂肪酸（鱼油同样含有）。然而，动物性食品里含有的，以及在食品加工过程中添加的饱和脂肪酸却会阻塞动脉。

优质巧克力能提供某些营养物质，但脂肪和糖的含量很高

橄榄油和所有不饱和脂肪酸，在室温条件下呈液态

蛋白质和乳制品 ▶

我们的饮食中，约 15% 的食物包含生长和修复所必需的蛋白质。富含蛋白质的食物包括坚果、豆类、蛋类、鱼和肉。红肉还含有饱和脂肪酸，而饱和脂肪酸如果摄入过多就会对健康有害。乳制品，如牛奶和奶酪，能提供构成骨骼的钙和某些蛋白质，但脂肪含量也很高。

核桃富含对健康必不可少的欧米伽 3 脂肪酸

水果和蔬菜 ▸

水果中富含水、纤维、维生素和为人体提供大量能量的糖类。许多水果还能提供抗氧化剂，能降低患某些疾病的风险。蔬菜中含有维生素、矿物质和纤维。营养学家建议我们每天至少食用五份水果和蔬菜。

▸ 复合碳水化合物

淀粉是我们日常饮食中主要的复合碳水化合物。富含淀粉的食物包括意大利面、谷类、土豆、面包和米。在消化过程中，淀粉被分解成葡萄糖，而葡萄糖是人体主要的能量来源。在我们的饮食中，复合碳水化合物大约占有一半的比例。

健康

健康的身体是健壮、灵活的，能适应环境，并且运转良好。疾病会影响身体的正常运转。虽然人不可能永远不生病，但选择健康的生活方式，如定期进行锻炼和食用健康、新鲜的食物，生病的概率就会减小。如果一个人生病了，医生必须搞清问题出在哪里，并决定采用何种适合的治疗方法。这其中可能包括药物、手术或其他手段，以帮助病人恢复健康。

药物

治疗、预防及诊断疾病的物质被称为药物。能杀灭有害细菌的抗生素和能减轻疼痛的镇痛药都是药物。用药的方式多种多样，如注射、口服（药丸、糖浆）和吸入（气雾剂）等。

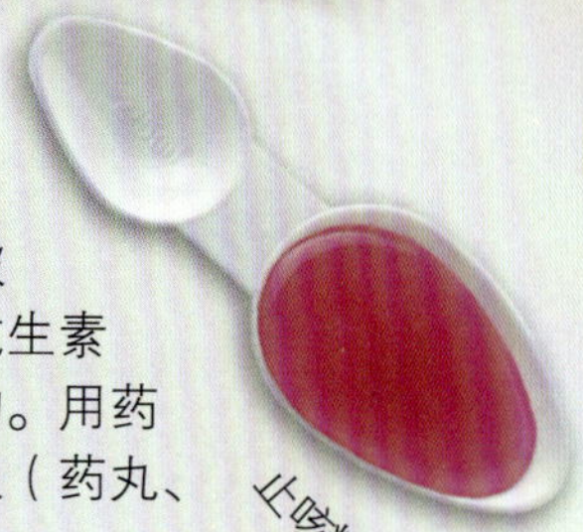

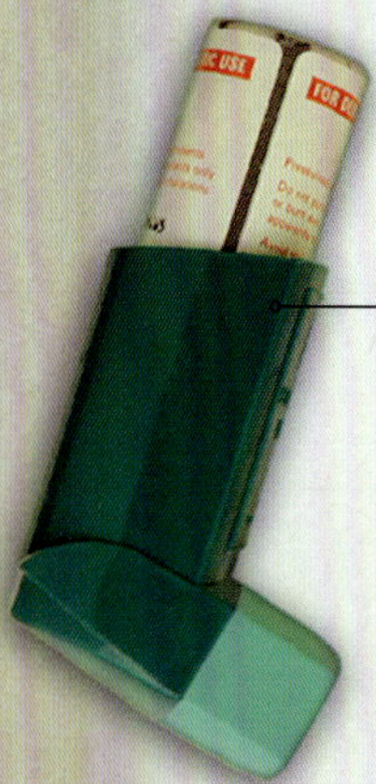

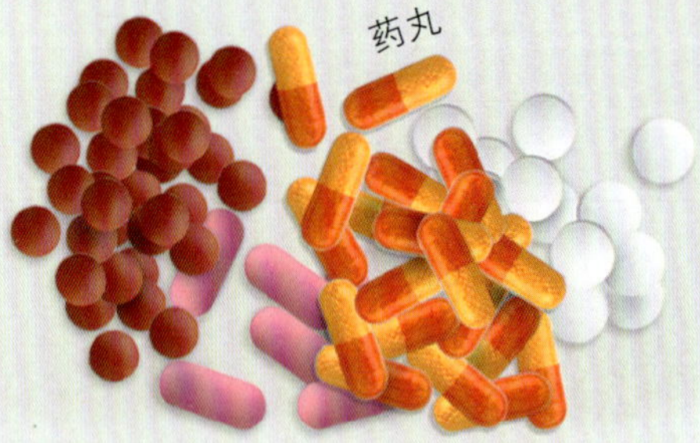

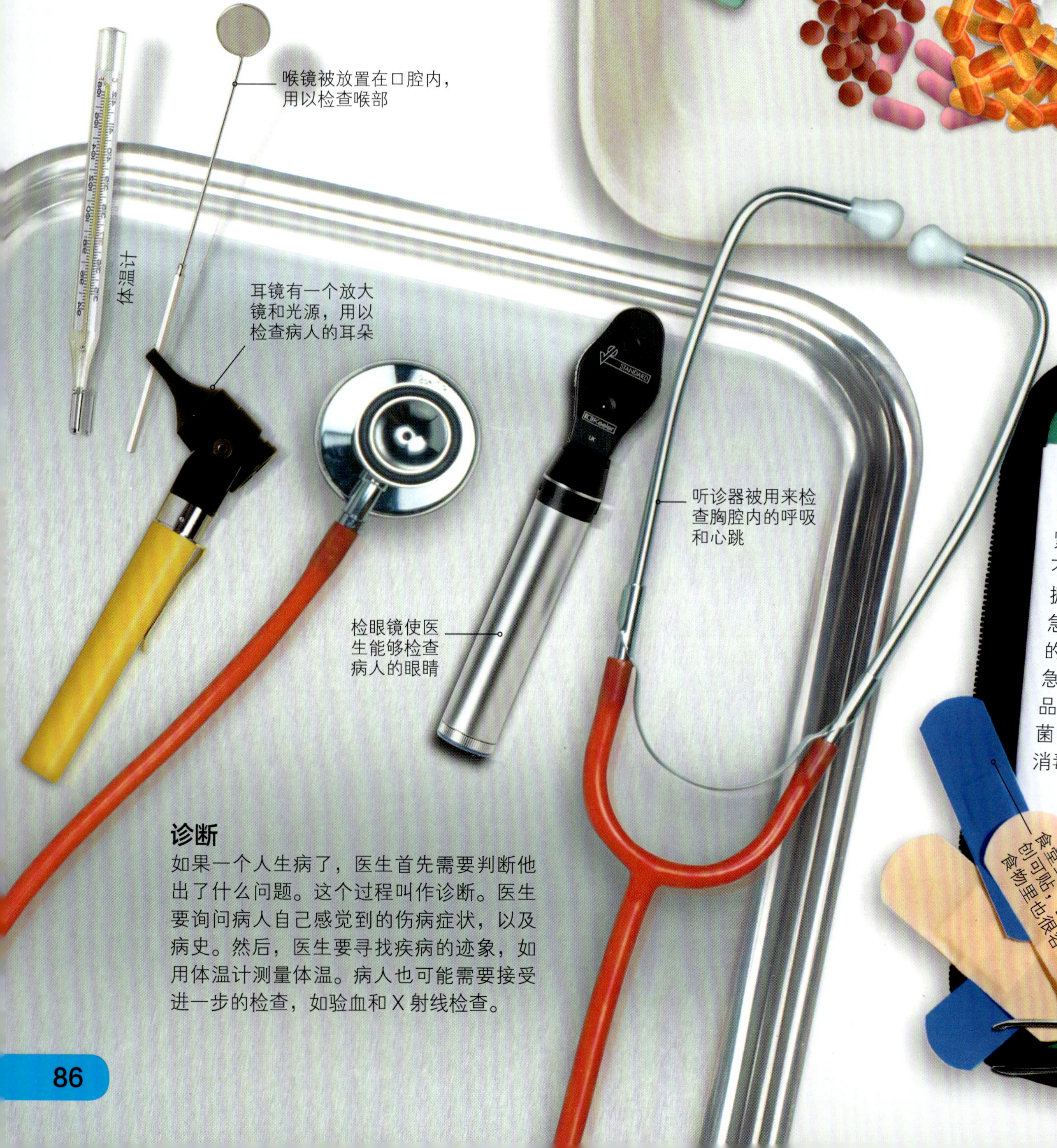

诊断

如果一个人生病了，医生首先需要判断他出了什么问题。这个过程叫作诊断。医生要询问病人自己感觉到的伤病症状，以及病史。然后，医生要寻找疾病的迹象，如用体温计测量体温。病人也可能需要接受进一步的检查，如验血和X射线检查。

急救

急救是指对病人或伤者实施的紧急救治。实施急救的人通常不是医生，但接受过培训，掌握简单有效的急救措施。在紧急情况下，急救能维持伤病者的生命，直到医务人员赶到。急救包中有必不可少的急救用品，如一次性手套、剪刀、抗菌乳膏、消毒湿巾、橡皮膏、消毒纱布和绷带等。

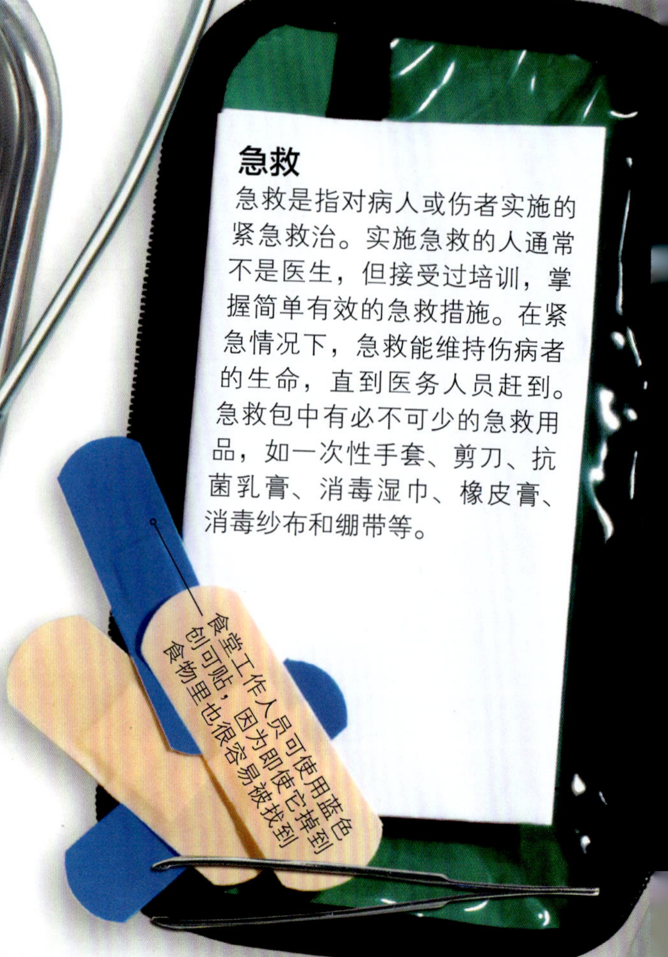

预防

定期运动（如跑步、散步）能强健心脏和身体肌肉，从而提升健康水平。平衡膳食也同样重要，食物的构成应多种多样，包含面食、米饭、水果、蔬菜、瘦肉和鱼。不要过多食用盐、糖及红肉。健康的膳食不仅能降低肥胖的风险，还能让身体远离某些疾病。

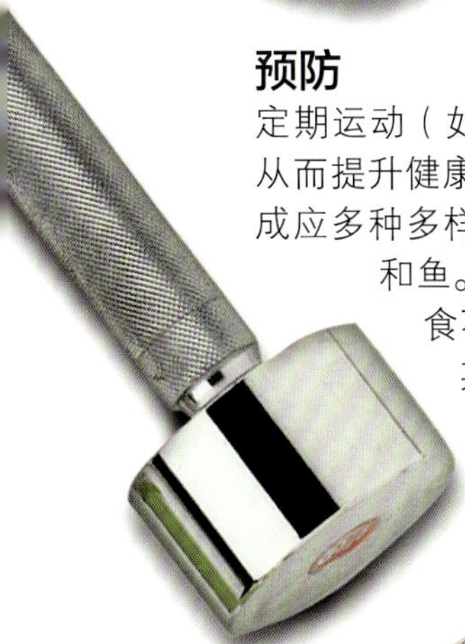

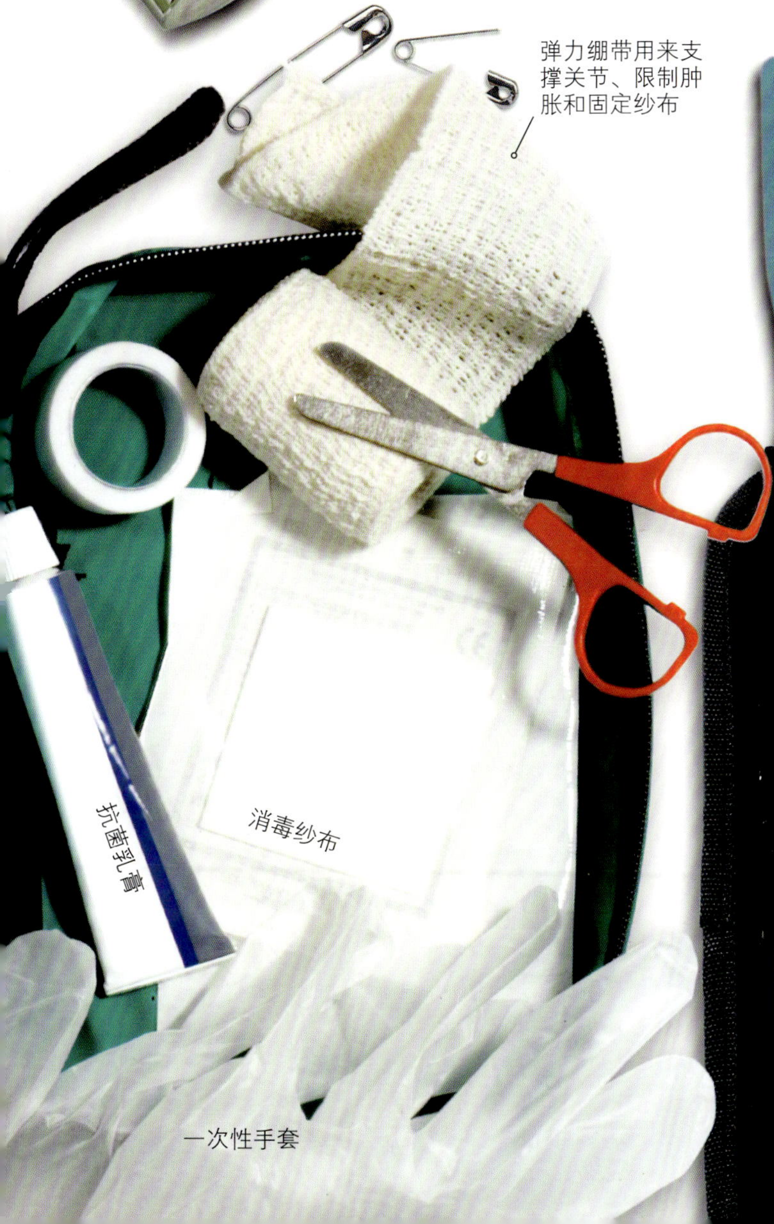

手术

手术由外科医生执行，需要在病人的身体上开刀，修复、切除或置换被疾病损害的内部组织。手术在手术室中进行。为了降低感染的风险，工作人员需要穿手术服，戴口罩，所有器械都事先经过消毒。手术过程中，给病人使用麻醉药以阻断疼痛的传导，消除痛感。

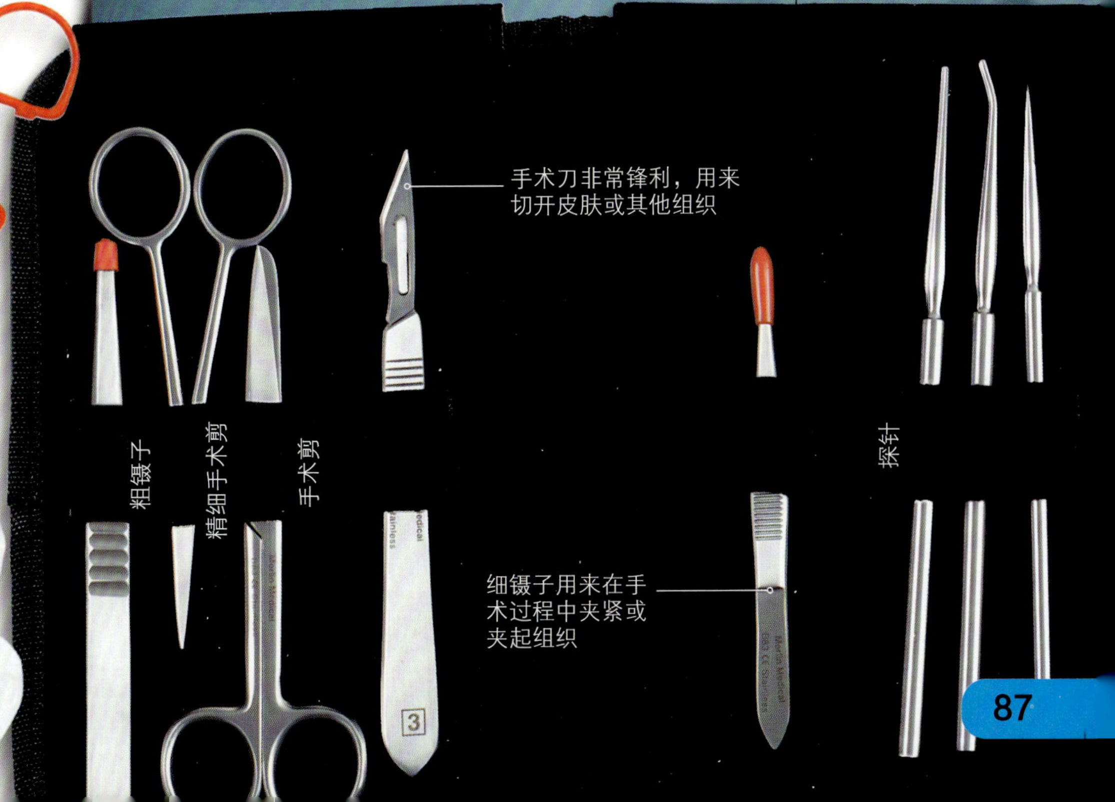

主板

这块电脑主板俨然是一个由微芯片和铜线连接的电子元件组成的迷宫。它集成了电脑中所有的电子元件，并以不可思议的速度传输指令和数据。

科技

元素

世间万物都是由化学元素构成的，化学元素是不能被进一步分解的纯物质。化学元素可以根据它们拥有的共同性质进行分类，例如：外观、导电性，以及与其他物质的反应等。目前共有10大类化学元素，氢元素是其中比较特殊的一种。

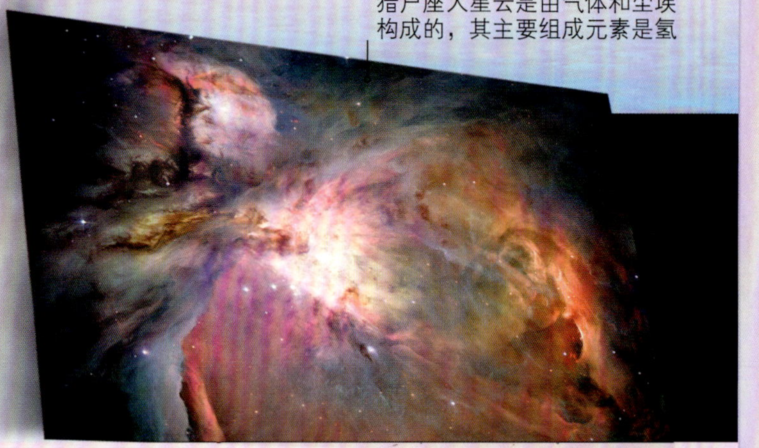

❶

❷

❹

❸

❺

❶ 氢元素
宇宙中 90% 的物质由氢元素构成。纯净的氢气是一种看不见的气体。它不属于其他任何一类化学元素。氢为很多恒星中的核反应提供动力，例如太阳。氢也是地球上的化合物——水（H_2O）的组成元素。

❷ 碱土金属
碱土金属是从地壳的矿物质中发现的。纯净的碱土金属呈银白色。它们与碱金属类似，但没有碱金属活泼。粉笔、牛奶和骨头中都含有钙，钙是一种碱土金属。

❸ 碱金属
食盐里含有的钠元素，是一种碱金属。碱金属的特性是遇水会发生强烈的化学反应。碱金属一旦接触水，会在水面急速移动，甚至发生爆炸。由于与水的反应非常剧烈，自然界中不存在纯净的碱金属。

❹ 过渡金属
过渡金属是包含化学元素种类最多的一类，其中有铁、银、金、镍、铂、钛等。过渡金属通常被认为是典型的金属。它们坚硬，有光泽，可以导电、导热，并且熔点高。

❺ 锕系元素
这类化学元素都是放射性元素，大部分是在人工核反应或核爆炸的过程中合成的。锕系元素的原子核不稳定，会释放出射线。铀和钚是两种锕系元素。

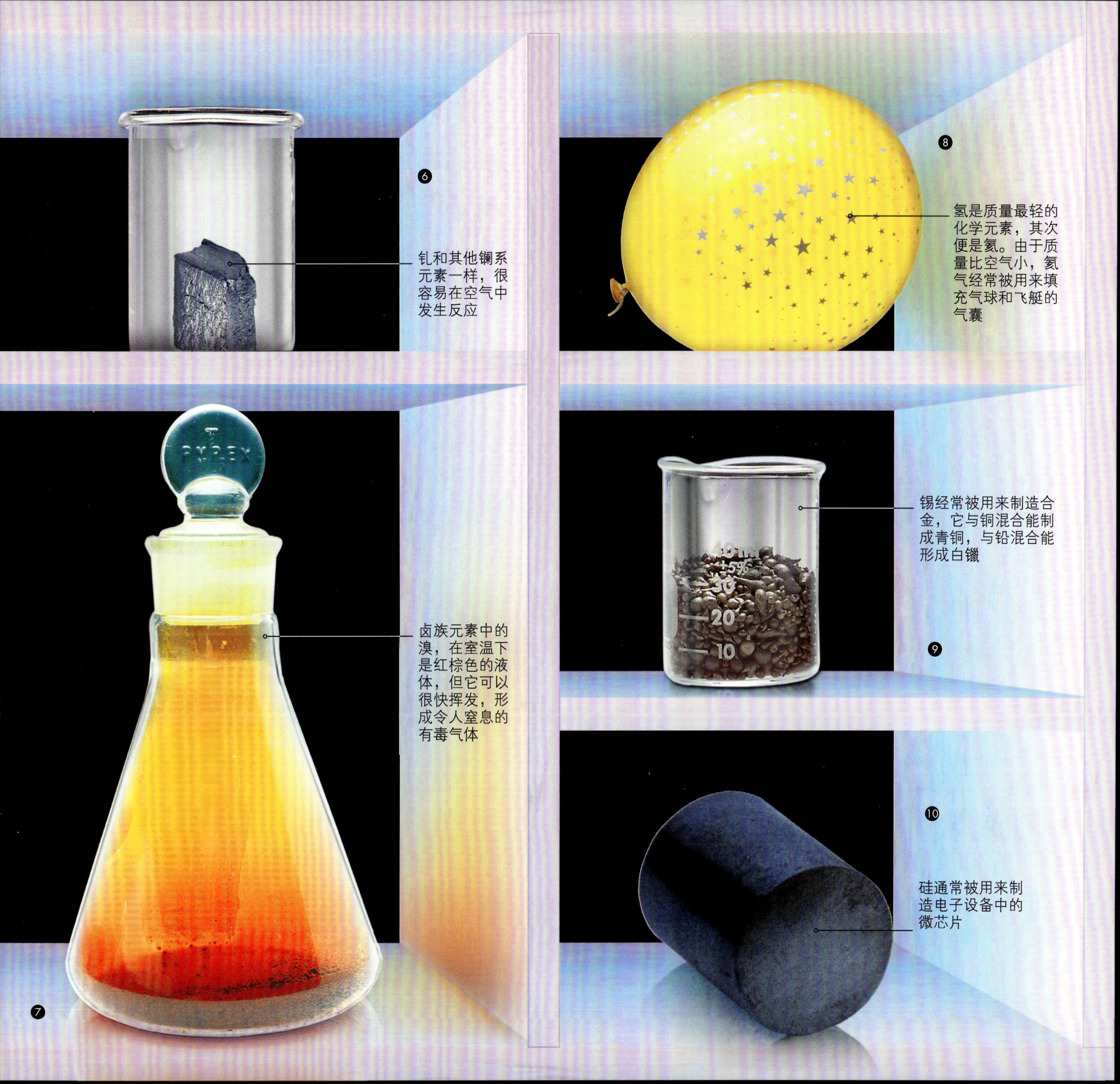

❻ 镧系元素

这类化学元素质软、活泼、易反应，就是人们所说的稀土元素，人们曾误以为这些元素在自然界中几乎不存在。它们呈银白色，遇空气易失去光泽。拥有最强顺磁性的钬就属于镧系元素。

❼ 非金属

约 1/6 的化学元素是非金属元素。它们的导电性很弱，熔点较低。碳、氮、氧都是非金属。非金属中卤族元素较活泼，容易和其他化学元素结合形成盐类。

❽ 稀有气体

稀有气体共有七种，也被称为惰性气体，不易与其他化学元素结合生成化合物。稀有气体包括氦、氖、氩、氪、氙、氡和鿫。鿫在室温下可能是固体。

❾ 贫金属

贫金属质软且易熔。它们通常存在于地球上的矿石（矿物质）中，用处很大，特别是在制造合金（两种金属混合形成的更坚硬的金属）时。铅和铝都属于贫金属。

❿ 半金属

这类化学元素既有金属的特性，也有非金属的特性。如砷，有金属的光泽，但导电性弱。有些半金属材料是半导体，它们是否导电，取决于其中添加了什么物质。

分子

原子是化学元素的特征性质保持不变的最小物质单元。原子通过转移电子或共享电子互相结合形成较大的结构，例如分子。一种元素的原子与另一种元素的原子结合时，它们就形成化合物。

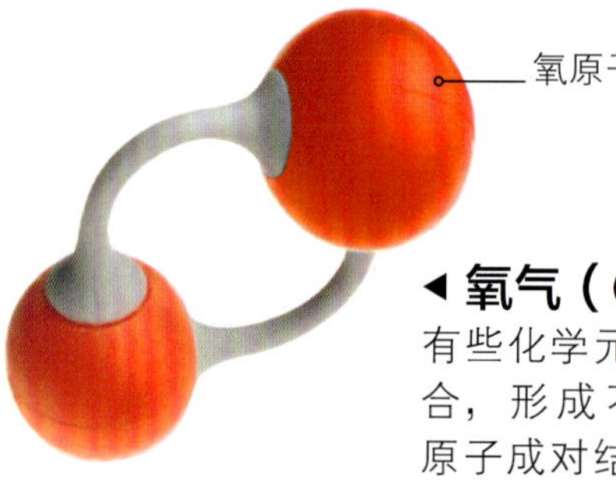

◀ **氧气（O_2）**
有些化学元素能以不同的方式结合，形成不同的物质。氧（O）原子成对结合起来，形成氧气分子。然而在大气层高处，氧原子也可以每 3 个结合起来，形成臭氧分子（O_3）。

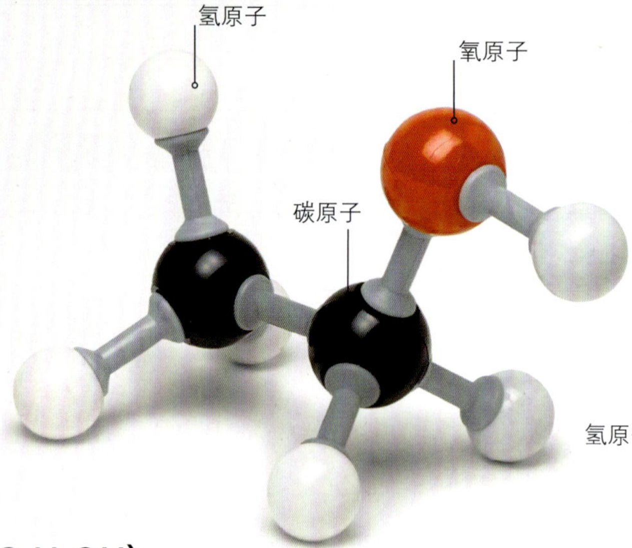

乙醇 (C_2H_5OH) ▲
乙醇是一种化合物，其分子由 2 个碳（C）原子，6 个氢（H）原子和 1 个氧 (O) 原子组成。在室温下，它是无色的液体，常被用来消毒、防腐和制作饮用的酒。

维生素 C（$C_6H_8O_6$）▶
与乙醇分子一样，维生素 C 分子（抗坏血酸）也由碳（C）原子、氢（H）原子和氧 (O) 原子组成。但是，由于两种分子中，原子的数量不同，排列形式不同，便形成了完全不一样的物质。维生素 C 是一种在室温下呈固态的化合物。

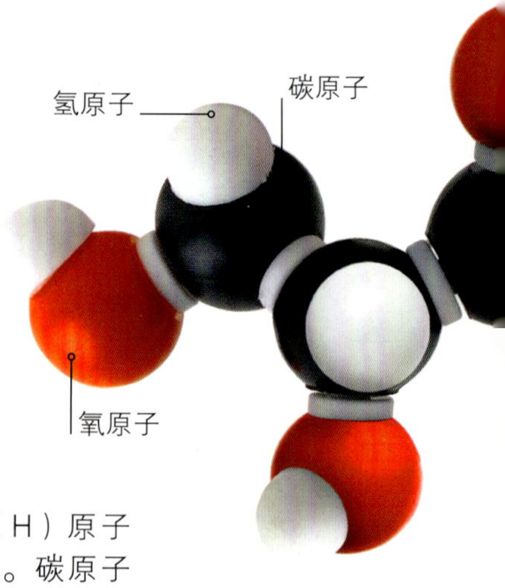

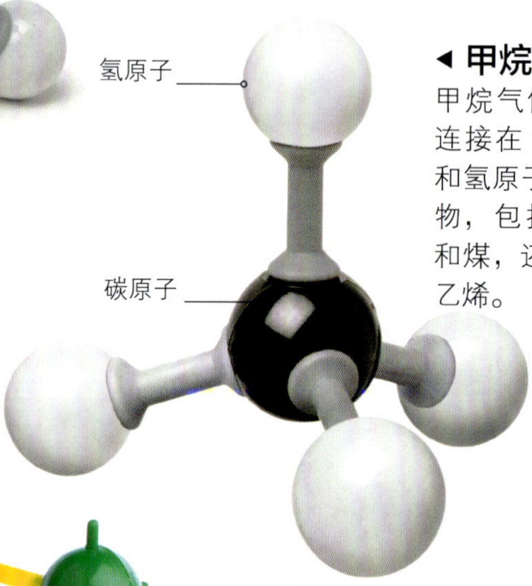

◀ **甲烷 (CH_4)**
甲烷气体分子中，4 个氢（H）原子连接在 1 个碳（C）原子上。碳原子和氢原子组成的化合物叫作碳氢化合物，包括一些燃料，如甲烷、石油和煤，还包括一些人造材料，如聚苯乙烯。

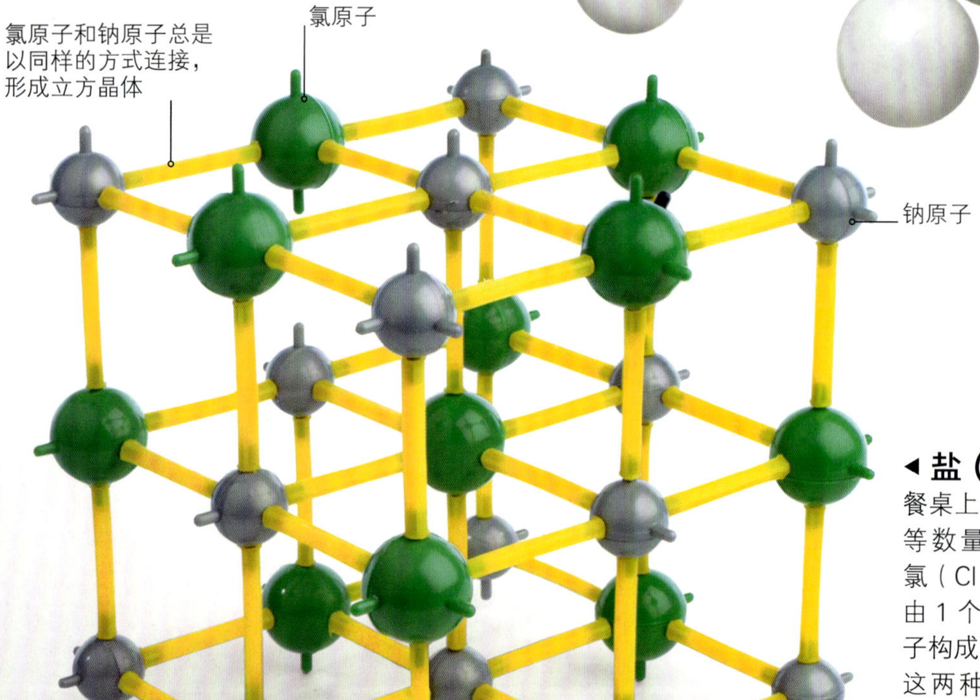

◀ **盐（NaCl）**
餐桌上的盐也叫氯化钠，由等数量的钠（Na）离子和氯（Cl）离子构成。盐不能由 1 个氯离子和 1 个钠离子构成，而是由许许多多个这两种元素的离子连接起来，形成的一种被称为晶体的结晶。

◂ 水（H_2O）

当 2 个氢（H）原子和 1 个氧（O）原子结合在一起，就形成了水的分子。水是地球上最常见的化合物，对生命非常重要。

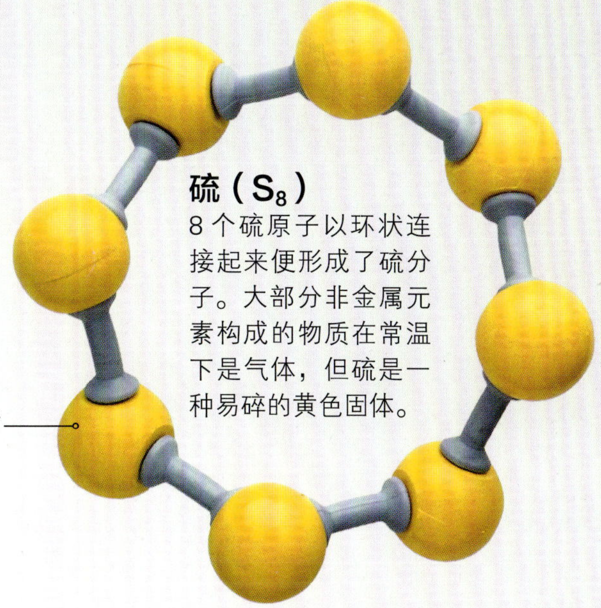

硫（S_8）

8 个硫原子以环状连接起来便形成了硫分子。大部分非金属元素构成的物质在常温下是气体，但硫是一种易碎的黄色固体。

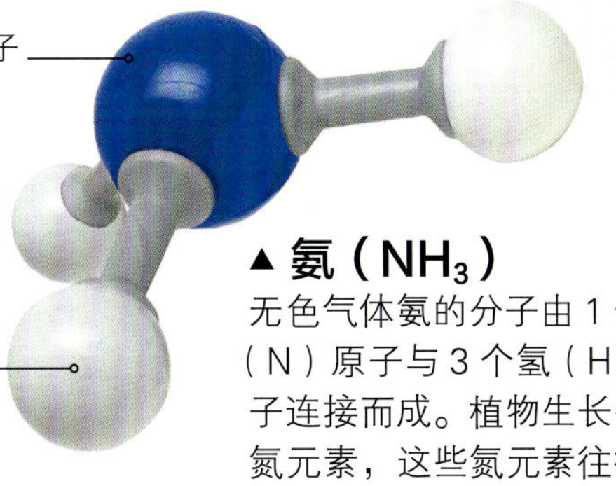

▴ 氨（NH_3）

无色气体氨的分子由 1 个氮（N）原子与 3 个氢（H）原子连接而成。植物生长需要氮元素，这些氮元素往往来自氨和土壤中的其他含氮化合物。

◂ 钻石（C）

我们可以把一颗钻石想象成一个巨大的分子。它是由碳原子连接而成的一个坚固的晶格。但是，如果碳原子以六边形的形式连接成平面，而且呈片状结构，它们就形成了石墨。石墨是一种易碎的物质，常用来做铅笔芯。

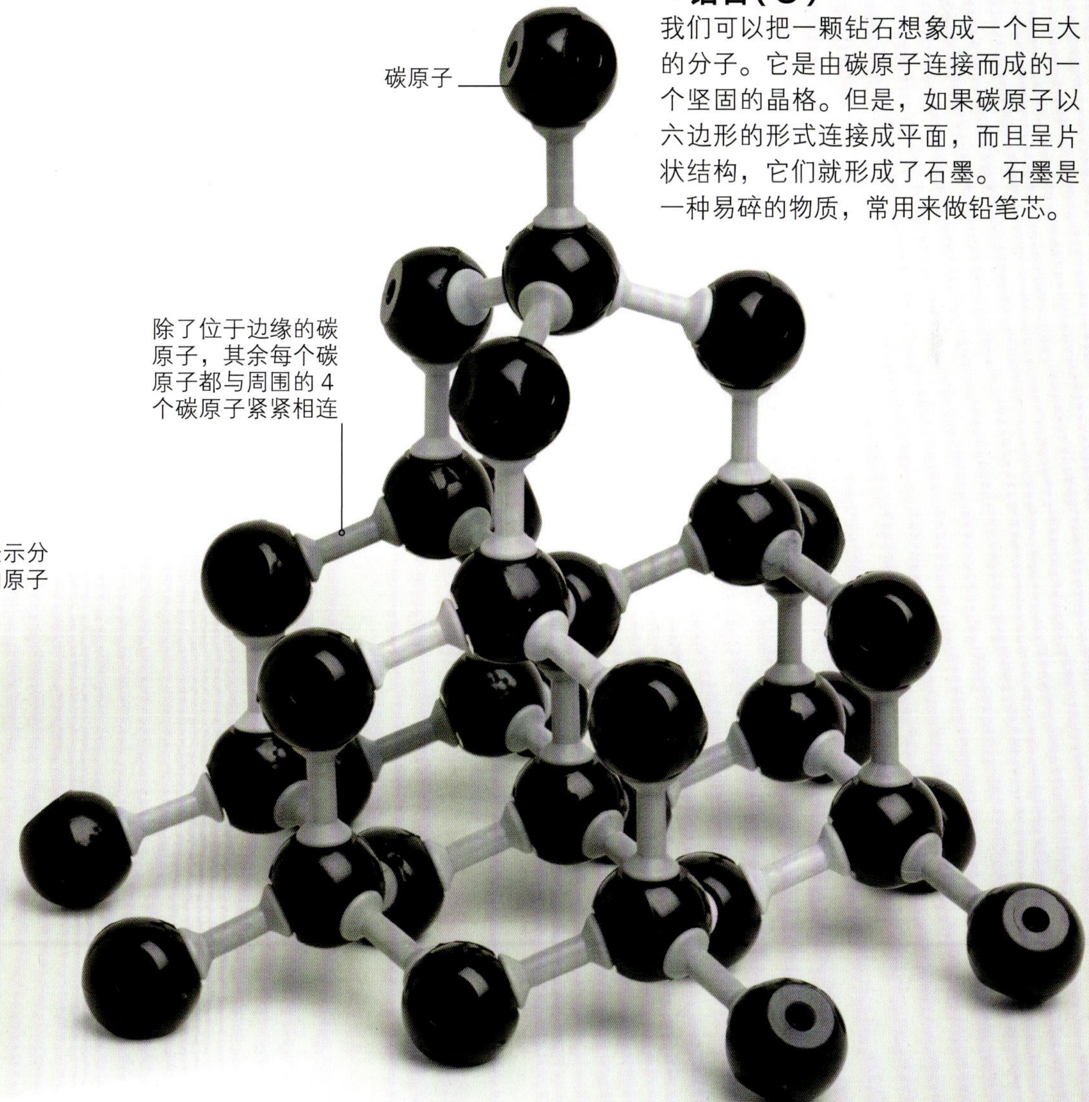

酸和碱

酸是指在水溶液中电离产生的阳离子全部是氢离子的物质。酸中所含的氢离子浓度越高，酸性越强。碱与酸的化学性质相反。碱在水中溶解，能产生带负电荷的氢氧根离子。碱中所含的氢氧根离子浓度越高，碱性越强。

◀ 柠檬酸

柑橘类水果，如柠檬、葡萄柚，总是有一股强烈的酸味，这是因为这类水果含有柠檬酸。在加工食品和饮料的过程中，经常会添加柠檬酸，以增强口味，使食品或饮料的口感更清爽。

试纸 ▼

把一张 pH 试纸浸入一种液体，试纸会变色。变色试纸的颜色可以与 pH 比色卡进行比照，由此判断溶液的酸碱性。pH 值代表了“酸碱度”，能测量出溶液中氢离子的浓度。

醋是通过细菌发酵将酒中的乙醇转变为乙酸得来的

◀ 醋

醋的酸味源于其中的乙酸成分。pH 值每增加 1，溶液的氢离子浓度就减弱 1/10。因此 pH 值为 4 的乙酸，氢离子浓度是盐酸（pH 值约为 1）的 1/1000。

◀ 盐酸

溶液的 pH 值越低，酸性越强。氯化氢溶解于水，会形成盐酸。盐酸的 pH 值接近 1，有强腐蚀性，能溶解很多金属。

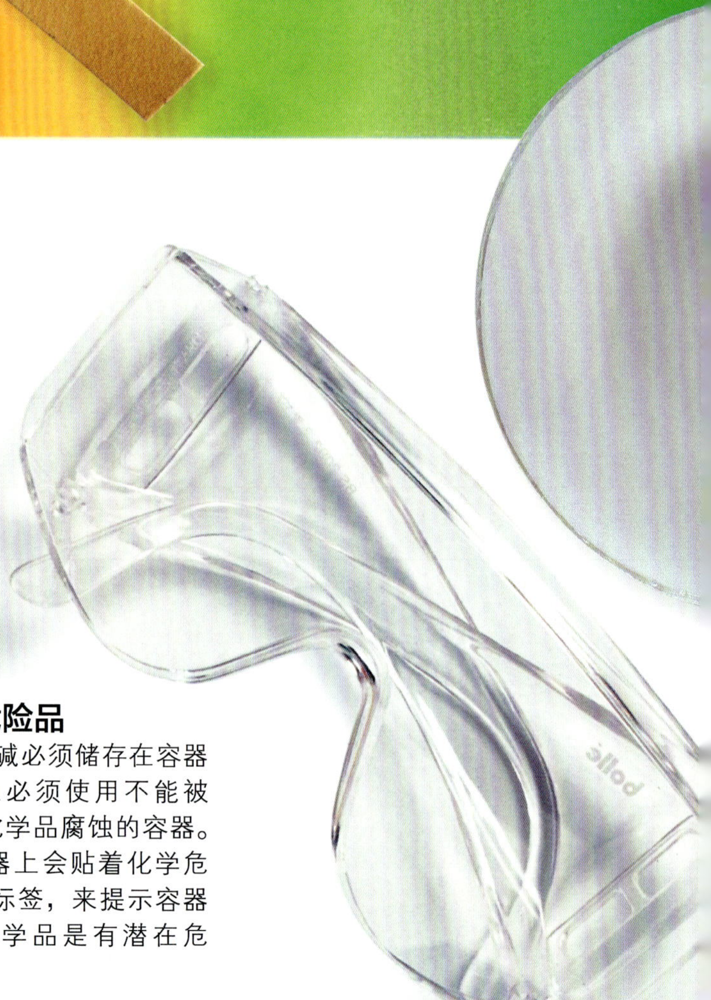

◀ 有针动物

蜜蜂在蛰人时，会注入一种弱酸，导致伤口有刺痛感。用碱性的肥皂清洗伤口能中和弱酸，缓解疼痛。

◀ 化学危险品

强酸、强碱必须储存在容器中，而且必须使用不能被所储存化学品腐蚀的容器。这些容器上会贴着化学危险品的标签，来提示容器内的化学品是有潜在危险的。

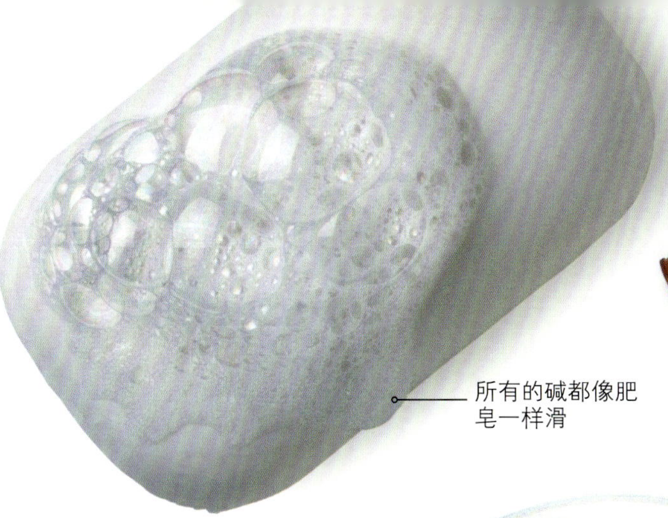

所有的碱都像肥皂一样滑

肥皂溶液 ▸

肥皂是一种弱碱。它其实是弱酸和强碱结合后生成的弱碱，pH 值为 8。试纸浸入肥皂溶液，会变成蓝色。

石灰岩 ▸

石灰岩是由死于几百万年前的海洋生物的残骸形成的，其主要成分为碳酸钙。碳酸钙是一种很重要的碱，人们挖掘并粉碎石灰岩，用它来做肥料、颜料、陶瓷和水泥。

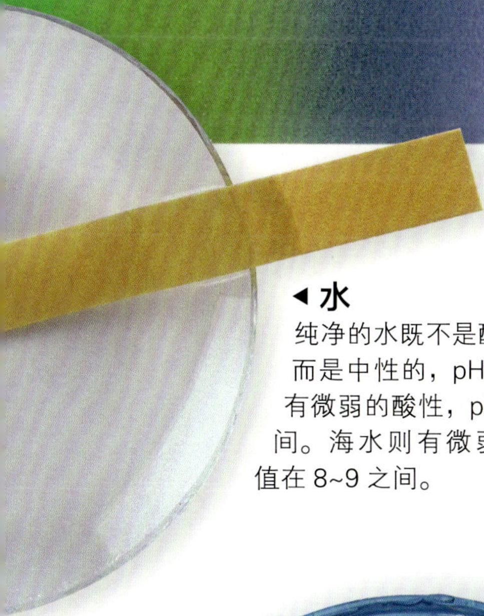

◂ 水

纯净的水既不是酸，也不是碱，而是中性的，pH 值为 7。雨水有微弱的酸性，pH 值在 5~6 之间。海水则有微弱的碱性，pH 值在 8~9 之间。

清洗液 ▸

碱性最强的溶液 pH 值甚至高于 14。高 pH 值的碱溶液可以溶解油脂。漂白剂和氢氧化钠之类的清洗液，pH 值接近 10。

水龙头流出的自来水 pH 值通常在 6~8 之间浮动，具体的 pH 值因溶解于其中的气体和矿物质而异

绣球花 ▸

绣球花灌木能生出不同颜色的花，花色因土壤的酸碱性而异。在酸性土壤上，会开出蓝色的花，碱性土壤则开出粉色或紫色的花，中性土壤开出乳白色的花。

化学反应

同一个分子里的不同原子由化学键连接起来。在化学反应中，原子之间的化学键断裂，原子以新的化学键重新组合，形成新的分子。在有些化学反应中，不同的化学元素结合形成化合物。还有些化学反应中，化合物分解成单质或更简单的化合物。反应前的物质中存在的所有原子，在反应后得到的新物质中依然存在，只是变换了位置。

❶ 反应
当醋（乙酸）和粉笔（碳酸钙）混合时，会发生化学反应。这是因为乙酸分解了碳酸钙，并以二氧化碳气泡的形式释放出氧和碳。化学反应开始前的起始物叫作反应物，结束时产生的物质叫作生成物。

❷ 置换
置换反应是指在化学反应中，一种化合物中的金属被置换为另一种金属。如果把一卷铜丝浸入硝酸银溶液里，铜就会置换出溶液中的银，生成蓝色的硝酸铜溶液和固态的金属银。

❸ 燃烧
蜡烛芯燃烧时，与空气中的氧气发生反应，产生烟和灰烬。燃烧同时可以产生能量，即光和热。在所有的化学反应中，化学键断裂时都需要消耗能量，而形成新的化学键时会释放能量。

❹ 反应速率
化学反应的速率受温度、压强、光照、反应物表面积和浓度等因素的影响。改变其中任何一种因素都有可能改变反应速率。例如，增加染料溶液中染料的浓度，材料能更快染色。

❺ 可逆
有些化学反应是可逆的。反应生成的分子可以重新组合生成原先的反应物。这种既可正向进行，也可反向进行的反应，叫作可逆反应。四氧化二氮被加热时，分解成二氧化氮，冷却后又会逆向反应生成四氧化二氮。

❻ 加热
把黄色的粉末状硫和银灰色的铁屑混合起来，加热到较高的温度，会发生化学反应，生成硫化铁。如果不加热，这两种物质就不会反应。大部分反应在加热的条件下都会变快，降温则会减慢化学反应。

❼ 放热
铝热剂是铝和氧化铁的混合物。在高温下点燃铝热剂时会发生爆炸，这是反应在突然以光、热和声的形式释放能量。产生热的化学反应就是放热反应。

❽ 氧化
日常生活中最普遍的反应是氧化反应——物质得到氧。金属生锈、木头燃烧、人类呼吸，这些过程都伴随着氧化反应。在这些反应中，物质都会与空气中的氧发生反应。

❾ 溶液
溶液是混合物，其中的化学分子均匀、彻底地融合在一起，看起来像一种纯净物。但事实上，溶液中没有发生任何化学反应。溶质（被溶解的物质）和溶剂（溶解溶质的液体）都没有发生改变。

❿ 催化剂
催化剂是用来引起或加速化学反应的分子，但其本身在反应中不会改变。天然的催化剂叫作酶。做面包的面团膨胀起来，正是因为当酵母与水和糖混合时，酵母中的酶催化了水和糖之间的反应，生成二氧化碳气泡。

物质的状态

人们能闻到、摸到或尝到的一切都是由物质组成的，包括你在内的生命和书本之类的非生命都是物质。物质是由原子构成的，除能量外的一切都是由物质组成的。热、光和声是能量的形式。人们不能闻到、摸到或品尝到能量，能量也不是由原子构成的。地球上所有的物质通常以三种形态的其中一种存在，即固体、液体或气体。

❶ 固体
固体，比如此冰雕，有固定的体积和形状，且不易改变。固体的原子间有强化学键连接，因此原子不能随便移动，在液体或气体中，原子则可以移动。大部分固体中的原子是规则排列的，可以组成三维立体的形状，如立方体和棱柱，这样的固体叫作晶体。

不同于大部分物质，水在结冰时，体积会膨胀（而不是收缩），因为水由液体变成固体时，分子间的距离变大了

❷ 气体
气体没有固定的形状和体积。它可以扩散并填充满周围的空间。气体中的原子可以向各个方向任意移动。它们的原子移动的速度过快，以至于无法相互连接起来。

❹ 状态的转化
物质在被加热或冷却时，会从一种状态转化为另一种状态。固体加热会融化为液体，液体汽化会形成气体。气体冷却会凝结成液体，液体冷冻会凝结成固体。虽然物质的状态可以相互转化，但其中的原子不变，只是排列方式不同而已。

❺ 形状的改变
固体的形状也不是一成不变的。有些固体，如冰和玻璃，很易碎，如果用力锤或砸它们，这些固体会破碎。另外一些固体，如橡胶和金属，韧性较强，可以被锤击、拉伸或挤压成不同的形状，但不易破碎。

大部分气体都是看不到的，水蒸气也是不可见的，除非它遇到冷空气，凝结成小水珠，形成了雾气

③ 液体

液体没有固定的形状，但是有固定的体积。液体中的原子可以相互移动，使液体流动，而形状则取决于容器。液体中的原子比气体中的原子更紧密地结合在一起，但不如固体中的原子紧密。

即使没有加热到沸点，液体中的部分原子也会离开表面变成气体，这就是蒸发。

水

水是一种无色无味的液体。虽然看起来没有颜色，事实上它有很微弱的蓝色。每个水分子都由两个氢原子和一个氧原子组成，因此水的化学式是H_2O。水是地球上最常见的化合物，大到覆盖地球表面积71%的海洋，小到每个生物有机体内的每一个细胞，到处都有水的存在。

- 与大多数化合物不同，在地球正常的温度范围内，水能以三种不同的形态存在——固体、液体和气体。
- 在1个标准大气压下，水在0~100摄氏度之间以液体的状态存在，但温度低于0摄氏度时，水凝固成冰，温度高于100摄氏度时，水会变成气态的水蒸气。
- 不同于大多数其他物质，水在液体状态下比在固体状态下密度大。这就能解释为什么冰能浮在水面上，而不是沉在水底。
- 当水凝固成冰时，体积膨胀9%。膨胀产生的压力足以挤裂水管，让岩石碎裂。
- 目前，地球是太阳系中唯一一个能使水以液体状态存在于表面的行星。一些液态水存在于木星和土星的卫星表面之下。
- 水对生命来说是至关重要的物质，因此宇航员在寻找其他行星上的生命迹象时都会先寻找水的痕迹。
- 一个正常成年人身体里含有不少于40升的水。
- 人每天要饮用大约2升水以维持健康。
- 世界上30%的人口无法在家中喝到干净、安全的饮用水。
- 水不是一种像石油那样能被消耗尽的资源。地球上的水蒸发到空气中形成云，然后又会以雨水的形式落回地球。在地球上降水稀少的地区，水可能是当地的稀缺资源。

《水，第一个化身》（*WATER first incarnation*）是英国艺术家肖恩·罗格的装置艺术作品。这些水瓶是他从全世界收集来的。

材料

我们身边的所有物品几乎都是由材料制成的，每种材料都有不同的特性，如强度或弹性，可以用来制造特殊的产品。有些材料，如木头或石头，是自然生成的。合成材料则是人工制造的。复合材料结合了两种或多种材料的特性，以获得最适合的产品性能。

❸ 聚酰胺纤维

聚酰胺纤维是一种轻盈、有弹性的合成材料，常用来制造防护衣物，如防弹背心。聚酰胺纤维是一种长链分子，分子间有强大的化学键相互结合，因此聚酰胺纤维材料的强度是钢铁的五倍。

❶ 蚕丝

蚕丝这种天然纤维是由蚕的茧制成的。每个蚕茧能制成 3000 米长的蚕丝。蚕丝可以被织成优质的丝织物，因其质地好，外表光亮，所以价格不菲。

❷ 混凝土

混凝土是由砂子、碎石、水泥和水混合而成的。刚制成的混凝土是液态的，可以被倒入模具，形成坚硬、耐用的材料。

❹ 羊毛

羊毛这种天然纤维取自绵羊身上的毛。羊毛的纤维结构导致它极易收缩，因此经常在其中混入合成纤维来制成易护理的织物。

❺ 碳复合材料

碳复合材料很结实，且质量轻，能被制成各种复杂的形状，如运动设施。碳复合材料一般由煤炭、石油和天然气中提取出的碳制成。

❻ 金属

金属加热后，能被塑造成不同的形状，小到曲别针，大到飞机。它们有良好的导热性，还适合用来传输电。

❼ 塑料

塑料是由石油化工产品制成的高分子化合物。塑料比重小，化学性稳定，成型性、着色性、绝缘性好，生产成本低，可以被制成许多产品。

❽ 玻璃

玻璃这种透明的材料是由砂子、石灰岩和碳酸钠在高温下熔融制成的。旧玻璃也可以循环利用制成新玻璃。熔化状态的玻璃可以被制造成不同的产品，如窗户、透镜和光学纤维。

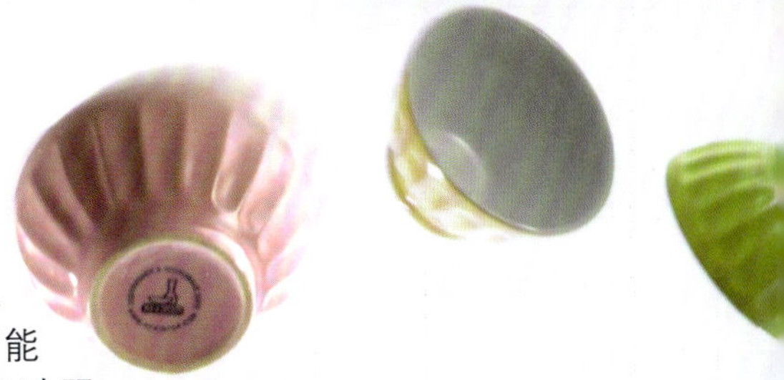

❾ 莱卡

人们设计制造合成纤维，是为了得到比天然材料（如棉花）更好的特性。莱卡是一种弹性纤维，它能保持形状不变，是制作运动服装的最佳材料。

❿ 橡胶

天然橡胶是由橡胶树上分泌的乳白色液体——胶乳制成的弹性材料。合成橡胶则是由石油化工产品制成的。橡胶通常用来制造轮胎和防水布。

⓫ 尼龙

尼龙发明于 1938 年，是第一种合成纤维。尼龙能制成优质的纤维，加工成本低廉，最初被用来替代做袜子和降落伞的蚕丝。

⓬ 陶瓷

陶瓷是由不同类型的黏土加热到高温制成的材料。这类材料坚硬、易碎、耐热。

⓭ 木头

相对于自身的重量而言，木头是一种很结实的材料，也是良好的建筑材料。由于纹理美观，木头也常被用来做家具和艺术品。木头因树木品种的不同而被分为软木和硬木。

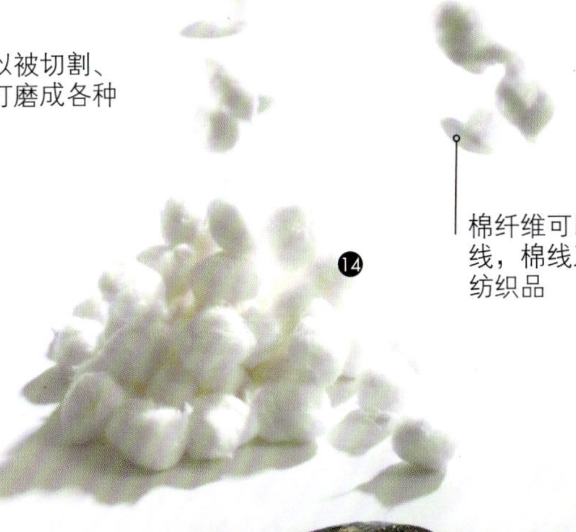

⓮ 棉花

棉花是一种天然材料，产自棉花植株的蒴果中，是一种蓬松、纤长、有弹性的纤维。棉纤维穿在身上柔软、舒适，而且不像一些合成纤维一样会产生静电。

⓯ 石头

石头是由地球岩石开采出来的一种天然材料。它们坚硬、密度大，能承受巨大的压力。石头能被金刚石锯片或被压强极高的高压水喷嘴切开。

引力

引力是一种吸引力，所有有质量的物体间都存在这种吸引力，小到原子，大到行星和恒星。在地球上，物体掉落到地上是被一种无形的引力吸引的。在太空中，引力使月球沿固定的轨道围绕地球转动，使行星沿固定的轨道围绕恒星转动，还能把一大群恒星聚在一起形成星系。

牛顿的发现

据说一个从树上掉下来的苹果触发了英国科学家艾萨克·牛顿（1643~1727）的灵感，促使他开始探索引力。他提出了一种理论，认为一切有质量的物体都能彼此吸引，因为物体间有质量产生的引力。物体的质量越大，距离越近，引力就越大。

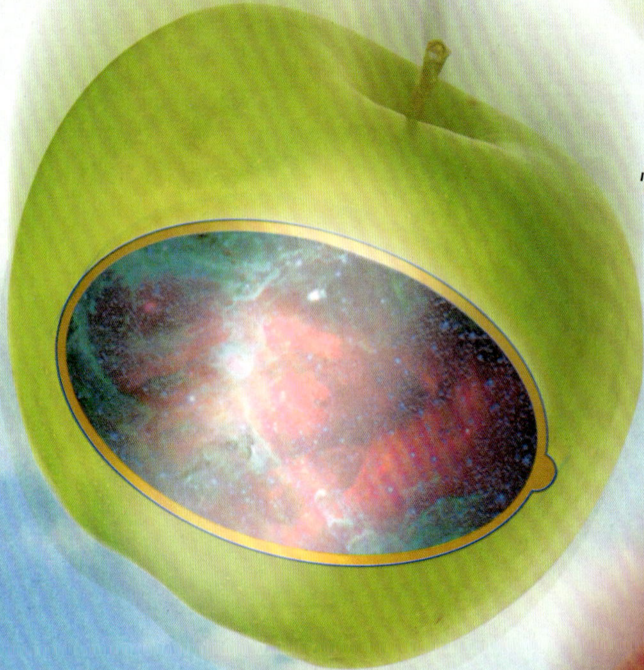

恒星的诞生

恒星诞生于宇宙中一团由尘埃和气体构成的云，这种云叫作星云。这些尘埃和气体渐渐凝聚在一起，形成一个核。随着核的质量变大，它的引力也增大，越来越多的物质被吸引过来。星云中心（核）的质量和密度变得巨大，导致核聚变反应的发生，恒星便开始发光。

月球和潮汐

由于月球绕着地球运行，它产生的引力拖动海洋里的水，使大量海水向月球的方向涨起来。地球自转产生的力量反方向作用于地球的另一端。这些引力导致了海洋水平面有规律的升降，这就形成了我们所说的潮汐。

质量与重量

质量与重量是两个不同的概念。一个物体的质量代表了其中所含物质的量；而一个物体的重量，是由它的质量产生的引力。这意味着，在月球上，引力只有地球上的1/6，一个宇航员的重量也就相当于在地球上的1/6，而他的质量并没有发生变化。

失重

在绕地球飞行时，宇航员会处于失重状态，飘浮在宇宙飞船里，仿佛引力消失了。事实上，指向地球的引力依然在吸引着宇航员和宇宙飞船，但是当宇宙飞船飞行时，它也在持续地“掉落”，只不过掉落的轨迹刚好是围绕地球的。宇宙飞船和宇航员处于自由落体的状态，但不会落在地面上。

重心

一个物体的重心是指物体各部分所受重力之合力的作用点。重心越低的物体越稳定，因此跑车比双层巴士更稳。重心过高，车就容易翻倒。

爱因斯坦的理论

出生于德国的科学家阿尔伯特・爱因斯坦（1879~1955）提出了相对论，解释了在太空中引力是怎样作用的。他把时间和空间比作一片可以拉伸的橡胶，宇宙中的一切都在这个平面上。恒星一类的巨大物体在橡胶上形成一个很大的凹陷。行星一类稍小的物体落在这些大的凹陷里，被困在恒星周围，并围绕恒星转动。凹陷产生了我们所说的引力。

空气阻力

在真空中，一切物体受重力作用，下降的速度是一样的。但是，如果一个苹果和一片羽毛从地球大气层中的同一高度落下，苹果会下降得快一些。因为它们落下时，物体受空气阻力减速了，阻力来自物体和空气之间的摩擦力。物体下落的速度取决于物体所受的重力和空气阻力之间的平衡。

黑洞

如果一颗巨大的恒星消亡了，它的核会分裂。恒星缩小，核的密度越来越大，形成了一种叫作黑洞的天体。黑洞的引力太强大，以至于一切进入它的物质都会被吞没，包括光。虽然看不到，但黑洞的位置可以根据它对周围物体产生的引力来确认。进入黑洞的物质温度不断升高，产生的 X 射线能被 X 射线望远镜探测出来。

力学

一切物体都倾向于保持其运动速度和方向不改变。这一性质叫作物体的惯性。物体的移动只能在力的作用下发生改变，如推力或拉力。一个质量大、速度快的物体，它的动量就很大。物体的动量越大，运动越难停止。一个运动中的物体也拥有动能。动力学定律，也就是力改变物体运动的规律，已被科学家艾萨克·牛顿（1643~1727）用他的三个定律解释过。

牛顿第一定律

第一定律揭示了一个物体总是倾向于保持原地不动，或以相同的速度朝相同的方向持续运动，除非有外力作用于这个物体使其改变这种状态。当两辆车在一次碰撞实验中彼此接近时，它们平稳地向前行驶，两辆车里的人体模型和各自的车速保持一致。

❶ 惯性

如果人体模型没有系安全带，惯性会使模型保持相同的速度继续向前移动，直到撞击上正在减速的车身的一部分，如挡风玻璃。

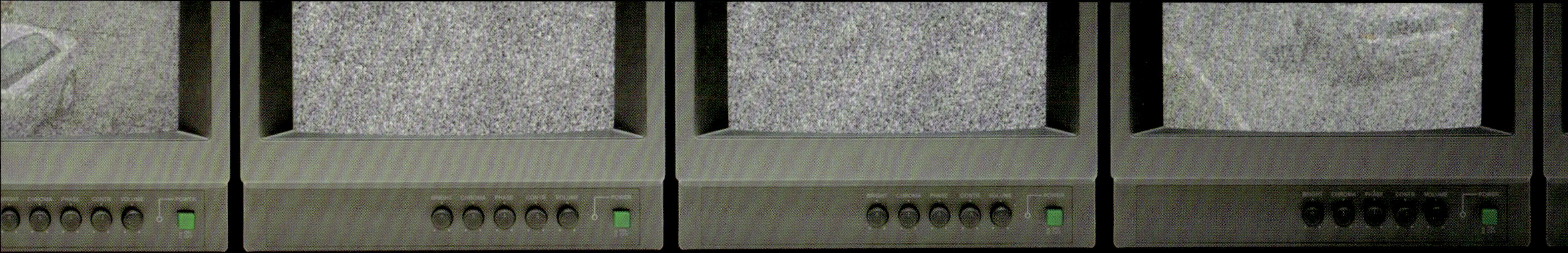

牛顿第二定律

第二定律揭示了当有外力作用于一个物体时，会使物体改变运动速度和方向。两辆车相撞时，每辆车的前部都对另一辆车产生了作用力，让对方减速。车里的人体模型在安全带的作用下速度也降低了。

牛顿第三定律

第三定律揭示了当力作用在一个物体上时，物体会产生一个大小相等、方向相反的反作用力。因此当一辆车对另一辆车产生推力时，也受到了另一辆车的反作用力。

② 碰撞

当两辆车相撞，车前部扭曲变形时，车的动能转化为其他形式的能量，如热能和声音。这叫作非弹性碰撞。

③ 动量

动量与物体的质量和速度相关。重型卡车和汽车相撞，动量更大的卡车会推着汽车继续前进一段距离；若汽车与卡车的质量和速度相同，两者就会停止不动，因为动量相等方向相反，力的作用效果相互抵消。

磁力

磁力是一种看不见的力。能够吸引或排斥磁性材料的物体叫作磁体。磁体周围受其磁性影响的区域被称为磁场。磁体上磁性最强的地方叫作磁极（通常位于磁体边缘）。磁性相反的磁极会相互吸引。地球也有自己的磁场，赤道附近磁场最弱，南北两极附近最强。

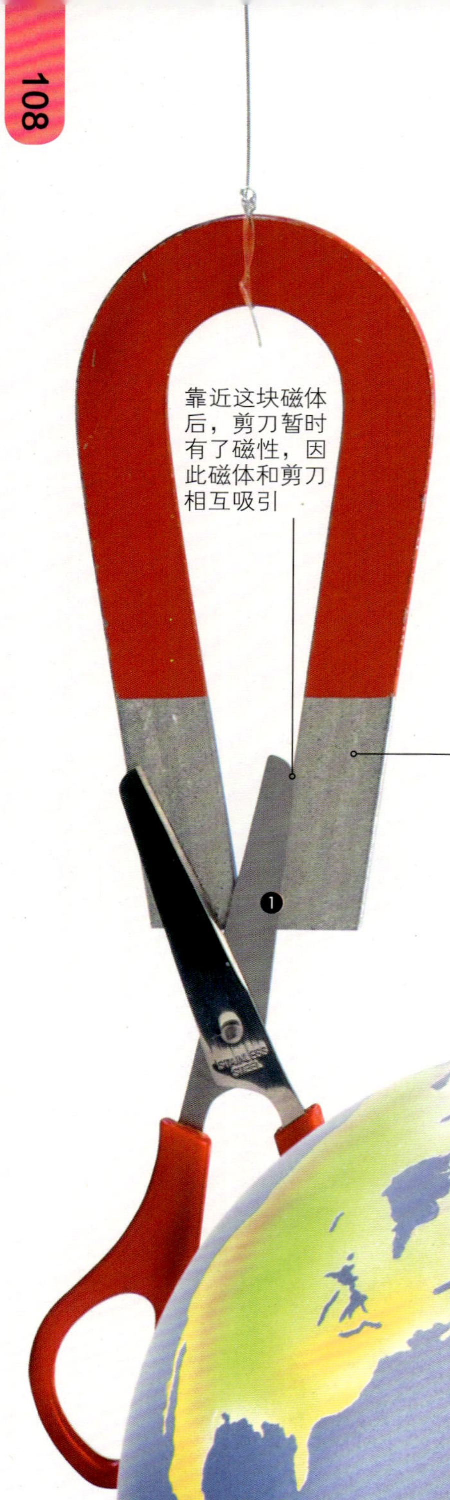

靠近这块磁体后，剪刀暂时有了磁性，因此磁体和剪刀相互吸引

马蹄形磁体银色的两端分别是磁体的南极和北极

❶ 磁性材料

如果把一个未磁化的磁性材料放在一个磁场中，它会变成一个磁体，可能是暂时性的，也可能是永久性的磁体。镍、铁之类的材料很容易被磁化，也容易消磁，这种性质的磁体就是软磁体。铁合金、镍合金、铝合金被磁化后难以消磁，因此被称为硬磁体或永磁体。

❷ 吸引力

洒在磁体周围的铁屑会通过自身的分布显示磁场的力。如果把两块磁体放在一起，让一块磁体的南极与另一块磁体的北极相对，铁屑会在两块磁体之间的空白区域搭桥，显示出磁体之间的吸引力。

❸ 排斥力

如果把两块磁体放在一起时，让南极与南极相对，或北极与北极相对，两块磁体的磁场相互接触，你会感受到两块磁体之间的排斥力。这是因为磁性相同的两极会互相排斥。

❹ 磁场强度

让物体聚在一起的这种吸引力也可以被用在工业中。配有起重磁铁的大型起重机可以用来移动成吨的金属废料和报废的汽车，也可以用来装载重型机械的零部件。

❺ 天然磁石

大约 3000 年前，人类发现了一种奇怪的岩石，可以吸引物体。这种岩石就是天然磁石，也叫作磁铁矿，是一种拥有很强的天然磁性的铁氧化物。最初的指南针就是用天然磁石做成的。

❻ 核磁共振

在核磁共振成像扫描的过程中，病人被置于一个磁场中，无线电波穿过病人的身体，使人身体组织里的细胞产生振动。不同的组织振动的方式不同，因此各个部分可以被清楚地观察到。

❼ 地磁场

地球自转时，内部会产生电流，使它成为一个巨大的磁体，其磁场的高度能延伸到数千千米外的太空。地球有磁极，这两个磁极分别离地理北极和地理南极很近，但并不完全相同。

❽ 指南针

人类从 9 世纪中期就开始使用指南针。指南针里有一个磁针，可以在中轴上自由旋转。磁针的指向总是与地球磁场平行，因此磁针总是指向南北方向。

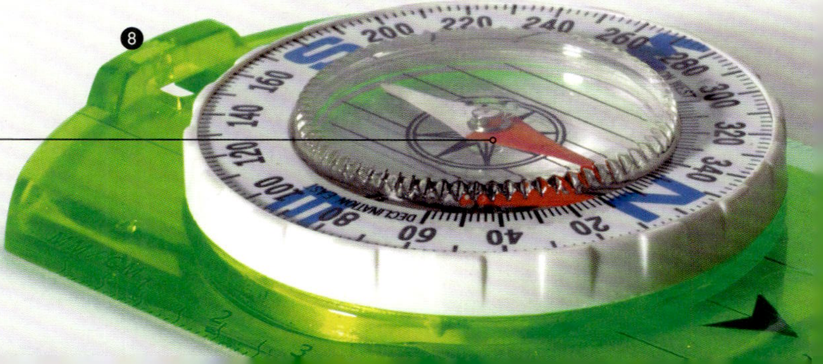

• 当电线圈在磁场中转动时，可以产生电。电子在磁场的作用下沿着电线移动形成电流。

• 在发电站，让线圈转动的动力来自水力（水力发电），或者来自燃烧油、煤、天然气或核裂变反应产生的水蒸气。

• 电流只能在回路中流动。电流还需要导体以及驱动电流的能量源。

• 所有导体对电流都有一定的电阻。当导体阻止电流通过时，一部分电能会转化成热能。

电

电为我们使用的很多东西提供了动力，从运行一台家用电脑，到夜间点亮世界各个城市的照明。电是最有用的一种能量形式，它可以便捷地转化成其他形式的能量，如光能、热能和动能。电是由电子这种微小的粒子产生的，每个电子带一个电荷。当电荷处于静止状态时会产生静电；当电荷从一处流动到另一处时会产生电流。

• 闪电是巨大的电火花，它是由云里的冰晶和水滴碰撞形成的静电产生的。

• 当你梳头发或脱掉一件合成毛料的毛衣时也会产生静电。这是因为两件物体相互摩擦会发生电荷的转移。

• 每个人体内都有约1000亿个神经元，它们通过突然的电流（脉冲）来传递信息。

●电子如果不能在某种材料中移动，我们就说这种材料不能导电，不能导电的材料被称为绝缘体。电线外经常包裹着塑料或橡胶等绝缘体。

●发电站中的电通过架在电缆塔上的金属电缆传输出去。发电站传输出的电压比我们家中日常用电的电压高很多。

●在到达城市之前，电压已经在变电站被变压器降低了。之后，电通过城市街道地下的电缆被传输到四面八方。

●在一些地震多发的城市，如日本东京，电通过高空电缆传输。因为地下电缆太容易被地震破坏。

❶ **北美洲**
美国的人口数量不到世界人口数量的5%，而用电量却超过世界的15%，其中大部分是通过燃烧煤产生的。在加拿大，水力发电占总发电量的一半以上。

❷ **南美洲**
南美洲的一些国家利用乙醇发电。乙醇属于可再生的绿色燃料，是蔗糖生产过程中的副产品。

❸ **南极洲**
只有科学研究人员住在南极洲。南极洲的电大部分由各个科研基地的柴油发电机提供，但也越来越多地来自风能和太阳能。

❹ **欧洲**
在欧洲，人们使用不同的能源发电，包括核能。法国3/4以上的电力来自核电站。

❺ **非洲**
生活在非洲的13亿人口中，只有不到一半的人用上了电。在许多国家，人们遭受频繁的停电。太阳能和地热发电对未来解决用电问题有很大的帮助。

❻ **亚洲**
近年来，中国、日本和印度占了发电量和用电量增长量的大部分。中国主要依赖燃煤发电，但太阳能的使用正在迅速增加。

❼ **大洋洲**
澳大利亚大约一半的电力来自燃煤发电，但在新西兰97%的电力来自水力发电。

夜间照明
这张图片来自一颗军用气象卫星所拍的照片。它显示了从太空中看，全世界各个城市的夜间照明是什么样的。

电磁波谱

所有电磁波共同组成了一个连续的能量带，被称为电磁波谱。能量可以通过电磁波的形式传播，这就像池塘中荡漾开的水波。电磁波在真空中以光速传播，大约每秒300000千米。虽然能量在真空中传播的速度总是一样的，但它的波长（每两个波峰或波谷间的距离）可能不同。波长短的电磁波，如X射线，携带大量的能量，能穿透人体；相反，波长长的电磁波，如可见光能量较低，不能穿透人体。除了可见光，所有电磁波都是不可见的。

γ射线

γ射线是由放射产生的，如核爆炸反应。γ射线的波长较短，携带巨大的能量。它对人体有很大的危害，但常被用来杀死癌细胞，治疗癌症。

X射线

这种高能量的电磁波能穿透肉和塑料，但不能穿透骨头和金属。这些特点让X射线成为医院里检测骨骼，以及在机场等公共场所检测危险物品的得力工具。

紫外线

紫外线的波长比可见光的略短，因此能量也比可见光高。紫外线来自太阳，人们晒日光浴时如果不涂防晒霜，皮肤会被紫外线晒伤，形成晒斑。

可见光

太阳以可见光的形式释放其大部分能量，可见光可以被折射成彩虹的颜色。地球上的大气层能让可见光通过，同时阻挡了大量有害的电磁波。可见光对人类生活很重要，如果没有可见光，植物将停止生长。

波长

电磁波谱两端的电磁波波长差距非常巨大。γ射线的波长只占一个原子直径的一小部分，而电磁波谱另一端的无线电波的波长却有数千千米。

红外线

电磁波谱中紧邻可见光的电磁波是红外线，红外线含有热能。通常当热能移动时，它以红外线的形式传递。地球表面的红外云图被天气预报用于测定温度。

微波

微波的波长比可见光长很多。波长较长的微波被应用于微波炉。波长相对较短的微波被应用在雷达系统中，通过定位障碍物来帮助轮船或飞机航行。

无线电波

无线电波在电磁波谱中的波长最长。许多信息的传输，如电视、手机、收音机的信号，都是通过不同波长的无线电波传输的。来自外太空的无线电波通过无线电天文望远镜接收，被人们用来研究宇宙。

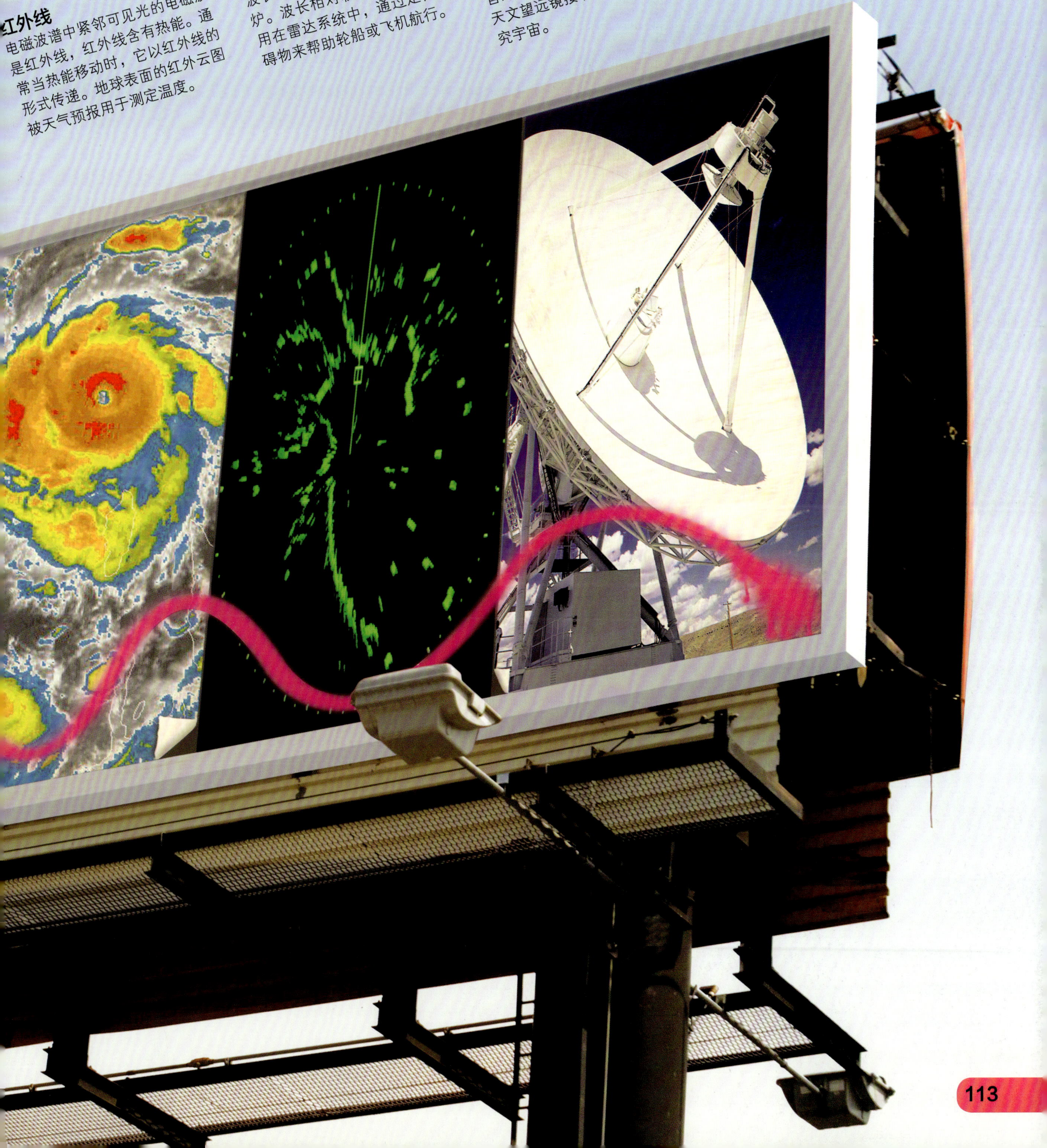

颜色

可见光是电磁波谱中的可见部分。不同波长的可见光呈现不同的颜色。物体的表面会吸收部分波长的光，并反射其他的光。白色的物体之所以看起来是白色，是因为它反射了照在自己身上所有波长的光。黑色的物体吸收了所有波长的光，因此看起来是

紫色

可见光谱中偏紫色一端的光波长较短，频率较高；偏红色一端的光波长则较长，频率较低。

象征符号

我们将颜色作为象征符号，来代表文化和宗教中不同的意义。然而颜色的意义会因文化而异。例如，在某些文化中，新娘穿红色的衣服，而在另外一些文化中，则穿白色的衣服。

在中国，春节的压岁钱被放在红包里，因为红色象征着好运

红色的食品包装被认为可以引发食欲

纽约市黄色的出租车从远处就很容易辨认

互补色

如果把可见光谱中的所有颜色按顺序排列在一个轮状色彩盘上，位置相对的两种颜色，如橙色和蓝色，被称为互补色。当两种互补色搭配在一起时，它们的色彩会显得尤为鲜亮。

真实的颜色

我们看到物体所呈现的颜色是由一系列不同波长的光组成的。一个看起来是黄色的物体，也许反射了 80% 的黄光，同时还反射了一小部分其他颜色的光。

黑色的。黄色的物体吸收了除黄色以外的其他光，并把黄光反射到我们的眼中。组成可见光的所有颜色就是我们所说的可见光谱。可见光谱中的每组光之间是通过过渡衔接的，通常把可见光谱分成七种颜色：红、橙、黄、绿、蓝、靛、紫。

色盲

我们感知颜色的能力取决于视网膜上的细胞，这些细胞对特定波长的光敏感。色盲患者的视网膜上缺少感知某些颜色的细胞，或是这部分细胞功能较弱。

明度

晴天时，物体显得色彩鲜艳，因为我们的眼睛能区分出不同波长的光。阴天时，进入眼睛的光较少，因此我们无法轻易辨别不同波长的光，色彩就显得昏暗。

色散

当白光穿过一块叫作三棱镜的玻璃时，由于不同波长的光的折射率不同，光被分离成可见光谱中的不同颜色。当光穿过空气中的水滴时，也会产生这种现象，出现彩虹。

绿色植物中含有一种绿色的色素，被称为叶绿素齿轮是带锯齿的轮子相互啮合，一起转动，以改变力的大小、速度或方向。作用在一个小齿轮轴心的力可以驱动一个大齿轮，给大齿轮轴心一个更大的旋转力。

❷ 螺丝

螺丝上的螺旋线能将一个旋转力转变为更大的向上或向下的力。螺丝要转很多圈才能向上或向下运动一小段距离。

❸ 杠杆

大部分杠杆能放大作用于自身的力，以便轻松地移动重物。杠杆绕着一个固定的点转动，这个点叫作支点。作用力离支点的距离越远，越容易撬动重物。

❹ 滑轮

滑轮是一根绳子绕着一个轮子，以便轻松地提起或移动重物。使用的绳子和轮子越多，提起重物需要的力就越小，但需要拉的绳子距离越长。

❺ 斜面

斜面是一个两端高度不同的平坦表面。把物体沿着斜面向上移动，可以减小抬高物体所需要的力，但增加了物体运动的距离。

❻ 楔子

这种三角形的简单机械可以像刀刃一样将物体劈开，或被插入物体中起固定作用。当向下的力作用于楔子时，楔子的外形使力向两侧分解，作用于物体上。

❼ 车轮

车轮能让车子在斜坡上平稳地上行。与齿轮不同，车轮不属于机械。因为它们不能改变作用力的大小，以协助完成某种工作。

复合机械

复合机械是由简单机械组合起来共同运行的一种装置，就像图中所示的这个机械。人类的力只作用一次，来转动小齿轮。每个简单机械都提供给下一个机械作用力，直到番茄被切成两半。

技术

技术是对科学知识的实际应用，通过发明工具使工作变得更容易。早期的简单技术，如车轮，通常是先被发明出来，后来才用科学知识加以解释。现代技术创新通常是多年科学研究的结果。

❶ **车轮** 车轮最早发明于美索不达米亚（位于今伊拉克）。它们由钉在一起的木板形成一个圆。

❷ **文字** 在美索不达米亚，账目和货物清单曾被刻在泥板上，人们使用阳文印章来标记个人财产。

❸ **纸** 中国在西汉时期已发明纸。到东汉时期蔡伦改进了造纸术，将破布和植物纤维与水混合，捣成纸浆，再将纸浆铺开晾干，就制成了纸。

❹ **火药** 易爆炸的火药最早发明于中国，被用来制造烟花，而不是制造武器。

❺ **眼镜** 战国时期的中国人发现弯曲的透镜可以使光改变方向。11 世纪，人们根据这种现象制造出了眼镜。

❻ **印刷** 约翰内斯·古登堡改进了活字印刷术，利用制造便捷、成本低廉、可活动、独立的金属字母，首次实现了书籍的大量印刷。

❼ **望远镜** 最早的望远镜是折射望远镜，通过两片透镜来聚焦远处的物体。

❽ **蒸汽机** 詹姆斯·瓦特改良的蒸汽机为工业革命中的工厂和矿井提供了动力。蒸汽机将蒸汽的能量转化为了动能。

❾ **铁路机车** 最早的铁路机车是通过蒸汽机的高压驱动的，实现了机车在铁轨上的运行。

❿ **发电机** 迈克尔·法拉第发明了电动机，可以利用电来产生动能。后来，他又实现了将这个过程逆转，利用动能来发电，于是发明了发电机。

⓫ **摄影** 摄影技术最早是由路易·达盖尔发明的。这种照相方法被称为银版摄影法，利用覆盖着银的铜板和感光化学物质来拍摄图像。

⓬ **电话** 亚历山大·格雷厄姆·贝尔发现声音振动能转化为电信号，电信号又能沿电线传播，并在电线的另一端转化为声音的振动。贝尔利用这一原理发明了电话。

⓭ **灯泡** 约瑟夫·斯旺和托马斯·爱迪生同时发明了灯泡。灯泡的工作原理是当电流通过时，金属灯丝会发光。

⓮ **汽油发动机汽车** 历史上第一辆汽车有一个燃烧汽油的内燃机，还有一个 U 形的钢架和 3 个车轮。

⑮ **电影** 路易斯·卢米埃尔和奥古斯特·卢米埃尔兄弟发明了一种结合了拍照和放映为一体的“电影放映机”，能将动态的影像放映在屏幕上。

⑯ **飞机** 威尔伯·莱特和奥维尔·莱特制造出历史上第一架比空气重的动力飞机。第一次飞行在空中停留了 12 秒。

⑰ **三极管** 三极管最初被用于控制电流，后来又被用作收音机和电视信号的放大器，以及电脑里的“转换器”。

⑱ **无线电广播** 最早的公共无线电广播是在 1906 年出现的。到 20 世纪 20 年代中期，人们开始购买家用无线电广播设备。

⑲ **电视机** 约翰·洛吉·贝尔德制造了第一台能传输图像的电视机，原理是利用一系列扫描圆盘产生图像。这一设备迅速被电子阴极射线管所取代。

⑳ **晶体管** 晶体管和三极管的功能一样，但它个头更小、更可靠，消耗的能量更少，为集成密度更大的电子设备提供了可能。

㉑ **微芯片** 这项发明将成千上万的晶体管集成到一片微小的硅片上，形成单独的硅晶体微芯片，简化了家用电器中的控制装置和电脑中庞大的电路。

㉒ **通信卫星** 第一颗通信卫星——“电星”一号的发射，使电视节目直播和电话通话在世界范围内得以传播。其原理是依靠轨道卫星反射信号，再通过地面的接收天线接收信号。

㉓ **个人电脑** 第一台成功的台式电脑——苹果二代，有一个连接在显示器上的键盘。

㉔ **手机** 手机通话可以通过当地的短程发射器网络传递，用无线电波取代了电缆。

㉕ **光盘** 声音信息被以一系列凹点的形式刻录在光盘平滑的表面之下，信息可以通过激光来读取。

㉖ **苹果手机** 随着技术的发展，电子设备变得越来越小巧且复杂。人们设计出像苹果手机之类的小机器，可以运行多种功能，包括播放音乐和视频，存储照片，甚至上网。

㉗ **3D 打印** 与普通打印机不同的是，这种打印机可以打印出三维（3D）物体，有长有宽有高。普通的打印机使用油墨，但 3D 打印机主要使用粉末状金属或塑料等可黏合材料构建物体。

机器人

机器人是一类能半自主或全自主工作的智能机器。最简单的机器人是一种机器玩具，被设计成能完成一系列动作，但通常没有实际功能。还有一些机器人可以被操控员远距离进行操控。最复杂的机器人是人工智能机器人，它们具有自己做决定和解决问题的能力。

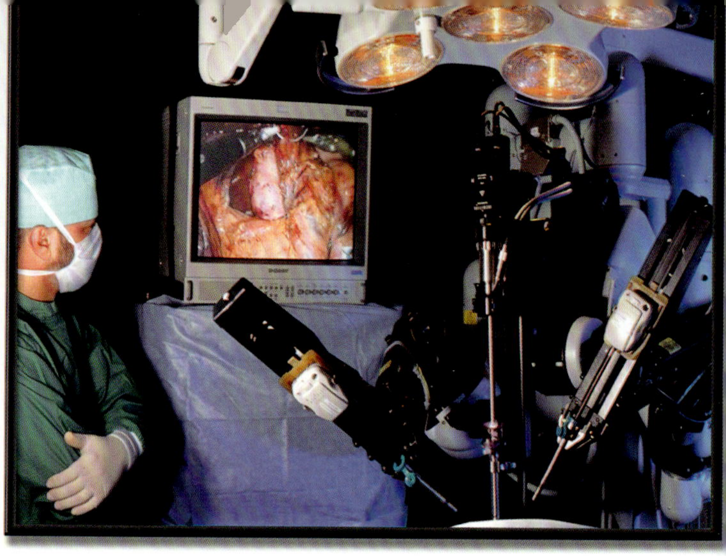

▲ 外科手术机器人
外科手术机器人，例如“达·芬奇”，能将微小的仪器和内窥镜送进一个仅一厘米宽的切口。外科医生可以在屏幕上研究患处，并通过遥控来移动机器人。

这个人形机器人可以进行基本对话以及做简单的面部表情

嘴唇和眼睛自然地活动

中国科学技术大学耗费三年时间研发的人形机器人——“佳佳”

iCub使用其音频、视频和触觉传感器来处理信息

NAO 的灵活性使它可以踢足球，表演复杂的舞蹈

◀ 人形机器人
像“佳佳”、iCub 和 NAO 这样的人形机器人是为了模仿人类而被设计出来的。一些用两条腿走路，其他则在轨道上或轮子上滚动。

三菱公司制造的鲷鱼机器人，能模仿真鱼的动作

▲ 动物机器人
机器人可以模仿不同动物的运动和行为方式，这是机器人技术发展中的一大进步，在未来能满足很多需求。

Spinybot II 机器人有多刺的脚，能紧紧趴在墙上，模拟爬行的昆虫

索尼公司制造的“爱宝狗”有复杂的内部程序，让它的动作和行为都酷似一只真正的小狗

机械臂 ▶

大部分工业用机器人是电脑控制的机械臂。它们能完成对人类而言既困难又危险的工作，或者完成需要不断重复的动作。一个机械臂可以比人类更快更精确地完成这些工作，而且不需要休息。

汽车工厂里的焊接工作是由机械臂完成的

▲ 太空机器人

在太空中，宇宙飞船和探测器（比如，“火星 2020”探测车）探索宇宙空间，因为那里对人类宇航员来说太危险。这些机器人的动作是在地球上被提前设计好的，不过探测器也会根据摄像机传来的数据躲避障碍物。

家用机器人 ▶

虽然目前还没有人使用机器仆人来完成所有的家务，但有些机器人已经开始在人们家中工作。它们能完成类似吸尘、除草等重复性工作。这些机器人的内部程序设计，使其能躲避道路上的障碍。

这种智能地面吸尘器装有感应器，能规划自己的吸尘路径

▼ 机器人在工作中的运用

机器人被越来越多地运用自己的设备来帮助人类完成一些工作。这些工作可能是无聊的、重复的或危险的。它们独立工作，由传感器和摄像机引导，可以在恶劣的天气、狭小的空气和崎岖的地形中完成任务。

军事机器人 ▶

机器人交通工具在战争中用处很大，它们能进入危险区域，而不会造成伤亡。机器人可以监视敌人的阵地，以及寻找和挖掘炸弹、地雷，而其操作人员则可以待在安全的地方。

HOBO（危险炸弹处理器）机器人携带装备，能解除爆炸装置或安全引爆炸弹

iRobot's 公司制造的办公室机器人有一个可旋转的脖子，上面安装了一个可拍照的相机

Robug Ⅲ 的腿能让它穿越不平整的表面，还可以用摄像机探索条件恶劣的区域

交通运输

在当今世界，很难想象如果没有飞机、火车、轮船和汽车这些运送人和货物的交通工具，我们每天的生活将会是什么样子。这些运输工具都经过特殊的设计，用以参与陆地、天空、水上、水下的交通运输。

公路交通 ▼

大部分公路交通工具都有内燃机，通过燃烧燃料提供动力，转动车轮。在汽车中，发动机通常位于前部，能驱动前轮或后轮。在摩托车中，发动机位于两个车轮之间。

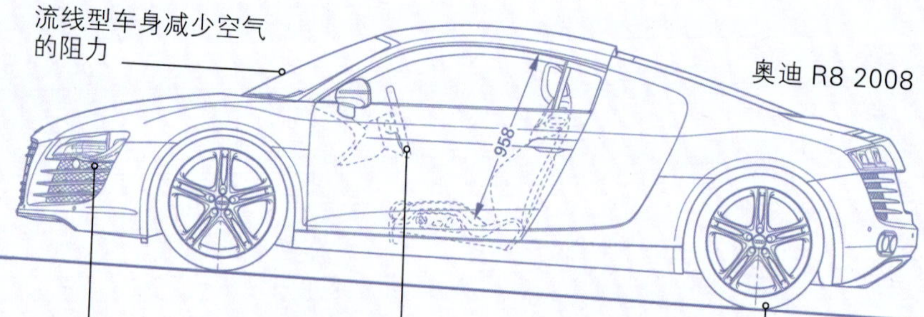

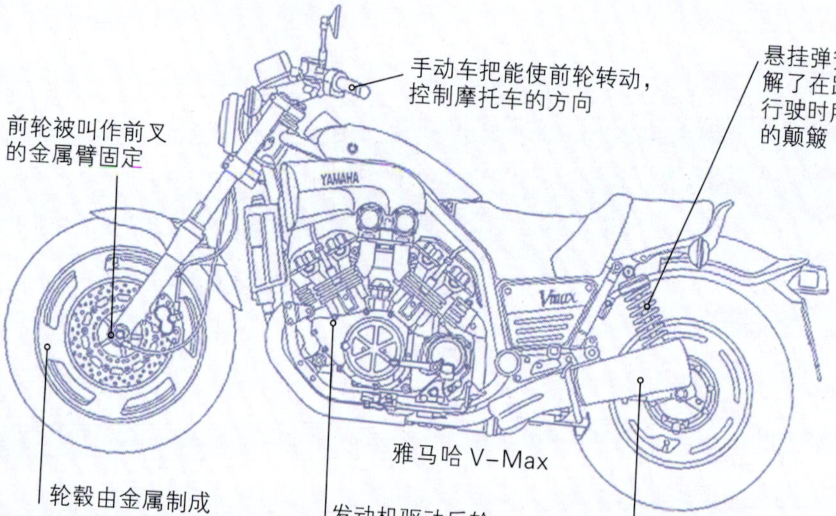

空中交通 ▼

在空中飞行时，飞机必须克服重力，重力想把飞机拉向地面。飞机通过弯曲的机翼和转子产生向上的力，来克服重力，这种力被称为上升力。

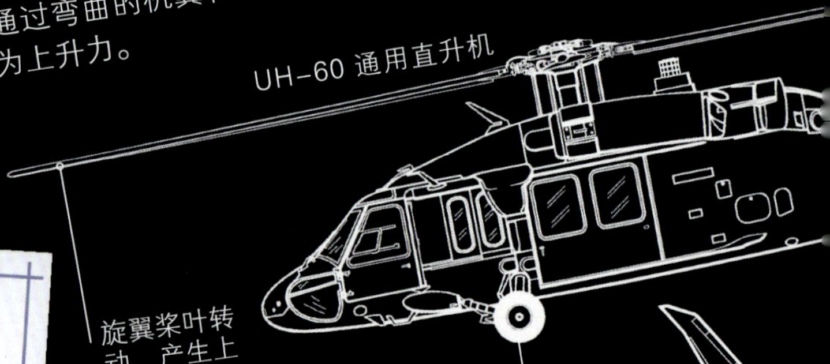

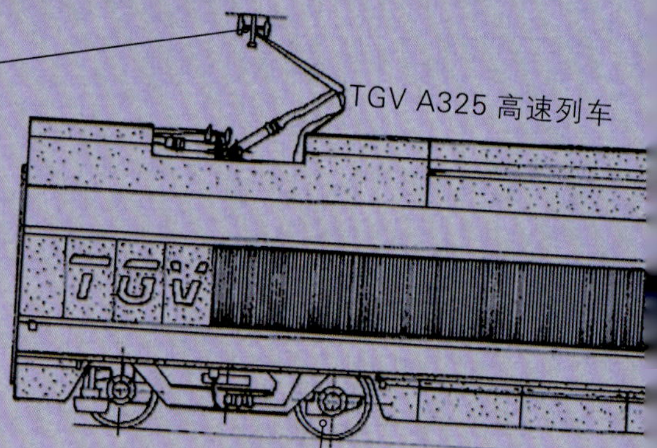

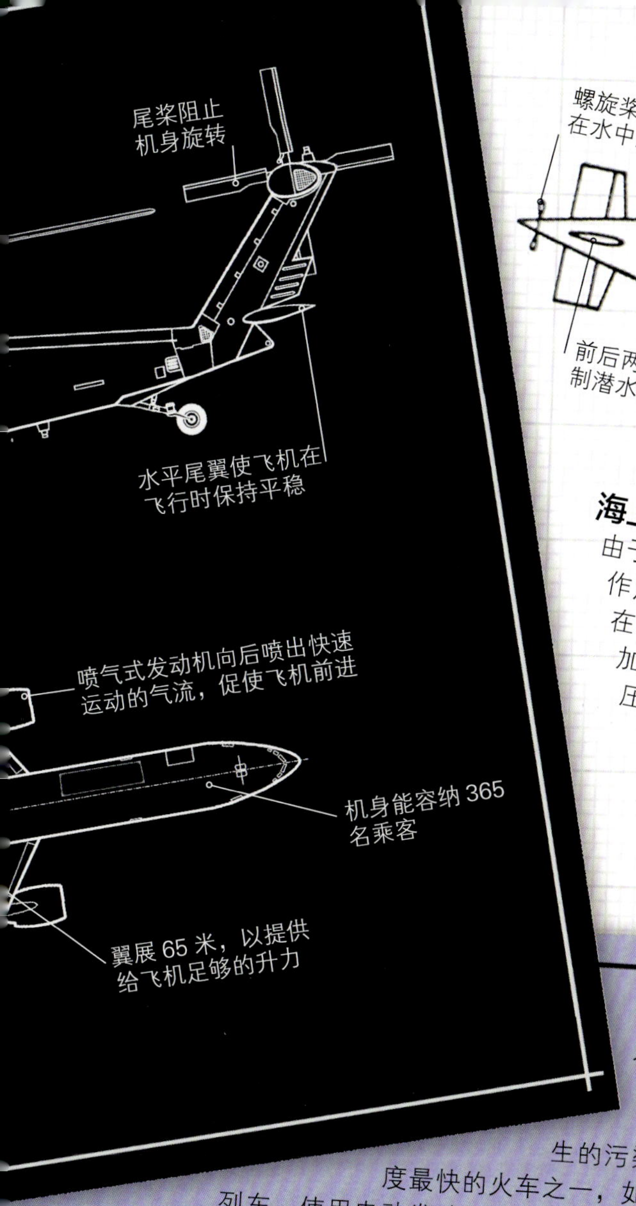

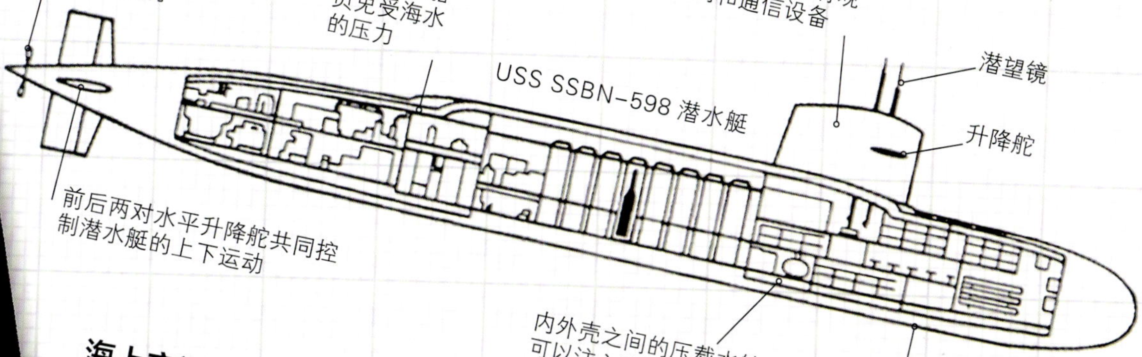

海上交通 ▶

由于船的重量对水面形成压力，水会给船一个向上的反作用力，称为浮力。浮力能支撑船的重量，让船漂浮在水面上。而潜水艇则通过向压载水舱注入海水，增加重量而潜入水中。如果潜水艇想浮出水面，则会向压载水舱充入空气，将水排出。

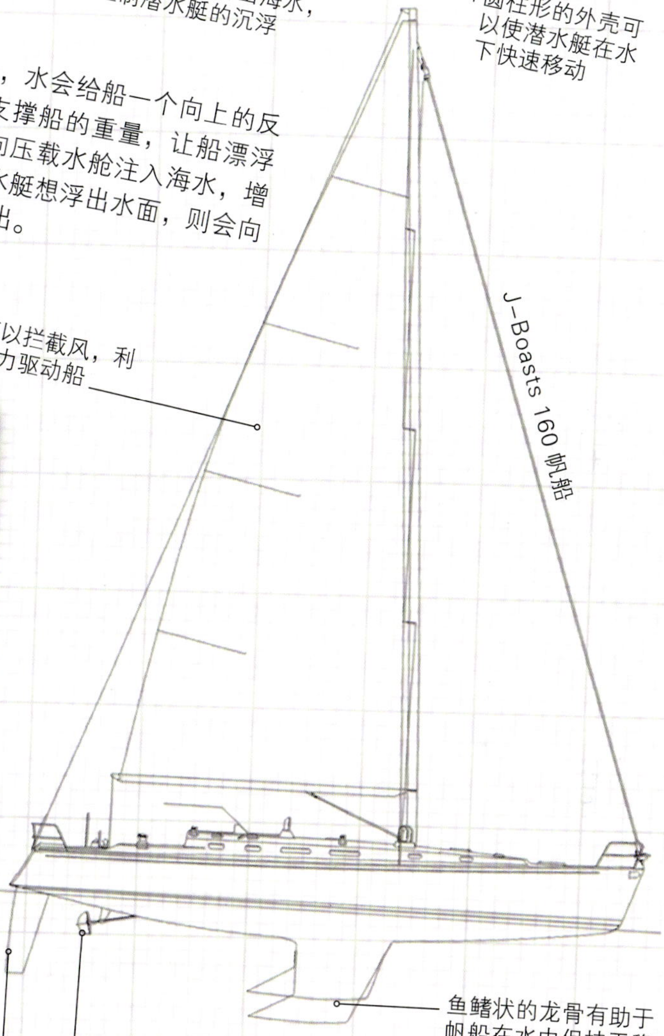

铁路交通 ▼

火车能运输大量的人和货物，因此能节省大量燃料，产生的污染物比汽车少。速度最快的火车之一，如法国的 TGV 高速列车，使用电动发动机，但大多数火车使用的是柴油发动机。车厢被前端的机车（火车头）拉动，但一趟列车也可以有两个或者多个火车头。

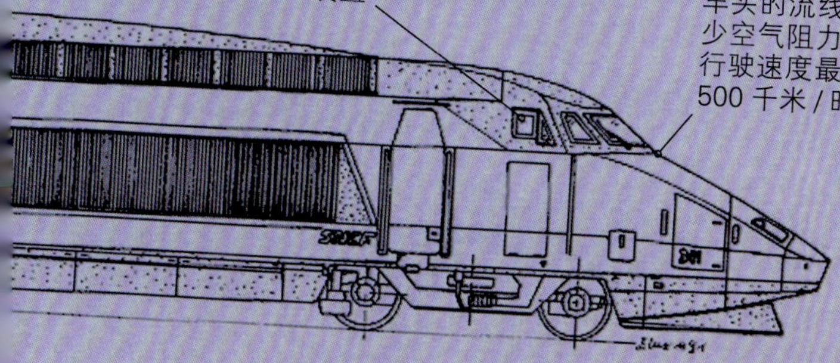

科学家

科学家研究宇宙，以探索万物是怎样起源，以及为何起源的。科学有很多不同的分支学科，例如物理学、化学和天文学。科学家认真观察其各自研究领域的现象，并对自己观察到的现象做出解释或猜想。然后他们会进行实验，来检验自己的猜想是否正确，最终总结概括成理论。

❶ 艾萨克·牛顿

英国物理学家和数学家牛顿（1643~1727）提出了力学定律，解释了力是如何引起物体运动的，并进一步提出了万有引力定律。牛顿还研究过光学，解释了白色光是如何由许多颜色的光构成的。

❻ 布莱斯·帕斯卡

法国科学家、哲学家帕斯卡（1623~1662）将许多科学与数学原理转化到实际应用中。他发明了一种机械计算器，这是一种由转盘和传动装置构成的设备，还发明了一种注射器。他还做过关于气压的实验。

❷ 玛丽·居里

玛丽·居里（1867~1934）生于波兰，与她的法国丈夫皮埃尔·居里一起在巴黎研究放射性物质。她于 1898 年发现了钋元素和镭元素，两次荣获诺贝尔奖。玛丽·居里死于白血病，可能是因为长期暴露在辐射中。

❼ 伽利略·伽利莱

意大利天文学家和物理学家伽利略（1564~1642）是第一个利用望远镜研究天空的人。他发现了木星的 4 颗卫星，就是今天人们所知的伽利略卫星。

❸ 路易吉·伽伐尼

意大利科学家伽伐尼（1737~1798）用青蛙做实验，研究电脉冲在动物组织中的作用，他认为电脉冲来自动物组织。虽然这一理论是错误的，但它引导亚历山德罗·伏打发明了电池。

❽ 尼古拉·哥白尼

波兰天文学家哥白尼（1473~1543）被认为是现代天文学的创始人。他通过研究行星轨道，揭示了太阳是宇宙的中心。而在当时，人们都认为地球是宇宙的中心。当然，现在看来，日心说也是不对的，但在当时是天文学的一大进步。

❹ 阿尔伯特·爱因斯坦

爱因斯坦（1879~1955）生于德国。但在希特勒掌权后，他逃亡到了美国。爱因斯坦凭借他的相对论掀起了物理学的革命。相对论解释了物质、能量、空间和时间是如何相互联系的。爱因斯坦于1921年获得了诺贝尔物理学奖。

❾ 亚历山德罗·伏打

18世纪，关于电流的研究启发了意大利物理学家伏打（1745~1827）发明了电池。伏打发明的电池也叫“伏打电堆”，是历史上第一种制造电流的可靠方法，也让其他需要用电的实验更容易开展。

❺ 亚力克·杰弗里斯

英国遗传学家杰弗里斯（1950~）发现了每一个个体都有某种独特的DNA，并研究出如何制作这些DNA序列的图谱，即DNA指纹图谱。他同时解决了如何给这些DNA序列拍照的问题。他倡导将DNA指纹识别技术应用于法医学中的犯罪刑侦鉴定，通过DNA指纹锁定嫌疑人。

❿ 本杰明·富兰克林

美国政治家、作家和科学家富兰克林（1706~1790）主要从事电学研究。他证明了闪电是一种放电现象，并且建议使用避雷针来保护建筑物免受雷击。

最早的星系
这是哈勃太空望远镜拍摄的一张图片的局部，其中可以显示出大约 10000 个星系。它们是有史以来看到的最遥远的宇宙深处最早形成的星系。

太空

宇宙

宇宙是存在的一切事物，包括地球上最小的微粒到深空中巨大的星系。它的每一部分，包括空间和时间都诞生于宇宙大爆炸——这次巨大的爆炸发生在约138亿年前。那时的宇宙看起来和今天完全不同，从那时到现在，它在不断扩展、冷却、演化。早期宇宙中的氢和氦形成了恒星，产生出今天宇宙中所有的物质，这包括构成地球和它上面的一切物质，也包括你。

138 亿年前

宇宙大爆炸

在开始的时候，宇宙是难以想象的小，密度极大，温度极高。在一万亿分之一秒之内，从原子大小膨胀到比星系还大。宇宙由转变成物质粒子的极小的能量粒子组成。在 3 分钟内宇宙中充满了氢原子核和氦原子核。

38 万年后

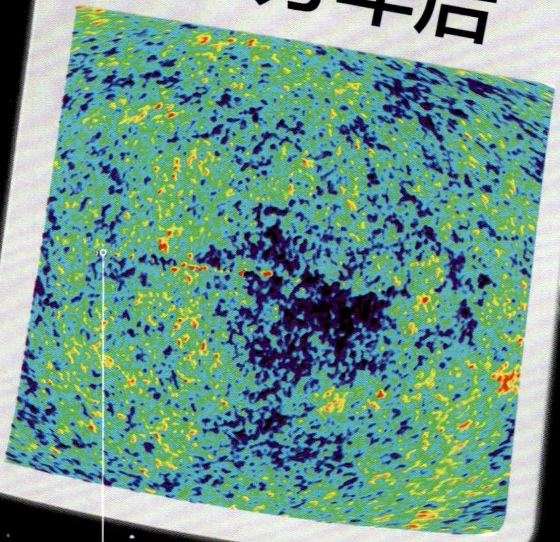

不同颜色代表温度的变化，红色区域是温度最高的

宇宙背景

宇宙大爆炸留下的热量称作宇宙微波背景辐射。通过对它的研究，科学家建立了一个早期宇宙的图像。这是宇宙大爆炸 38 万年后的宇宙热度图。结果表明物质分布是不均匀的——热度高的区域（红色）是物质更密集的地区，在这里将会形成星系。

120 亿年前

最小最红的星系出现在宇宙大爆炸之后8亿年，是已知最古老的星系

星系和恒星只占宇宙所有物质的15%

星系的形成

在千百万年中，氢和氦聚集在一起形成巨大的云，它们分裂成碎块，在重力作用下坍缩并形成了恒星。在大爆炸 10 亿年后，宇宙中的矮星系形成了，它们之间碰撞、融合、变形成为旋涡星系和椭圆星系。

100 亿年前

46亿年前

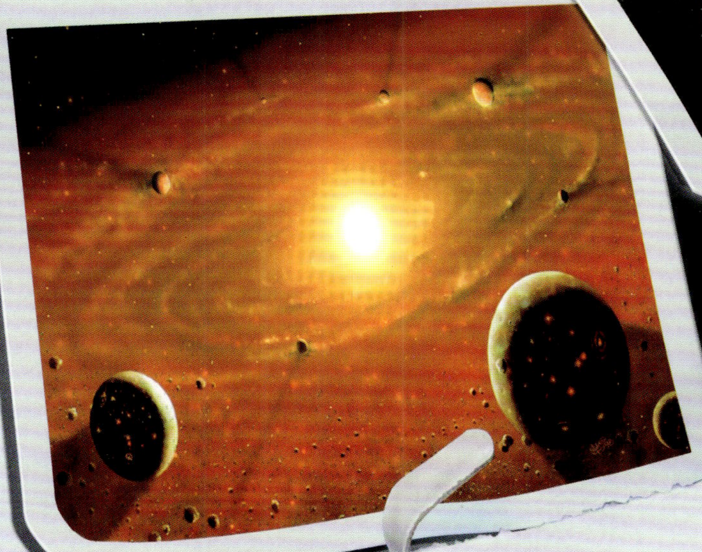

太阳系的诞生

太阳系形成于银河系银盘中的一个气体尘埃云，这团旋转的云称为太阳星云，它在引力作用下自身开始收缩，首先形成了中央球——年轻的太阳，然后其他物质围绕太阳形成了行星、卫星、小行星和彗星。

年轻的银河系

银河系是我们所在的星系，和其他星系同时形成。当然并非所有银河系中的恒星都是那时候形成的。从一开始，星系中产生出的恒星，闪耀数百万年或数十亿年后最终死去，但它们会继续产生新一代的恒星。

45亿年前

小行星撞击地球使岩石从地幔中抛出

月球的形成

地球是太阳周围剩余物质中较大的碎块互相碰撞结合在一起形成的。年轻的地球曾被一个火星大小的小行星撞击，熔化的岩石在撞击过程中飞溅入太空中，这些撞击的残骸形成一个环绕地球的碎石环，最终聚集形成一个大球——月球。

今天

地球上海洋、湖泊、大气和冰冠中的水是生命进化的关键因素

地球

地球是离太阳第三近的岩质行星，也是目前人类知道的宇宙中唯一一个存在生命的行星。生命开始于至少37亿年前的海洋中，细菌细胞进化成海洋生物，然后是陆生植物和动物。大约在100万年前，人类出现在地球上。

1
2
3
4
5
6

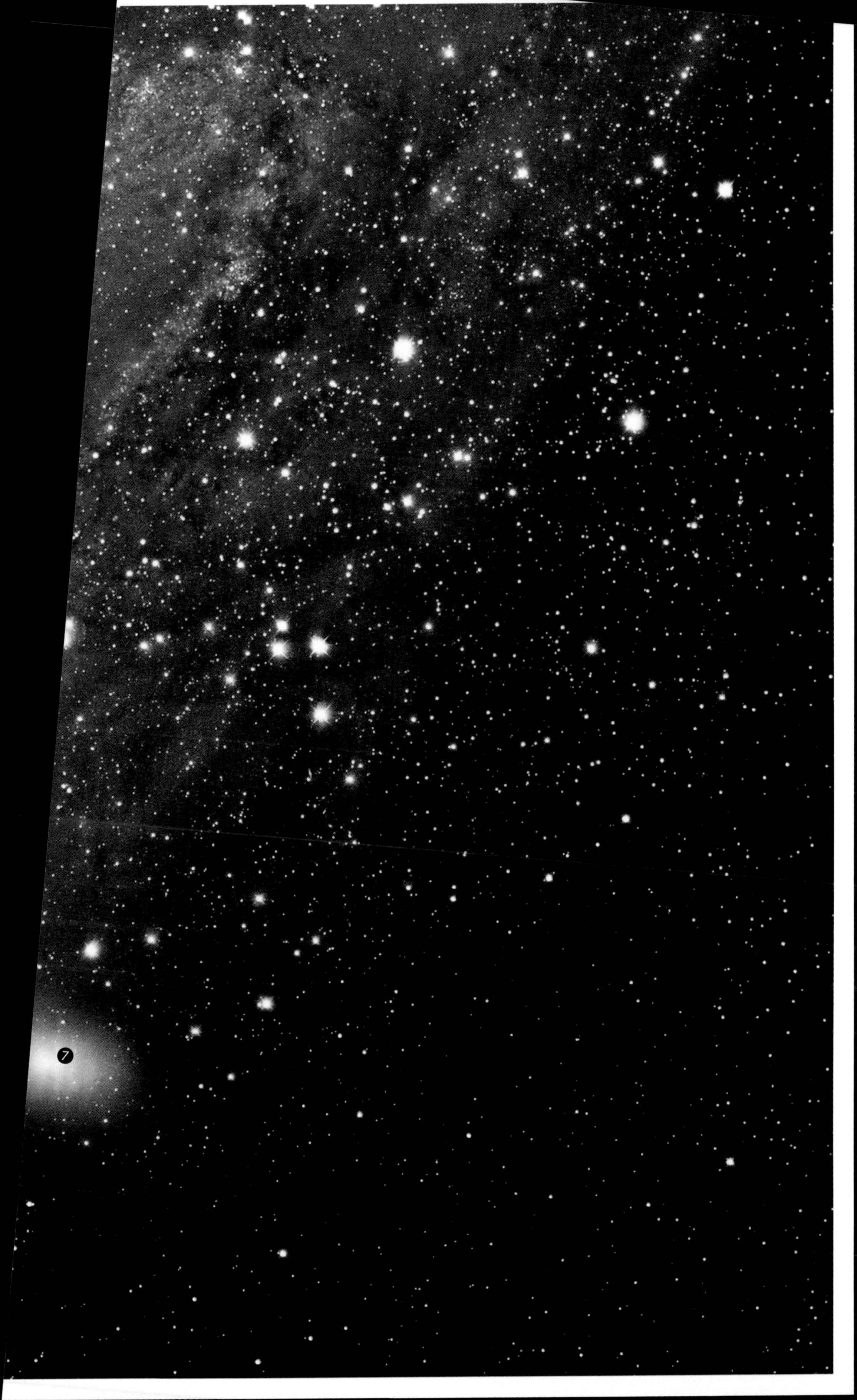

▲ 仙女座星系
仙女座星系是距离银河系最近的星系之一，离地球有 250 万光年，是旋涡星系，也是地球上肉眼可以看到的最远的天体。

星系

星系是通过引力聚集在一起的巨大的恒星群，在宇宙中可能有2万亿颗恒星。它们不是随机分布而是聚集成群的，相互之间距离遥远。所有星系集中在一起只占百万分之二的宇宙空间。

❶ 大小
星系是巨大的，最大的跨度超过 100 万光年（1 光年是光在一年中传播的距离），最小的，称为矮星系，也有几千光年宽。仙女座星系从一边到另一边的长度是 22 万光年。

❷ 形状
一个单一的星系是由数十亿甚至数万亿颗恒星组成的，形状有四种基本形态：旋涡星系、棒旋星系、椭圆星系和不规则星系。圆盘形的旋涡星系和棒旋星系具有恒星构成的旋臂。在旋涡星系中，比如仙女座星系，旋臂是从星系中央核心部分旋卷出来的；而在棒旋星系中，旋臂是从恒星组成的中央棒的两端延伸出来的。椭圆星系是球形的。不规则星系则没有什么明确的形状。

❸ 环绕轨道运行的恒星
星系不像坚实的物体，其中的每颗恒星都按照自身的轨道围绕星系中心运转。一个旋涡星系中的恒星在轨道上运转一周通常需要上亿年的时间，距离核心越远所需的时间越长。

❹ 旋臂
旋涡星系的星盘中布满了恒星。旋臂中充满了非常明亮和年轻的恒星，显得特别突出。

❺ 核心
旋涡星系的核心通常是由古老的红色和黄色的恒星组成，中心还有一个超大质量的黑洞。仙女座星系黑洞的质量相当于 3000 万个太阳。

❻ 尘埃带
星系盘中浓密的云和尘埃带遮挡住后面的恒星。

❼ 矮星系
M110

恒星

恒星是巨大的、旋转的、炽热的、发光的气体球。因为颜色、温度、大小、亮度和质量都不一样，每一颗恒星都是独一无二的。随着时间的推移，恒星的特征会发生变化，从生命历程的一个阶段演化到另一个阶段。恒星生命历程中最关键的因素是质量，即形成这颗恒星的气体总量是多少。质量决定了恒星寿命的长短、其他特征以及它们如何演化。

恒星的诞生 ▼

恒星形成于巨大的氢气云中，比如鹰状星云。星云的一小部分在引力作用下开始坍缩，它会变得越来越密集，最终形成一个旋转的气体球，被称为原恒星，这是一颗新恒星诞生最初的迹象。

鹰状星云

鹰状星云的局部细节

猎户四边形星团

珠宝盒星团

◀ 年轻的恒星

随着原恒星内的气体聚集程度越来越高，它的密度和温度也越来越高。当核心的温度达到 100 亿摄氏度，就开始了核反应，这时，氢转化成氦，同时释放出能量，恒星开始发光。从同一区域的星云中同时生成的恒星会以一个星团的形式存在。有些星团，像图中显示的这两个，会存在上百万年，但最终内部的恒星之间的距离会逐渐拉开。

中年的恒星 ▼

大多数恒星在它们一生的大部分时间里都能稳定地发光，在这一阶段它们被称为主序星，太阳就处于这一阶段。这些恒星有的周围有行星围绕，还有一些，比如南鱼座 α（北落师门），有可能会形成行星的尘埃物质盘。

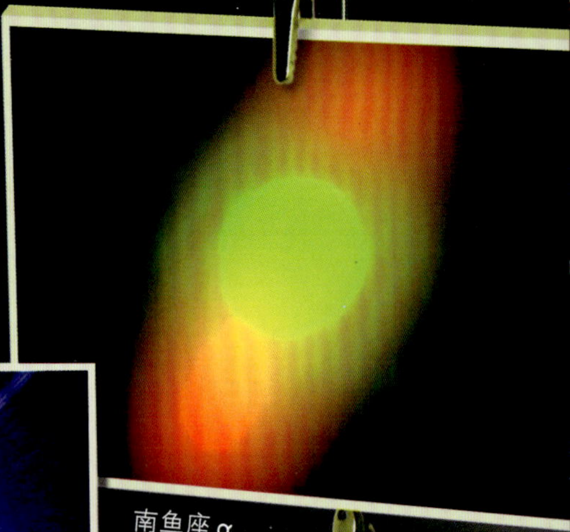

南鱼座 α

天狼星，地球夜空中最亮的恒星

天鹅座 β，一个双星系统

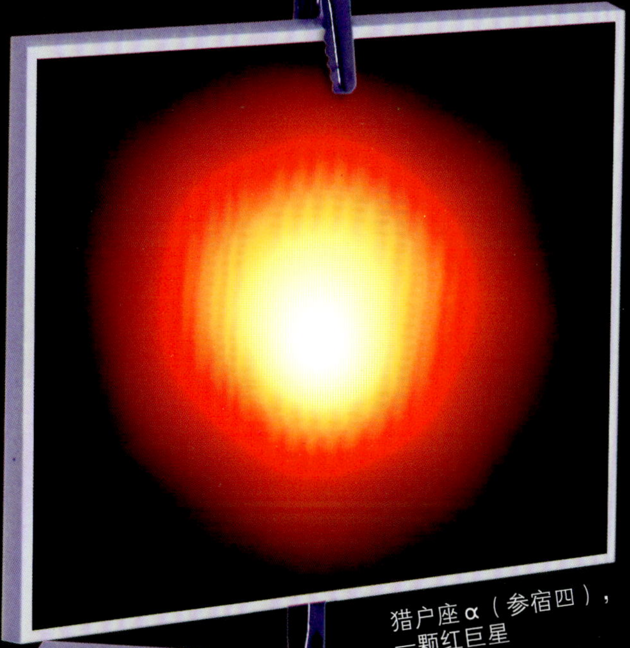

猎户座α（参宿四），一颗红巨星

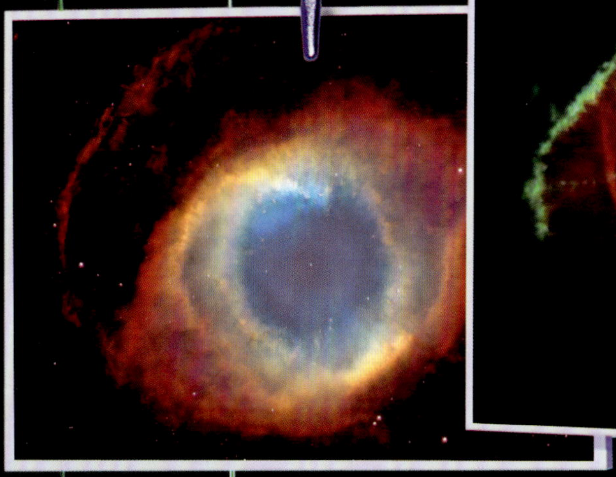

旋涡星云

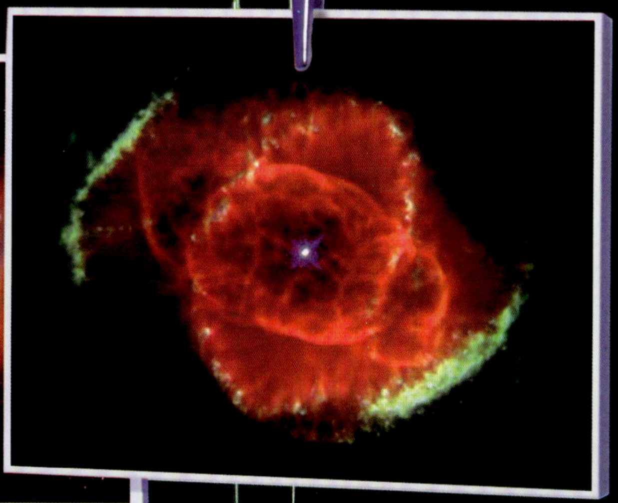

猫眼星云，在其中心可见一颗白矮星

▶ 垂死的恒星

当一颗 8 倍太阳质量以下的恒星氢完全耗尽后，会膨胀、冷却，成为一颗红巨星，最终抛射出它的外层物质成为一个行星状星云。喷出的气体会慢慢扩散，原来的恒星只遗留下一个小而慢慢冷却的白矮星。

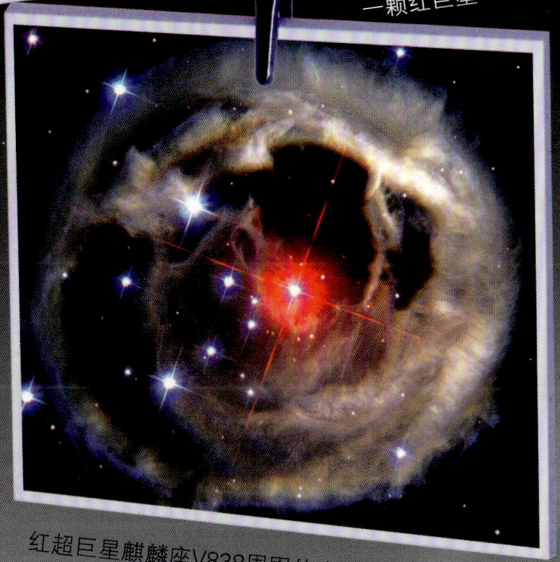

红超巨星麒麟座V838周围的尘埃和气体

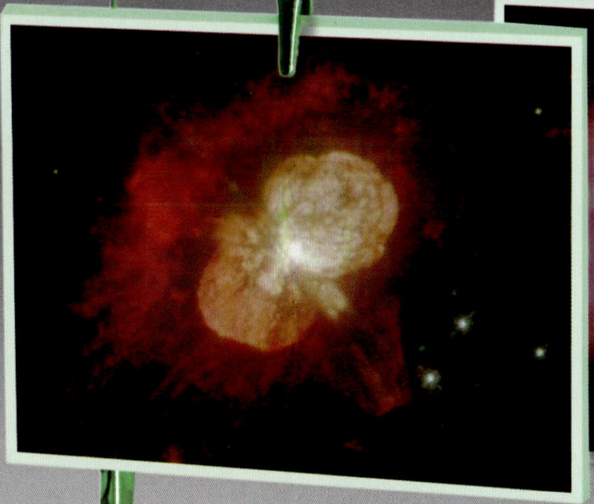

船底座 η 正在喷射出物质，随时可能爆发成为超新星

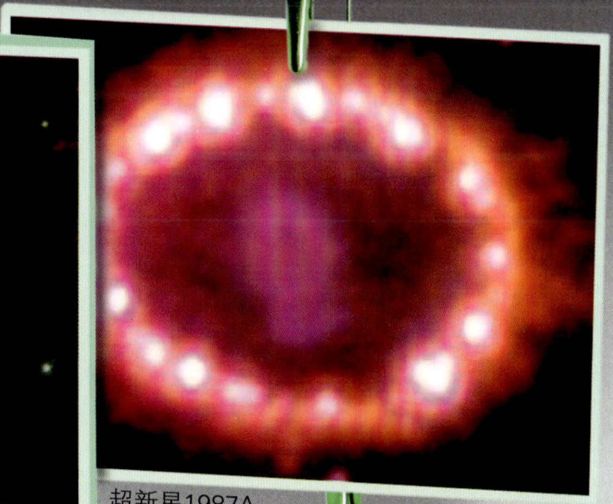

超新星1987A

突然死亡 ▶

当不小于 8 倍太阳质量的衰老恒星膨胀为巨大而不稳定的超巨星时，它们可能会在一场被称为超新星爆发（突然而壮观）的爆炸中结束生命。爆炸的恒星产生了一种极热的气体云，称为超新星遗迹。恒星爆发后内部的核心可能成为一颗脉冲星（非常致密、高速旋转的恒星）或黑洞（其核心在自身重力作用下坍缩成空间中的一个空洞）。扩散到太空中的物质成为星云，在这里可以诞生新的恒星。

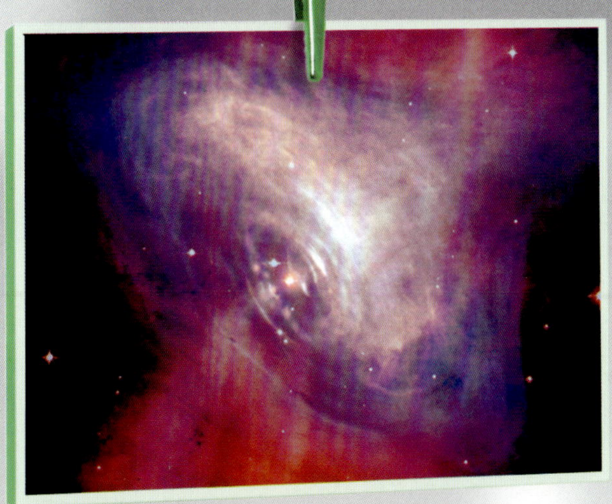

蟹状星云脉冲星

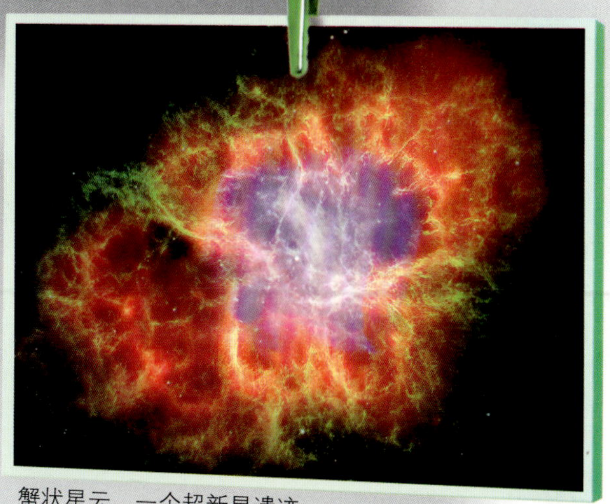

蟹状星云，一个超新星遗迹

昴宿星团
金牛座
毕宿五
波江座
猎户座
参宿四
天兔座
天鸽座
双子座
麒麟座
天狼星
大犬座
小犬座

星座

用假想的连线把星星连接起来形成各种生物或物体的形状，称为星座，它能很方便地帮助我们观察星空。观星者一直用这种方法在夜空中观星。在4000年以前最早的星座已经开始使用。地球上的星空被分成88个星座，其中一半以上来源于古希腊神话，比如猎户座和金牛座。

夜空

上面显示的是以猎户座为中心的天区，橙色连线表示星座的边界，星座中的亮星由白色的线相连，假想的星座图案是淡蓝色的。

❶ 双子座

双子座中最亮的两颗星代表神话中的双胞胎卡斯托耳（右，中文名北河二）和波鲁克斯（左，中文名北河三）的头。北河二实际上是六合星，北河三是橙色的巨星。

❷ 金牛座

金牛座牛头附近是V字形的毕星团。最明亮的毕宿五是一颗红巨星，代表公牛的一只眼睛。昴宿星团代表牛背。

❸ 小犬座和大犬座

小犬座和大犬座被看作是猎户的两条狗。较大的是大犬座，天狼星就在这个星座，有时它也叫作狗星，是夜空中最亮的恒星。

❹ 麒麟座

麒麟座代表的是独角兽，这个星座1613年才被发现，它位于银河之中。银河是横跨夜空的一条恒星组成的光带（图中从左下方延伸到顶部中间位置）。

❺ 猎户座

猎户座几乎在地球的任何地方都能看到。猎人举起手臂，拿着木棒和一个狮子头。一个肩膀上的红色亮星是红超巨星参宿四。

❻ 波江座

这个星座是全天第六大星座，代表一条河。法厄同是希腊太阳神赫利俄斯的儿子，他在驾驶父亲的金马车时失去控制栽入这条河中。

❼ 船尾座

根据希腊神话，船尾座是著名的英雄伊阿宋驾驶的大船的船尾部分。船的其他部分由船底座（龙骨）和船帆座（帆）代表。

❽ 天兔座

天兔座是猎户的大狗在天上追逐的一只野兔，它是夜空中40多种生物之一。另外，还有13个人物和两个半人马（一半是人一半是马）。

❾ 天鸽座

在圣经中天鸽座被认为是从挪亚方舟上放出寻找陆地的那只鸽子。它也代表古希腊神话中伊阿宋放飞用来带路的鸽子。

太阳

太阳是离地球最近的恒星，也是太阳系的中心。这个巨大的球体由炽热发光的气体组成，通过引力聚集在一起。大约3/4是氢，其他的几乎都是氦，还有少量的90种其他元素。超过一半以上的气体被挤压在太阳的核心部分，在这里氢通过核反应转化成氦，在这个过程中产生巨大的能量。这些能量通过太阳表面释放，最常见的方式是光和热。太阳以这种方式产生能量已经有大约46亿年了，还将持续50亿年以上。这幅太阳图不是人的眼睛看到的样子，而是紫外线的图像。

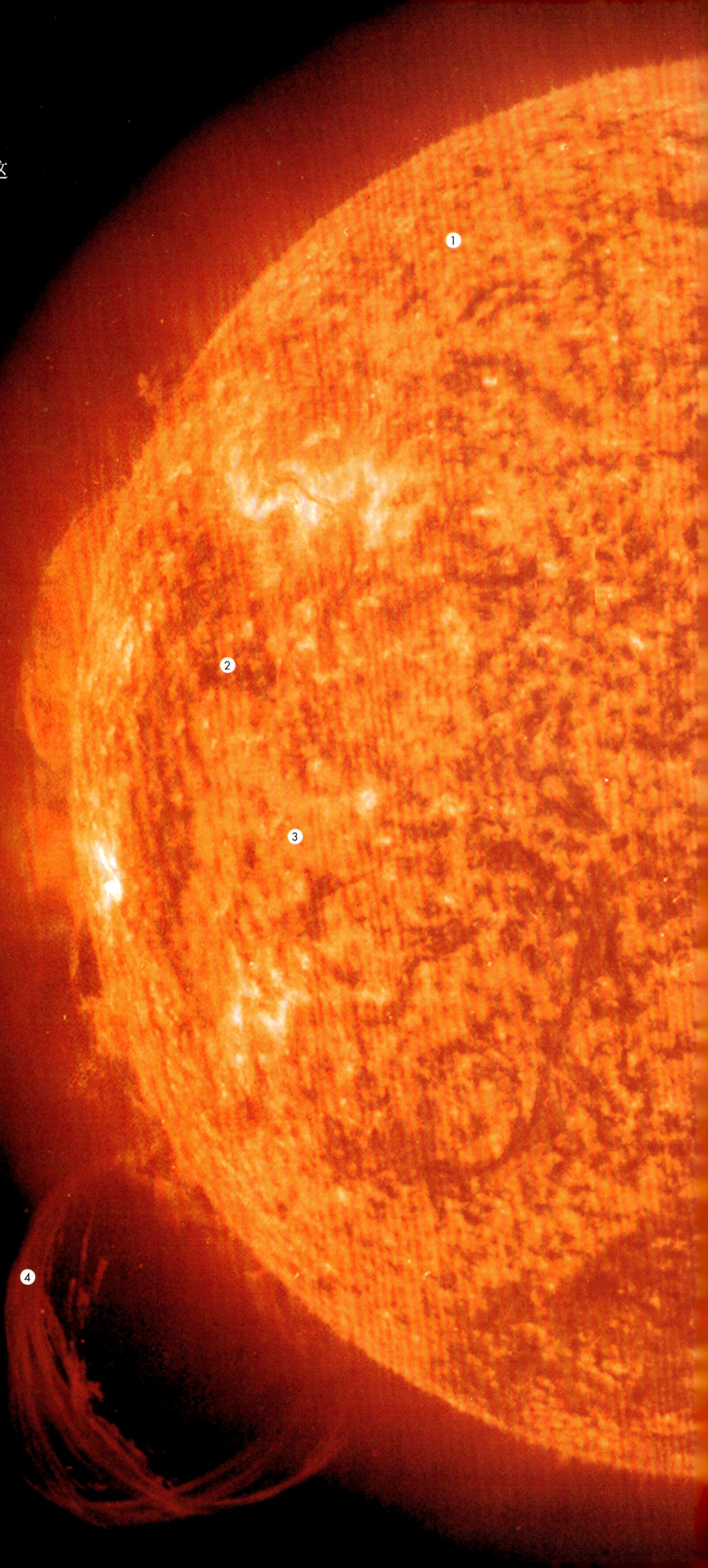

❶ 大小

太阳是太阳系中最大的天体，直径有140 万千米，这意味着它的表面可以排开 109 个地球。太阳的质量是地球的33 万倍，内部可以装下 130 万个地球。

❷ 光球

和其他恒星一样，太阳不是固体，但是有一个可以看得见的表面，称为光球。这里猛烈地喷射爆发出气体，不断地向太空中发射。光球是由 1000 千米宽的上升气体形成的存在时间很短的米粒组织构成，连在一起看起来像橙子皮的样子。

❸ 温度

太阳表面温度是 5500 摄氏度，这使得太阳看起来呈黄色。比它温度再低的恒星是红色的，温度稍高的是白色的。太阳内部温度会更高，核心的温度能达到1500 万摄氏度，在这里的核反应每秒可以把 6 亿吨氢转化成氦。

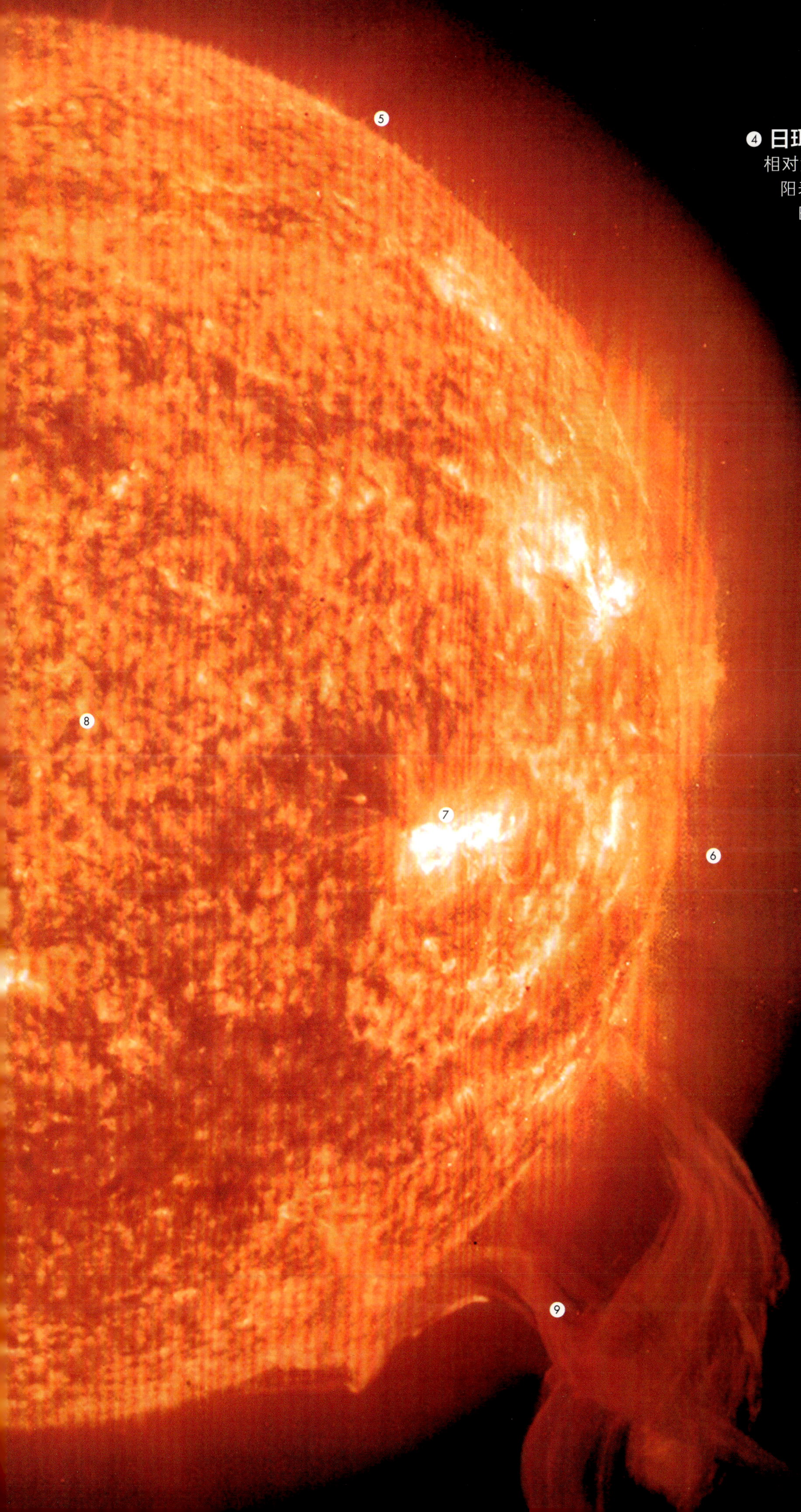

❹ **日珥**

相对温度较低的气体组成的巨大的云和片状结构从太阳表面拱起或形成环状，这称为日珥。图中的这个日珥伸展的长度相当于 20 个地球。这些气体被巨大的力量从内部磁性区域推出太阳表面。

❺ **针状物**

针状物是短暂的火焰般的气体喷流，会不断地从表面飞出，高度可达 10000 千米。

❻ **大气**

太阳表面正上方是色球层，厚度大约有 2500 千米。再外边是日冕层，日冕可以向太空延展上百万千米，图中只能看到内冕。

❼ **光斑**

光斑是最热的区域，看起来几乎是白色的。它们是太阳磁场较强区域产生的特别活跃的地方。

❽ **自转**

太阳的自转和地球不同，固体的地球是整体旋转，而太阳不同纬度自转一周所需的时间是不一样的。赤道地区自转周期是 25 天，两极附近还要再加 5 天左右的时间。

❾ **日冕物质抛射**

这个扭曲的突出物与日冕物质抛射有关，一个数十亿吨的巨大气泡从太阳表面爆发出来。

行星

有8颗行星围绕太阳飞驰。距离太阳最近的行星都是由岩石构成的，包括水星、金星、我们的家园地球以及火星。巨大的外行星木星、土星、天王星和海王星被称为“气态行星”，因为我们看到的实际都是气体。它们在轨道上运转一周的时间随距离增加而增长。水星运转周期只需要88个地球日，而海王星则要164.8个地球年。

❶ 木星

木星是质量和体积最大的行星，也是旋转最快的行星，自转一周所需的时间少于10小时。这个庞大的世界主要是由氢和氦组成，中央有一个像岩石一样坚硬的核心。木星环绕着一个暗淡单薄的光环，同时还拥有一个卫星大家族。

② 土星

土星是淡黄色的，是距离太阳第六远的行星，也是第二大的行星。它最独有的特征是光环系统。土星主要成分是氢和氦，具有坚实的核心，也有一个庞大的卫星家族。

④ 水星

水星上面干燥，表面布满了数以百万计的陨石坑。它是最小的行星，距离太阳最近，是所有行星中温度变化范围最大的。白天烘烤酷热，晚上冰冷严寒。

⑥ 海王星

海王星是八个行星中最遥远的，也是最冷、风力最大的。像天王星一样，它主要也是由水、甲烷和氨冰组成，大气中富含氢气。海王星有一个薄环系统环绕，还有一个卫星家族。

⑧ 地球

地球是已知唯一有生命的地方，是最大的岩质行星，与太阳的距离排在第三位。它也是唯一有液态水的行星。地球的地壳运动造成地表在不断变化。地球只有一颗卫星。

③ 天王星

天王星到太阳的距离是日地距离的19倍，那里是冰冷的蓝绿色的世界，被一层薄雾笼罩着。它的赤道上环绕着一个稀疏的光环。天王星向一边倾斜着运转，所以它的光环和卫星看起来是从上到下运动。

⑤ 金星

金星是离太阳第二近的行星，也是最热的行星。这个岩石世界永远覆盖着厚厚的云层，使得这个行星是酷热和阴暗的。

⑦ 火星

火星有时也被称为“红色行星”，是离太阳最远的岩质行星，那里是寒冷干燥的世界。它有冰冻的极冠、巨大的火山、冰冻的沙漠、深深的峡谷，这些都形成于遥远的过去。火星还有两颗小卫星。

⑨ 矮行星

太阳系目前已知有五颗矮行星，它们是个头较小的球状天体，在其他天体中间一起围绕太阳运转。谷神星在火星和木星之间多岩石的小行星带中运行。而冥王星、土卫五、鸟神星和厄里斯星都是在海王星外叫作柯伊伯带的区域中运行的冰冷的矮行星。

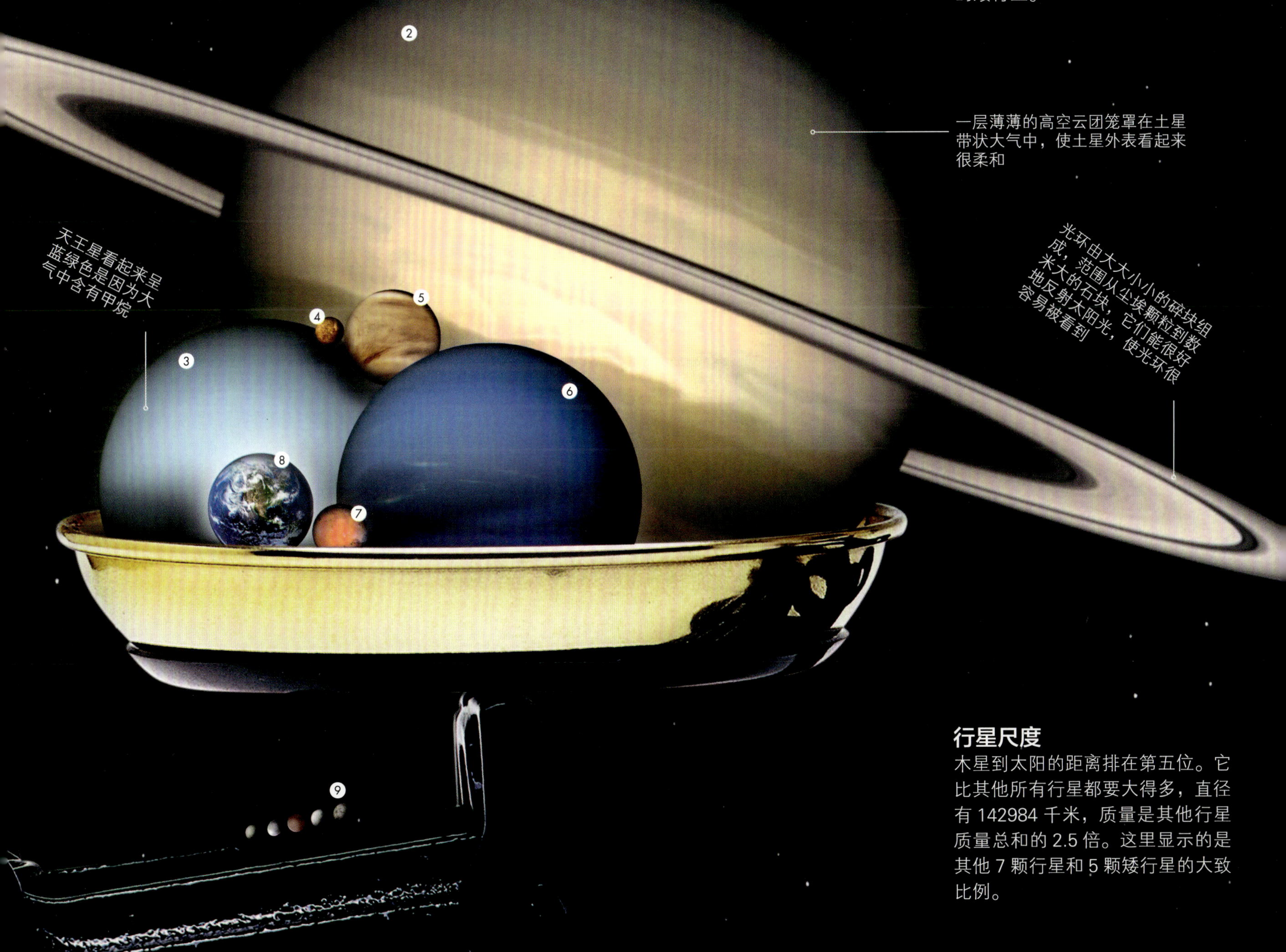

行星尺度

木星到太阳的距离排在第五位。它比其他所有行星都要大得多，直径有 142984 千米，质量是其他行星质量总和的 2.5 倍。这里显示的是其他 7 颗行星和 5 颗矮行星的大致比例。

卫星

太阳系中围绕6颗行星运转的卫星总数超过190颗，只有水星、金星没有卫星。卫星的大小差别很大，最大的木卫三是木星的卫星，比水星还大。而在土星轨道内运行的小卫星S/2009 S1直径只有300米。卫星主要由岩石和冰构成。许多卫星表面布满了陨石坑，这都是以前由小行星撞击形成的。有19颗卫星的直径超过400千米，这些大个头的卫星是球形的，大多数个头小的卫星形状是不规则的。

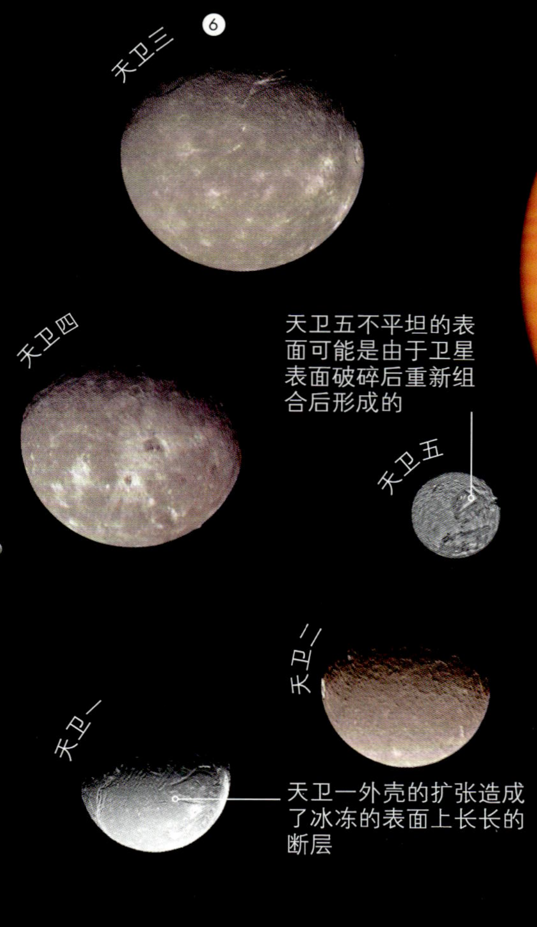

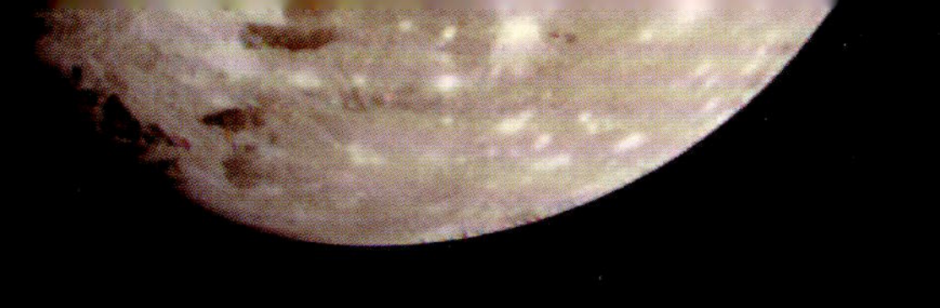

❶ **月球**

月球是地球唯一的天然卫星。直径有地球的 1/4，是所有卫星中第五大的，干燥的表面布满了陨石坑。

❷ **木卫一**

色彩斑斓的木卫一是太阳系中火山活动最剧烈的卫星。从它薄薄的硅酸盐外壳中喷涌出的熔岩使它的表面不断更新，表面裂缝中喷射出的冷气和霜粒形成快速流动的烟柱。

❸ **木卫二**

木卫二是木星四颗主要卫星中最小的一颗，它的冰面上纵横交错着褐色的沟槽。地壳缓慢地漂浮在深海的液态水周围，那里可能是地外生命的家园。

❹ **木卫三**

木卫三的直径有 5262 千米，是太阳系中最大的卫星，属于最大的卫星家族木星卫星的成员。天文学家目前已知的木卫数量是 79 颗，这个数字很可能随着新的小卫星的发现而增长。木卫三由岩石和冰构成，并且有一层冰冻的外壳。

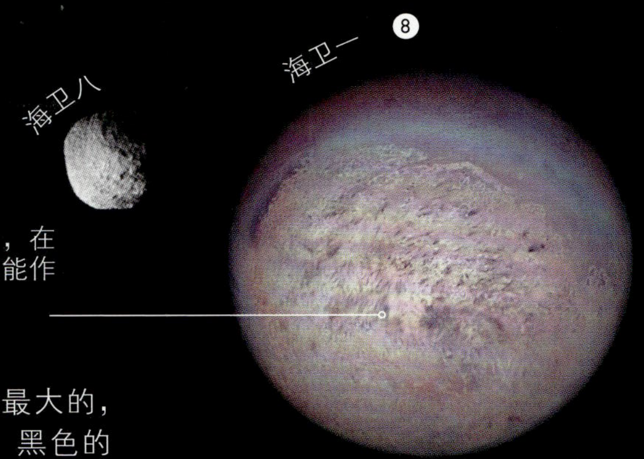

海王星最大的天然卫星海卫一，在被海王星的引力捕获之前，可能作为矮行星而存在

❺ **土卫六**

土卫六是土星 62 颗卫星中最大的，在它表面上有明亮的高地、黑色的平原和拥有液态甲烷的海洋。它是唯一一颗有稳定大气层的卫星，数百千米厚的大气中富含氮气。

❻ **天卫三**

天卫三是围绕天王星运转的 27 颗卫星中最大的。天卫三和天王星其他几颗较大卫星天卫四、天卫二、天卫一和天卫五都是以英国文学作品中的人物来命名的。卫星灰色、冰冻的表面可以看到陨石坑和大裂缝。

❼ **土卫八**

土卫八是一颗有明显反差的卫星，大多数由陨石坑覆盖的地形是明亮而冰冻的，剩余部分看起来似乎有一个暗色物质的涂层。它是土星七颗较大卫星之一，其他的是土卫六、土卫五、土卫四、土卫三、土卫二和土卫一。

❽ **海卫一**

海卫一目前是海王星 14 颗卫星中最大的，是一个由岩石和冰组成的星球，表面有相对年轻的冰壳。它的绰号是哈密瓜，因为它的表面有线形的沟槽、山脊和凹陷，就像是哈密瓜的瓜皮。

❾ **小卫星**

大多数卫星的直径小于 400 千米，外形是不规则的，像土星的卫星土卫十一和土卫七。这些小卫星中的大多数以前可能是小行星或彗星，比如火星的卫星火卫一和火卫二。

彗星

环绕着太阳系行星区的彗星有数万亿颗，在长长的轨道上围绕太阳运行，它们共同构成一个巨大的球体叫作奥尔特云。每颗彗星都是一个泥土和雪混合而成的团块，称为彗核，或者叫“脏雪球”。彗星非常小，只有当它们接近太阳变得又大又亮时才能被看到。

变化的彗星 ▸
当一颗彗星接近太阳时会变得逐渐温暖起来，雪变成气体，从彗核中喷涌出来，其中夹杂着大量的尘埃。当彗星运行到比火星还要接近太阳的距离时，这些物质会形成一个彗发和两条彗尾，一条由气体组成，一条由尘埃组成。

彗发 向着太阳行进的海尔-波普彗星的彗核周围形成了彗发。

彗尾 随着逐渐接近太阳，彗星的尾巴不断增长。由于受到来自太阳的推力，彗尾指向总是背向太阳。

◂ 彗星的展示
已经确认曾经运行到太阳附近的彗星超过 2300 颗，大约有 200 颗会再次回归，但是绝大多数只经过太阳一次。一个世纪当中会出现三四颗非常壮观的彗星，比如 2007 年 1 月大放异彩的麦克诺特彗星。

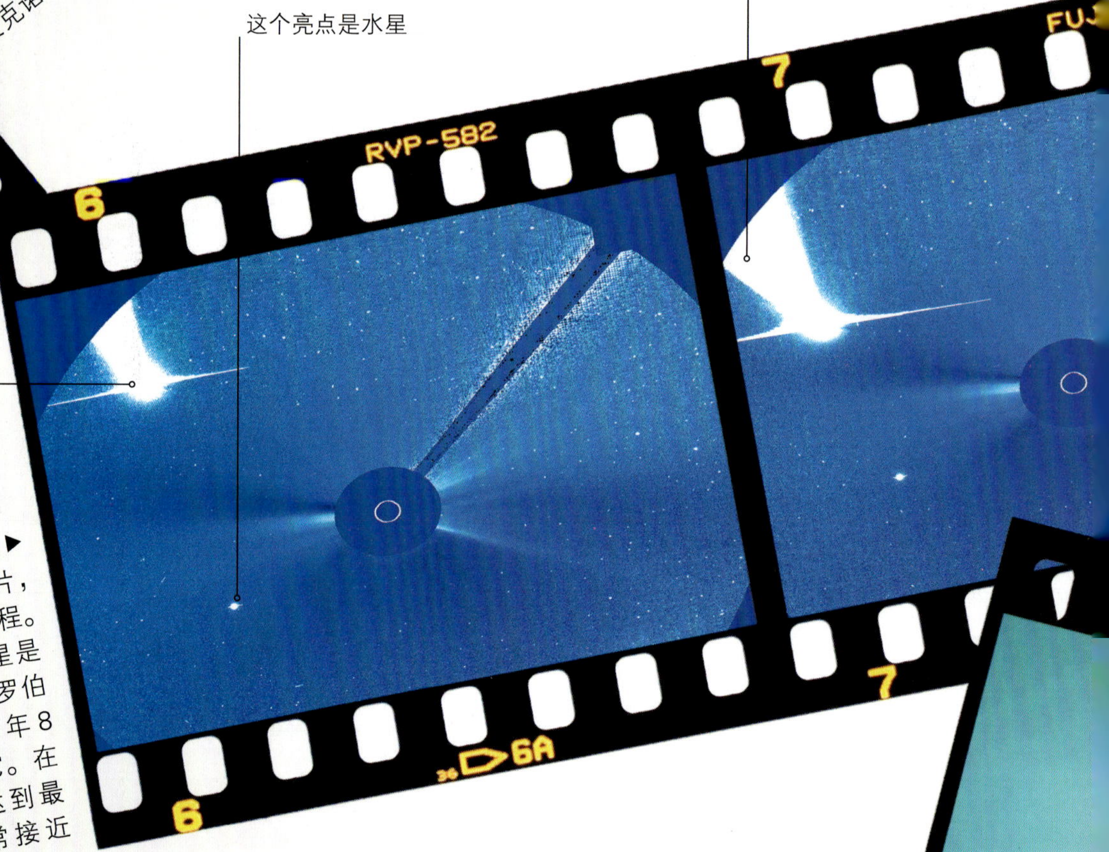

通过太阳 ▸
这些来自太阳 SOHO 卫星拍摄的图片，记录了麦克诺特彗星绕过太阳的过程。和大多数彗星一样，这颗彗星是以发现者的名字命名的，罗伯特·麦克诺特在 2006 年 8 月 7 日最早发现了它。在 2007 年 1 月彗星达到最大最亮时，它非常接近太阳。

彗星的结构 ▸
彗星的彗核是一个城市大小的团块，2/3 是雪，1/3 是尘埃。哈雷彗星大约 76 年绕太阳一周，当它在 1986 年靠近太阳时，乔托探测器飞入彗星的彗发捕捉到这幅彗核的图像。

彗尾的形状 气体彗尾是蓝色且笔直的，尘埃彗尾是白色而弯曲的。

最接近太阳 彗星在最接近太阳时尾巴最长，远离太阳时尾巴渐渐缩短。

分裂▶

当彗星经过太阳或木星这样的大质量天体时，有可能被引力拉碎。施瓦斯曼–瓦赫曼 3 彗星绕太阳运行的周期是 5.4 年，天文学家已经观测到它的分裂。

陨石

每年进入地球大气层的岩石类物质有成千上万吨，大部分来源于小行星，也有一些来源于彗星、月球甚至火星。进入地球的岩石碎块叫作流星体，大多数会被烧毁，那些落到地面上的剩余物质被称为陨石。陨石主要分三种类型：石陨石、铁陨石和稀有的石铁陨石。

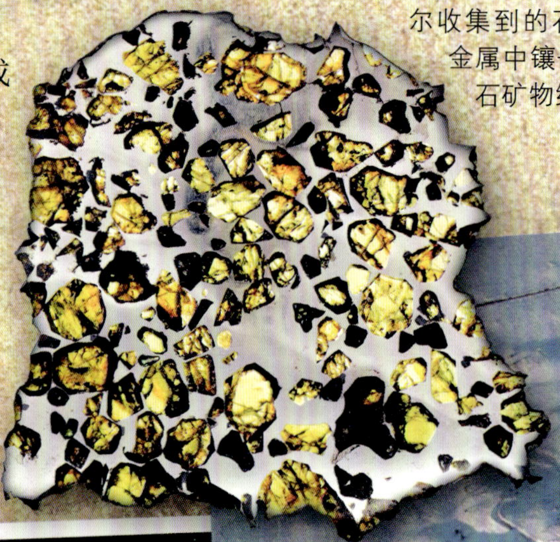

▼ **埃斯克尔陨石**

这是1951年在阿根廷的埃斯克尔收集到的石铁陨石，铁镍金属中镶嵌着金色的橄榄石矿物结晶体。

泰尔山陨石 ▶

泰尔山石铁陨石是1962年在南极洲首次发现的陨石之一。

▲ **流星**

流星体在地球大气层中燃烧会产生明亮的光迹，这些短暂出现、快速滑过的光迹称为流星。每天大约发生100万起。

◀ **默奇森陨石**

石陨石是最常见的，这块默奇森陨石于1969年陨落在澳大利亚。它是研究最充分的陨石之一，其中含有矿物质、水和复杂的有机分子。

巴威尔陨石 ▶

巴威尔陨石是1965年降落在英格兰的一场石头雨中的一块。在地球大气层中快速陨落的过程中，摩擦使得它的表面受热熔化，凝固以后形成一个黑色的外壳。

◀ 迪亚布洛峡谷陨石

这片抛光的铁陨石切片来自造成巴林杰陨石坑的小行星。发现的这些碎块总共有30吨，其实它们只是原来小行星很小的一部分。

▼ 陨石坑

当陨石撞击地球时会产生陨石坑，这里显示的是罕见的积雪覆盖下的美国亚利桑那州沙漠中的巴林杰陨石坑，直径有1.2千米。大约形成于50000年前。

▲ 吉比昂陨石

铁陨石是除石陨石之外第二种常见的类型。吉比昂陨石主要成分是铁，还有少量的镍。它是19世纪30年代以来，在纳米比亚发现的众多陨石之一。

▲ 月球陨石

在地球上发现的来源于月球的陨石超过50个，这是小行星撞击月球飞溅出来的。这块月球陨石发现于澳大利亚，它最初是月表的土壤，在这种撞击下变成了岩石。

▲ 火星陨石

这块陨石是在地球上发现的来源于火星的30多块陨石中的一块。从火星飞溅出来进入太空，经过数百万年后，于1911年6月28日坠落在埃及。

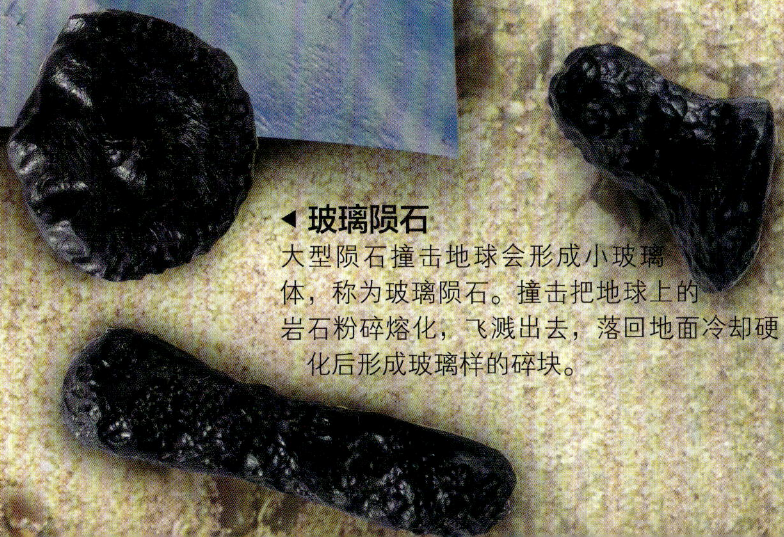

◀ 玻璃陨石

大型陨石撞击地球会形成小玻璃体，称为玻璃陨石。撞击把地球上的岩石粉碎熔化，飞溅出去，落回地面冷却硬化后形成玻璃样的碎块。

望远镜

望远镜是天文学家最基本的工具，它可以使远处的目标看起来更大更清晰。望远镜的工作原理是通过透镜或反光镜收集光线，然后在焦点形成图像。反射式望远镜使用的是反光镜，这种类型的望远镜使用最广泛。反光镜的口径越大，望远镜的分辨率越高，观测效果越好。

肉眼观测 ▲

猎户座很容易用肉眼看到。在一个黑暗无月的夜晚，在猎户腰带三颗星的下方可以看到一个暗弱、模糊的光斑，这就是猎户座大星云。

通过双筒镜观测 ▲

猎户座大星云是一个巨大的气体尘埃星云，正在形成恒星。通过双筒镜观测星云更加明显。双筒镜是把两个低分辨率的望远镜连在一起使用，标准双筒镜的两个主镜口径大约是 5 厘米，图像放大 7 倍。

提高观测效果 ▶

使用一个分辨率更高的望远镜可以提高星云的观测效果。全世界口径在 2~5 米的望远镜大约有 50 架，口径接近 10 米级别的还有 20 架。这些大型望远镜都安放在高山顶上，那里空气稳定。由于地球自转，通过计算机控制调节，可以使望远镜始终跟踪着观测的目标。

折射望远镜在镜身中有一个用来收集和聚焦光线的透镜

将用于放大图像的目镜和主镜筒摆成 90° ，以方便使用

◀ **使用中等大小的望远镜观测**
通过口径 20 厘米的望远镜可以看出星云的外观形状。把照相机连接到望远镜上用来收集光线并拍摄照片。

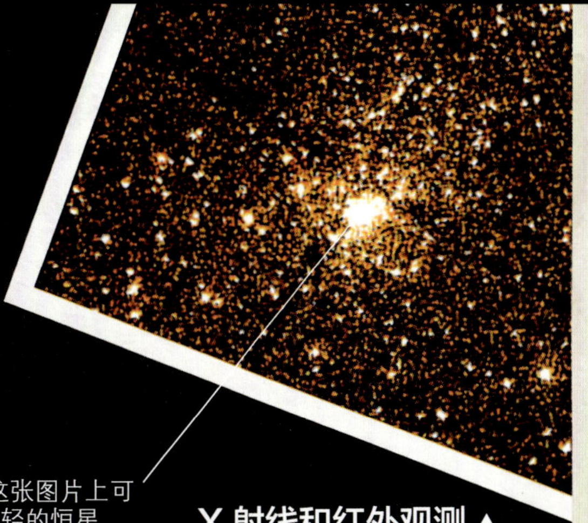

因为发出X射线，这张图片上可以看到约1000颗年轻的恒星

X 射线和红外观测 ▲
左边这幅图中显示的是猎户座星云的中心，由钱德拉太空望远镜拍摄的 X 射线图像。右边这幅图显示的是同一区域，由斯皮策红外望远镜拍摄的，尘埃云在恒星的照射下被加热呈现出发红的颜色。

太空观测 ▶
有些望远镜可以收集除可见光之外的其他形式的能量，比如无线电波、X 射线、红外线等。地球的大气层可以阻止这些能量到达地面，因此这些观测是在太空进行的。这张合成的彩色照片的数据来源于两架太空望远镜，一架是在红外波段观测的斯皮策望远镜，另一架是在可见光和紫外线波段观测的哈勃太空望远镜。

星云的中心 ▶
猎户座大星云明亮的中心区域清晰的照片是由口径 2.4 米的哈勃太空望远镜拍摄的。其中的猎户四边形星团，由 10 颗明亮、年轻的恒星组成，它们发出的紫外线能够把星云照亮。

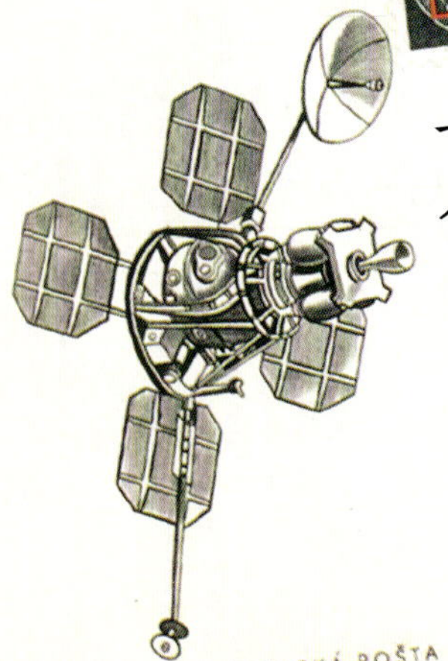

太空探索

人类发射航天器进行太空探索的历史只有约50年的时间。在这段时间内，进入太阳系的无人航天器超过100个，用于探索行星、卫星、小行星和彗星的奥秘。探测器飞过、环绕或者降落在外太空。人类目前只到过月球，未来的目标是踏上火星。

阿波罗飞船搭载3名美国宇航员

苏联人造卫星斯普特尼克1号

人造卫星斯普特尼克2号把小狗莱卡送入太空

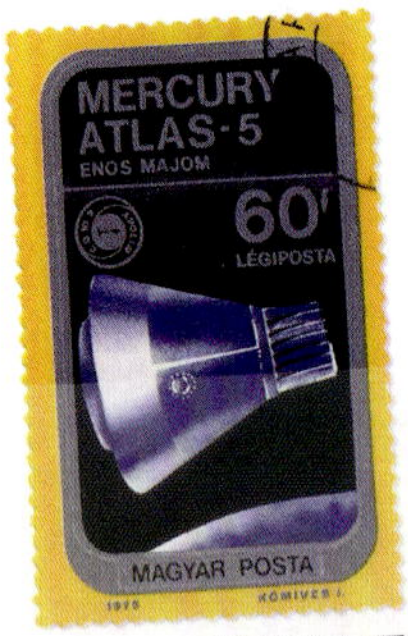

水星–阿特拉斯5号飞船搭载了黑猩猩以挪士

第一个进入太空的人尤里·加加林

瓦莲京娜·捷列什科娃是进入太空的第一位女性

阿列克谢·列昂诺夫进行了首次太空行走

环绕月球飞行的阿波罗8号

阿波罗11号升空

在绕月轨道上飞行

宇航员在月球上漫步

阿波罗11号的宇航员乘坐哥伦比亚号指令舱返回地球

重返地球大气层

宇宙飞船探测的太阳系中的主要天体

月球车最大速度是
18.6千米/时

阿波罗15号任务

1973 年先驱者 10 号飞越木星。
随后，它的姊妹先驱者 11 号于
1974 年也来到这里

先驱者号飞船探测木星

联盟19号飞船
搭载两名苏联
宇航员

首次国际太空对接

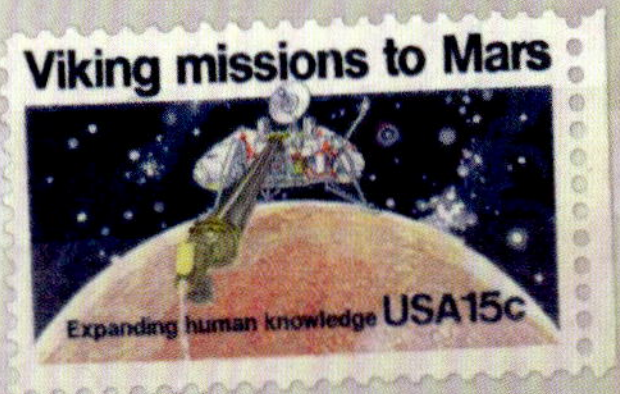

海盗号飞船在火星上着陆

乔托号探
测器飞进
哈雷彗星

哈勃太空
望远镜发
射升空

第一架航天飞机哥伦比亚号起飞

火星探路者号探测器和索杰纳火星车降落在火星上

太空探索时间表

1957 年 10 月 4 日
苏联把世界上第一颗人造卫星斯普特尼克 1 号发射到环绕地球的轨道上。

1957 年 11 月 3 日
苏联的人造卫星斯普特尼克 2 号发射，小狗莱卡成为第一个进入环绕地球轨道的生物。

1959 年 1 月 2 日
苏联的月球 1 号成为第一个摆脱地球引力的宇宙飞船。

1959 年 9 月 12 日
月球 2 号坠毁在月球表面，成为第一个登陆月球的飞船。

1961 年 4 月 12 日
苏联的尤里・加加林成为第一个进入太空的人，他在太空中持续飞行了 108 分钟。

1963 年 6 月 16 日
苏联的瓦莲京娜・捷列什科娃成为进入太空的第一位女性。

1965 年 3 月 18 日
苏联的阿列克谢・列昂诺夫出舱活动，进行了首次太空行走。

1966 年 2 月 3 日
月球 9 号成功在月面着陆。

1968 年 12 月 27 日
美国的阿波罗 8 号首次脱离地球引力完成载人绕月飞行任务。

1969 年 7 月 21 日
尼尔・阿姆斯特朗和巴兹・奥尔德林搭乘阿波罗 11 号飞船，实现人类首次月面行走。

1971 年 4 月 19 日
苏联发射第一个空间站礼炮 1 号。

1973 年 12 月 3 日
美国的先驱者 10 号成为第一个飞越木星的探测器。

1974 年 3 月 29 日
美国的水手 10 号探测器首次飞越水星。

1975 年 7 月 17 日
美国的阿波罗号飞船与苏联的联盟 19 号实现国际首次太空对接。

1975 年 10 月 22 日
苏联的金星 9 号探测器传送回第一张金星表面的图像。

1976 年 7 月 20 日
美国的海盗号探测器首次在火星表面着陆。

1979 年 9 月 1 日
先驱者 11 号成为第一个飞越土星的探测器。

1981 年 4 月 12 日
第一架航天飞机美国的哥伦比亚号发射升空。

1986 年 1 月 24 日
美国的旅行者 2 号探测器首次飞越天王星。

1986 年 3 月 13 日
欧洲的乔托号探测器首次近距离探测彗星。

1989 年 8 月 25 日
旅行者 2 号首次飞越海王星。

1990 年 4 月 24 日
哈勃太空望远镜升空。

1990 年 8 月 16 日
美国的麦哲伦号探测器开始了为期 4 年的测绘金星的计划。

1991 年 10 月 29 日
美国伽利略号探测器首次飞越小行星，拍到了加斯普拉小行星的照片。

1995 年 12 月 7 日
伽利略号探测器到达木星并且向大气层中释放出探测器。

1997 年 7 月 4 日
美国的火星探路者号探测器和索杰纳火星车降落在火星上。

1998 年 11 月 20 日
国际空间站第一个组件曙光号货舱发射升空。

2000 年 11 月 2 日
首批宇航员到达国际空间站。

2001 年 2 月 12 日
近地小行星交会探测器 NEAR 在爱神星着陆。

2003 年 10 月 15 日
中国航天员杨利伟乘坐神舟五号飞船首次进入太空。

2003 年 12 月 25 日
欧洲首个行星际探测器火星快车进入火星轨道。

2004 年 7 月 1 日
美国的卡西尼号探测器到达土星，开始对这颗行星及其卫星进行研究。释放的惠更斯探测器在土卫六上着陆。

2005 年 11 月 20 日
日本的隼鸟号探测器在小行星系川（25143 号）着陆。

2007 年 8 月 4 日
美国发射凤凰号探测器去往火星，于 2008 年抵达。

2011 年 3 月 18 日
美国信使号探测器成为第一个环绕水星运行的飞船。

2012 年 8 月 6 日
美国好奇号探测器在火星盖尔环形山着陆。

2014 年 11 月 13 日
由罗塞塔号彗星探测器释放的菲莱着陆器成功登陆楚留莫夫–格拉希门克彗星。

2015 年 7 月 14 日
美国新视野号探测器首次飞越矮行星冥王星。

2016 年 7 月 5 日
美国朱诺号飞船进入木星轨道，探测木星的极地区域。

2017 年 9 月 15 日
卡西尼号结束了它的使命，一头扎进土星的大气层。

2021 年 6 月 17 日
中国神舟十二号载人飞船与天和核心舱成功实现自主快速交会对接。

太空旅行者

自从载人航天飞行从1961年开始以来，已经有超过560人进行了太空之旅，其中有27人执行探月任务，其他人进入绕地轨道。至今只有俄罗斯、美国和中国把人送入了太空。不过人类不是唯一的太空旅行者，为了帮助研究，动物中有狗、猴子和蜘蛛也被送入太空。

❶ **艾伦·谢泼德**是进入太空的第二人，也是第一位进入太空的美国人。

❷ **沃尔夫·梅博尔德**来自德国，成为第一位搭乘航天飞机的欧洲人。

❸ **吉姆·沃斯**和苏珊·赫尔姆斯共同创造了太空行走最长时间的纪录（8小时56分钟）。

❹ **苏珊·赫尔姆斯**（同上）

❺ **莱卡**是第一个进入绕地轨道的动物。1957年这只狗搭乘苏联的人造卫星斯普特尼克2号进入太空。

❻ **阿列克谢·列昂诺夫**在1965年3月进行了首次太空行走，他在保护下离开上升2号飞船进入太空12分钟。

❼ **艾琳·柯林斯**在1995年2月成为第一位航天飞机女飞行员，1999年7月成为第一位航天飞机女指令长。

❽ **杨利伟**是中国第一位进入太空的宇航员。中国在2003年10月首次进行了载人航天飞行。

❾ **斯韦特兰娜·萨维茨卡娅**是进入太空的第二位女宇航员，也是第一位进行太空行走的女性。

❿ **迈克尔·柯林斯**是1969年阿波罗11号任务的第三名成员。当阿姆斯特朗和奥尔德林在月面探索时，他在绕月球轨道上等待。

⓫ **丹尼斯·蒂托**是第一位太空游客，在2001年他花费2000万美元进行了为期6天的太空之旅。

⓬ **贝克**是一只松鼠猴，1959年5月28日，它和一只名叫埃布尔的恒河猴一起被送入太空。

⓭ **尤金·塞尔南**是1972年12月执行阿波罗17号任务的成员之一，他成为迄今最后一位在月球上漫步的人。

⓮ **尼尔·阿姆斯特朗**是登上月球的第一人，他在月面上勘查了2小时35分钟。

⓯ **尤里·加加林**是飞入太空的第一人。1961年4月他环绕地球飞行一周，持续时间108分钟。

⓰ **佩吉·惠特森**保持了女性太空飞行最长时间的纪录（289.2天）。

⓱ **迈克·梅尔维尔**是首位商业

宇航员，2004 年 6 月他驾驶太空飞船 1 号进入太空。

⑱ **瓦莲京娜・捷列什科娃**是第一位进入太空的女性，1963 年 6 月她乘坐东方 6 号飞船进行了为期三天的航程。

⑲ **根纳季・帕达尔卡**保持了在太空累计停留时间最长的纪录，他经历了 5 次太空飞行，在太空中总计停留了 878.5 小时。

⑳ **萨姆**是一只恒河猴，在 1960 年被送入太空用来测试将要用于载人飞行的设备。

㉑ **瓦列里・波利亚科夫**保持了一次太空飞行时间最长的纪录（437.7 天）。

㉒ **布鲁斯・麦坎德里斯**在 1984 年 2 月进行了首次不系安全带的太空行走。

㉓ **约翰・格伦**在 1962 年成为第一位绕地球飞行的美国人。1998 年他 77 岁时成为年龄最大的太空旅行者。

㉔ **绿色的树蛙**在 1990 年被带到和平号空间站上。

㉕ **巴兹・奥尔德林**是登上月球的第二人。

㉖ **剑尾鱼**在 1998 年搭乘哥伦比亚号航天飞机进入太空。

㉗ **松鼠猴**和 24 只大白鼠在 1985 年被送进航天飞机太空实验室。

㉘ **阿拉贝拉**是一只蜘蛛，在 1973 年进入天空实验室太空站。在适应了太空环境后，结出了完美的蜘蛛网。

㉙ **大白鼠**（同 27）

㉚ **鹌鹑**是从 1990 年 3 月搭载和平号空间站的鹌鹑的卵中孵出来的。

㉛ **贝尔卡和斯特尔卡**在 1960 年成为最早两只进入环地球轨道又安全返回的小狗。

㉜ **哈姆**是第一只进入太空的黑猩猩。1961 年，为了检测用于美国首次载人航天飞行任务的设备而被送入太空。

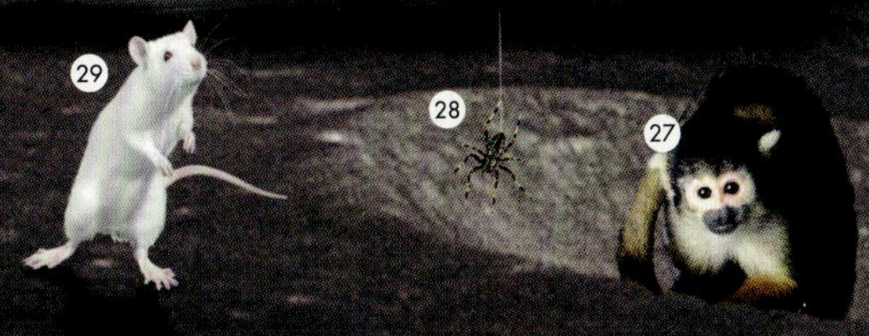

南极洲

横贯南极的山脉在南极洲上延伸，把南极大陆分成了东西两部分。这片与罗斯海接壤的地区被称为特拉诺瓦，以其壮美的冰洞而著称。

地球

行星地球

地球诞生于大约45亿年前，最初是一大团绕着太阳运转的富铁岩石碎块。这些岩块以陨石的形式相互撞击，并且因为撞击产生热能而形成年轻的行星。大碰撞最终产生了巨大的热量，把整个地球都熔化了。比重大的铁就向地球的中心下沉成为地核，而较轻的岩石就形成了地幔和地壳。

地球的结构

这颗行星的层圈结构就像一个桃子。地球的岩石外壳地壳组成了薄薄的表皮，而炙热和能移动的地幔就像桃子多汁的果肉。在这颗行星的心脏部位是金属般的内核，就像桃子中心部位坚硬的果核。

❶ 内核

内核是固态铁和镍组成的重球，地球内部的核反应把地核加热到 4700 摄氏度，但地核内的巨大压力阻止了地核的熔化。

❷ 外核

固态内核被一层熔融的铁、镍和硫组成的流体物质包围着。外核熔融态金属旋转流动形成了地球的磁场。

❸ 下地幔

岩态地幔有 2900 千米深，在底部温度能达到 3500 摄氏度。巨大的压力令其难以熔化，但向地表上升的热量使炙热的岩石缓慢移动。

❹ 上地幔

上地幔的温度大约有 1000 摄氏度。上地幔运动过程中，在冷而脆的地壳发生破裂的地方，熔融的地幔岩石以火山形式喷出地表。

❺ 大洋地壳

是位于大洋盆地下的地壳，厚度不到 11 千米。它是由洋中脊处热地幔喷出的较重岩石组成的，形成了洋底的基岩。

❻ 大陆地壳

是地球岩石中最轻的部分，“漂浮”在沉重的地幔之上，就像巨型的岩石筏子。最厚处有 70 千米，高出海平面的部分形成了我们居住的大陆。

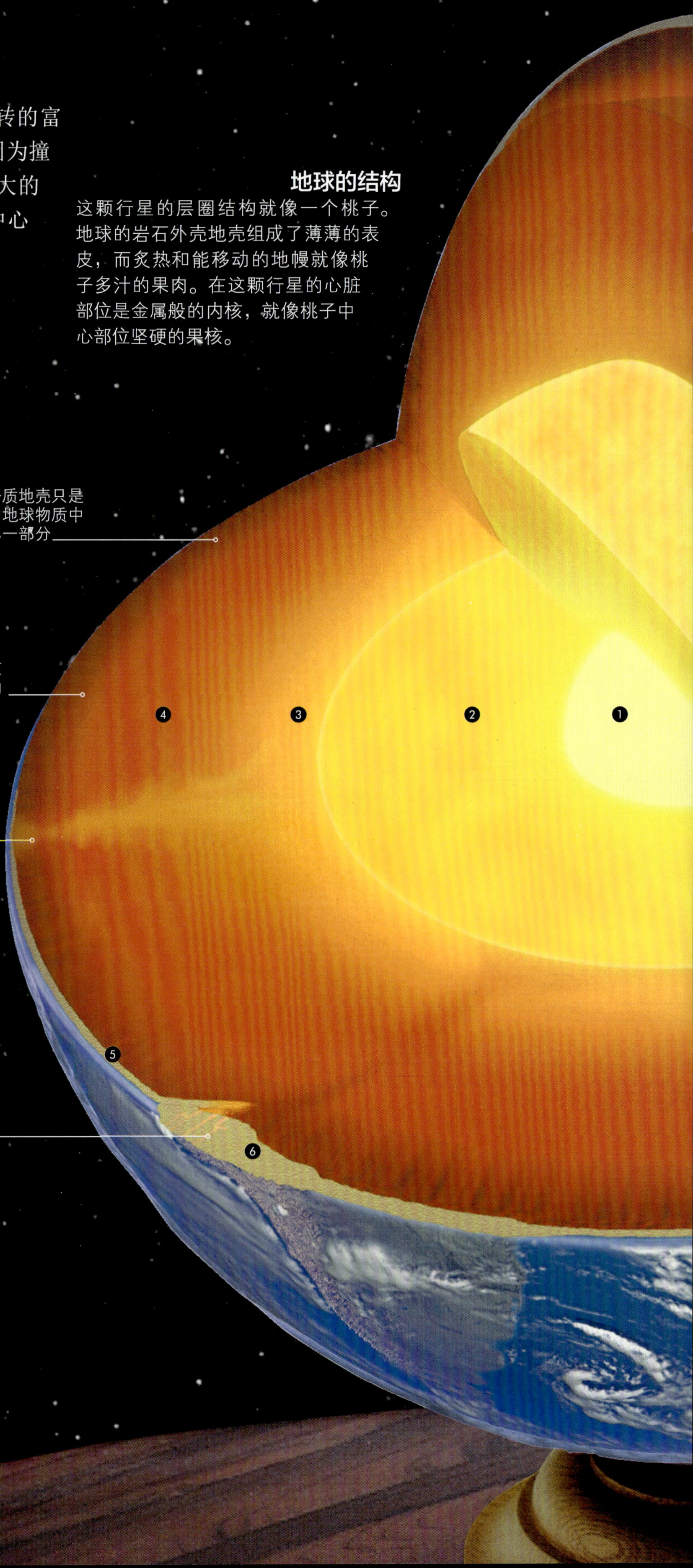

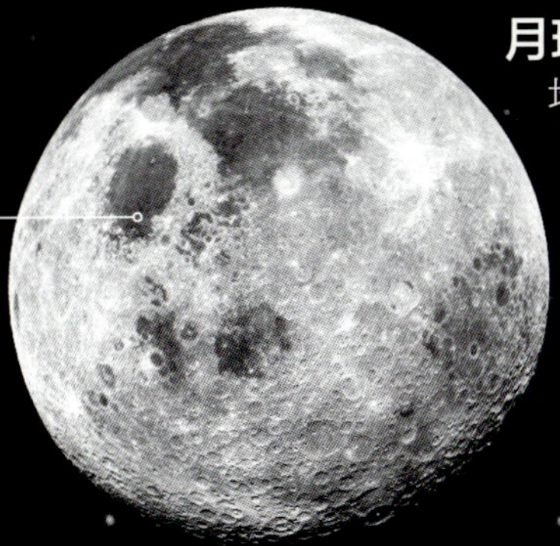

月球

地球形成不久之后，一颗小行星撞击了地球，小行星完全解体，大部分重的金属内核与地球熔化在一起，但较轻的岩石碎块在轨道上漂移，最终形成了月球。

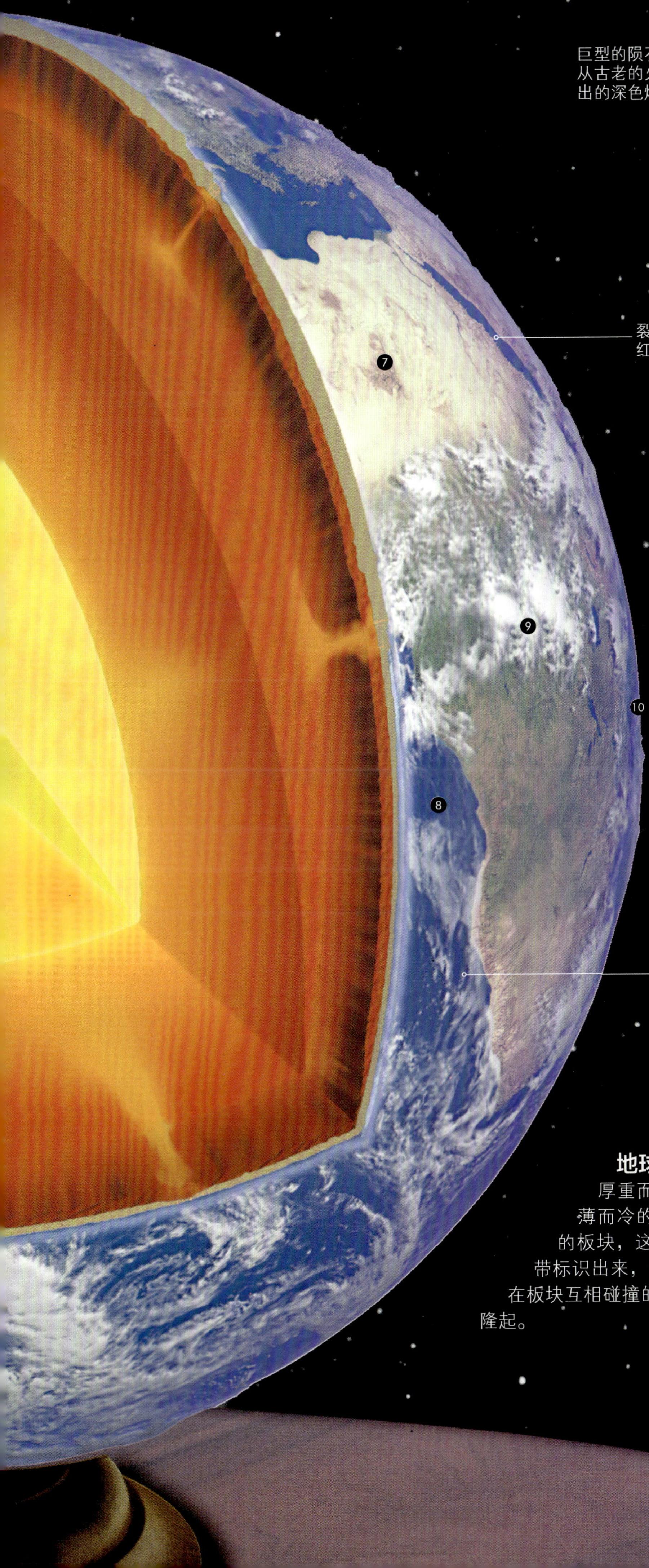

❼ 地表

地表的岩石直接受到太阳辐射，因环境温度的变化、流水、大气以及生物的作用导致岩石被风化和侵蚀，然后分解破碎，其中释放出的矿物质对植物和其他生物都非常重要。

❽ 海洋

陆地间低洼的海盆都充满了水，平均深度为 3700 米。在地球的早期历史中，多数水是从火山中以水蒸气的形式喷出来的。

❾ 天气系统

太阳的热量使水从海洋中蒸发，并且进入低处大气层。水汽形成大团旋转的云团，降落到陆地形成雨水，使陆地上的生物得以生存。

❿ 大气

地球的质量使它有足够大的引力把氮气、氧气和包括二氧化碳在内的其他气体组成的大气圈吸引住，这使地球在夜晚也能保持温暖，并且阻止了宇宙中危险的辐射到达地球表面。

地球表面

厚重而炙热的地幔的运动使薄而冷的地壳裂开成几个巨大的板块，这些板块的边界由地震带标识出来，边界中还分布着火山，在板块互相碰撞的地方形成山脉并向上隆起。

板块构造

受到地球内部深处的热量驱动，地壳在缓慢移动。地壳的移动使它裂成了几个单独的块体，在一些地方相互分离，而在另一些地方则被推挤到一起。由于地壳的移动，板块的变化使海洋变大或变小，也使大陆在地球上移动。

1

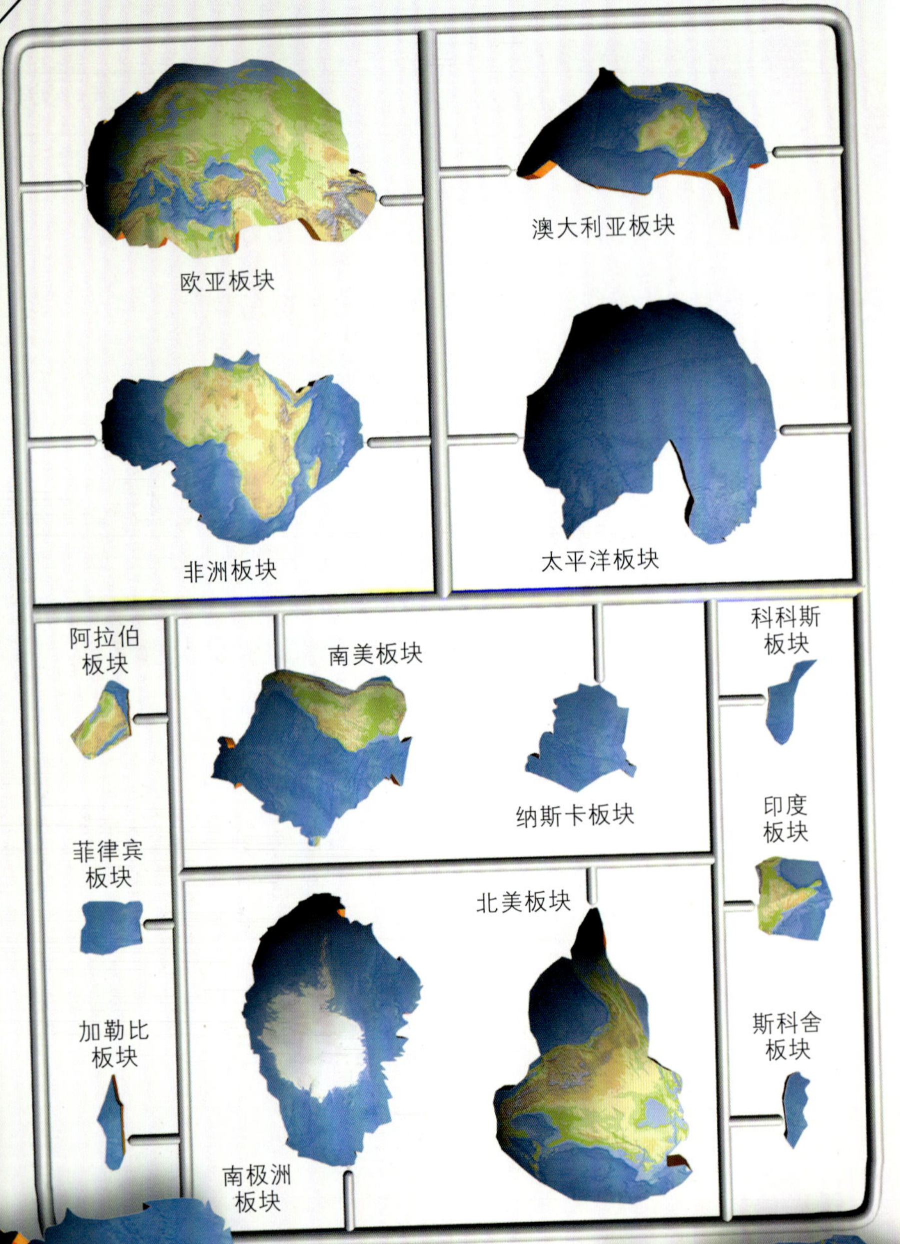

2

板块边界

一些板块在边界处相互分离，而另一些板块在边界处则被推挤到一起。也有些地方是一个板块向另一个板块滑过去。这些运动产生地震，并且很多板块边界处分布着火山。

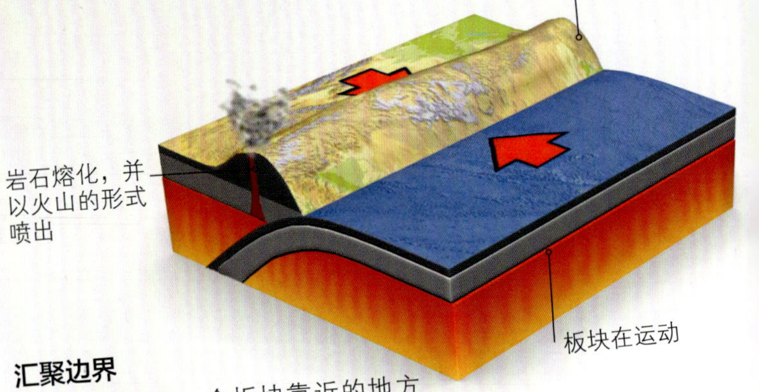

汇聚边界

一个板块向另一个板块靠近的地方就是汇聚边界。大洋板块经常俯冲到大陆板块之下，向上推高山脉。

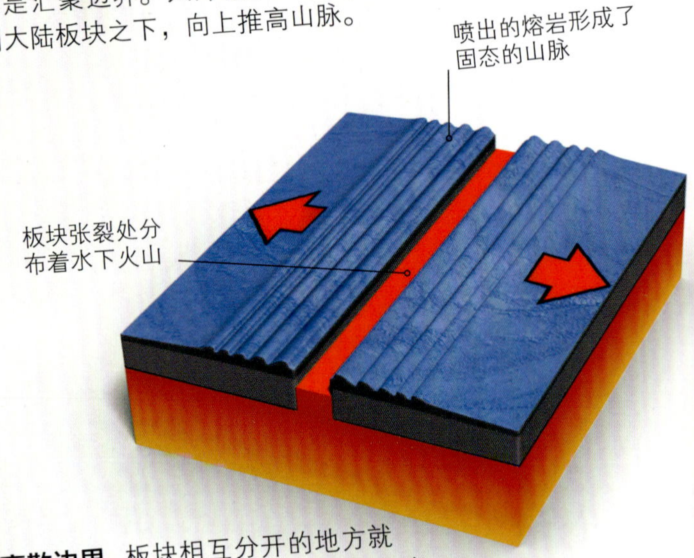

离散边界 板块相互分开的地方就是离散边界，经常是洋底所在的地方。灼热的地幔在板块张裂处喷出，固结后成为新的洋底。

◂ 组件

全球有若干个大板块，还有差不多 40 个小板块，它们形成了洋底和一些大陆。海洋性的板块经常改变大小和形状，大陆性的板块虽然经常在移动，但并没有变化那么多。

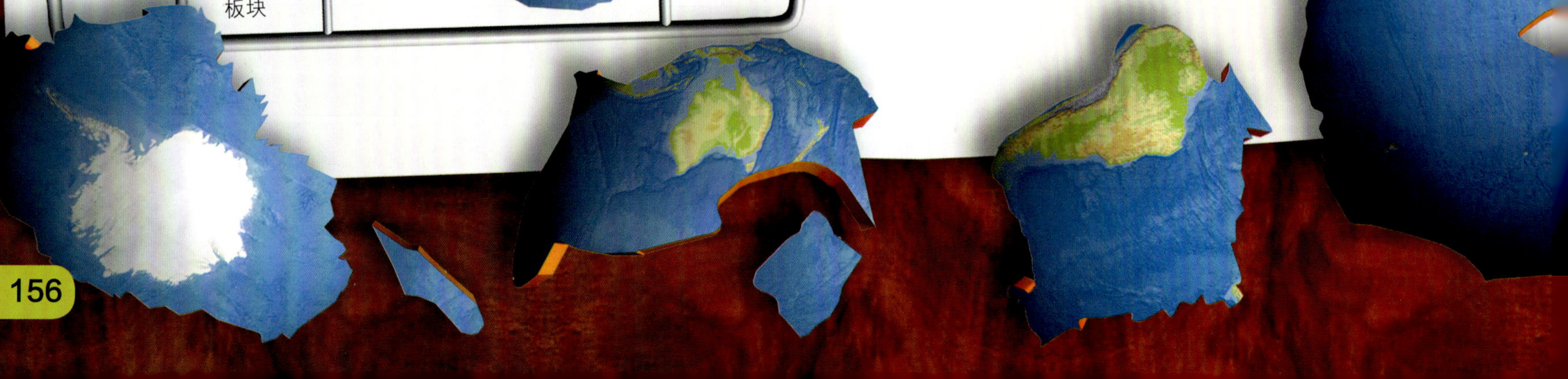

转换边界 当两个板块互相滑过时形成了转换边界，这就造成了沿着断层线一带频繁发生地震，但火山活动却不多。

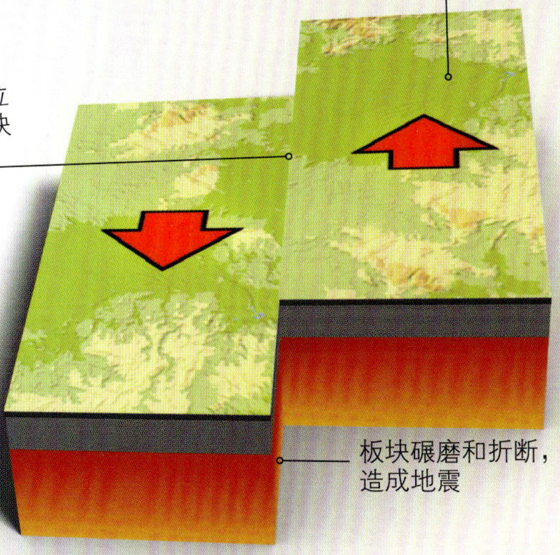

3

破碎的地球 ▸

板块相互拼合，组成了地球的岩石圈。一些板块在离散边界分开，但世界从未因此变大，因为其他板块的边缘在汇聚边界被挤压。太平洋板块、科科斯板块和加勒比板块的相对运动展示了板块边界是如何形成的。

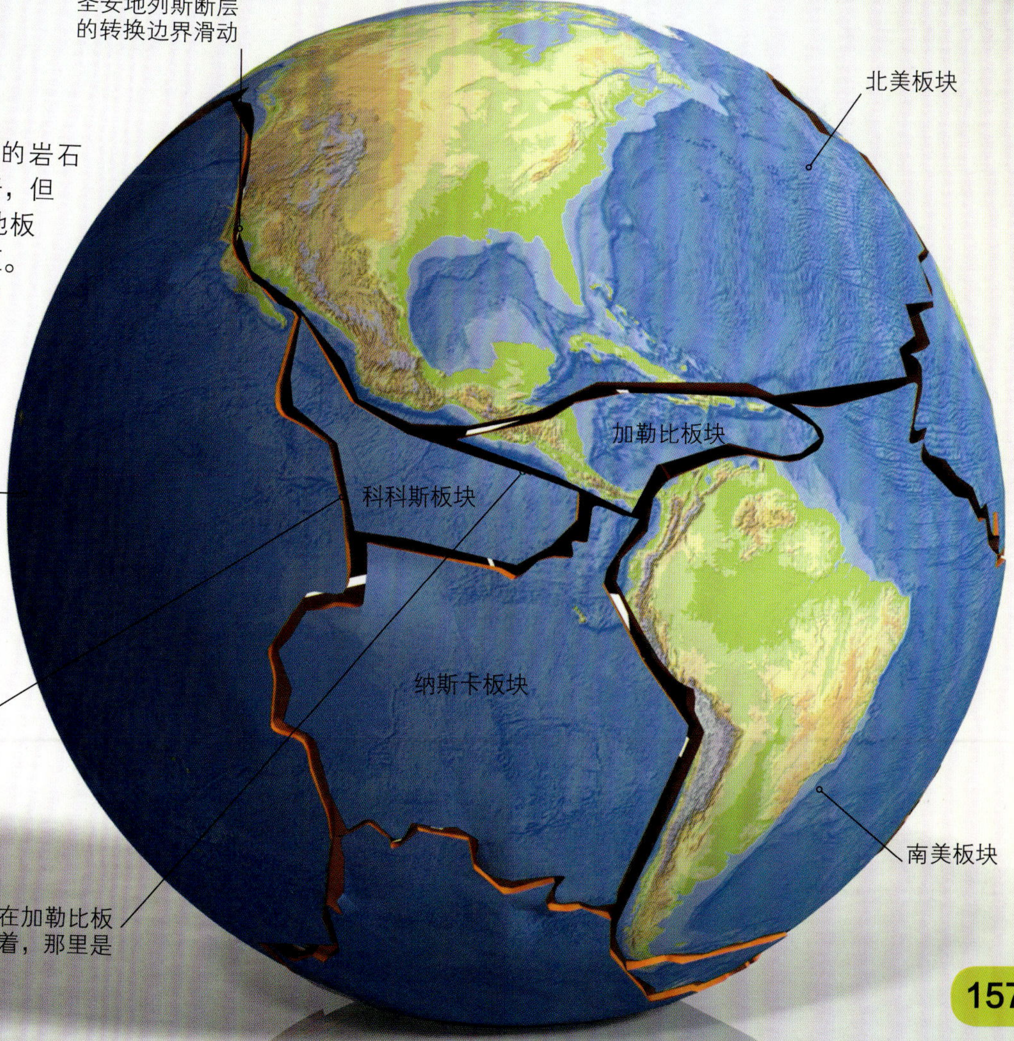

火山

火山是地球的地质现象中最壮观和最具有破坏性的。大多数火山分布于板块的边界，那里是板块发生碰撞的地方。张开的裂隙和板块之间的互相摩擦使地壳下面灼热的岩石熔化，并且沿着裂隙（裂缝）喷出地表。火山也可能出现在远离板块边界的“热点”地区，这是由地壳下面的地幔处上升的热地幔柱引起的。

基拉韦厄火山

夏威夷群岛是一串火山岛，当它们移动经过地幔热点时，从太平洋底喷出的熔岩形成了这些岛屿。位于北部的最老火山已熄灭，但在南部的基拉韦厄火山是地球上最活跃的火山。

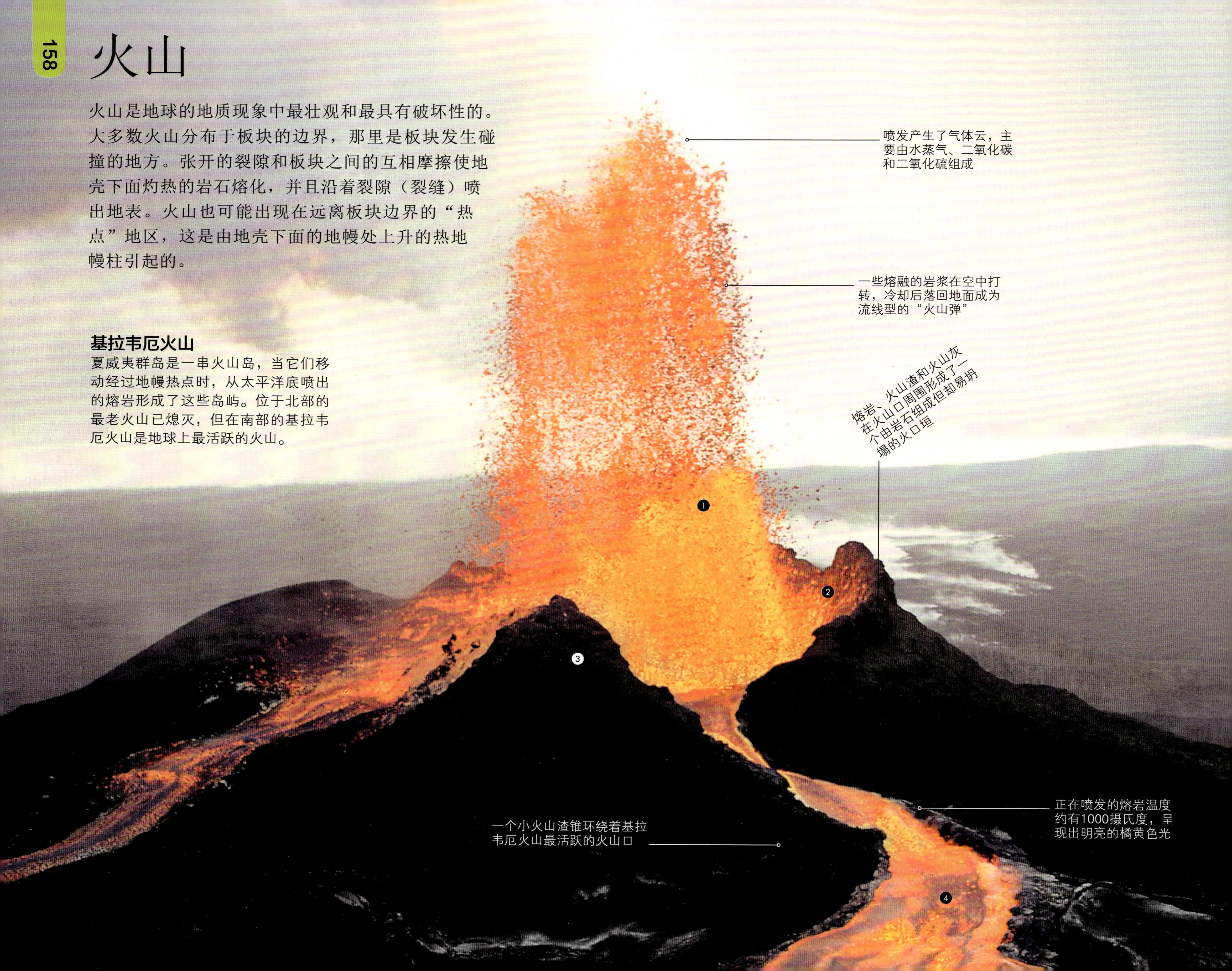

❶ 喷发

当基拉韦厄火山喷发时，玄武质熔岩和气体从火山深处挤了出来。玄武质熔岩非常像流体，因此大量熔岩就从火口垣溢出。喷发的气体能形成爆炸性的气体“火焰喷泉”和红热的熔岩，就像图中这样。

❷ 火山口

熔岩从一个通道中沸腾着涌出来，形成了岩屑火山锥。多次喷发使锥体内部塌陷，甚至可能向上发生爆炸，形成一个大致圆形的破火口。几乎竖直的陡壁上可以看出成层的火山渣、火山灰和固结的熔岩。

❸ 火山锥

这个小火山锥只是一座巨大的、穹窿形盾状火山的顶部，整座火山从下面7277 米的洋底向上伸展。岩穹是由夏威夷岛喷发的溢流熔岩形成的。若喷出的熔岩黏稠而不易流动，这样的火山会有着陡峭的侧壁。

❹ 熔岩流

从基拉韦厄火山喷出的熔岩非常烫，流动性强，从火山口向山下流出就像一条火焰河。自 1983 年起，这座火山几乎经常性地喷发，喷溢出的熔岩面积超过了 100 平方千米。

❺ 熔岩类型

夏威夷的熔岩是熔融的玄武岩，从洋底向上挤出喷发而成。由于二氧化硅（用于制作玻璃的矿物）含量低，熔岩的流动性较好。其他火山喷发的熔岩含较多二氧化硅，黏度较大，不易流淌到远处。

❻ 熔岩隧道

当熔岩流从基拉韦厄火山活动的火山口流出时，熔岩流的表面冷却后变硬，不过下面滚烫的熔岩还在流淌，形成的“熔岩隧道”一直向海岸延伸，在那里熔岩溢出到海里形成了蒸汽云。

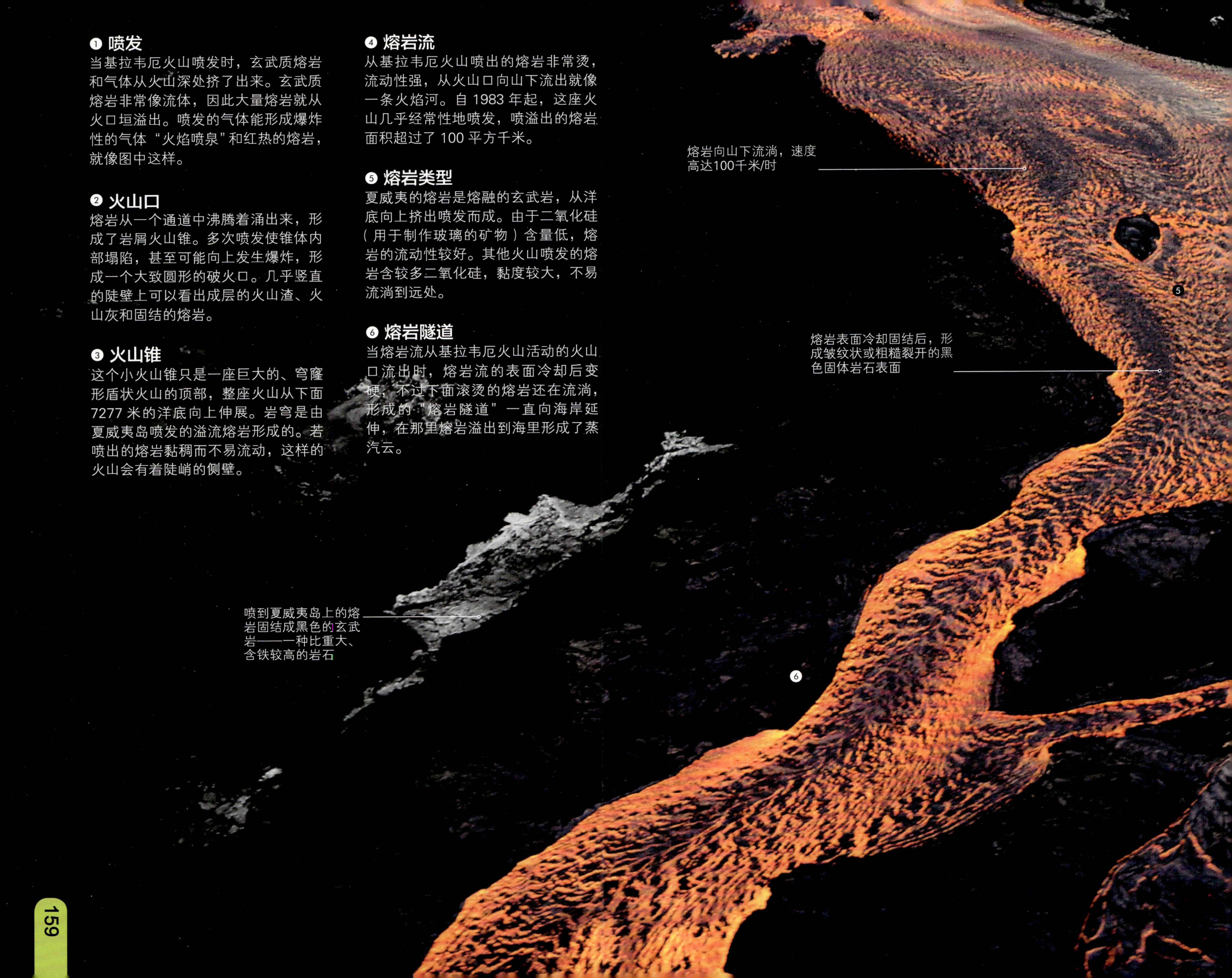

地震

在地球的地壳上，巨大的板块一直在漂移，在板块相遇的地方就会发生地震。板块经常性的小幅移动只造成震颤（摇晃），但板块边界的岩石会相互作用。应力逐渐积累，使岩石弯曲，直到这部分区域发生破裂。这种震动能产生灾难性的大地震。

智利 1960

1960 年，一场有史记载以来最大的地震袭击了智利，震级达到里氏 9.5 级。里氏震级是美国科学家查尔斯·里克特于 1935 年设计的，它是用叫作地震仪的仪器测量地震大小的一种标度。

旧金山 1906

美国加利福尼亚州的圣安地列斯断层的位置标志着太平洋板块向北美板块漂移滑过。旧金山就建在断层沿线上，1906 年当断层滑动 6 米并引发了灾难性的大火后，这座城市几乎完全被毁灭。

阿拉斯加 1964

1964 年 3 月 27 日，阿拉斯加下面的太平洋海底在几分钟之内滑动了 20 米，造成了一场极其可怕的大地震。不过，生活在这个遥远地区的人很少，人员伤亡较轻。

墨西哥城 1985

墨西哥的首都墨西哥城建在一座古代湖泊干涸后的黏土质河床上。1985 年发生在这座城市的地震使黏土摇晃得像果冻。墨西哥城 400 多座多层建筑倒塌，至少 9000 人死亡。

神户 1995

西太平洋强烈的地壳运动产生了日本这个国家，并且日本的地震比几乎任何地方的地震都要多。1995 年 1 月 17 日，一场地震毁灭了神户市，破坏了图中这个高架公路，有 6433 人死亡。

印度尼西亚 2006

2006 年，一场严重的地震袭击了印度尼西亚的爪哇岛，多达 135000 座房屋成为废墟，至少 5780 人死亡。这次地震也毁坏了古老的普兰巴南印度教寺庙，它是世界文化遗产，但没有被彻底摧毁。

海啸 2004

2004 年 12 月 26 日发生的印度洋特大海啸是由发生在远离苏门答腊的印度洋洋底地震引发的，使 283000 多人死亡。地震带来的冲击波在印度洋上引发了巨大的波涛，摧毁了海滨的所有社区。

2004 年 4 月的印度尼西亚苏门答腊岛班达亚齐市（图左上）

2006 年 1 月，海啸过后在同样地方拍的照片（图左）

山脉

世界上的山脉都是被一种巨大的力量推挤隆升形成的。板块碰撞在一起的地方，大陆的边缘受力隆起，形成高高的褶皱山脉，就像南美洲的安第斯山脉。地下的炙热岩浆可能通过褶皱岩层中的裂隙喷出地表，形成火山。在地壳被撕开的地方，以及在地球深处“热点”之上的地方，也会有岩浆喷出。下面的图片是各大洲的著名山峰。

❶ 珠穆朗玛峰

珠穆朗玛峰高出海平面 8848.86 米，是世界上的最高峰。它是喜马拉雅山脉的一部分，于 5000 万年前由印度板块与欧亚板块碰撞后形成。印度板块仍在向北方俯冲，因此喜马拉雅山脉还在增高。

❷ 阿空加瓜山

太平洋底正向南美洲下方俯冲，形成了崎岖而易发地震的安第斯山脉，阿空加瓜山是最高峰，高达 6960 米。

❸ 迪纳利山（麦金利山）

北美洲的迪纳利山是北美洲科迪勒拉山系西部的最高峰，高出海平面 6194 米。它是那样遗世独立，连同庞大的山体，成为世界上最为壮观的山脉之一。

❹ 乞力马扎罗山

乞力马扎罗山是非洲的最高峰，实际上是一座有着三个火山锥的巨型火山。最高的火山锥是基博峰，高出海平面 5895 米，其他两个火山锥为马文济峰和希拉峰。

❺ 莫纳克亚山

夏威夷的最高点是莫纳克亚山的顶部。莫纳克亚山是一座巨大的火山，从太平洋底升起 10000 多米。因此，尽管顶部仅高出海平面 4205 米，但它仍是地球上总高度最高的山峰。

❻ 文森山

地球上最遥远的山峰位于冰封的南极洲大陆上。远眺巨大的龙尼冰架，埃尔斯沃思山脉的文森山是其最高峰，高 5140 米。

❼ 勃朗峰

欧洲阿尔卑斯褶皱山系是被非洲板块向北推挤而隆起的。高达 4810 米的勃朗峰是阿尔卑斯山的最高峰，但由于它的顶部是一座由冰形成的穹窿，因此它的高度每年都在变化。

❽ 库克峰

库克峰是新西兰的最高峰，在土著毛利语中的意思是“高耸入云”。库克峰现在的高度为 3764 米，在 1991 年的一次滑坡前，其高度还要高出 10 米。

海洋

海洋占据了地球表面2/3以上的面积，其平均深度为3.8千米，但它们并非只是巨大的盐水池。大洋的洋底是地壳上巨大板块互相分离或碰撞在一起发生摩擦的地方，这形成了长而高的洋脊和深深的海沟，其间还分布着火山。随之而来的是，海洋始终在改变着大小和形状。

太平洋

太平洋相当于所有其他大洋加在一起的大小，由于洋底边缘向马里亚纳海沟滑下去，因此太平洋正在收缩。尽管如此，东太平洋洋隆是最活跃的洋中脊，每年的扩张速度高达22厘米。

大西洋

当北美洲和南美洲从欧洲和非洲分离时形成了大西洋，它正逐渐向西移动。由于大西洋洋中脊处正在形成新的洋底，因此大西洋仍在扩张中。大西洋洋中脊在北面露出水面形成了冰岛，同时伴随着火山和温泉。

北冰洋

冬季北冰洋的绝大部分都被厚厚的浮冰所覆盖。春天时很多浮冰会融化，阳光可以抵达冰冷的海水，使海洋生物得以生长。靠近北极的海洋在夏季也是冰冻的，但由于全球变暖的原因，被冰雪覆盖的区域每年都在缩小。

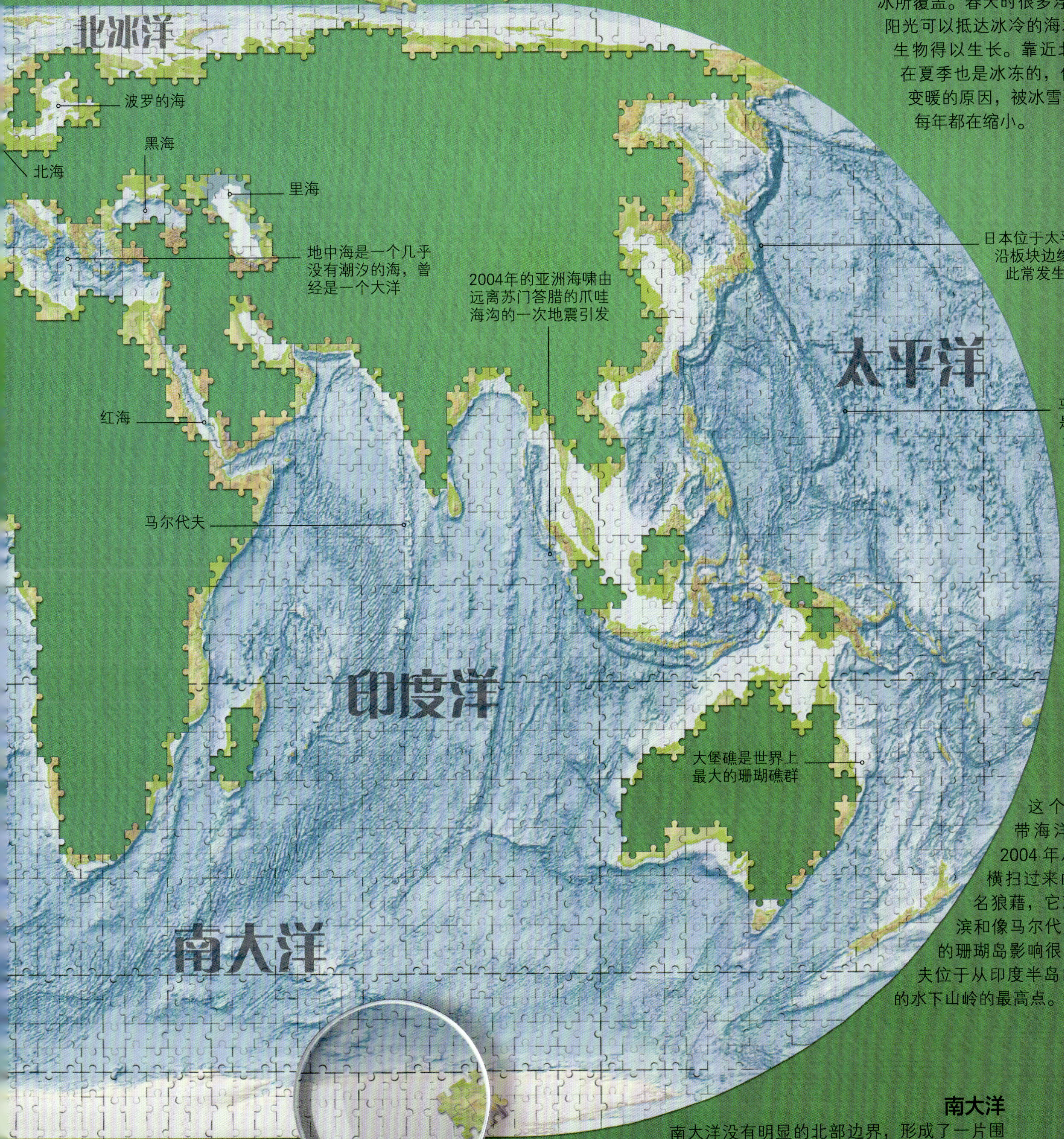

印度洋

这个主体是热带海洋的大洋因2004年从苏门答腊横扫过来的海啸而声名狼藉，它对附近的海滨和像马尔代夫这样低洼的珊瑚岛影响很大。马尔代夫位于从印度半岛向南部延伸的水下山岭的最高点。

南大洋

南大洋没有明显的北部边界，形成了一片围绕着南极洲的冰冷而充满暴风雨的水域。冬季，冰雪覆盖了巨大的区域，庞大的冰山从南极洲的冰川中分离，有时冰架向更北的地方漂移。

岩石和矿物

岩石是天然化合物的集合体。而这些化合物就叫作矿物，是拥有独特形状的晶体。岩石的类型主要有三种，当熔融的岩浆冷却和凝固后就形成了火成岩，变质岩是一种被热量或压力改变过的岩石，沉积岩通常是岩石碎块被黏结在一起形成的。

❶ **板岩** 当沉积的页岩被置于强大的压力之下时就形成了这种深色的岩石。它有薄片，可以被切割成方形，用于做屋顶。

❷ **鸡冠形重晶石** 在穿插于岩石中的细脉里经常能发现这种发白的矿物，它的晶体经常是一簇簇的，看起来就像鸡冠（公鸡头上的顶冠）一样。

❸ **片岩** 像板岩一样，片岩是受到压力和热量后形成的，把软的沉积岩转变成非常坚硬的变质岩。

❹ **白垩土** 白垩土是一种石灰岩，是恐龙时代由微小的海洋生物残骸积累在一起，下沉到热带海洋的底部形成的。

❺ **大理石** 大理石坚硬，通常是灰白色的，是石灰岩变质后形成的。它可以被雕刻和打磨成雕塑，装饰性的大理石块被用于建筑业。

❻ **方解石** 作为石灰岩和大理石中的主要矿物，方解石在石灰岩洞穴中形成了钟乳石和石笋。

❼ **石灰岩** 所有的石灰岩都是由白垩土类矿物形成的，特别是由方解石形成的。它们容易被雨水溶解，形成广阔的洞穴系统。

❽ **石盐** 石盐是盐湖蒸发后形成的，是岩石中的盐分——也就是我们用来给食物增加味道的矿物。

❾ **黑云母** 深棕色的黑云母是云母中的一种，在大多数花岗岩和片岩中都能找到云母。黑云母的片状晶体看起来就像薄片状的硬塑料。

❿ **榴辉岩** 榴辉岩是一种致密而较重的变质岩，形成于地下深处。它含有浅绿色辉石和发红光的石榴子石矿物。

⓫ **透闪石** 透闪石是薄而透明、纤维状的晶体，形成于受到地下深处强大热量影响变质后的石灰岩中。

⓬ **绿柱石** 这种非常坚硬的矿物形成了透明、常常是绿色的晶体，可以被切割成祖母绿和海蓝宝石。

⓭ **花岗岩** 花岗岩是形成大陆地壳的主要岩石之一，熔融态岩浆在地下深处缓慢冷却，生成石英、长石和云母等晶体。

⓮ **角砾岩** 这种沉积岩由破碎、尖棱状岩石碎块通过细小颗粒胶结在一起而形成。

⓯ **黑曜岩** 这种黑色或深绿色、闪闪发光的岩石也被称为火山玻璃，是熔融态岩浆快速冷却形成晶体时形成的。

⓰ **辉长岩** 这是一种粗粒、深色、富铁的结晶质岩石，是很多深海洋底岩石的组成物质。

⓱ **浮岩** 从火山喷出的气体经常在冷却熔岩的内部形成气泡，可以浮在水上，这就会形成浮岩。

⓲ **刚玉** 纯净的刚玉是无色的，因所含杂质不同而呈不同颜色。刚玉是除金刚石外最坚硬的矿物，它的晶体被用于制成红宝石和蓝宝石。

⓳ **钠长石** 钠长石颜色灰白，富钠，是长石中的一种，也是花岗岩中最常见的组分。肉眼所见为较大的块状晶体，在阳光照耀下会闪光。

⓴ **石墨** 石墨是碳的一种同素异形体，是一种软的、具金属性质的矿物，划痕为深色。它被用来制成铅笔中的“铅”。

㉑ **玄武岩** 重的、深色的玄武岩是细颗粒的辉长岩，是富铁的熔岩在海底火山快速冷却后凝固而成的岩石，因此多形成于水下。

㉒ **砂岩** 砂子通过其他矿物黏结在一起形成了砂岩。这种红色砂岩曾经是沙漠中的一座沙丘。

㉓ **黄铁矿** 这种黄色的具金属性质的矿物也被称为“愚人金”，实际上由铁和硫组成。它们经常生成大的立方晶体，就像在这里看到的一样。

㉔ **砾岩** 很像角砾岩，是一种圆形卵石黏结在一起的固态岩石。圆形卵石类似在河床和湖滨上找到的鹅卵石。

8
9
10
11
13
14
15
16
17
18
19
20
21
22
23
24

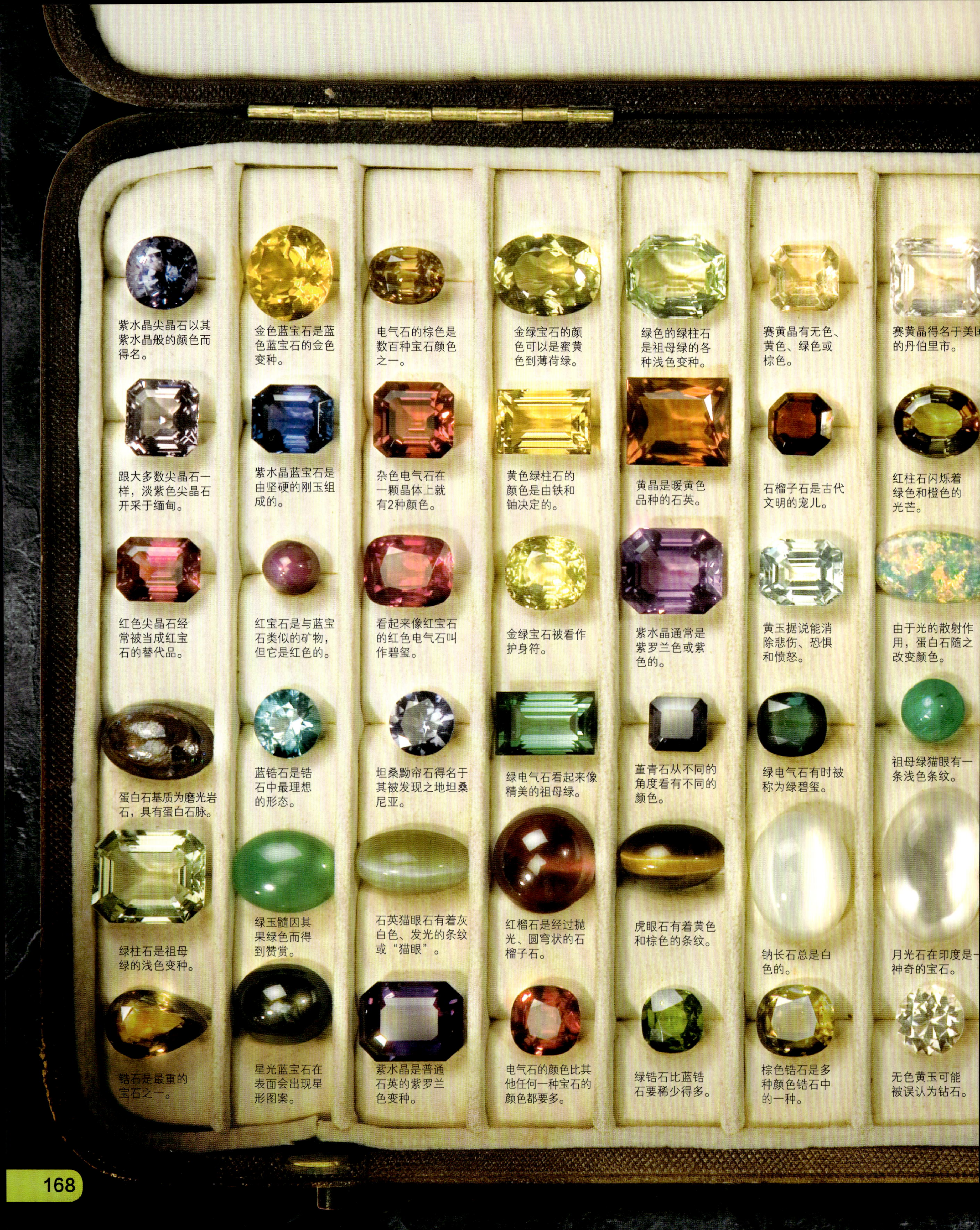

紫水晶尖晶石以其紫水晶般的颜色而得名。

金色蓝宝石是蓝色蓝宝石的金色变种。

电气石的棕色是数百种宝石颜色之一。

金绿宝石的颜色可以是蜜黄色到薄荷绿。

绿色的绿柱石是祖母绿的各种浅色变种。

赛黄晶有无色、黄色、绿色或棕色。

赛黄晶得名于美国的丹伯里市。

跟大多数尖晶石一样，淡紫色尖晶石开采于缅甸。

紫水晶蓝宝石是由坚硬的刚玉组成的。

杂色电气石在一颗晶体上就有2种颜色。

黄色绿柱石的颜色是由铁和铀决定的。

黄晶是暖黄色品种的石英。

石榴子石是古代文明的宠儿。

红柱石闪烁着绿色和橙色的光芒。

红色尖晶石经常被当成红宝石的替代品。

红宝石是与蓝宝石类似的矿物，但它是红色的。

看起来像红宝石的红色电气石叫作碧玺。

金绿宝石被看作护身符。

紫水晶通常是紫罗兰色或紫色的。

黄玉据说能消除悲伤、恐惧和愤怒。

由于光的散射作用，蛋白石随之改变颜色。

蛋白石基质为磨光岩石，具有蛋白石脉。

蓝锆石是锆石中最理想的形态。

坦桑黝帘石得名于其被发现之地坦桑尼亚。

绿电气石看起来像精美的祖母绿。

堇青石从不同的角度看有不同的颜色。

绿电气石有时被称为绿碧玺。

祖母绿猫眼有一条浅色条纹。

绿柱石是祖母绿的浅色变种。

绿玉髓因其果绿色而得到赞赏。

石英猫眼石有着灰白色、发光的条纹或“猫眼”。

红榴石是经过抛光、圆穹状的石榴子石。

虎眼石有着黄色和棕色的条纹。

钠长石总是白色的。

月光石在印度是一神奇的宝石。

锆石是最重的宝石之一。

星光蓝宝石在表面会出现星形图案。

紫水晶是普通石英的紫罗兰色变种。

电气石的颜色比其他任何一种宝石的颜色都要多。

绿锆石比蓝锆石要稀少得多。

棕色锆石是多种颜色锆石中的一种。

无色黄玉可能被误认为钻石。

宝石

构成岩石的天然矿物能形成玻璃质的晶体，可以被切割成闪光的宝石。很多矿物特别坚硬，并且含有不同的杂质，把诸如蓝宝石、电气石和黄晶这样的宝石染成闪闪发光的各种颜色。它们的价格可能特别昂贵，这里所展示珠宝的价值几乎达到100万美元。

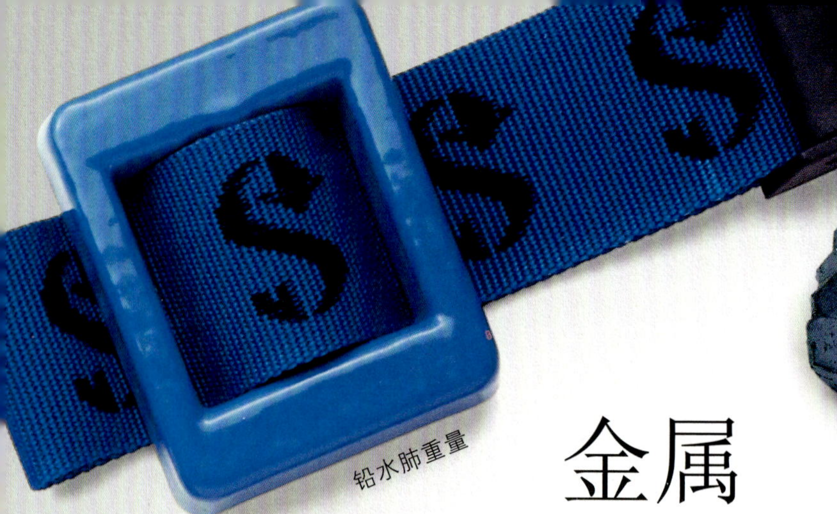

铅水肺重量

方铅矿
（含铅矿石）

◀ 铅

铅非常致密和沉重，是一种深色、较软的金属，熔点很低，这使它易于成形。它被广泛应用于铅酸汽车电池中，但也用于做重物和铺屋顶。主要的含铅矿石是方铅矿，是铅和硫的化合物，形成了大的晶体。

金属

金属是具有紧密排列原子结构的矿物，这使它们有极好的导电性和导热性。多数金属非常坚固，是可利用的材料，非常适合制作大量的人工产品。纯金属是元素组成的，在它们的化学结构里只有一种类型的原子。在自然界，很多金属与岩石混合在一起，或者与其他元素化合在一起形成化合物。这些矿石必须经过开采和加工以提取出纯金属。

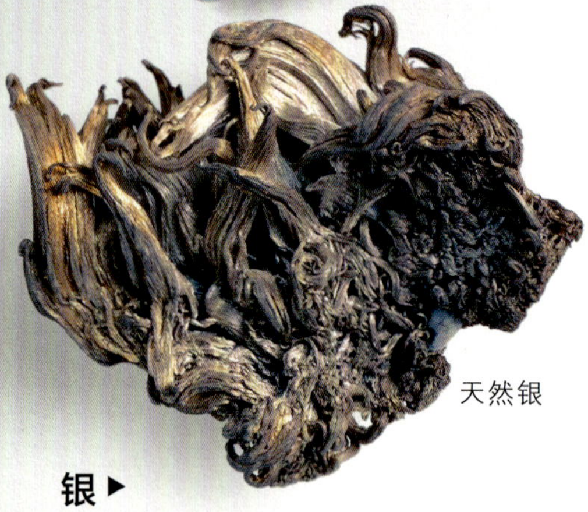

天然银

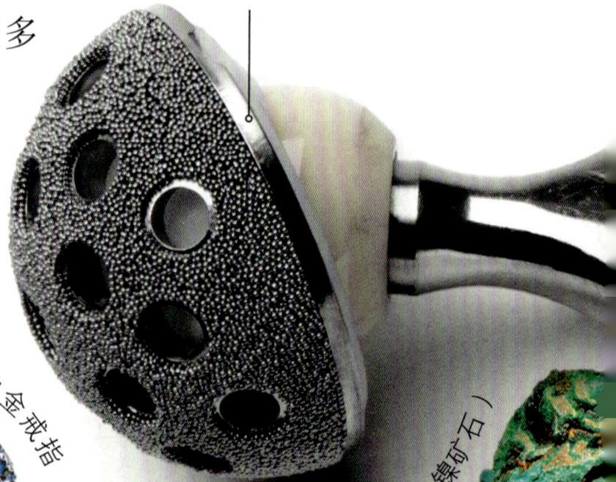

不锈钢中的镍使其可以防腐

银 ▶

作为最贵重的金属之一，银在火山岩中以纯“天然”的形态产出。当银被抛磨后会闪闪发光，但很快就会失去光泽。由于银很软，所以经常与其他金属合铸以制成更硬的合金，如标准纯银。

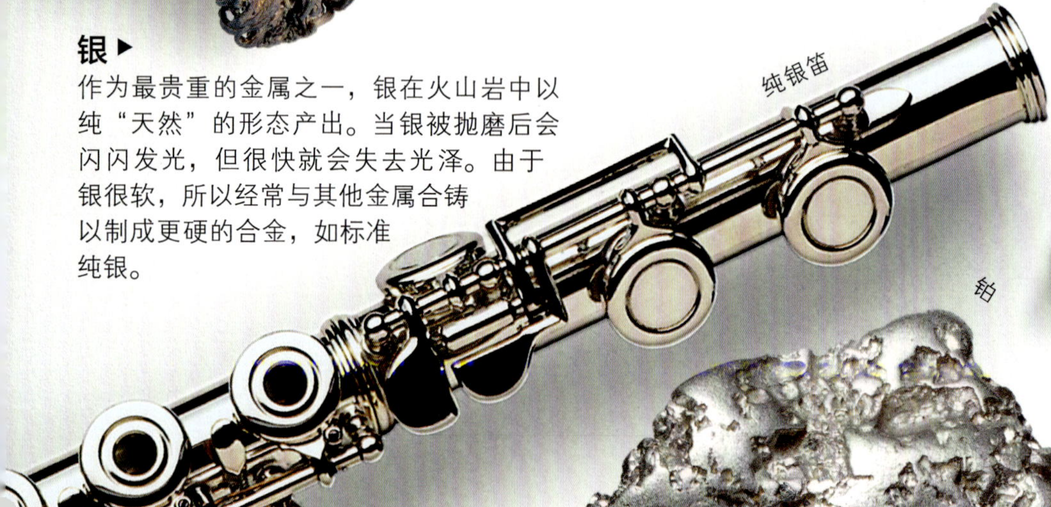

纯银笛

铂金戒指

硅镁镍矿（含镍矿石）

铂

◀ 铂

铂是一种美丽的重金属，由于和金一样，从不褪色，常被制成首饰。铂比金坚韧且稀有，因此更加珍贵。有时铂以纯金属铂块的形式出现。

黄铜矿
（含铜矿石）

▼ 铜

铜是一种较软的金属，经常与锌合铸在一起以制成黄铜，或与锡合铸制成青铜——二者都很坚硬。作为一种良好的导体，它被广泛制成电线。铜的主要矿石是黄铜矿——一种铜、铁和硫的化合物。

▼ 金

金易于塑形，总是闪闪发光，并且常常是以纯金单质形式出现的唯一一种金属，数千年来被用于制成珍贵的器物。它也被用来制作不会褪色降解的电气插头。

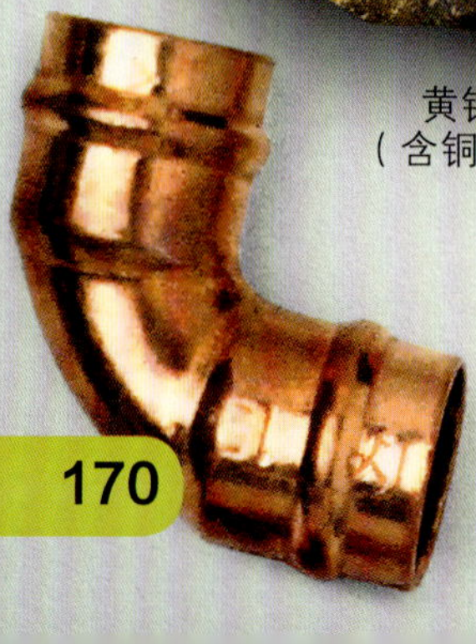

铜管和铜线

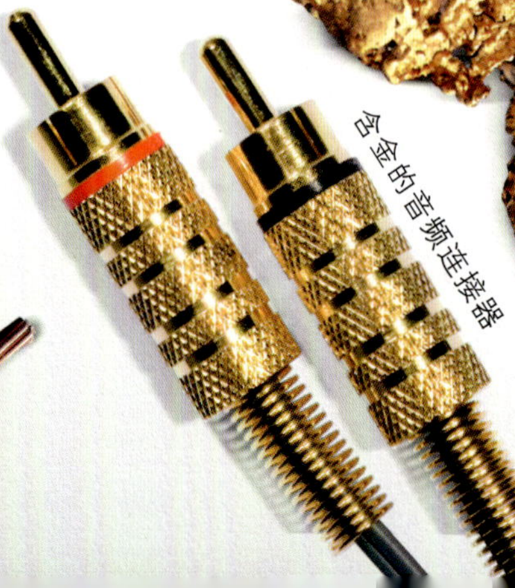

含金的音频连接器

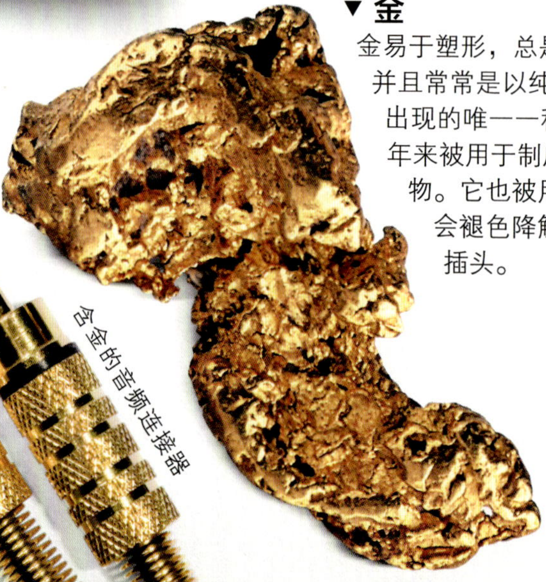

金块

深海潜水器

铝质烤箔

钛 ▶

钛很轻却很坚固，常与其他金属合铸在一起生产出轻合金，用在飞机、宇宙飞船和深海潜水器的耐压舱中。含钛的主要矿石之一是金红石，是钛和氧的化合物。

金红石（含钛矿石）

铝 ▶

铝质轻，储量大，不易腐蚀，被广泛应用于制作铝箔、罐头盒以及飞机。它的矿石——铝土矿，是一种含有很多铝化合物的岩石。

铝土矿（含铝矿石）

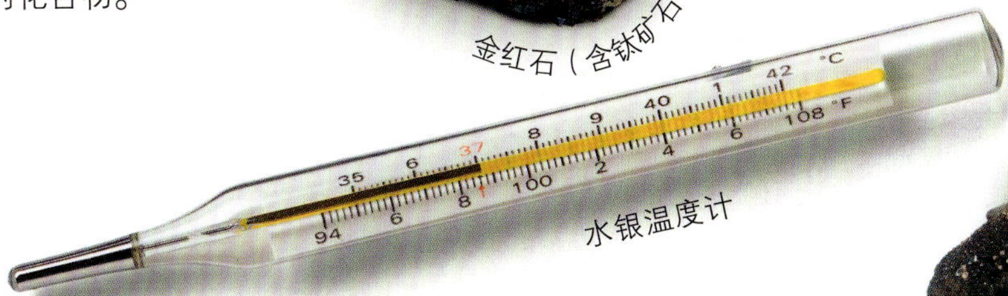

水银温度计

赤铁矿（含铁矿石）

钢螺母和螺栓

汞 ▼

汞是在室温下为液体的唯一一种金属，作为医用温度计中的水银而最为人们所熟悉。它的矿石——朱砂，是一种在火山附近发现的汞和硫的彩色化合物。

朱砂（含汞矿石）

▶ **铁**

在所有金属中，铁是用处最大的，它坚硬，储量大，并且容易被人们用于制造器物，特别是精炼后用于制作各种类型的不锈钢。铁的主要矿石是赤铁矿——一种铁氧化物——与铁锈成分一样。

不锈钢髋关节

◀ **镍**

镍很少单独被使用，常与铁合铸制成不锈钢。这几乎被用于制作各种器物，从刀叉到复位用的髋关节。镍也与银合铸制成硬币。

锡石（含锡矿石）

锡罐

锡 ▲

锡以被用于制作锡罐——实际上是镀锡钢——而为人们所熟知。由于锡的导电性强，因此被广泛用于电子元件。它还与铅合金，制成用于组装电路的焊料。

闪锌矿（含锌矿石）

锌 ▶

锌是一种白色金属，与铜合铸制成黄铜。尽管如此，它的主要用途是电镀或“镀锌”钢，使器物避免生锈。锌的主要矿石是闪锌矿——一种闪亮的矿物，是锌、铁和硫的化合物。

镀锌链条

三叶虫长得像土鳖虫，整个古生代时期都生活在海底

古生代（古代生命）

生命开始于约 35 亿年前的前寒武纪，但那时候绝大多数生命仅是像细菌一样的单细胞微生物。5.4 亿年前的古生代开始迎来了多细胞生物大爆发的时代，保存为化石的有海洋节肢动物、软体动物以及和鱼类有亲缘关系的动物。

海百合是海星的亲缘动物，外形像植物，通过柄附着在海床上

总鳍鱼是所有现代四条腿动物的近亲

化石

保存在岩石中的有机体（如植物和动物）残骸、印记或痕迹被称为化石。成为化石的过程通常需要数百万年，而形成化石又需要特殊的环境，所以地球上只有极小部分有机体变成化石。鉴定化石的绝对形成年代并不总是那么容易，因此发现、分析和鉴定化石的古生物学家通常把它们归并到已经命名的时期。因为这些时期涵盖了地球上漫长生命历史的主要阶段。

细微精致的化石展示了始祖鸟的羽毛，始祖鸟是已知最早出现的鸟类之一

像昆虫一样的整个动物体都被保存在琥珀或石化的树脂中

这种恐爪龙颅骨模型有助于古生物学家了解这种掠食者的生物学特征

菊石化石（史前海洋生物）在 100 多年前就记载在这本书中

像这个蝴蝶一样被人们熟悉的动物在 1.5 亿年前就已很常见

中生代（中间阶段生命）

始于 2.52 亿年前，这是恐龙生活的时代。那时，这种巨型爬行动物在地球上横行，翼龙在天上俯冲飞行，像鱼龙一样的海生爬行动物伴着外形像鱿鱼的菊石在水中穿梭游弋。陆地上也出现了开花植物和小型哺乳动物。这个时期在 6600 万年前的大灭绝中结束。

来自约 1000 万年前的化石揭示了古珊瑚的精细结构

新生代（最近的生命）

非鸟类恐龙化石并未出现在距今不到 6600 万年前的新生代岩石中，表明恐龙在那时已灭绝。而哺乳动物化石却变得更加多样，包括早期人类的亲缘动物，时间可追溯到六七百万年前。

收集的大量标本帮助人们鉴别和确定化石的年代

复原的化石碎片组成了现代人的已经灭绝的近亲——能人的头骨

在北海海底发现的猛犸象牙表明，北海曾经是干旱的陆地

放大镜

用来把岩石从化石周围分离的锤子和凿子

地质锤

凿子

古生物学

“古生物学”一词指的是研究作为化石保存下来的古代生命。但古生物学家也研究非骨骼形态的生物，例如贝类、植物，甚至是细菌。他们的工作内容包括小心地取出、清洗和保存化石，还有鉴定化石和记录它们的特征。从锤子到医用扫描设备等特殊工具帮助古生物学家制备和解释他们的发现。

敲开石头就能发现一个矿化的菊石化石，可看到它的外壳铸型

化石作用

一般情况下只有生物体坚硬的部分，比如外壳和骨骼，才能被保存为化石。经过数百万年，这些硬质部分被矿物取代，因此变成了石头。原来的外壳或骨骼经常会消失，留下的躯壳后来被另一种矿物填充。在非常罕见的情况下，像羽毛这样的动物体上柔软的部分可能在细粒岩石上留下微细的印记。

蛋白石化的海生蜗牛

这个三趾食肉恐龙的足迹被称为“遗迹化石”

这只中生代晚期的蛤留下了一个躯壳，已被蛋白石填充并填成一个铸型化石

恐龙

很久以前，地球上的生命被恐龙统治着，这是一群爬行动物，其中既有身躯庞大而笨重的食草动物，又有令人恐惧、动作敏捷的捕食者。除了鸟类，恐龙在6600万年前灭绝，但它们的化石在古老大陆的岩石中保留下来，让科学家可以复原恐龙的形貌，并且了解它们是如何生活的。

❶ 似鸵龙

这种敏捷、快速奔跑的恐龙站起来比成人高，与普通爬行类动物相比更像一只鸵鸟。它的长颚上并没有牙齿，但有一个由角蛋白构成的喙，就像鸟一样。因此它可能是食草恐龙。

❷ 异特龙

虽然可能看起来很像暴龙，这种庞大的食肉动物化石在至少 7000 万年前的岩石中被发现。这个时间跨度超过了迄今为止恐龙最后灭绝的时间。

❶

❷

❸

❹

❺

❸ 暴龙

体形最大的雷克斯暴龙能长到 12 米高，有着长达 15 厘米的锋利牙齿。它们的化石残骸被保存在北美洲的岩石中，尤以在美国蒙大拿州和南达科他州的闻名。

❹ 伶盗龙

这种短小的恐龙化石骨骼发现于蒙古，与最早的鸟类相似，并且最近的研究表明它可能是有羽毛的。它们是一种动作敏捷、高速奔跑的捕食者，很可能跳跃到猎物身上并用弯钩状爪子抓住猎物。

❺ 栉龙

这种食草恐龙在头上长有冠状突起，它的头骨可能支撑着起装饰作用的颈脊。在亚洲发现的栉龙化石的冠状突起比在美洲发现的更长，这表明至少有两种不同种类的栉龙。

❻ 禽龙

禽龙是一种体形庞大的食草恐龙，它的拇指上有一个奇怪的长刺。科学家仍然不确定它是如何使用的。

8 三角龙

骨质头盾和 3 根尖利的角状物使三角龙可以与其他三角龙作战。从北美洲发现的化石骨架上判断，这种动物至少能长到 9 米长。

7 剑龙

1.55 亿年 ~ 1.50 亿年前，剑龙以植物为食，生活在目前为北美洲和欧洲的地方。科学家依然对剑龙背上巨大骨板的作用非常困惑，它们并非附着在脊椎上。尾巴上的两对尖刺可能是用来躲避捕食者的。

9 梁龙

这种巨大的恐龙生活在目前为北美洲的地方，与异特龙为同一时代，但它会伸长了脖子越过一大片区域去吃食物。它能长到 27 米长，有一个小脑袋和鞭状尾巴。

10 窃蛋龙

这种长得像鸟一样的恐龙与较大的似鸵龙类似，拥有短而强劲的下颚，可能还有喙。它的名字的意思是“盗窃蛋的小偷”，因为第一只这种恐龙的化石是在一窝恐龙蛋的巢穴里发现的，科学家认为它很可能死于试图盗窃蛋的过程中。然而，进一步的研究证明，很可能雌窃蛋龙只是在孵蛋，而不是偷蛋。

冰雹 ▶

大的雷雨云含有上升气流，把雨滴携带到一定高度后将其冻住。冰颗粒从云中坠落，但又被带上去，因此更多的冰晶冻结在上面。这可能发生多次，积攒成比高尔夫球还大的冰雹。

◀ **闪电**

冰晶在雷雨云中打转，就像巨大的电池，给云团充上了电。最终，电荷以令人震惊的闪电的形式释放出来，刹那间把周围的空气加热到约 30000 摄氏度。

▲ **雷雨**

炙热的阳光使水蒸发并且在空气中上升，在那里变冷并形成云。一些云朵积攒到 15 千米的惊人高度，甚至更高。这些云里带有巨量的水分，最终以倾盆大雨的形式落到地面。

洪水 ▶

大雨使河水上涨，直到溢出河岸，在周围的低洼地带泛滥。水流可能上涨很慢，但也能使溪流涌起大浪，形成"山洪暴发"，横扫面前的一切。无论哪种方式，洪水都会毁灭家园，甚至淹没城市。

龙卷风 ▶

温暖潮湿的空气在云中盘旋上升会形成雷雨云。有时上升空气会发展成一种紧密的涡旋——龙卷风。在旋风中心的风速能超过 500 千米/时，强劲的上升气流可轻而易举地把屋顶掀翻。

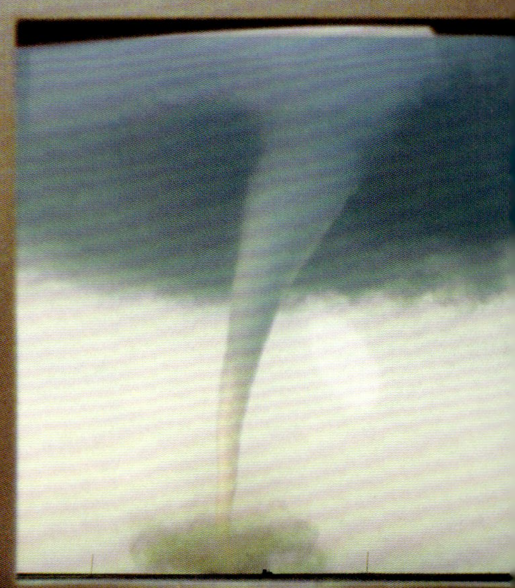

天气

因受到太阳热量的驱使，大气环流在通过低压区时旋转，从洋面到陆地形成了携带着云、雨和雪的风。如果没有这些天气系统，大陆将是荒芜的沙漠，生命也不可能存在。然而，有时天气也会变得特别恶劣，可能造成令人恐怖的破坏性后果。

冰暴▶

在很多地方，冬季结冰的天气很常见，但是反常的气象条件有时会带来罕见的具毁灭性的冰暴。如果潮湿空气扫过一片非常寒冷的地区，降下的雨滴可能被冻住，落在地面形成厚厚的冰。这能把输电线刮倒，使铁路的路网瘫痪，并且把道路变成死亡陷阱。

◀飓风

最具破坏性的天气出现在热带海洋上空，在那里庞大的热量会形成巨大的风暴云，在气压非常低的地带旋转着。风螺旋式上升进入中心区域，速度高达300千米/时或更高，把大量海水带入其中形成“风暴潮”，能把海滨城市淹没。在太平洋上空形成的飓风叫作台风。

天气预报▶

这个墨西哥湾的飓风卫星图像可以帮助气象学家预报天气。预报员们也收集风、气温、气压和其他变量的数据，并把它们输入具有大气压数学模型编程的计算机。计算机利用新的数据来预测大气会怎样变化，从而做出天气预报。

◀ 喷沙

在沙漠地区，风卷起沙砾，并把它们吹到光秃秃的岩石上，冲刷着岩石的表面，拓宽岩石的裂缝。就像这些北美洲的砂岩一样，可能被磨蚀成壮观的波浪状，揭示出下面的岩层已有数百万年的历史。

风蚀作用把美国亚利桑那州狼丘变成了一件天然的艺术品

美国加利福尼亚州伊尔酋长岩的花岗岩岩墙经历了数百万年的侵蚀而依然屹立

风化的花岗岩 ▶

花岗岩是一种特别坚硬的结晶性岩石，但它也能被侵蚀作用分解。花岗岩形成于地下深处，当被暴露到空气中时，压力的改变使花岗岩表层脱落，这个过程叫作剥离。花岗岩也可能受到酸雨的侵蚀，以及被水冲刷。

美国科罗拉多河的马蹄湾形成于河流穿过隆起的岩石

携带着岩石碎块的冰块向前移动，一度填满阿尔卑斯山的山谷

◀ 悬崖和层积石

冲击海岸悬崖的海浪以不可思议的速度侵蚀悬崖。较软的岩石首先崩塌，留下由较硬岩石组成的海岬和孤立的层积石。这些位于澳大利亚南部海滨墨尔本的层状岩石叫作十二使徒岩。

岩石被海浪从下面侵蚀，因此上面的岩石坍塌，留下陡峭的悬崖

侵蚀

地表长期受到风、雨、冰、炙热烘烤、洋流以及挟带岩石碎块的流水冲击。这些作用力会吞噬最坚硬的岩石，这个过程叫作侵蚀。随着时间流逝，高高的山脉被削平，砾石、沙子和淤泥等岩石碎屑被冲走。这些碎屑在低处堆积或在海里沉积——最终在那里形成新的岩石。

美国纪念碑峡谷塔状山丘下面的岩石碎屑形成陡峭的岩屑（碎石）斜坡

◀ 台地和山丘

在荒芜地带，偶尔的山洪暴发切割岩石的薄弱地带，形成峡谷。这些峡谷变得越来越宽，把较软的岩石冲走，导致较硬的岩层坍塌。最终所有残留下来的都是侧壁陡立、顶部带有坚硬岩石的台地和小山丘。

石灰岩尖峰形成了中国昆明附近的石林

喀斯特地貌 ▶

雨水是微酸性的，这使得它能溶解石灰岩，结果就形成喀斯特地貌，严重风化的裸露岩石上布满洞穴。在热带地区，这样的岩石经常被侵蚀成景象壮观的尖峰林。

◀ 河流侵蚀

河流切割出V形山谷和侧壁陡立的峡谷，特别是在水流快速、挟带大量岩石碎块的地方更是如此。最引人注目的峡谷形成于巨大的地壳运动后陆地缓慢抬升的地方，迫使河流向下切割出深深的侵蚀地貌。

▲ 消失的冰川

在受到末次冰期影响的山脉和高地，巨大的冰川沿着以前河流的路径摩擦前行，将沿途冲刷出深深的U形谷。在冰川融化的地方，峡谷存留下来，经常有小股溪流向下流淌。

在美国羚羊峡谷，一束阳光透过狭窄的峡谷顶部照射进来

狭缝型峡谷 ▶

在罕见但汹涌的沙漠暴风雨中，含沙水流倾泻堆积出高高的台地。在台地边缘，水流把岩石中的裂缝扩大，把它们侵蚀成蜿蜒延伸的深而长的狭缝型峡谷。与普通峡谷不同，这些狭缝型峡谷通常底部比顶部宽阔。

河流

多数河流从山岭或山脉向下流到大海里，它们最初是快速流淌的小溪，汇合到一起就形成了小河。这些河流经常从陡坎倾泻而下，切割出深深的河谷，一直流到较平坦的地方。季节性有规律的河水泛滥在此处形成广阔富饶的洪泛平原。河流在洪泛平原上蜿蜒曲折地流淌，水流增多使河道扩大，但流淌得越来越慢，直到流入河口或三角洲，河流才汹涌地汇入大海。

源头 ▼
所有的河流都有源头，它可能是一个湖、一块湿地，或是在地面上冒着气泡的一眼泉水，它们都给幼年的河流干流增添了水量。在高山地带，水源地可能是从冰川末端涌来的由冰雪融水形成的溪流。

支流 ▼
一条河的干流是由叫作支流的其他溪流汇合在一起形成的，特别是在一场大雨后，以及在春天解冻期高山雪水融化时，它们全都流入到干流中。在此期间，河水变成急流，携带大量砾石向山下冲去，形成"拧麻绳"（麻花辫子）的样子。这些辫状溪流从新西兰的库克峰流淌下来，汇聚到霍普金斯河里。

▼ 上游
河流的高处地带叫作上游，那里通常水流得快，有岩石组成的河床，甚至还有瀑布。这里是南美洲委内瑞拉平顶山的奥扬特普伊山上流下的丘伦河瀑布。而安赫尔瀑布是世界上落差最大的瀑布，落差达到了 979 米。

山谷和峡谷 ▼

当一条河从上游流下来时，河水通常会在大地上侵蚀出弯曲的V形山谷。一些河流会流经两壁陡峭的峡谷，就像中国长江上游的虎跳峡。峡谷通常是石灰岩洞穴坍塌后形成的，而这些洞穴曾经隐藏着地下河。

下游 ▼

当河流到达低洼地带时，流速变得很慢，但水量更多。如果水量未被控制，河流每年都会泛滥，溢出河床，把周围地带变成沼泽。洪水过后把细小的淤泥留下，积聚成层后形成厚厚的带有肥沃土壤的洪泛平原，这非常有利于耕作。这幅图中展示了威拉米特河流经美国俄勒冈州的洪泛平原。

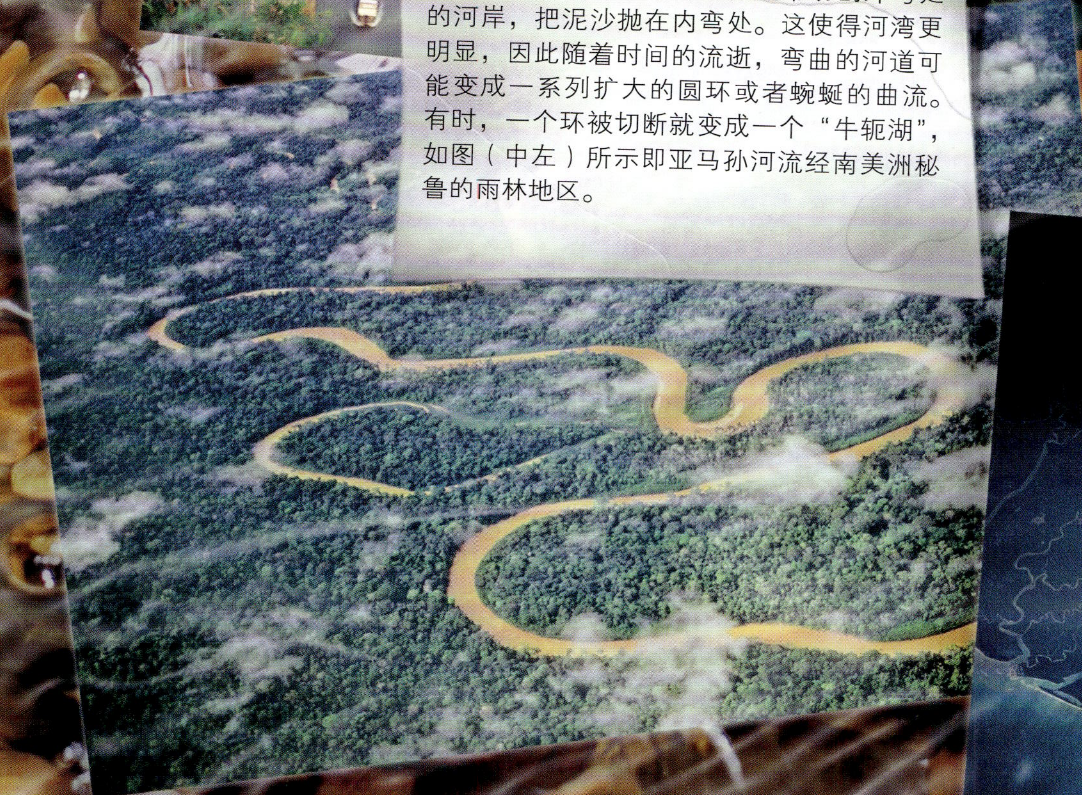

蜿蜒的曲流 ▼

当河水流经一个拐弯处时，通常切割外弯处的河岸，把泥沙抛在内弯处。这使得河湾更明显，因此随着时间的流逝，弯曲的河道可能变成一系列扩大的圆环或者蜿蜒的曲流。有时，一个环被切断就变成一个“牛轭湖”，如图（中左）所示即亚马孙河流经南美洲秘鲁的雨林地区。

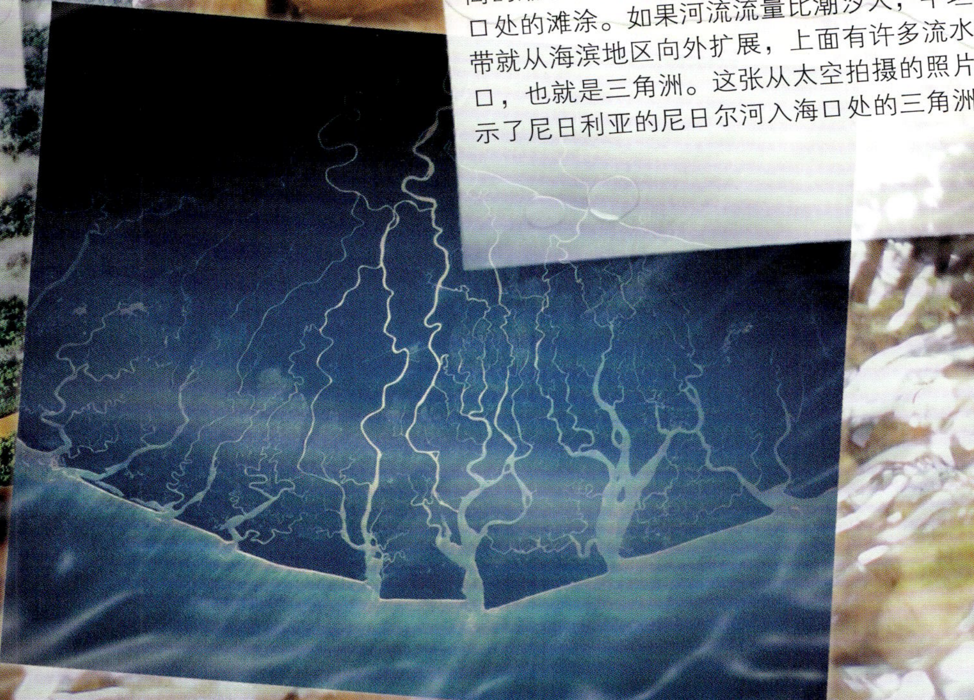

▼ 河口和三角洲

在海滨地区，淡水与咸水相遇，在上游涌起高高的潮汐。结果，河水留下泥沙颗粒，形成河口处的滩涂。如果河流流量比潮汐大，平坦地带就从海滨地区向外扩展，上面有许多流水出口，也就是三角洲。这张从太空拍摄的照片展示了尼日利亚的尼日尔河入海口处的三角洲。

洞穴

当岩石被流水腐蚀时，薄弱的部分容易坍塌，而周围坚硬的岩石则被保留下来，这就形成了洞穴系统，在石灰岩地区可能延伸若干千米，并且有着巨型的洞穴和地下河。冰川下面的流水也能在冰中侵蚀出洞穴。在夏威夷这样的地方，正在喷发的火山可能形成熔岩洞——曾经流过炽热熔岩流的隧道。

石灰岩洞穴

雨水溶解空气中的二氧化碳，使其变成弱酸。在石灰岩地区，酸化的雨水流进岩石并将其溶解，形成一串串壶穴和山洞。溶解岩石的水从洞穴顶部滴下，留下石质沉积物，积聚起来就形成了悬挂的钟乳石，而洞穴底部则向上长出石笋。

这根大石笋由坚硬的方解石组成，是由数百万年来滴水沉积形成的

地下水

产生石灰岩洞穴的水流经洞穴系统，形成地下溪流，甚至是河流。在潮湿的天气里，这些水流能把洞穴灌满，把洞穴侵蚀成千奇百怪的形状，在水位下降时就露了出来。在一些石灰岩地区，例如墨西哥的尤卡坦河，洞穴中的水一点儿也没有露出地表，因为所有的河流都在地下流淌。在那里，露天的地方形成美丽的自然井，被称作洞穴池。

水晶般清澈的水面展示出这个洞穴带状的岩石结构

晶体

从洞穴系统滴下的水含有溶解的矿物，比如方解石和石膏。如果水分蒸发或稍微改变其化学性质，溶解在水中的矿物就可能重新变成固体，生成晶莹剔透的宝石状晶体。

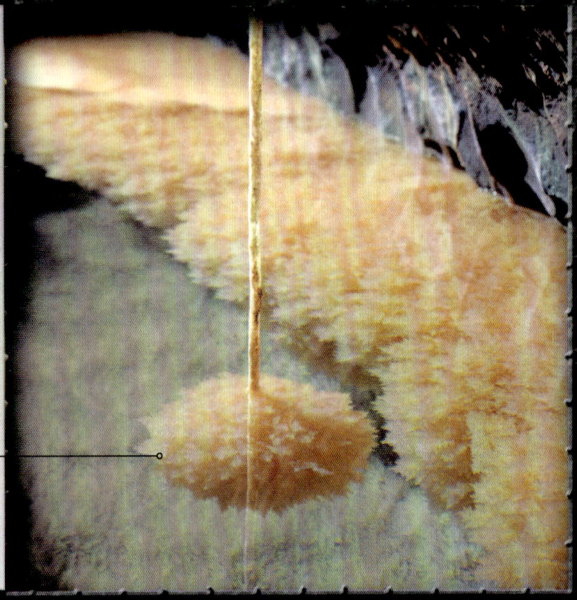

精美的方解石晶体生长在钟乳石的末端，正好碰到水池的水面

海蚀洞

在岩石裸露的海岸，海浪把水拍进岩石的裂缝中，压力是如此之大，以至于岩石都被拍裂。在水位线附近的海岸岩石掉下来，坍塌处之上的岩石通常形成了海蚀崖，但如果海浪碰到较软的岩缝就会形成深深的洞穴——海蚀洞，甚至形成海蚀拱桥。

冰川洞

靠近冰川尽头的地方，融化的冰形成了冰川融水溪流，沿着裂缝向下流，形成垂直的天坑。当水流到达冰川底部时，它在冰和岩石之间流淌，在古老的冰川中侵蚀出隧道和洞穴。当冰的融化速度快的时候，隧道和洞穴会注满水，急流汹涌流过冰川，最终涌到冰川前缘或冰鼻处。不过，在隆冬时节去这些冰川洞探险还是安全的。

在冰川融化减少期间，冰覆盖了这个冰川洞的底部

冰穴

在一些山区，石灰岩洞穴中的空气非常寒冷，以至于渗进洞穴的水立即结冰，这就形成了玻璃状的冰柱和冰瀑。形成这些冰穴的温度要求很苛刻，因而这些冰穴很罕见。如果洞穴周围的岩石温度太低，水在进入洞穴之前就会结冰。如果洞穴太暖和，所有的冰都会融化，水也就通过洞底流出。

水滴入西班牙比利牛斯山脉的喀斯特拉特岩洞里，形成了一道冰冻瀑布

熔岩隧道

这个洞穴曾经流淌过夏威夷火山湍急的炽热熔岩流，现在洞里却是冷而空的。来自这种火山的熔岩非常烫，流淌得像水一样流畅。当熔岩向山下倾泻时，熔岩流的前端冷却，可能凝固成熔岩隧道的顶部，这保留了内部的热量，使里面的熔岩仍能保持流动。当火山喷发停止时，熔岩可能全部流出，留下一个长长的洞穴。

固结的熔岩形成了熔岩隧道的顶部

方解石堤坝

流经日本秋吉台石灰岩洞穴的水中溶解的碳酸钙或方解石已达饱和状态。水流过洞底斜坡，结晶出来的方解石组成了一系列堤坝，水从中溢出，形成了轻柔的瀑布，从一个水池向下一个水池流淌。

尽管水中溶解了方解石，但水仍然那样清澈

气候带

阳光照耀着地球上不同的位置，光照强度的不同推动着全球大气的运动和天气系统的变化。阳光、大气和天气变化之间的影响形成了不同的气候带，从湿润的热带雨林到南极洲冰冷的沙漠。多数气候带都有着独特的植物种类，它们构成了整个生物群落的基础。

山地

高高的山脉顶峰是非常寒冷的，和北极冻原一样，它们都有着相似的坚韧而生长缓慢的植物。低处的山坡比较温暖，树木得以生长，这片区域的上部边缘叫作林木线。

热带雨林

在靠近赤道的地方，强烈的阳光使水分快速蒸发，在空气中上升形成巨大的风暴云。这些水汽和风暴云形成大量温暖的急雨，降落地面，使热带雨林生长繁茂。

温带森林

温带气候既不太热也不太冷。靠近海洋的地方，温和潮湿的天气使树木在夏季生长良好，但冬季时很多树木掉落叶子并停止生长。

沙漠

一些地方由于降雨极少成为沙漠。有很多沙漠位于靠近赤道的干热地区，也有一些沙漠则远离海洋。有的沙漠中也有一些植物，因此看起来并不是太荒芜。

极地和苔原

极地地区在夏季仅能得到微弱的阳光照射，在冬季时则完全陷入黑暗。这个地区全年都结冰，但在北极这片冰封的土地被冻土带包围，夏季时分冻土解冻，使一些植物得以生长。

地中海气候

介于温带和主要的沙漠带之间的干旱灌丛带是以地中海地区来命名的。生长在那里的植物有着坚韧的叶子，在炎热的夏天失去水分后仍能存活下来。

气候带

全球的气候带形成带状，靠近赤道的是热带雨林，多数沙漠分布在亚热带，森林在遥远的北方。气候太干燥树木难以生存的地方就形成了草原。

热带草原

雨水不太多的热带地区太干热，难以形成茂密的森林。那里是茂盛的草地，通常被称为稀树草原，有时也零星生长着一些能够经受长时间干旱的树木。

温带草原

一些温带地区降雨量很少，通常是因为地处大陆中心位置。这里的气候对树木生长来说太干燥，它们自然形成了长满草的大草原——尽管很多地方现在已被耕种。

北方针叶林

在北极苔原的南部，北方大陆上是茂密的森林地带。多数树木是有着坚硬针状树叶的针叶林，它们能够在漫长而寒冷的冬季生存下来。

农作物

我们所有的植物性食物都种植在一些农场上——从温带的小麦和玉米到热带的香蕉和椰子。我们今天收获的农作物是由曾经生长在野外的植物进化而来的，但是后来被人们加以培育，以生产出更多的果汁、可食用的品种，或是富含较多植物油的种子。

玉米 ▶

生长在美洲的“谷物”实际上就是玉米，是一种巨大的禾本科植物，在阳光充足的气候下生长良好。玉米粒可以煮着吃，或者研磨成粉后做成玉米饼和玉米片。

大豆 ▶

大豆的蛋白质和油的含量都很高，很受素食者们的欢迎。大豆在全球各处气候温暖的地方都能生长。

水稻 ▼

作为世界上三种淀粉类食物之一（另外两种是玉米和小麦），水稻是一种生长在温带和热带地区的禾本科植物。实际上，水稻被人们种植在水田里，热带地区很多地方都种有水稻。

◀ 可可

作为巧克力的主要成分，可可豆来自可可树的豆荚，它们主要生长在西非和美洲的热带地区。人们先将可可豆从豆荚取出，然后发酵，接着晒干、烘焙，然后研磨成粉末，或者制成可可脂。

马铃薯 ▶

马铃薯是一种植物的块茎（储藏根）。它是16世纪的时候从南美洲带到欧洲的，从那以后它成为世界上主要的食物之一。

小麦 ▼

小麦是北温带最重要的粮食作物，被大规模种植。作为禾本科植物家族中的一员，小麦被人们培育得颗粒饱满，可以磨成面粉。

◀ 茶叶

用于制茶的树叶来自一种生长在热带和亚热带的常绿灌木，它们主要在中国和印度种植，叶子是手工采摘的，然后很快被晒干。茶叶可以直接泡饮，或放入纸袋中泡茶饮用。

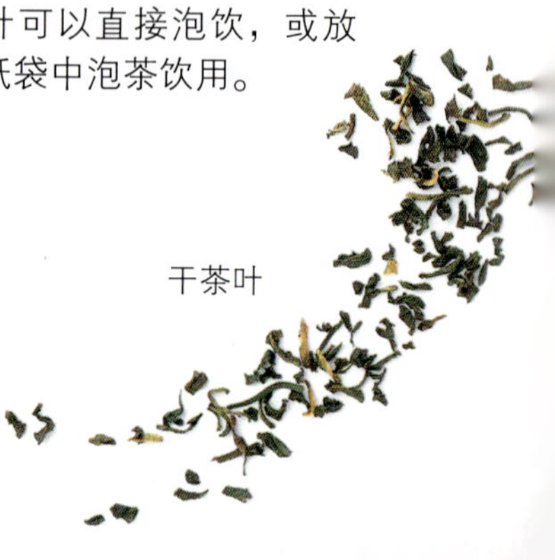

番茄 ▶

番茄与马铃薯关系密切，在16世纪末也是从南美洲的同一个地方被带到其他地方，现在几乎在世界各地都有种植。

葡萄 ▸

葡萄是最古老的栽种植物之一，在 6000 年前的埃及就已被栽种。人们在温暖气候地区的葡萄园里种植葡萄，收获后可以酿造葡萄酒，也可以直接吃，晒干后成为葡萄干、无籽葡萄干和加仑子。

向日葵 ▸

向日葵奇特的花上长满了几百粒大的种子，这些种子可以作为零食食用——瓜子，但多数被用来榨油，用于烹饪。蜜蜂喜欢向日葵，它们吮吸花蜜酿成蜂蜜。

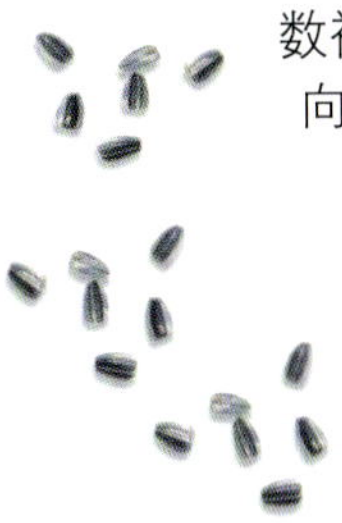

◂ 甘蔗

甘蔗生长在世界热带和亚热带地区的种植园里，是一种大型禾本科植物的粗壮茎。世界上一半以上的糖来自甘蔗。它也被用来制成乙醇，用作生物燃料（取自可再生有机物的燃料，比如植物）。

◂ 香蕉

香蕉成串生长，最多可达 200 根，最初从肉质根上迅速长出巨大的一丛丛叶片，然后从叶片上发芽长出香蕉。香蕉是热带地区有经济价值的作物，在它们还是青香蕉的时候就被人们从树上砍下来，这样等上市售卖时香蕉颜色就是完美的成熟黄色。

咖啡 ▾

咖啡是热带地区出产的最有价值的作物之一。它是从一种小树的种子里取出来的，每颗红色的浆果里含有两颗种子或豆子，在阳光下晒干，然后烘焙并研磨成粉。

椰子 ▸

在许多太平洋岛屿上，椰子树上长出的大椰子是一种重要的作物。纤维状的外壳用于制作垫子和绳子。椰子里面白色的“肉”质部分可食用，也可以干燥成椰干用来制成椰膏或椰子油。

环境

由于人口增长，人类探索利用了更多的资源，给地球环境造成了很大的破坏。人类的一些行为破坏了自然栖息地，比如森林和湿地，还有一些行为造成了土地、海洋和大气的污染。很多动植物濒临灭绝，像珊瑚礁和热带雨林这样的生态系统也受到了威胁。

▼ 陆地和海洋的污染

人类扔掉的很多东西最终在陆地上四散开来，或被倾倒在海洋里。大多数塑料制品不会腐烂，对野生动物非常有害。未经处理的污水和其他废弃物也污染了像地中海这样的封闭海域。

▼ 全球变暖

对环境最严重的威胁是全球变暖，温室气体吸收了热量，使大气层变得温暖。这可能导致降雨模式发生改变，并且全球变暖导致极地冰盖融化，引发海平面上升。

烟雾笼罩着美国洛杉矶的天际线

巴西瓜纳巴拉湾的垃圾

在海上漂浮的塑料垃圾会困住并杀死海洋动物，也造成了海滩污染

随着海洋变暖，珊瑚礁正在死亡，并且很多种类的珊瑚可能很快就要灭绝

▲ 大气污染

工业、发电站、居民生活和车辆排放的烟尘和气体在很多城市造成了肉眼可见的大气污染，称作“烟雾”。严重污染的空气对呼吸有害。

▼ **酸雨**

来自工业生产和发电站的烟雾与空气中的水汽结合，形成弱硫酸和硝酸。这种酸雨落下时能让树木死亡，把湖水变酸，以至于其中的生物没法生存。这在世界上一些国家都是一个严重的问题。

酸雨最严重的影响发生在靠近工业区的地方

斐济珊瑚礁

美国阿巴拉契亚山脉附近的森林被酸雨毁坏

▼ **砍伐森林**

在世界范围内，每年都有大片的森林遭到破坏。特别是热带雨林被砍伐成木料，清理林地用来种植。这些行为破坏了地球上的一些最富庶的自然栖息地。砍伐森林也是气候变化的主要原因之一。

墨西哥恰帕斯的雨林被砍伐清理

中国成都卧龙自然保护区的大熊猫

◀ **生物多样性减弱**

随着野生栖息地的破坏，植物和动物能生存的地方越来越少，这使得很多物种的生存更加艰难。当濒危物种灭绝时，减弱了生物的物种多样性，而生物多样性本来对地球的健康来说是很重要的事情。

美国旧金山骑自行车上班的人们

保护环境 ▶

保护环境不仅仅是政府的事，人类可以通过改变生活方式来做一些有益的事。骑自行车而非开车去上班，这些城市工作者们正在减少汽车制造的污染。

新娘涂绘妆

在巴尔干半岛一个叫作下柳比涅（Donje Ljubinje）的小村庄里，婚礼的传统习俗是将新娘面部涂满颜料，希望借此驱走厄运。跟传统习俗一样独特的是当地村民的语言——一种结合了塞尔维亚语、马其顿语和土耳其语的混合语言。

人文地理

非洲

在非洲发现的化石遗骸使专家一致认为，世界上最早的人类在数百万年前起源于这片土地。现如今，非洲的总人口已达13亿，其中大部分分布在非洲54个国家的农村地区。非洲的多姿多彩，主要表现在其多元的文化、悠久的风俗、旖旎的自然风光以及种类繁多的野生生物资源。而正是这种令人着迷的组合吸引了源源不断的游客。

食物

非洲的主食以玉米、山药、木薯和大蕉等农作物为主。鱼和肉很少作为主菜，通常仅作为豆类或扁豆类等食材的配料。在摩洛哥和突尼斯的城镇，人们一般在当地的集市上售卖自家种植的农产品。

英吉拉（Injera）是非洲的一种薄饼。图片中的英吉拉薄饼上有炖牛肉和蔬菜

摩洛哥香料

工业

尼日利亚、阿尔及利亚和利比亚是石油和天然气的重要生产国。南非盛产黄金和钻石。刚果和赞比亚矿产资源丰富。纳米比亚是铜和锡的重要出口国。

世界上1/3的黄金产自南非约翰内斯堡

尼日利亚是世界主要石油生产国之一

音乐

非洲的庆典活动总有音乐相伴，而打击乐器则更是喜闻乐见。例如，用各种类型的鼓敲击出传统的音乐节拍，用号角和贝壳吹奏出各种乐声。科拉琴（kora）等弦乐器，库格（kuge）等碰钟类乐器也为他们所常用。

鼓

马赛人随着音乐“跳起舞来”，作为一种力量的展示

科拉琴

库格

撒哈拉沙漠

乞力马扎罗山位于坦桑尼亚与肯尼亚边境，海拔5895米

南非开普敦和桌山的美景

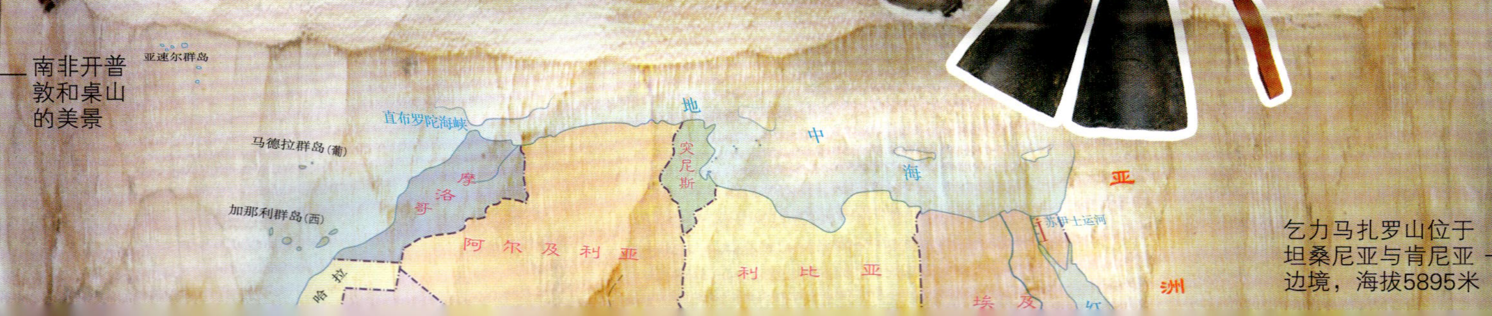

自然风光

非洲北部拥有世界上最大的沙漠——撒哈拉沙漠，那里的最高气温可达到 50 摄氏度。非洲的中部主要由热带雨林和河流构成，由此往南则主要是草原。非洲的天然地标主要包括乞力马扎罗山（非洲最高峰）、尼罗河（世界上最长的河流）和维多利亚湖（非洲最大的湖泊）。

埃及的狮身人面像和金字塔吸引着世界各地的游客

旅游

游客们在非洲可以近距离观赏野生动物。在突尼斯、摩洛哥、南非以及塞舌尔群岛，游客沐浴海滩上的阳光也成为非洲经济繁荣发展的重要支柱。在非洲，游客最多的历史遗迹之一则当属建于 4500 年前的埃及吉萨金字塔群。

野生动物

肯尼亚和坦桑尼亚均建有禁猎区以保护非洲的野生动物。如今，斑马、长颈鹿、大象和大型猫科动物等都可以自由地在此地漫步，而不必担心再有猎人前来狩猎。非洲第一大岛马达加斯加同样拥有物种丰富的野生动物，岛屿上 3/4 的动物都是地球上其他地方所没有的。

生活在卢旺达火山国家公园的濒危山地大猩猩

海枣

环尾狐猴生长于马达加斯加岛

斑马

农事

非洲农村的人们大多种植根茎类蔬菜和玉米并以售卖这些作物为生计。北非的气候最适合种植海枣、橄榄以及柑橘类的水果。肯尼亚因其降水状况而盛产茶叶。科特迪瓦（象牙海岸）和加纳的可可产量加起来超过世界可可总产量的一半。非洲种植的棉花则多用于出口。

玉米穗

可可荚

自棉铃上提取的纤维用于织布

东京证券交易所是世界第三大交易所

柔道

体育

亚洲的传统武术历史悠久，主要包括中国的武术、日本的柔道、空手道和相扑。在印度、巴基斯坦和斯里兰卡，板球运动最为活跃。乒乓球在亚洲也非常流行。

在中国，乒乓球是最受欢迎的体育运动之一

工业

通过出口石油和天然气等资源，沙特阿拉伯、伊拉克和科威特等亚洲国家成为比较富裕的国家。日本也因其尖端技术获取经济的快速增长。中国、印度以及其他亚洲国家则通过批量的汽车生产、服装制造和电子产品出口等促进经济发展。

韩国是世界上第五大汽车制造国

淡水鳄

野生动物

亚洲有许多世界稀有的濒危哺乳动物，如雪豹、小熊猫和亚洲黑熊。马来西亚、印度尼西亚以及婆罗洲上的森林是大象、老虎和猩猩躲避炎热的理想港湾。鲨鱼、海龟和蝠鲼生活在东南亚海岸附近的珊瑚礁中。

① 巴林
② 格鲁吉亚
③ 亚美尼亚
④ 阿塞拜疆
⑤ 巴勒斯坦
⑥ 以色列
⑦ 约旦
⑧ 阿拉伯联合酋长国

老虎

大紫蛱蝶，俗称“紫衣天皇”，是日本的国蝶

大米是亚洲人的主食，水稻的种植迄今已有9500多年的历史

亚洲

亚洲作为地球上七大洲中面积最大的洲，拥有极为广阔的陆地。从冰冷的北极圈到炎热的印度洋群岛，亚洲地势复杂、环境多样，既有险峻的山峦、荒芜的沙丘，又有无垠的大草原、肥沃的平原和热带雨林。亚洲的48个国家各有不同，既有蓬勃发展的城市又有用于农业耕种的土地资源。目前，亚洲拥有世界上60%的人口。

食物
亚洲的美食均是与其丰富文化融合的产物。中国（米、肉和蔬菜的煎炒烹炸）、印度（咖喱香料的独特利用）、泰国（椰奶咖喱饭或椰奶咖喱面）以及日本（生鱼片或熟鱼片做成的寿司）等国的烹饪技术使亚洲美食得到了当地人和世界各国游客的喜爱。

中国是世界上产茶最多的国家，其次是印度

越南牛肉汤河粉

寿司

文化
艺术、音乐和舞蹈等已深深地根植于亚洲文化之中，如中国的诗词歌赋和皮影戏、不丹寺庙的面具舞、柬埔寨古典舞和印度电影。以孟买作为基地的印度"宝莱坞"电影产业每年制作1000多部影片。

宝莱坞的英文名Bollywood是把"好莱坞（Hollywood）"的首字母"H"换成本国电影之都孟买的旧称"Bombay"的首字母"B"

龙头面具是中国春节的靓丽风景

马来西亚吉隆坡的双子塔

犹太人聚集到耶路撒冷的哭墙进行祷告

金佛

宗教
世界性的主要宗教大多起源于亚洲，这些宗教在不同的国家都有所差异，目前在亚洲信众最多的三大宗教是佛教、印度教和伊斯兰教。人们在家里、寺庙或清真寺等不同场所以诵经或祈祷的仪式进行敬拜。其中，佛教和印度教的教义重点在于精神启迪。

在瓦拉纳西的恒河岸边沐浴是印度教徒的一种圣礼

印度第二大城市德里的交通堵塞

城市
亚洲经济的蓬勃发展促生了一些超级城市。中国香港、阿拉伯联合酋长国迪拜和马来西亚吉隆坡已成为金融、文化和旅游中心，城市里古老寺庙的旁边建起了高层办公楼。许多人离开农村来到城市，导致城市里贫民窟与奢侈生活并存。

灯火辉煌的香港拥有740多万人口

汉堡包

美国种植的花生大部分用于制作花生酱

食物

美国以其快餐闻名，尤其是汉堡包、热狗和饮料。这些食品烹制方便、食用快捷。加利福尼亚州和佛罗里达州盛产水果和蔬菜。在墨西哥，人们则更偏好加辣椒的辛辣食物。

文化

美国的电影和电视节目在全世界都很受欢迎。许多著名的音乐风格，如摇滚乐、爵士乐、蓝调、乡村音乐以及灵魂乐均源自美国。卡尔加里牛仔节是加拿大最著名的节日。墨西哥人则在圣周举行大游行并共享圣餐。

世界上71%的枫糖浆（烤薄饼上最受欢迎的糖料）产自加拿大的枫树

猫王是美国摇滚乐的终极偶像

美国的橘子产量占全世界的10%

棒球手套和棒球

体育

美式橄榄球赛程中最引人注目的是橄榄球冠军赛，即美国橄榄球超级碗大赛。这是美国收视率最高的赛事。棒球和篮球也一直受美国人的喜爱。而加拿大则因其寒冷的气候成为滑雪、滑冰、冰球等冬季运动的理想之地。

冰球靴底部的冰刀是冰球运动员在冰上滑行的利器

自由女神像

地标

矗立于纽约的自由女神像表达了对乘船而来的移民的欢迎。而世界贸易中心一号大楼是这座城市最高的建筑物。美国另一著名的地标景点是拉什莫尔山（俗称“美国总统山”），岩石上雕刻着4位美国总统的头像。若再寻找更古老的地标，则是中美洲的阿兹特克和玛雅文明遗址。

拉什莫尔山

墨西哥吉他组合乐队在弹唱墨西哥传统的街头音乐

奥斯卡小金人（金像奖奖杯）是颁给电影行业中好莱坞奥斯卡奖获得者的奖杯

落基山脉从美国北部的阿拉斯加一直绵延至美国南部边境

自然风光

加拿大 1/3 的领土都处在北极圈内，几乎常年保持着冰冻的状态。沿着白雪皑皑的落基山脉以及森林覆盖的阿巴拉契亚山脉南下，则是美国大平原。美国是一个集平原、沙漠和山地（如黄石公园、约塞米蒂国家公园）等多种地貌于一体的国家。再往南则是墨西哥湾和加勒比海的海滩。

美国科罗拉多大峡谷是经过数百万年以上水和冰的冲蚀而形成的

北美洲

16世纪之前，欧洲人尚未发现这片土地，土著部落是北美洲唯一的居民。之后，一波又一波的外来移民移居到加拿大和美国，使得这两个国家迅速成为金融发展和当代文化的先驱。中美洲许多国家使用西班牙语，拥有郁郁葱葱的山地景观以及丰富的传统文化资源。

美式橄榄球头盔

野牛

灰带王蛇

加拿大的格陵兰海豹幼崽生来就有一身蓬松且格外保暖的白色皮毛

野生动物

加拿大北部的野生动物数量甚至超过了当地的人口，主要包括落基山脉上的熊、麋鹿、驼鹿等。在美国，国家公园是野牛、羚羊、鹿等野生动物的保护场所。美国佛罗里达州著名的大沼泽地是一片非常独特的湿地，沼泽地中有许多珍稀的动物，例如佛罗里达豹和海牛。墨西哥索诺兰沙漠则是耐热的蛇、蝎子等动物的栖息地。

工业

美国的经济增长主要基于高新技术产品、农产品、钢铁、汽车和飞机等的批量生产以及金融业等服务业。渔业是美国沿太平洋海岸的重要产业，并出口三文鱼罐头。加拿大是世界上最大的森林产品出口国，主要出口建筑用的软木材。墨西哥的重要经济产业则是天然气和石油。

产自美国加利福尼亚微电子中心的电脑芯片

美国大平原上联合收割机在收割小麦

凯迪拉克汽车

地形地貌

南美洲大陆可分为三种不同的地形地貌。西部为狭长而高耸的安第斯山脉，一直绵延至太平洋海岸。东北部是亚马孙平原，茂密的亚马孙热带雨林广布，几乎覆盖了巴西的一半。由此向南则是一片广阔平坦的高原，又称潘帕斯草原（pampas，西班牙语，“平坦”的意思）。

位于南美洲大陆最南端的巴塔哥尼亚地区以其美丽独特的冰川而闻名

委内瑞拉境内的安赫尔瀑布，落差979米，是世界上落差最大的不间断瀑布

雨季来临时，亚马孙河洪水暴发，河水漫及大部分雨林

文化

音乐和舞蹈构成了南美洲文化的核心。在巴西著名的里约热内卢狂欢节上，除了壮观的游行和在巴西首都举行的派对，桑巴舞的旋律才是节日的高潮。另一文化特色是无论在街头还是海滩，足球比赛都是常见的景象。

19世纪末，探戈在阿根廷贫民窟发展起来

2002年，巴西第五次夺得足球世界杯冠军，夺冠数排名世界第一

野生动物

亚马孙雨林是世界上最大的热带雨林，可能拥有世界上10%的动物物种。美洲豹、树懒和獴活跃于雨林的树冠之下，而雨林的地面上则布满蛇、蜥蜴和昆虫。五颜六色的巨嘴鸟、金刚鹦鹉、翠鸟等飞翔在亚马孙河的上空，淡水海豚和淡水龟则在河中畅游。

红眼树蛙是夜行动物，以昆虫为食

巨嘴鸟的大喙是它取食树上水果的利器

食人鱼是尖齿的食肉性鱼类，分布于南美洲河流中

巴西栗

农作物

巴西的咖啡产量是世界咖啡总产量的1/3。厄瓜多尔的气候适合种植番茄和香蕉。在智利和秘鲁，安第斯山脉陡峭的山坡被开垦成梯田，在高坡上面种植土豆，而在低坡上面则种植玉米。

咖啡豆

取自亚马孙雨林橡胶树的汁液，用于生产橡胶

南美洲

南美洲拥有丰富的历史、语言和文化，是一个充满活力的地方。大自然造就了亚马孙热带雨林，古代文明则保存在了安第斯山脉上的马丘比丘城。不仅西班牙与葡萄牙殖民统治的影响深深地烙在了南美洲当地人的语言中，桑巴音乐和传统探戈也在当地的节日中产生了共鸣。

树木等植物

南美洲大部分的陆地都属于潘帕斯草原，这里是世界上最富足的放牧区域之一。亚马孙热带雨林则充分体现了植物的多样性，雨林里生长着大约 40000 种植物。委内瑞拉的砂岩丘陵和智利的阿塔卡马沙漠中的植物则非常稀少，因为这些植物必须适应干旱缺水的环境。

朱顶红，生长在秘鲁和智利的一种艳丽的花卉，花朵直径可达 25 厘米

卡数仙人掌

手工制作秘鲁布偶，由美洲驼或羊驼毛制成

奇穆人制作的耳饰品，奇穆人最终被印加人征服

印加人

印加文明是在南美洲出现的最后一个伟大的古代文明。12 世纪，印加建都于库斯科（Cusco）。至 15 世纪，印加帝国的疆域从厄瓜多尔扩大到了秘鲁和智利。西班牙人得知印加的富足之后，于 1532 年入侵印加并建立殖民统治。1533 年，印加帝国灭亡。

巴拉圭茶树的叶子用于制作当地人喜爱的茶叶，多盛在空心葫芦中饮用

牛肉是阿根廷美食的重要组成部分

食物

玉米是南美洲人的主食，多用于制作面包和蛋糕并辅以肉及奶酪食用。土豆、南瓜、大米以及各种豆类均是南美洲人用餐时的最爱。秘鲁人喜欢吃辣的食物，所以红辣椒往往是他们菜单上常见的食物。

罗杰·费德勒在庆祝赢得著名的伦敦温布尔登网球锦标赛冠军

环法自行车赛始于1903年，如今已是世界上规模最大的自行车赛事

图中著名的大本钟是英国议会大厦的一部分

体育

英国、西班牙与意大利足球联赛代表着世界足坛最顶尖的足球水平。欧洲全年都有足球和橄榄球的比赛，此外，夏季还有网球和板球运动，冬季高山滑雪则非常盛行。

一级方程式赛车是欧洲流行的比赛

葡萄牙的深海渔业在欧洲屈指可数

德国是世界汽车制造业领军者之一

东欧的钢铁业蓬勃发展

花卉种植，尤其是郁金香，是荷兰重要的产业之一

工业

德国以其机械制造业、汽车制造业和高科技产品成为欧洲工业发展的领军者。在芬兰和瑞典，林业发展繁荣。在挪威和冰岛，渔业则是较大的产业。

希腊 60% 的耕地用于种植橄榄

城市
欧洲许多城市都以城堡和教堂为特色。捷克首都布拉格的市中心被列入了世界文化遗产名单。法国巴黎和意大利米兰是时尚先锋。作为金融中心的英国伦敦和瑞士日内瓦位居世界最富有的城市之列。

挪威海峡是欧洲最佳的风景拍摄地之一

自然风光
纵观整个欧洲大陆，各处自然风光迥然不同。冰岛的冰川、挪威的海湾与阿尔卑斯山脉及比利牛斯山脉的景色形成鲜明对比。在地中海沿岸，肥沃的土地和沙滩则又是不同的景色。

意大利维苏威活火山海拔1277米

欧洲

欧洲虽然是七大洲中面积较小的洲，但对世界却产生了较大的影响。在过去的几个世纪里，欧洲人走遍全球，建立了许多殖民地。虽然这些已经成为历史，但欧洲对世界的影响仍历历在目，从语言到建筑再到娱乐项目，无一不在世界各地留下印记。基于工业发展和经济增长，欧洲的44个国家和地区中多数都比较富足，人们享受着高水平的生活品质。

俄罗斯的芭蕾舞团世界闻名，例如莫斯科大剧院芭蕾舞团和圣彼得堡马林斯基剧院基洛夫芭蕾舞团

文化
欧洲的文学、艺术、音乐、歌剧、芭蕾等文化传统历史悠久，许多先锋作家、艺术家、作曲家、舞蹈家都极具捕捉公众想象力的能力。一些主要城市的博物馆、剧场、歌剧院以及艺术展览等也非常具有吸引力。

16世纪初意大利著名雕塑家米开朗琪罗创作的大理石雕塑——《大卫》

画于1888年的《向日葵》由荷兰画家文森特·凡高创作，是世界最著名的画作之一

西班牙杂烩菜饭以米饭为基本原料，佐以蔬菜、鸡肉和海鲜

法式薄饼是一种薄薄的煎饼

食物
意大利人最爱比萨和意大利面，法国人则更偏爱口味厚重的奶酪、法式薄饼和贻贝，德国人喜欢做烟熏香肠，西班牙人擅长制作杂烩菜饭，而爱吃甜食的比利时人则偏爱奢华的巧克力。

在比利时和法国，贻贝是一道很受欢迎的菜品

文化

大洋洲土著居民的信仰、文化和艺术均是非常丰富的文化遗产。澳大利亚土著居民自古便有崇拜大自然的传统。新西兰毛利人跳一种叫作哈卡舞的传统舞蹈。太平洋岛屿上的波利尼西亚人则仍继承着以家庭为中心的文化传统。

土著艺术多描绘自然世界的图案或景色

宗教或神话中的信条被刻在波利尼西亚木质玩偶上

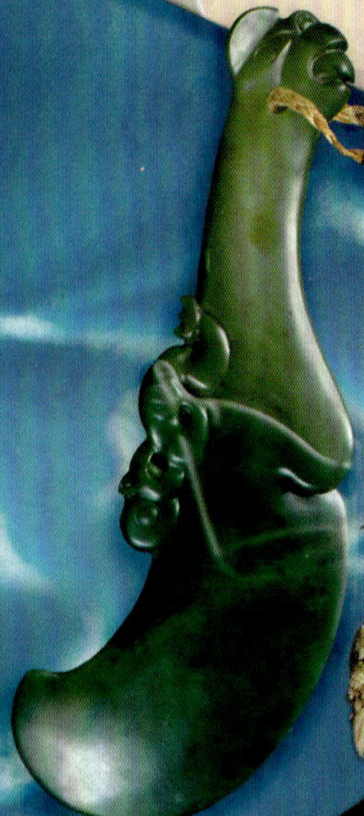

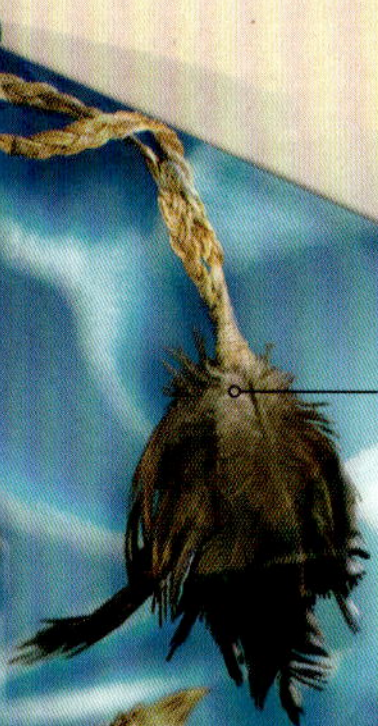

毛利人工具的制作者都会做祈祷以祈求工具好用

体育

大洋洲的气候为当地人进行大型户外运动创造了条件。板球、橄榄球以及高尔夫球等都是很受欢迎的消遣运动。在海边，帆船和冲浪运动也是人们的最爱。最能吸引观众的比赛当属网球、板球和橄榄球。澳大利亚的板球赛与新西兰的橄榄球联盟赛都举办得有声有色。

漏斗网蜘蛛生长在澳大利亚东部，仅被它咬一口便足以使人丧命

野生动物

大洋洲最著名的本土生物是有袋类动物（将其幼崽放在自身育儿袋中的哺乳动物），比如袋鼠、树袋熊和毛鼻袋熊。这片土地上还有一部分鸟类也是此地所独有的，如笑翠鸟和鸸鹋。此外，大洋洲还有多种世界上最致命的毒蛇和蜘蛛。

树袋熊

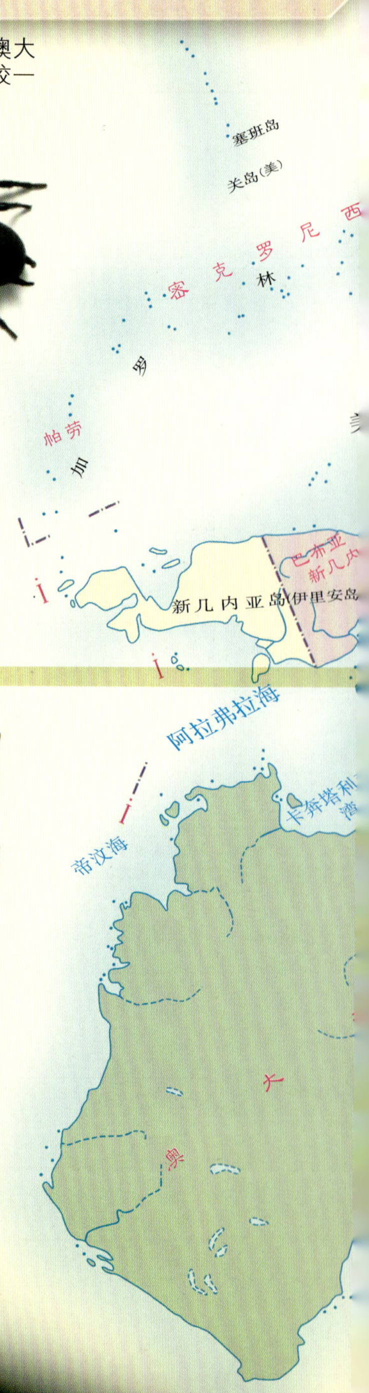

刺蜥蜴——澳大利亚带刺的魔鬼，与它所处的沙漠环境融为一体

袋鼠

猴面包树的树干可以存储水分，以保障其在干旱期存活

植物

大洋洲有许多世界上独一无二的植物。新西兰大约80%的植物是当地所特有的。几乎世界上所有的桉树均源自澳大利亚。澳大利亚中部气候炎热，土地贫瘠，植物稀少。澳大利亚东北部是潮湿的热带雨林，生长着许多植物。

费氏橄仁

桉树叶是考拉的主要食物来源

工业

牛羊的养殖使新西兰成为重要的羊毛、肉类、乳制品等产品的出口国。澳大利亚不仅具有丰富的铁矿石、锡、银和钻石等矿产资源，还是世界上主要的煤炭出口国。在巴布亚新几内亚，铜和黄金等矿产则是主要的出口资源。

澳大利亚板球队

新西兰全黑橄榄球队

巨大的艾尔斯岩被土著居民视作古老的圣地

地形地貌

从新西兰的间歇泉和冰川到澳大利亚的珊瑚礁和壮丽的海岸线，再到地处太平洋的火山岛，整个大洋洲的景色就像万花筒般绚丽多姿。澳大利亚艾尔斯岩和新西兰火山的喷气口都是当地最著名的特色景象。

在新西兰北岛，被称为间歇泉的温泉经常喷发

钻石

澳大利亚的阳光海岸有60千米长，包括非常热门的海滩和海湾

大洋洲

大洋洲主要位于地球南半球，包括澳大利亚、新西兰、巴布亚新几内亚和一些位于太平洋的岛屿。由于大洋洲的16个国家远离其他大陆，所以这里生长的野生动物大部分是世界上独一无二的，其自然风光基本上没有受到破坏。数千年前，东南亚地区的移民首次抵达澳大利亚。直至18世纪，欧洲移民才到达这一地区。现如今，该洲的人口数量超过3000万。

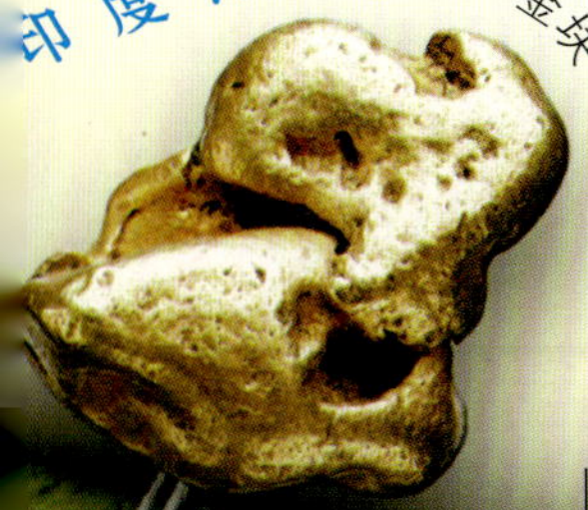

金块

三姐妹岩是澳大利亚蓝山上独特的岩石

悉尼歌剧院

旅游

澳大利亚和新西兰都有着令人痴迷的美丽景色，一年四季都是热门的旅游胜地。悉尼、奥克兰等繁忙的港口有着融洽的海滩生活和文化。此外，这里还有悉尼歌剧院、悉尼海港大桥等著名建筑物。

在新西兰，养殖的绵羊大约有2760万只，其中一部分只用来剪羊毛

美国阿蒙森－斯科特站以1911年到达南极点的两位著名探险领袖人物的名字命名

南极康科迪亚站的望远镜可以让天文学家观察到南极洲上空清晰的独特景致

研究

目前，人类在南极洲已经建立了大约70所永久的和超过100所临时的科考站。科学家们借此研究南极洲的天气、气候、生物以及地质。目前开展的研究项目包括通过监测冰样来探测大气变化以及追踪研究企鹅等。

由于南极洲没有度假区，到南极观光的游客们在晚上只能待在邮轮上

旅游

自20世纪50年代起，便有邮轮载着游客到南极洲旅游。如今，每年的游客约有5万人。他们或乘坐轮船前往，或乘坐飞机到达地球最南端——南极的上空俯视观光。到南极旅行时，保暖衣物和护目镜在任何时候都是必不可少的。

南极洲

南极洲是地球上最寒冷的大陆，气温最低可以降到零下80摄氏度，这种温度可以使人的皮肤在几秒钟内被冻伤。尽管如此，科学家们在特殊装备的保护下勇敢地挑战这种严酷的环境，对这些地球上最偏远地区的环境以及这些地方的生物进行研究。南极洲在1820年被人类发现，其面积约1400平方千米。令人不可思议的是，南极洲大陆98%的面积终年被冰雪覆盖。

帝企鹅——世界上最大的企鹅，在暴风雪来临时会挤在一起取暖

此海豹的名字虽然叫作食蟹海豹，但主要以磷虾（微小的海洋生物）为食

座头鲸是群居的哺乳动物，喜欢结群觅食和游水嬉戏，这种群体被称作“小群”

野生动物

大多数动物在南极洲很难生存，但部分鱼类、海豹和鲸则可以在这里茁壮成长。南极半岛是南极大陆气候最温和的地方，因此成为南极洲野生动物的聚集地。夏天，数以百万计的海豹和鸟类在半岛或附近的岛屿上繁殖后代。

南极洲罗斯岛上的埃里伯斯山是世界最南端的活火山

自然风光

波澜壮阔的海洋、陡峭的冰川和巨大的冰山构成了南极洲独一无二的特色风光，其中，最大的冰山长度甚至达到了 295 千米。横贯南极山脉是南极洲上最大的山脉，绵延 3500 千米。南极洲被横贯南极山脉分隔成东南极洲和西南极洲。

冰架形成于陆地冰面与海洋的交汇处，南极洲的罗斯冰架是地球上面积最大的冰架

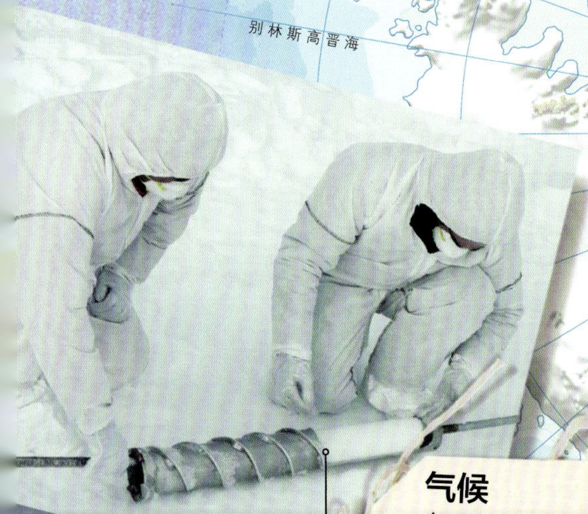

冰芯是科学家用于研究全球变暖的样本

气候

冬季，南极洲附近海域海水冻结，南极洲的冰盖面积几乎会扩大一倍。即使到了夏季，气温也很少会达到零摄氏度以上。南极洲全年的降雪量一般不超过 5 厘米，因此，这里的气候甚至比撒哈拉沙漠还要干燥。此外，南极洲还是风力最大的大陆，这里的飓风风速有时可以达到 300 千米 / 时。

旗帜

从历史上来看，军队首领在战场上所用的旗帜是为了号令全军。如今，旗帜除国旗作为国家标志之一外，还被用来装饰建筑，标识公共活动，举行比赛，纪念死者，抑或用于某一艘船向另一艘船传递信息或警告等。在所有的旗帜中，最容易辨认的是国旗——色彩鲜艳、象征意义独特。公共机构和市民悬挂自己国家的国旗以增进认同感、自豪感和团结感。

❶ 

澳大利亚

澳大利亚国旗的特点是展现了澳大利亚与英国的传统关系，旗帜上包括英国国旗、英联邦之星（星点代表澳大利亚的原始州）和南十字星座（仅在南半球可见）。

❷ 

韩国

韩国国旗上红色与蓝色结合的阴阳鱼标志代表着一种中国的哲学思想——宇宙万物相生相克。国旗的四角是四个形象不同的卦象——乾、坤、坎、离，分别代表着平衡、循环、和谐、对称的思想。

❸ 

印度

印度国旗在三色旗的中央是一个阿育王法轮，表达“法律之轮”的意思，象征着国家的继续和平发展。

❹ 

美国

美国国旗俗称“星条旗”。50 颗星代表着联邦的 50 个州，红白相间的条纹则代表了最初加入美国的 13 个殖民地。

❺ 

肯尼亚

自 1963 年起，肯尼亚国旗的图案主要由马赛人所使用的盾和矛构成，象征着国家为捍卫自由而斗争的决心。

❻ 

墨西哥

从传统意义上讲，墨西哥国旗上的这些颜色代表着宗教和军事内涵，但新的释义为希望（绿色）、统一（白色）和英雄之血（红色）；而国旗正中的图案，则是早期阿兹特克历史文化的象征。

❼ 

德国

在 19 世纪的拿破仑战争期间，德国士兵的制服全部使用黑色，并带有红色绲边和金色的纽扣。因此，这些颜色成为德国的官方颜色并出现在国旗上。公共建筑一般都垂直悬挂国旗。

❽ 

爱尔兰

图中国旗是爱尔兰自 1919 年以来使用的国旗。橙色代表新教徒；绿色代表天主教徒；而中间的白色，则代表着他们之间的和平共处。

❾ 

西班牙

图中的西班牙国旗自 1981 年开始启用。国旗的左侧绘有西班牙国徽，其中包括一枚皇家印章。

❿ 

牙买加

牙买加是加勒比海地区的国家。国旗上绘有一个金色的十字对角交叉斜纹，代表着阳光；绿色代表着肥沃的土地；黑色代表着力量和创造力。

地图

地图是一种呈现世界的可视化表达形式，可以通过各种方式描绘事物的分布状况。有的地图用于描述地球的地理特征或国与国之间的界线或边境，而有的地图则用于描绘详细的道路、街道名称或用于城市交通网导航。地图上的比例尺可以用来计算实际距离，而图例则用来说明地图中的符号。

卫星图像

航天卫星被用来拍摄地表，能够捕捉到地球表面的详细情况。卫星在距地球数千千米的轨道上运行，捕捉陆地、海洋和大气的变化。

市区地图

市区地图是城镇导航的重要工具，地图中包括道路名称和著名的地标，例如居民点、火车站、医院、教堂和公园。市区地图往往可以实现在线访问以及通过手机等移动设备访问。

建筑设计图

当设计新的建筑结构时，工程师首先需要绘制出建筑物的平面图。在图上标明布局、墙体和入口，以帮助工人施工。此外，建筑设计图上还需添加精确的测量数据以反映项目的实际规模。

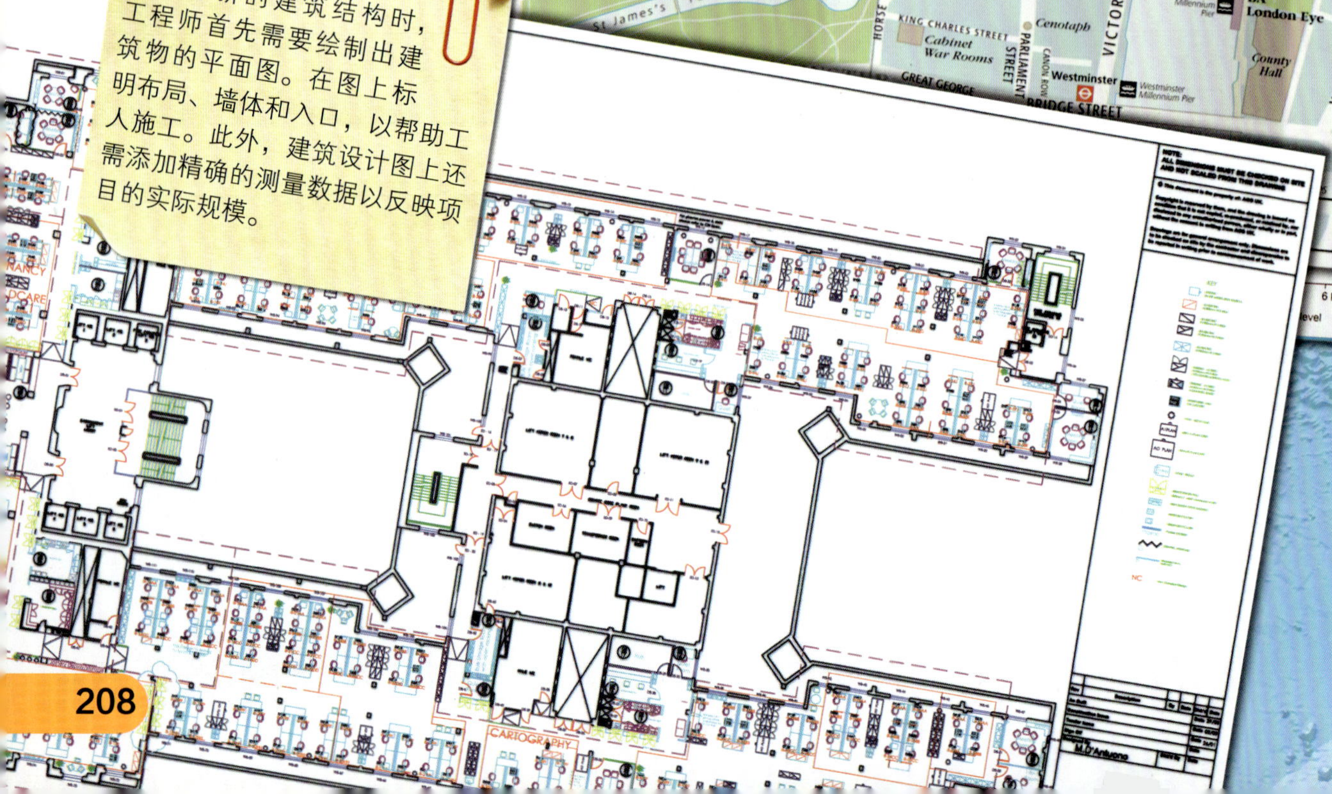

地质图

在地质图中，不同的岩石类型用不同的颜色标注。地质学家通过研究这些地质图来确定对应的地理位置是否有矿藏或石油；而结构工程师则需要在建筑奠基之前利用地质图来确认岩层类型与施工计划是否契合。

航海图

沿海或海域的海上地图称作航海图。航海图上有潮汐、洋流、海洋深度、潜在危险和海底特征等信息。海员出海时随身携带这些地图以帮助他们在海上航行。

行政区域图

行政区域图主要体现的是国界、州界等行政区划的界线。通过不同的颜色对比来区分不同的国家，所以国家之间的法定边界线格外清晰。为了帮助人们理解，地图上标注了主要城市、河流、海域以及各大洋。

自然地图

自然地图描绘的是永久性的自然地貌。沙漠、山脉、湖泊、河流与海洋信息均有标识，地势高低的对比也会在地图中体现。一些自然地图描绘得更加详细，上面还包括土地用途和土壤类型信息。

公路图

这种为出行者提供直观导航帮助的地图是所有地图种类中最常用的。这种地图的覆盖范围要远比市区地图大，地图中用不同的颜色和线条区别高速公路、国道、省道等。

注：本书地图系原文插附地图

联盟

在世界各地，人们或国家为了共同的事业联合起来。这种联合被称为联盟，这些联盟为了共同的目标而努力，提供不同的资助和国际影响力。

联合国▲

1945 年，第二次世界大战结束。同年，为促进世界和平，联合国成立。如今，联合国在促进人权、经济发展和抗击疾病方面都发挥着积极的作用。

国际刑事警察组织▶

国际刑事警察组织成立于 1923 年，旨在帮助各国警察之间合作处理跨国刑事案件。

世界银行▲

世界银行成立于 1944 年，旨在帮助战后的欧洲重建。如今，其职责是向贫穷国家提供资金和技术援助。

北大西洋公约组织▶

北大西洋公约组织（北约）成立于 1949 年。该联盟旨在保护美洲和欧洲成员国的安全。

▲世界贸易组织

世界贸易组织创建于 1995 年，是唯一一个负责管理各国贸易法规的国际组织。

亚太经济合作组织▶

1989 年，亚太经济合作组织成立，1993 年改为现名。该组织现有 21 个成员国，还有 3 个观察员国。

石油输出国组织▶

石油输出国组织（中文音译为欧佩克）由 15 家最大的石油输出国组成。该组织成立的目的是确保石油稳定、持续供应。

欧洲联盟 ▲

欧洲联盟（欧盟），成立于 1993 年，旨在确保成员国之间商品、服务、金融和人力资源的自由流动。

法语国家组织 ▲

全球大约有 2.2 亿人说法语。为庆祝这一点，世界各地以法语为主要语言的国家在 1970 年共同成立了法语国家组织，旨在推广法语和法国文化。

独立国家联合体 ▶

1991 年，苏维埃社会主义共和国联盟（苏联）解体后，新共和国的领导人结成了独立国家联合体（独联体）。独联体成员国之间实行外交和经济协调政策。

◀ 非洲联盟

非洲联盟的前身是成立于 1963 年的非洲统一组织。非洲联盟成立的目的是减少非洲内部的冲突和贫穷，总部设在埃塞俄比亚，共有 55 个成员国。

上海合作组织 ▼

上海合作组织成立于 2001 年。该组织现有 8 个成员国、4 个观察员国、14 个对话伙伴。官方和工作语言为汉语和俄语。

东南亚国家联盟 ▶

1967 年，泰国、印度尼西亚、马来西亚、新加坡和菲律宾共同成立了东南亚国家联盟（东盟）。如今，东盟共有 10 个成员国，共同维护促进和平和经济发展的联盟宗旨。

经济

早在古代，人们就把物品带到市场，并以等价为前提通过物物交换达成交易。如今，商品种类繁多，但其交换原则却没有改变。人们以协同劳作的方式种植、建设、制造或分销产品来满足消费者的需求，这正是社会运转的动力。这种生产、分配和消费商品的体系称作经济。

生产

每个国家都用自己的原材料和人力去生产各种商品。那么如何使利润最大化呢？最好的方式是降低生产成本，减少人力成本以及使用高效的生产工具。随着产量的增加，经济便随之增长。

传统经济

在一些相对不富裕的国家，传统经济更为普遍。人们为自己的需求生产产品，然后卖掉剩余的产品。为了养家糊口，农民种植水果和蔬菜等农作物，并在当地的市场上卖掉剩余的农产品。

供给与需求

一个经济体之所以运转是基于有人提供商品并服务于为商品买单的人。当需求量大时，商品和服务的价格会上升；当供应量大时，其价格则会下降以鼓励消费。

家务

在家里所做的任何不计薪的劳动都不算作经济的一部分。只有当家庭的清洁工作成为支付费用的劳动时，才算作市场经济的一部分。

计划经济与市场经济

计划经济是指由国家运用行政手段，有计划地调节经济活动，配置资源高度集中。在计划经济下，政府具有经济的控制权。市场经济是指由市场机制调节经济运行，由市场对资源配置起基础性作用。

原材料

一些物品可以用于不同产品的制作，这些物品通常是原材料或半成品，如钢铁、煤炭、木材和纸张等，而这些原材料或半成品在制成最终成品后又通常难以辨认。

消费品

为了使生产出来的消费品成为受欢迎、销量高、收益高的产品，生产商需要清楚地了解人们的需求。通常，为满足消费者不同的个体需求，会有许多不同的生产商提供各种各样的商品，例如汽车、服装、玩具和食品。

主教法冠 罗马天主教会（基督教中最大的分支）主教所佩戴的法冠。

圣·安东尼 过着格外圣洁生活的人被教会称为圣徒。

十字架 由于耶稣死在十字架上，因此十字架成为基督教信仰的有力象征。

基督教

基督教的基本信仰是耶稣基督是上帝的儿子。《圣经》作为基督教的宗教经典，描述了耶稣的一生及其被处死的过程。基督徒相信他的牺牲意味着信徒们将与上帝一样获得永生。

圣爵 在圣餐仪式中，面包和酒代表耶稣的身体和血。这种酒常盛在圣爵中。

基督的画像 画像时刻提醒着基督徒们，耶稣是上帝的化身。

佛教 创始人乔达摩·悉达多于公元前 563 年出生于现在的尼泊尔。佛教徒尊称他“释迦牟尼”。

为展示佛的重要性，佛像通常用黄金制作

功德回向 佛教徒认为如果他们过着关爱生命的生活，他们建立功德（善愿），来世的生活则会更好。在回向功德仪式上，他们将功德传递给他人。

在寺庙里，将水从容器中洒向他人代表回向功德给他人

佛教

佛教并不像其他宗教那样基于对一位或多位神的崇拜，而是基于佛的教化，佛指点众信徒用控制欲望的方式过上美好的生活并避免苦难。佛教徒希望通过修行获得真正的智慧，即所谓的顿悟。

光明节/九扦枝大烛台 图中九扦枝大烛台是庆祝光明节所用的一种烛台，光明节是犹太人庆祝光明的节日。中间一枝所插的蜡烛用于点燃其他蜡烛。

转经轮和经文 随着佛教徒所持转经轮的转动，轮上的咒语（祈福语或经文）也一遍一遍地重复。

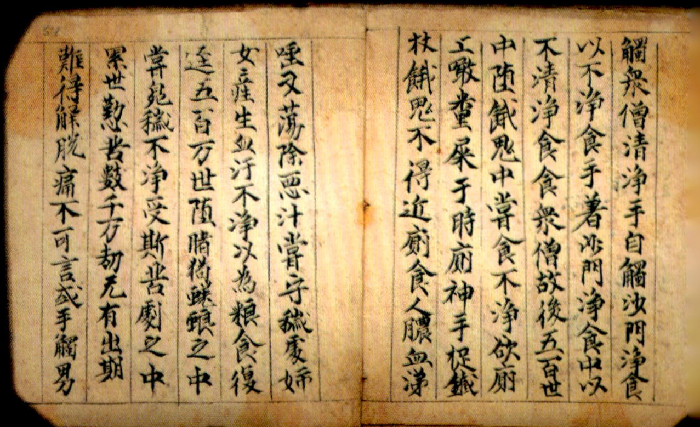

犹太教

犹太教是犹太人的宗教。犹太教最重要的教义在于只有一位神，犹太教的一神观念对世界宗教，特别是基督教和伊斯兰教的发展有深刻影响。犹太教信仰的核心是上帝选择了犹太人，使他们组成了一个特殊而神圣的国家，并赐予他们一套法律。《希伯来圣经》记载了最早的犹太人的来历。

小圆帽 一部分犹太男士头上戴着无檐便帽，即小圆帽，这是祈祷时对上帝表示尊敬的象征。

洒水盘 在印度教的一种仪式上，祭司用此器皿将水洒向教徒。

唵 神圣声音“唵”的图案，印度教徒祈祷完所念的咒语。

伊斯兰手抄经 由于伊斯兰教徒认为《古兰经》中含有真主的原话，因此穆斯林在抄写经文时会非常细心。

印度教

印度教是世界上最古老的宗教之一，起源于5000年前的印度。印度教徒信奉的最高神灵是婆罗门，他可化身为诸多神灵。印度教徒有很多实践他们信仰的方式，他们都相信轮回——人的灵魂生前有前生，死后有来世，只是形式不同而已。

克利须那 印度教重要的神祇，教徒认为此神能够给信众带来巨大的幸福。

伊斯兰瓦片《古兰经》经典经文经常出现在各种装饰性的物品上，如图中的瓦片。

麦加仪 穆斯林做礼拜时必须面向圣城麦加，每天朝拜五次。此仪器可以帮助他们确定麦加的方向。

格涅沙 印度教徒在面临新的挑战时则向格涅沙祈祷，格涅沙又称象头神，是智慧与才华之神。

念珠 人们认为真主或安拉有99个名字。图中的一串念珠共有99颗，用于提醒穆斯林真主的99个名字。

伊斯兰教

穆斯林认为真主通过天使向先知穆罕默德传话，穆罕默德将真主的话收集在圣书《古兰经》中。信徒们努力遵照圣书中的规则生活。穆斯林最重要的宗教义务被称为五功：祷告、帮助有需要的人、一年斋戒一个月、去麦加朝圣以及为真主而奋斗。

《托拉》经卷《托拉》是犹太教最重要的经书，含有日常生活的指令。

宗教

宗教是一套用于帮助阐释生命奥秘的信仰。人们从宗教信仰中寻求生活的指引。大多数具有宗教信仰的人们都信奉一位或者多位神。他们通过举行宗教仪式表达他们的信仰，比如信众聚集在一起拜神或研习宗教经典。世界上有许多种宗教，本书介绍的宗教为世界上拥有信众较多的宗教。

节日

在世界各地，人们都会因为各种各样的原因而庆祝节日。有的节日是宗教崇拜的一部分，有的节日则是因四季变化而形成的标志，对文化传统的关注，抑或纪念史上重要的划时代事件。有些节日是固定在每年公历的同一天，有的节日则是基于古代历法或新月历，因此节日的公历日期有所变化。作为庆祝节日的特色，每个节日大多都有自己特殊的食品。

❶ 圣诞节
圣诞节是基督教纪念耶稣基督诞辰的节日，世界上大多数国家都以 12 月 25 日为庆祝日。节日的传统包括装饰圣诞树，交换礼物，到教堂做礼拜以及等待圣诞老人的来访等。

❷ 亡灵节
亡灵节是墨西哥的传统节日，人们相信在每年的 11 月 1 日，死去亲人的灵魂会在这一天夜里回到人间。人们用蜡烛和鲜花装饰墓地和家中的祭坛。

❸ 感恩节
感恩节是北美洲的节日，美国将感恩节的日期定为每年 11 月份的第四个星期四，加拿大则定为每年 10 月份的第二个星期一。家人们聚在一起为 400 多年前定居北美洲的欧洲移民所获得的第一次丰收而感恩。

❹ 端午节
端午节是中国的传统节日之一。节日时间在农历五月初五。相传，中国战国时期的楚国官员、诗人屈原在此日投江自尽，人们为了保护屈原的躯体不被江鱼所食，便划着带有龙头的舟到江中，投放竹叶包裹着的米饭（粽子）喂食江鱼。于是，后来端午节亦被视为纪念屈原的节日。吃粽子和龙舟竞渡是端午节的两个标志性习俗。

5 中秋节

中秋节也是中国的传统节日之一，此节日的历史可追溯到3000多年以前，由上古时期秋分祭月演变而来。最初的节日时间在干支历二十四节气“秋分”日，后调至农历八月十五日。八月十五日正值传统的秋收季节，当晚的月亮最圆且皎洁明亮。亲朋好友于节日的夜晚相聚赏月吃月饼（带有馅料的圆形糕点）。

6 露西亚节

每年的12月13日是瑞典和挪威人传统的露西亚（一位因信仰而牺牲的基督教女孩）节。节日的清晨，每家都由身着白色衣裙的女孩（通常是家中最年幼的女孩）手托藏红花风味的面包呈献给家人。

7 开斋节

穆斯林的开斋节标志着穆斯林斋戒月（一个月的斋戒）的结束。开斋节的庆祝活动持续3天，始自斋戒后见到新月的次日。人们穿着最新的衣服到清真寺聚会。

8 排灯节

排灯节，又称万灯节，是庆祝正义战胜邪恶的节日。印度教的家庭点燃油灯，放在窗台或阳台上。此外，他们还会送出带有美好祝愿的卡片。

9 逾越节

每年的3月或4月，犹太人为了纪念摩西带领以色列人离开埃及脱离奴役的身份而庆祝逾越节。逾越节持续7天或8天，其中包括一顿特殊的餐宴——逾越节家宴。家宴的每一道菜都有象征意义。

10 复活节

基督教的复活节是纪念耶稣被钉死在十字架之后第三天复活的日子。复活节一般在每年的3月末到4月初。人们到教堂庆祝并互赠复活节彩蛋。

城市

自古以来城市便一直存在，它们很早就起着交易中心的作用，有时也作为庞大帝国的核心。截至20世纪初，世界上约有1/10的人口居住在城市里。后来，工业化带来了大规模的城市化，如今，世界上已有一半以上的人口居住在城市里。现代化城市成为商业、文化和政治中心。

▼ 城邦

在古希腊，单个城市建立起自己独立的国家，拥有自己的政治体制是很常见的事情。到公元前5世纪时，古希腊已经有数百个城邦，雅典是其中最重要的城邦之一。今天，雅典已经成为希腊的首都。

高层建筑 ▶

第一批高层建筑，如今被称作“摩天大楼”，兴建于19世纪80年代。由于城市中心的空间有限，因此高耸的建筑则成为解决方案。如今，仅中国香港就有超过7000座摩天大楼。

现代的雅典城是在古代雅典城邦废墟的周围建成的

▲ 宗教中心

有些城市是重要的宗教中心。如沙特阿拉伯的麦加，由于是伊斯兰教先知穆罕默德的诞生地，因此便成为穆斯林心中的圣地。所有的穆斯林都会尽最大努力争取在一生之中至少要前往麦加朝觐一次。

河边的生活 ▶

城市及城镇通常会傍河而建，目的在于充分利用河流提供的良好的交通和贸易条件。英国的伦敦最早由罗马人修建，如今在泰晤士河两岸其规模已发展得十分壮大。

威斯敏斯特宫是英国议会所在地

大都市 ▶

当一个城市发展到合并了附近的城镇时，它所形成的巨大的城区被称作大都市。日本的东京是世界上最大的大都市之一，如果算上郊区，目前拥有3700万人口。

◀ **人口增长**

几十年前，世界上大多数人口还居住在农村地区。如今，居住在城市里的人则更多，因为大家都迁移到城市中寻找工作和机会。在许多城市，比如印度的孟买，这种临时的人口流动，导致了城市的过度拥挤。

世界遗产 ▶

为了保护世界上杰出的文化或自然景点，联合国教育、科学及文化组织（UNESCO，简称联合国教科文组织）列出了这些重要景点的名录，称作世界遗产，其中包括以大型泥砖清真寺著称的马里杰内古城等城市。

◀ **沙漠之城**

每到夜晚，拉斯维加斯的灯光便在美国内华达州的大沙漠中闪耀。拉斯维加斯（Las Vegas）意为“肥沃的青草地”，因为这座大城市曾经只是穿越美国的旅行者们停下来补充水的地方。

▲ **专门建设**

1960 年之前，巴西的首都是位于其东部海岸的里约热内卢。然而，巴西政府希望刺激国家中部地区的经济增长与发展，于是在巴西内陆专门建设了全新的首都——现代化的都市巴西利亚。

城中之城 ▶

时至今日，古老的城国几乎都不复存在，唯独意大利罗马城内的梵蒂冈城是个例外，它是罗马教廷所在地和罗马天主教会的中心。作为一个城国，梵蒂冈城至今仍保留了自己的国旗、货币、国歌和邮票。

极端的生活

地球上有些地方的环境极度不适宜居住，例如炙热的沙漠、冰冷的北极地区、潮湿的热带雨林等，但人类都能找到适合的生活方式。沙漠居民必须面对的困难是寻找日常所用的水源。在北极，最大的挑战是如何保暖和寻找食物。雨林中生物种类虽然繁多，但许多动物却十分危险，有的植物也是有毒的。

图阿雷格人的头巾 头巾围在图阿雷格人的头和脖子上，能够保护图阿雷格人免受烈日和沙尘暴的侵袭。

太阳帽 西非的富拉尼人佩戴的帽子能为面部遮阳。

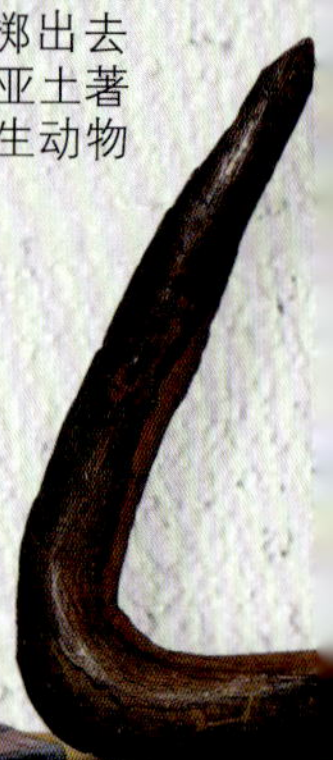

回旋镖 图中可掷出去的木棍是澳大利亚土著居民用于狩猎野生动物的武器。

雪上摩托车 这个机动滑车装有滑雪的雪橇。

北极

冰冷的北极地区是地球上最难以生存的地方之一。这里没有植物类食物，因此生活在北极的人们只能够依靠捕猎海豹、海象、鲸鱼、鸟类和鱼类生存。由于没有木材，他们只能用兽皮和兽骨建造住所、雪橇和船只。雪上摩托车等一系列的现代发明使冰冷荒芜的极地生活变得更加容易。

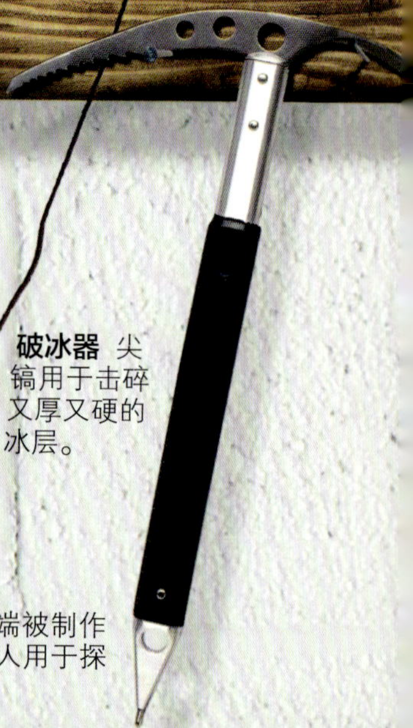

破冰器 尖镐用于击碎又厚又硬的冰层。

鱼竿 北极居民用鱼竿在冰窟窿中钓鱼。

拉普兰人木铲 图中木棍的一端被制作成铲状，是北极地区的拉普兰人用于探寻和挖掘的工具。

热带雨林

与北极地区和沙漠不同，南美洲的热带雨林地区有着各种各样的动物和植物。生活在这里最大的问题是很多适合人类食用的动物和鸟类都生活在高高的树冠上。因此，狩猎者不得不搜寻树上的猎物，例如猴子。发现猎物后，狩猎者再用吹矢枪发射毒镖将它们击落。

吊床 这种吊床可以让生活在热带雨林中的人们悬在半空中睡觉，能够远离蛇和昆虫。

箭毒蛙 这种蛙可以产生致命的毒液，可以用来涂抹吹矢枪所用的镖。

蚊帐 睡觉时防止昆虫叮咬是至关重要的，因为许多疾病，例如疟疾，都通过蚊虫叮咬传播。

沙漠

沙漠居民所面临的最大问题是沙漠里极大的温差——白天时天气极度炎热，到了夜晚天气则又变得非常冷。此外，他们还需要到处寻找干净的水源。有时，他们会利用飞翔的鸟类和昆虫作为寻找水源的向导。找到水源后，他们还必须确保一滴水都不浪费。

山羊皮袋 阿拉伯贝都因人需要从深井中取水，用山羊皮袋运送。

骆驼 贝都因人出行依靠骆驼，因为骆驼背上存储的脂肪能够使它在没有水的情况下长时间行走。

鸵鸟蛋 南非喀拉哈里沙漠的桑族人将空的鸵鸟蛋壳中装满水后埋起来备用。

皮靴 斯堪的纳维亚半岛北部的萨米人用驯鹿皮制作鞋子。

传统的帕卡短外衣 加拿大北极地区的因纽特人通常都穿着由驯鹿皮制成的厚厚的保暖外衣。

现代的北极服装 这些服装跟传统的北极服装一样暖和，只是比传统服装更轻便灵活。

桩柱上的房子 热带雨林居民建造的这种房子可以防止洪水和爬行类动物。

吹矢枪 用木头精心制作的吹矢枪用于捕捉鸟类和猴子。

拜占庭马赛克镶嵌画

这幅彩色马赛克瓷砖镶嵌画描绘的是皇帝查士丁尼（527~565）之妻狄奥多拉与两位大法官的人像。以地中海中部地区为中心的拜占庭帝国是古罗马帝国的一个分支。

历史

史前时期

远古时代，在尚未发明文字之时，称为史前时期。在没有文字记载可考证的情况下，我们依赖于史前人遗留下的工具与器物来探寻他们的生活印记。大约制作于250万年前的早期工具，多为石质、骨质和木质。后来，史前人类便学会了使用金属——他们先发明了铜器，然后发明了青铜器，最终发明了铁器。

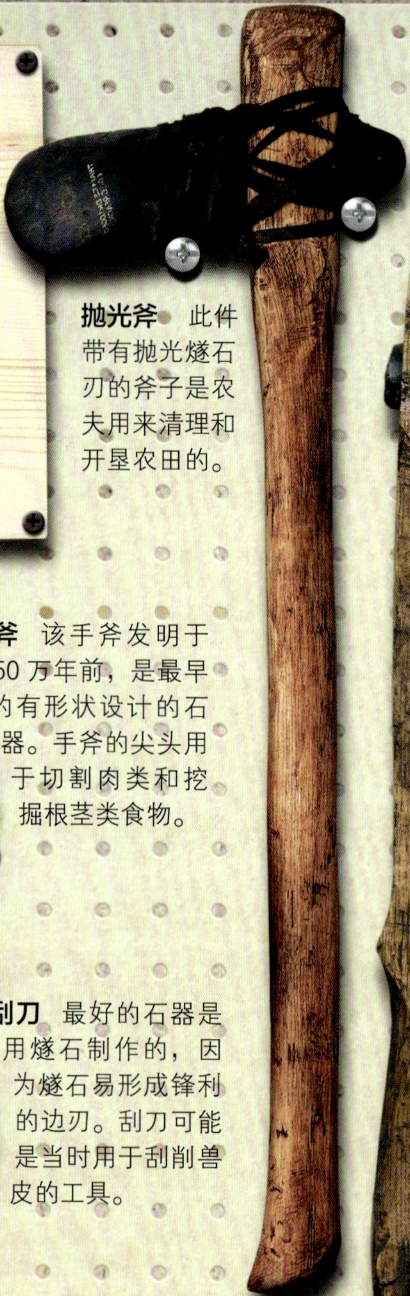

抛光斧 此件带有抛光燧石刃的斧子是农夫用来清理和开垦农田的。

镰刀 长长的燧石装上木制手柄便组成了农夫的镰刀，用于收割谷物。

锛 这支将燧石刃插入木套中的锛是用来加工木材的。

劈刀 此劈刀制作于250万年前，鹅卵石被削凿后形成了削刃。它用于敲碎骨头以取其骨髓。

手斧 该手斧发明于150万年前，是最早的有形状设计的石器。手斧的尖头用于切割肉类和挖掘根茎类食物。

取火 史前人学会了用燧石敲击黄铁矿取火。

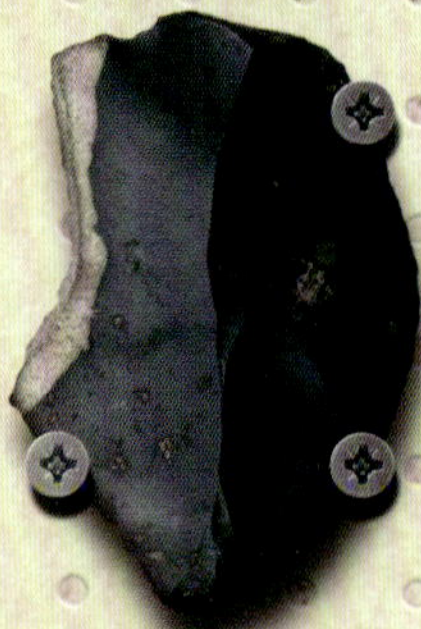

刮刀 最好的石器是用燧石制作的，因为燧石易形成锋利的边刃。刮刀可能是当时用于刮削兽皮的工具。

鹿角锤 鹿角锤是史前人用于敲打燧石制作石器的工具。

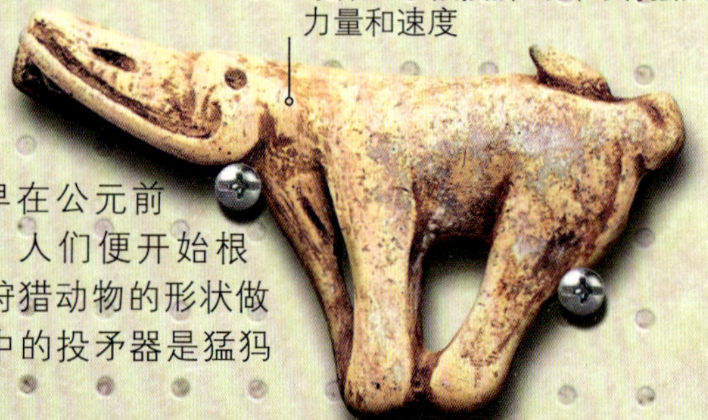

猛犸象形状的挂钩可以使矛装在一个又长又直的手柄槽上，这能够保证矛被投掷出去时有强大的力量和速度

投矛器 早在公元前30000年，人们便开始根据他们所狩猎动物的形状做雕刻。图中的投矛器是猛犸象的形状。

农耕时代 ▲

早在公元前10000~前9000年，中东地区的人们便发明了一种新的生活方式——农耕。他们学会了存储和播种植物种子，以及驯养绵羊和山羊等动物。由于具有了控制食物供给的能力，因此农耕的人们便定居下来形成了永久的村落。随着食物的供给越来越稳定，人口数量便随之增长，而农耕这种生活方式也得到了进一步的传播。

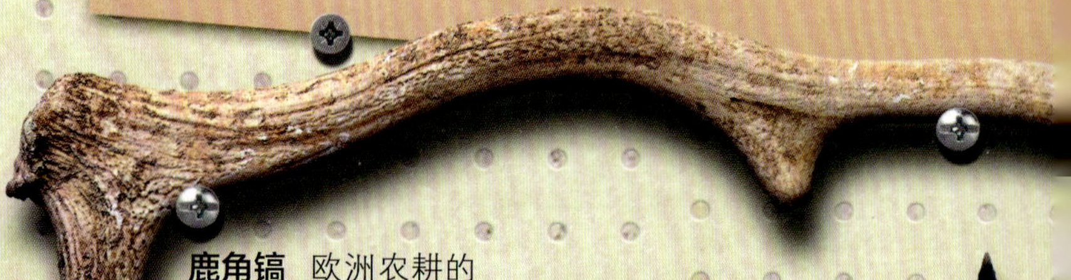

鹿角镐 欧洲农耕的人们使用鹿角制成的镐采挖燧石。

箭头 农耕的人们仍然狩猎，他们狩猎的工具是弓和箭。当时的燧石箭头已被打磨得十分精巧。

狩猎采集者 ▲

史前的大部分时期，人类以狩猎动物和采集野生植物果实为生。狩猎采集者们大部分小规模地群居生活，并且经常因为追赶动物群或寻找新鲜的食物来源而迁移。人类最早起源于非洲而逐渐遍布全球，首先有一部分人定居亚洲，然后又有一部分人定居欧洲。在公元前50000年，人类到达了澳大利亚；在公元前30000~前14000年，人类又到达了美洲。

铜与青铜 ▼

人类接下来的重大发现便是如何使用金属制造工具。大约在公元前 5000 年，欧洲人和亚洲人已经掌握了通过加热一些矿石从中提炼铜的方法，并使用这些明亮的金属打造工具和饰物。大约在公元前 3500 年，人们发现在铜里添加少量的锡可以使之变得更加坚硬，并把这种新的金属称为青铜。

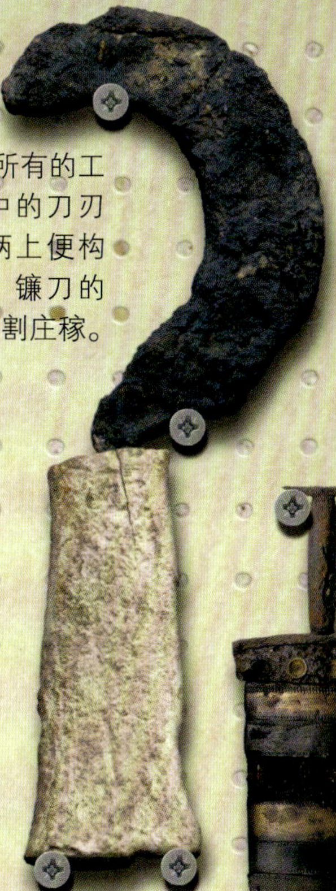

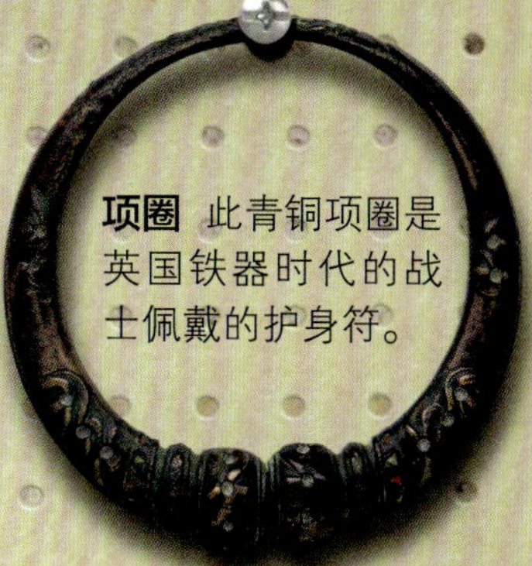

镰刀 铁应用于所有的工具中，例如图中的刀刃安装在鹿角手柄上便构成了一把镰刀。镰刀的用途是割草和收割庄稼。

项圈 此青铜项圈是英国铁器时代的战士佩戴的护身符。

青铜剑 质地更加坚硬的青铜的发现导致了新式武器——剑的产生。图中这把剑已经过重新清理，还原了金黄色泽。

皇室匕首 图中镶有金银海兽纹的青铜匕首为希腊迈锡尼的统治者所有。

铁匕首 这把铁匕首的刀鞘带有青铜质条状纹饰。它出土于英格兰的泰晤士河，铸造时间大约在公元前 550~ 前 450 年。

带扣 作为饰品挂在腰带上，通常是将青铜压扁而成，并嵌入图案。

矛头 此图为长矛的矛头，这种长矛为刺矛而非投矛。矛头加上木柄，其长度超过两米。

铁器时代的剑 铁铸的剑比青铜剑更加坚硬。图中精美的铁剑，长 70 厘米，1987 年出土于铁器时代的古墓。由于铁器易被锈蚀，因此，图中如此品相的剑当属铁器时代出土的罕见之物。

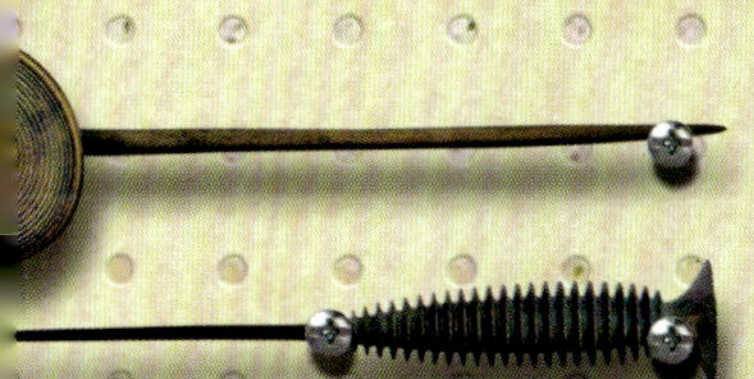

青铜簪（别针） 青铜因其闪闪发光的金黄色而成为当时最受富人喜爱的饰品材质。图中的两个簪子在当时用于别衣服。

铜镜 此图为纹饰繁杂的铜镜背面。另一面（镜面）经过高度抛光，用于成像。

斧头 诸如图片中斧头之类的青铜器是将熔融的金属浇注到模具中制成的。

短剑 图中的古埃及兵器手柄光滑，可以方便使用者紧握。剑身铸有剑脊以增强其攻击力。

铁器时代 ▲

虽然铁是地球上最为常见的金属，但是它作为原材料用于铸造工具却是最迟的。不同于铜和锡，铁的熔点更高，更难以熔化。直至公元前 1550 年左右，人们才学会了如何通过加热和捶打制作铁器。从此以后，铜成为富人所用的金属，而铁却成为人人都可以买得起的金属。

最早的文明

5000多年前，在美索不达米亚（今伊拉克）、古埃及、古印度和古中国诞生了世界上最早的文明。在美索不达米亚南部的苏美尔，苏美尔人建造了最早的城市。每个城市都由一位国王统治着，他代表当地的神灵管理这座城市。上面这幅画卷的雕像展示的是乌尔城的国王正在接受他的臣民所送来的物品。

❶ **国王** 苏美尔人认为王权是由诸神传下来的。画卷中的国王雕像虽然没有戴王冠，但是他的方格呢裙以及他被刻画得比其他任何人都高大这些特点都可以彰显他的地位。

❷ **仆人** 国王和宾客中间的两个雕像正在侍奉着国王和宾客的饮食。其人物形象矮小的刻画，说明了他们身份的低微。他们或曾住在国王的宫中，或居住在自己泥砖房的家中。

❸ **贵族** 这些人可能是祭司、皇亲贵戚，也可能是富足的庄园主。画卷中，他们端坐于椅子之上，椅子腿的精美雕饰同时彰显着王宫的奢华。

❹ **乐师** 雕像中此人正在弹奏里拉琴，里拉琴木制的音箱上配有牛头装饰。那个时代乐器还有竖琴、鲁特琴、簧管和鼓。

❺ **歌伎** 雕像中唯一的女人正在和着里拉琴师的演奏而歌唱以招待宾客。当时的宗教仪式中，音乐与舞蹈起到了重要的作用，如感恩丰收的仪式。

❻ **农夫** 虽然这一地区既炎热又干燥，但河中的淤泥仍能保持土壤的肥沃。另外，农夫们还挖掘运河以调水灌溉庄稼，种植的作物有大麦、芜菁、洋葱和海枣。

❼ **渔夫** 早期文明时期，河流中有充足的鱼类。无论是在印度的印度河、埃及的尼罗河还是苏美尔的幼发拉底河和底格里斯河中，人们都用渔网或长矛捕鱼而食。

❽ **动物** 对于早期文明而言，绵羊、山羊、牛和猪等动物对人类至关重要。它们提供给人类肉、奶、皮、毛等。此外，人们还用牛来拉犁耕地，用驴来驮物运输。

❾ **工匠** 此人身负重荷，沉重的负荷使得他肩和头并用。也正是由于这些工匠们的辛勤劳作，才为诸神建造了如此之多的庙宇。

❿ **服饰** 那时候无论男女，人们都穿着毛料或亚麻料的方格裙，其设计类似于羊皮。此外，富人们还会佩戴一些精致的黄金首饰。

▲ 乌尔城的准则

这一幅用蓝色青金石、红砂岩石和白贝壳构成的马赛克镶嵌画创作于约公前 2500 年的乌尔城。被发掘时，这幅画镶嵌在皇室墓穴中的小木箱一侧。小木箱的用途至今尚不明确，木箱的一侧镶嵌有这一幅和平时期的宴席画卷，另一侧则描绘了一幅战争的场景。

古典世界

古希腊与古罗马文明被统称为“古典世界”。“古典”一词在此种情况下特指最上乘的文化。希腊人是科学和艺术的先驱，并且影响了罗马人，并在古罗马帝国发扬了这种艺术、建筑和文学风格。这两个社会的男性都追逐名望，并多借助军事力量。

荷马的生平鲜为人知，但荷马是盲人一说却流传至今。

荷马

公元前8世纪，荷马写了两部发生在特洛伊城的以希腊战争传说为背景的史诗巨著。《伊利亚特》讲述的是关于希腊勇士阿喀琉斯的故事，《奥德修记》则描述了另一位英雄奥德修斯在战争结束后归乡途中的冒险故事。荷马史诗是如此的杰出和伟大，以至于后世数代作家都受其感染与影响。希腊人更是如此，他们甚至以“诗人”一词专指荷马，足见他在希腊人心中的重要性。最初，人们都是在里拉琴的伴奏下歌唱或吟诵此诗。

苏格拉底的相貌被刻画为圆脸和狮子鼻

苏格拉底

苏格拉底（公元前469~前399）是一位雅典的思想家。他的哲学思想影响之大，以至于在他之前的所有哲学家均被统称为“前苏格拉底”哲学家。然而，他并不像毕达哥拉斯等先贤一样致力于理解宇宙万物，而是认为人类最重要的是寻找最好的生活方式。最后他因被敌人指控为思想影响恶劣而加以审判，并被判处服毒死刑。

毕达哥拉斯

生活在公元前6世纪的毕达哥拉斯既是一位哲学家、天文学家，又是一位数学家。至今为人们所熟知的是他为几何学所做的贡献——尤其是关于三角形的定理，但人们却不曾注意他还是一位宗教布道师。毕达哥拉斯致力于揭开宇宙的所有秘密，并十分重视数学，企图用数学来解释一切。他认为数字是宇宙万物的本原。

头戴狮皮头饰的传奇英雄赫拉克勒斯，因其超凡的力量而闻名

赫拉克勒斯

希腊神话中的大英雄。罗马人称他为海格立斯。赫拉克勒斯的功绩在荷马之前的歌谣中已受到人们的赞扬。在现代语言中，赫拉克勒斯是“大力士”的同义语。

伯里克利

作为雅典民主政治（意为“人民掌权”）的杰出领军人物，伯里克利（约公元前495~前429）既是一位政治家又是一位将军。他在雅典建了无数的庙宇，包括献给城市女神雅典娜的帕台农神庙。伯里克利还大力弘扬艺术，使雅典成为希腊的文化中心。

尤利乌斯·凯撒

集政治家、将军和作家于一身的尤利乌斯·凯撒（约公元前 100~前 44）以征服高卢（今法国）而闻名，其作品《高卢战记》便描述了这一战役。此外，他还通过一场内战战胜了对手——另一位古罗马将军庞培。凯撒率军攻入古罗马城并就任终身独裁官。最终凯撒因其像国王一样的独裁统治与古罗马共和原则相背而被谋杀。

苏拉

古罗马将军苏拉（公元前 138 ~ 前 78）是一个冷酷无情且极具野心的人。他与竞争对手（另一位古罗马将军马略）的争执引发了第一场血腥的古罗马内战——罗马人在内战中相互对抗厮杀。苏拉是第一个率军踏破古罗马城门并取得政权的将军。后来，尤利乌斯·凯撒也步了他的后尘。

奥古斯都大帝

奥古斯都（“神圣”的意思）是尤利乌斯·凯撒的继承人屋大维在登上古罗马帝国开国君主宝座时获得的头衔。奥古斯都（在位时期公元前 27 ~ 公元 14）击败其对手马克·安东尼后获得了政权。内战结束后，他统治古罗马帝国 40 多年，并带来了古罗马 40 多年的和平与稳定。

阿格里皮娜

阿格里皮娜（公元 15 ~ 59）是克劳迪亚斯大帝的妻子。她是一位强势且极具野心的女人。阿格里皮娜说服她的丈夫克劳迪亚斯大帝收养了她跟前夫的儿子尼禄。人们认为是她为了让 16 岁的儿子尼禄继承王位而毒死了克劳迪亚斯。在尼禄初登王位时，阿格里皮娜掌握实权，但最终由于她的儿子尼禄厌倦了受其摆布，便将她杀害。

图拉真

图拉真大帝（在位时期自公元 98 ~ 117）生于西班牙，是第一位在意大利以外出生的古罗马皇帝。他是一位战功卓越的将军，征服了巴尔干半岛诸国以及今天的伊拉克地区，将古罗马帝国的疆域扩张到历史上最大规模。古罗马建有著名的图拉真凯旋柱，雕刻了他所指挥的各场战役的场景以示纪念。

封建社会

中世纪的社会组织形式是“封建制度”——以土地分封换取服务。封建社会的最上层是国王，国王将土地分封给贵族。作为回报，贵族们则向国王提供兵丁。社会的最底层是农民，农民以出卖体力为领主耕种田地，换取可以自主耕种的一小块土地。

狩猎

伯利公爵是个非常有权势的人，他拥有很多城堡和土地。这幅画展示了他在埃当普的城堡，城堡旁一群穿着华丽的贵族带着猎鹰正在猎取鹧鸪、天鹅、鸭子、鸽子以及其他鸟类。在整个中世纪，狩猎是富人们最喜欢的活动。

中世纪的生活

中世纪又称中古时代，指自5世纪古罗马帝国灭亡起至公元1500年左右近代史开始之前的这一段欧洲历史。在中世纪，欧洲90%的人口是生活在乡下的农民——为贵族服务的穷苦劳动者。

城堡建筑

每年的9月是葡萄收获之时，图中所画是索米尔城堡的土地上结出了丰硕的果实。许多的城堡和大教堂都是在中世纪所建，那时候人们只能利用一些简单的工具，但仍有许多能工巧匠会切割和雕刻建筑用的石头。

农舍

这幅画展示的是冬天农场的生活。农舍通常都是简陋的建筑，只有一两个房间，大家的吃、住、起居都不得不在一起。农舍的窗户非常小，也没有玻璃，因为那个时代的玻璃非常昂贵。

时令之书

以上这些画作摘自一本中世纪盛行的祈祷用书《时令之书》（或称《每日礼赞》，日本人译为《时祷书》）。此书制作于1410年左右，专为法国贝里公爵所作。书中细数了一年中每天不同时刻的祷告词。在中世纪，书籍属于稀有而珍贵的物品，内容多为宗教经文，由僧侣手抄并作插图。

美洲文明

16世纪之前，在欧洲入侵者尚未踏足美洲大陆的时候，复杂而强大的文明也尚未在这片土地上盛行。250～900年，中美洲的玛雅王国已经在城市里修建了巨石庙宇，发明了系统的数学和天文学。14世纪，强大的阿兹特克帝国修建了金字塔，崇拜太阳神并实行人祭。15世纪，印加帝国的版图已经扩大到南美洲的太平洋海岸3200多千米，沿安第斯山脉修建了要塞城市和交通道路网。

雨神 玛雅雨神查克有长长的鼻子和獠牙。

❶ 日常生活
阿兹特克、印加以及玛雅文明都属于农业文明，其主要农作物是玉米，通常将玉米做成薄饼和酿制啤酒。除农耕外，当地的人们还要向统治者服兵役、工役或劳役。

❷ 陶器
美洲人制作陶器皿时，通常先把黏土轧成长条，再把黏土长条卷起来做成器皿的外壁。有些陶器制品是实用器皿，如盛水及煮饭，有些陶器制品则是观赏器皿。

短刀 当时没有金属工具，所以短刀都是石质的。

音乐 印加人用竹蔗类植物的茎节吹奏音乐。

饮料 印加人的饮料是“吉开酒”（玉米啤酒），饮具是彩绘的木质杯。

印加罐 这些陶罐是印加人用来盛玉米啤酒的。人们把绳子系在杯子的两个耳柄上，方便随身携带。

陶制盘 陶器上的绘画通常以反映当时的日常生活细节为主。这只玛雅陶盘上绘制的图案是人们用吹矢枪猎鹿的场景。

米斯特克杯 图为米斯特克人制作的陶杯，米斯特克是阿兹特克的南部邻国。

❸ 神

阿兹特克人和玛雅人信奉诸多神灵，并在金字塔神庙中供奉他们的塑像。他们笃信是神使太阳在拂晓时升起、让雨露滋润大地并赋予作物生命。对印加人而言，太阳、月亮与地球本身即是神，而太阳神伊蒂（Inti）更是众神之首。

❹ 记事

这些古老的文明社会有各种各样的记事方法。阿兹特克人使用的是图画记事的文字体系，即不同图画代表不同的语言和意图。玛雅人建立了一种更为复杂的文字体系，即用不同符号代表不同的声音。印加人则没有书写的文字体系，使用的是一种叫作“奇普”的结绳记事法，通过在长短不一的绳子上打结保存记忆。

❺ 仪式

人们认为神需要以得到祭品的方式来维持施善。祭品中最弥足珍贵的是人类的生命，因此阿兹特克人、玛雅人以及印加人都实行过活人祭祀。阿兹特克人与玛雅人为了实行活人祭祀便通过发动战争捕获俘虏，并挖取俘虏的心脏作为祭品。

祭品 图中的金俑是印加人用来祭典太阳和大地的祭品。

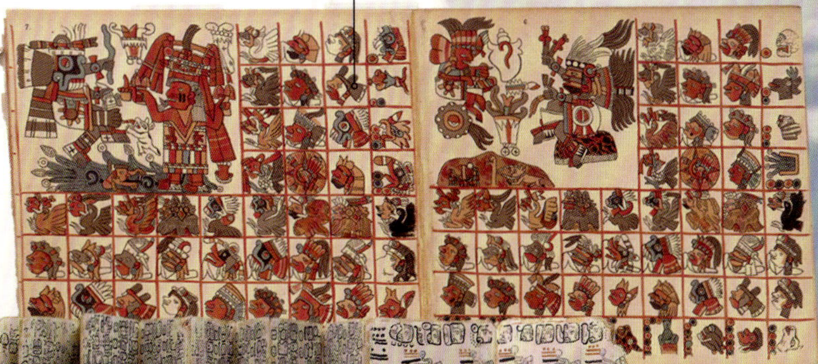

历法 图片上的这本书是一本历法书，是阿兹特克的祭司用来预测未来的。

玛雅记事 玛雅人使用野生无花果树内层树皮制造纸张，并将文字绘在用这种纸制作的书籍上，还将书籍折叠成手风琴的模样。

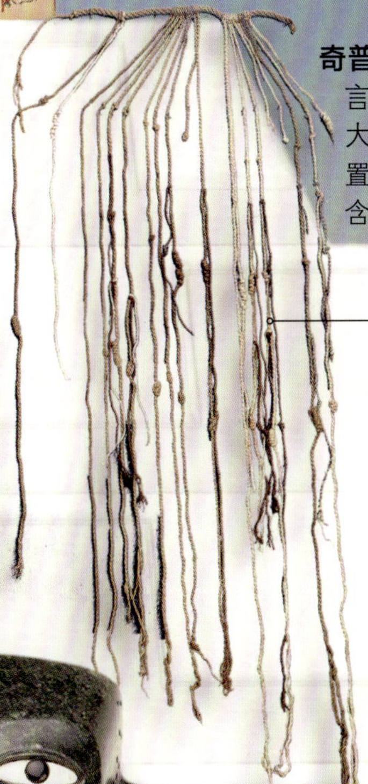

奇普 对于印加人而言，绳结的颜色、大小、数量以及位置都代表着不同的含义。

盾牌 阿兹特克战士穿着五颜六色的服装，手持装饰有羽毛的盾牌。

骨灰坛 阿兹特克战士在战场上牺牲后，其骨灰被埋藏在骨灰坛中。

石面具 石雕面具是墨西哥庙宇中的祭品。

祭刀 阿兹特克祭司用此石质祭刀挖取战俘的心脏。

航海家

航海船只至少有5万年的历史了。第一艘船或许只是由简单的竹筏或中间被挖空的树干制成。在某一时刻，人们突然意识到可以通过支起一块布来控制风力——第一次有了帆。随着造船方法的改善，水手出海的航线也越来越长，并借助他们的帆船进行探险、贸易以及掠夺。

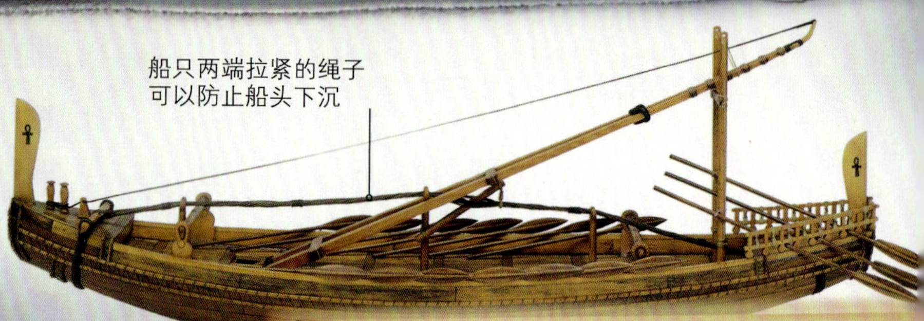

埃及船只▲

图中的埃及海上商船是用绳索跟木板捆绑制成的，其历史可以追溯到公元前 2450 年。这艘船的可折叠桅杆上挂有一面船帆，当逆风行驶时，船员们则将桅杆降低使用船桨。

◀维京（北欧海盗）长船

8～11 世纪，维京人建造的船非常坚固，足以驶向波涛汹涌的大西洋，其轻巧灵便的特点还能穿越浅浅的河流。

卡拉维尔帆船▶

卡拉维尔帆船是葡萄牙人在 15 世纪发明的用于探险的船只。它装有三角形的大三角船帆，这种大三角船帆在利用风能航行上远胜于方形船帆。正是借助于这样的帆船，探险者们才发现了通往印度的航线。

◀加利恩帆船（大型帆船）

这艘 16 世纪的英国大型帆战舰也用于贸易和探险。它有多层甲板，船体两侧设计有许多射击用的开口。18 世纪之前，欧洲海军一直使用这种帆船。

罗马商船 ▸

罗马人建造的商船都有巨大、圆形的船舱，以便储存大量的货物。这种船形会使船在航行中非常稳定，但速度却很缓慢。罗马商船之所以很少遭到攻击是因为罗马人早已清楚地了解地中海的海盗。

◂ 阿拉伯单桅三角帆船

自8世纪以来，阿拉伯商人以及渔民都用这样的单桅三角帆船横渡印度洋。他们根据季风的风向出航，在印度与北非之间进行商贸活动。

由草席纤维编织而成的席帆

中国帆船 ▸

中国人在2000年前发明的船尾翼方向舵要比桨舵更容易操控。中国帆船最多可以安装9根桅杆，是历史上最大的木质航海船只。

飞剪式帆船（快速帆船）▸

飞剪式帆船是19世纪的一种商船，纤长的船体上安装有多面船帆。“飞剪”这个名字源于一匹快马的绰号。英美的飞剪式帆船曾航行到世界各地进行贸易。

战争

纵观历史，战争的爆发都是由于部落或民族之间因土地、资源和地位的争夺而起。人们不断地发明新的致命武器，并为减少在战场上的伤亡而不断地改善保护战士的措施，战斗的方式也随时间的推移一直在不断地变化。

❶ 弓箭

早在 12000 年前人们便发明了弓箭，这也成为战争中最古老的武器之一。弓箭分许多种，例如步兵多使用的是长弓，而图中的这种短小的蒙古弓则为马背上的骑兵所用。

❷ 铠甲

古代战士最早的铠甲都是由木头、皮革和兽骨制成的。而在人们掌握了如何冶炼金属之后，士兵便能够穿戴用金属连环或金属板制成的铠甲。

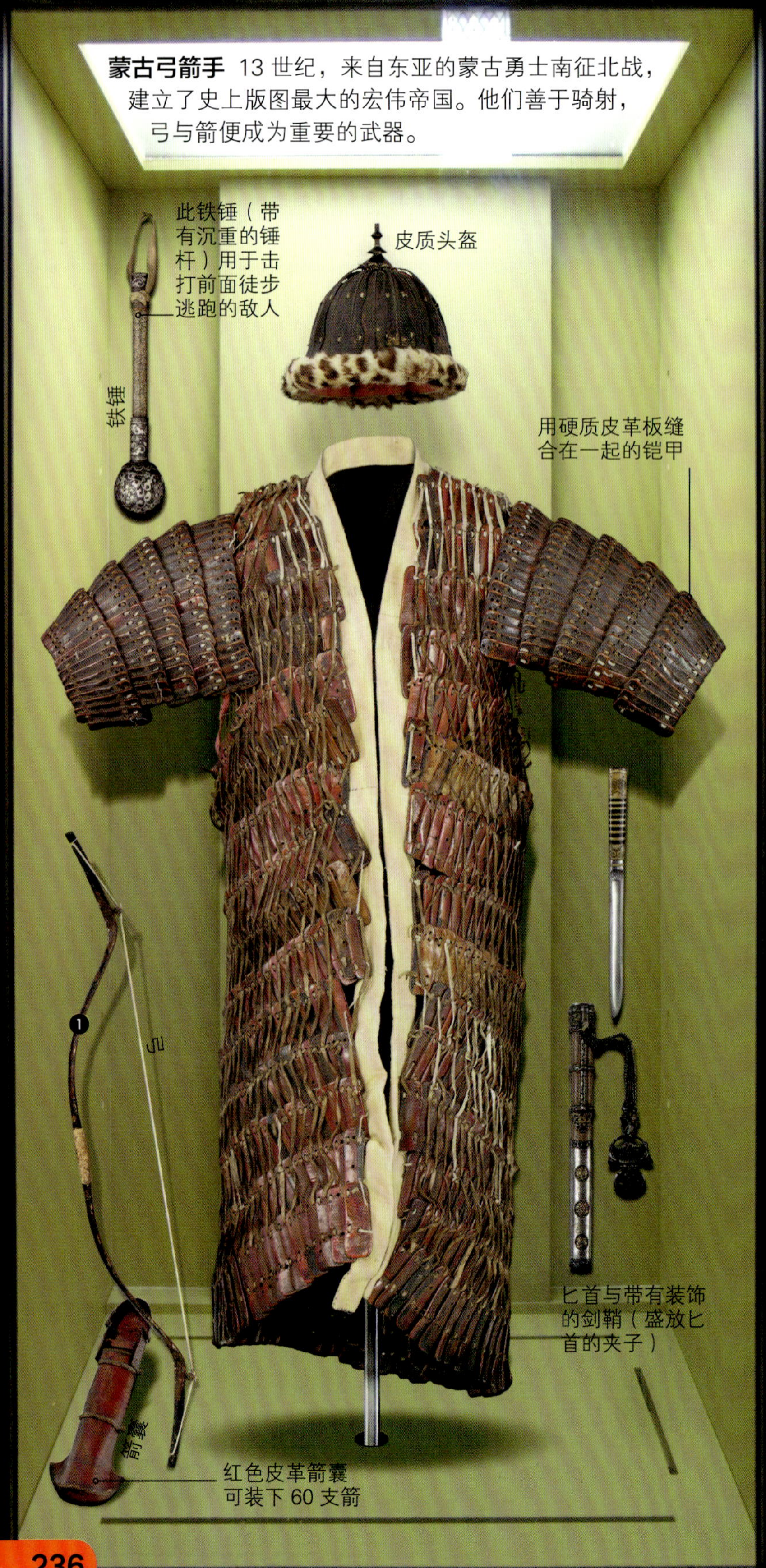

蒙古弓箭手 13 世纪，来自东亚的蒙古勇士南征北战，建立了史上版图最大的宏伟帝国。他们善于骑射，弓与箭便成为重要的武器。

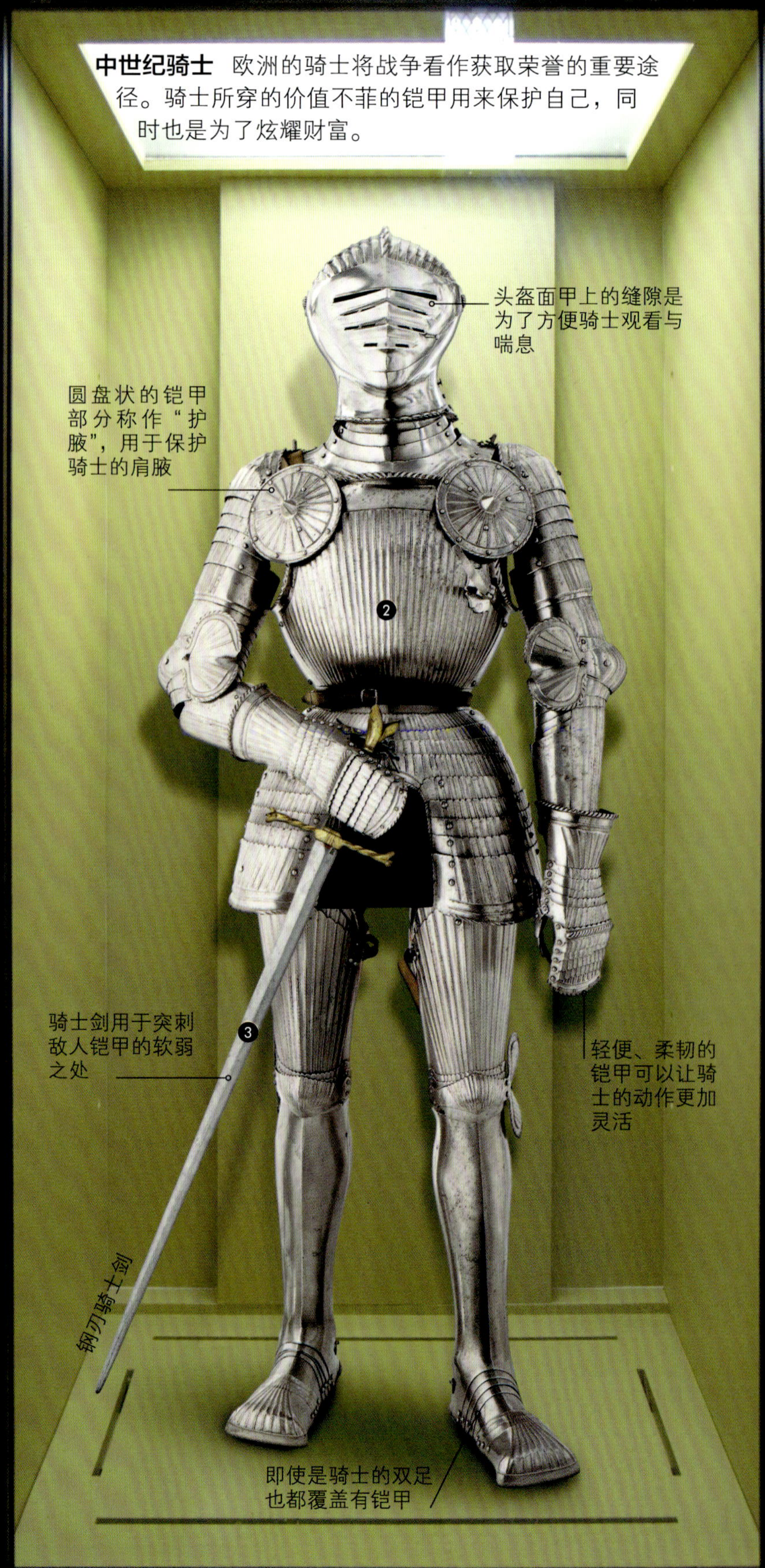

中世纪骑士 欧洲的骑士将战争看作获取荣誉的重要途径。骑士所穿的价值不菲的铠甲用来保护自己，同时也是为了炫耀财富。

❸ 剑

剑是一种近身格斗（短兵相接）的武器。这种武器有用于刺杀的剑尖，也有一面或两面用于削砍的锋利边刃。剑柄（手柄）上的十字护手可以防止持剑者的手滑到剑刃上，并抵御敌人刀剑的攻击。

❹ 制服

在混乱的战场上，士兵必须能够区分敌我。制服不仅可以清楚地标示出一个士兵属于哪一方，还能够鼓舞士气——士兵身穿统一的制服更能够方便并肩作战。

❺ 热兵器

中国早在 14 世纪便发明了热兵器（手持的火枪），它使士兵具有了远距离杀伤敌人的能力。这类武器的普及宣告了骑士时代的终结，因为骑士们昂贵的盔甲已几乎起不到抵御作用。

❻ 迷彩

进入 20 世纪之后，战士们的军装逐渐从颜色艳丽的制服演变成可以使士兵融入周围环境的衣服。这种制服上的绿色、黑色条纹等图案和样式即大家所熟知的迷彩，迷彩（camouflage）一词源自法语“camoufler”（意为“伪装”）。

法国步兵 在拿破仑战争时期（1799 ~1815），士兵们列队随着鼓点的节奏前进。在统一的信号指挥下，一排战士统一开火。

美国伞兵 第二次世界大战期间，已开始有士兵可以从空中袭击敌人。他们身背降落伞，从飞机上跳伞降落到敌人的后方。

革命

所谓革命实际上是一场在很短的时间内发生的全面性社会变革。它的发生往往伴随着暴力，不受欢迎的政府或者被大规模起义的群众或被有组织的革命者群体所推翻。革命的目的是建立一个更好的社会——让人们更平等或更自由。然而，通常情况下推翻一个糟糕的旧政府要远比创建一个良好的新政府容易得多。

▼ 美国革命

1775 ~ 1781 年，北美洲的 13 个英帝国殖民州发起了独立战争，并最终成功脱离了英国国王乔治三世的统治。在 1776 年的《独立宣言》中（下图），美国领导人向世人宣告“人人生而平等”“享有生命、自由和追求幸福”的权利。

IN CONGRESS. JULY 4, 1776.

The unanimous Declaration of the thirteen united States of America,

[illegible]

▲ 法国大革命

1789 年，反对国王路易十六政府的动乱席卷整个法国。在“自由、平等、博爱”口号的号召下，革命者推翻了国王的统治。1793 年，法国领导者开始了恐怖统治。在这一时期，他们把所有的对手，包括国王路易十六，都送上了断头台。

◀ **俄国十月革命**

1917 年 10 月，俄国布尔什维克党在弗拉基米尔·列宁的领导下取得了政权，并建立了第一个社会主义国家。自此，共产主义者便着手创建一个新型的社会，即一个基于工业与土地共有的“工人国家”。

▲ **天鹅绒革命**

1989 年 11 月发生在捷克斯洛伐克的大规模抗议与罢工。此次没有暴力冲突便实现政权更迭的革命被称作天鹅绒革命或软革命。图为游行示威者高举新的捷克共和国国旗。

◀ **古巴革命**

1956 ~ 1959 年，古巴的反抗者在菲德尔·卡斯特罗和切·格瓦拉（左）的领导下，推翻了富尔亨西奥·巴蒂斯塔腐败的独裁政府。

工业革命

自18世纪末开始，机器的发明使许多工作的效率比以往任何时候都有了很大的提高，这给人们的生活和工作方式带来了巨大的变化。工业革命起源于英国，并迅速席卷整个欧洲和美国。工业革命始于纺织业，新纺织机最初以水为动力，而后改良为蒸汽机。蒸汽机需要煤炭作为燃料，需要钢铁作为制作机器的原料，因此社会对煤炭和钢铁的需求急剧增加。新城镇逐渐兴起，农业劳动者也逐渐从乡村被吸引到工厂里劳作。

◀ 工厂

一排排用来容纳新机器的房屋建造起来，这些建筑群就是所谓的工厂。将棉线织成布料的织布机等机械设备都需要蒸汽机作为动力，运转的蒸汽机则不断发出震耳欲聋的声音。

铁路 ▶

1804 年，英国发明家理查德·特雷维西克制造了第一台蒸汽机车。早期的蒸汽机车主要用于运输煤炭。1825 年，客运列车产生，自此铁路便开始兴建。

工服 ▶

与男工相比，工厂的老板更愿意雇用女工和童工，因为女工和童工佣金低且容易管理。工厂里的女工都穿着厚重、耐磨的工服，这种工服也是工业革命时期纺织繁荣的一种产物。

▲ 新城镇

工厂所在区域的村庄似乎一夜之间变成了大型城镇。工人们居住着便宜的简易房，一排排紧密地建在一起。工厂的烟囱中冒着浓浓的黑烟，工业城镇成了被黑暗笼罩着的地方。

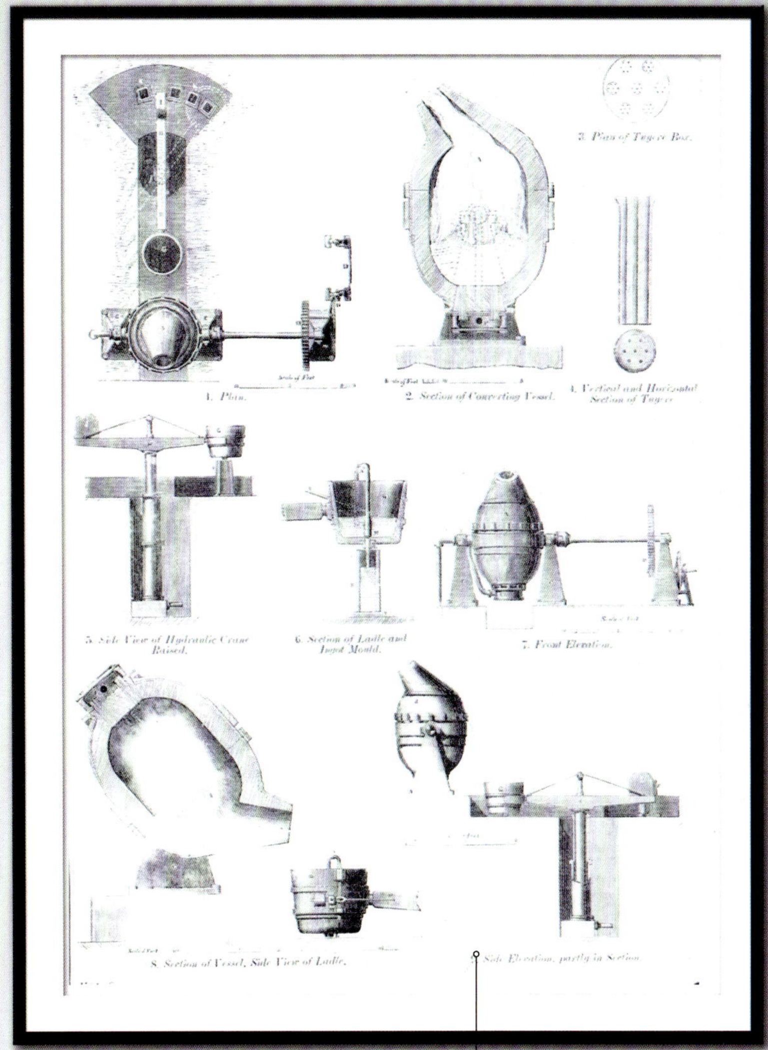

1856年，亨利・贝塞麦发明了炼钢法

▲ 发明

工业革命的推动力量主要来自当时迅速发展的新思路、新方法和新机器。新发明的蒸汽机应用于创新的机械设备上，这不仅改变了采矿业和纺织业，也改变了金属加工业。

▼ 疾病

人们居住在拥挤的新工厂区中，没有良好的下水道、垃圾清理系统，甚至没有清洁的饮用水。霍乱、斑疹伤寒以及其他伤寒类疾病肆虐，数千人因此而被夺去生命。

治疗霍乱的药品箱

疾病

在人们密集生活的地方，有可能传播疾病。自从人们可以利用舰船往来世界各地后，黑死病、流感、霍乱等疾病便开始在各国之间传播。以前，由于人们并未能够真正理解致病的原因，因此当时的治疗方案往往没有效果。时至今日，我们才认识到这些疾病是由微小的细菌和病毒引起的。

一些医生认为，戴着塞满草药的鸟形头套可以预防瘟疫

◄ 黑死病

在14世纪40年代，欧洲近一半的人口因黑死病而死亡，亚洲和非洲的死亡人口也超过数百万。那个时候，人们以为黑死病是通过呼吸传染，而事实上，它是由跳蚤叮咬所携带的细菌传播的。

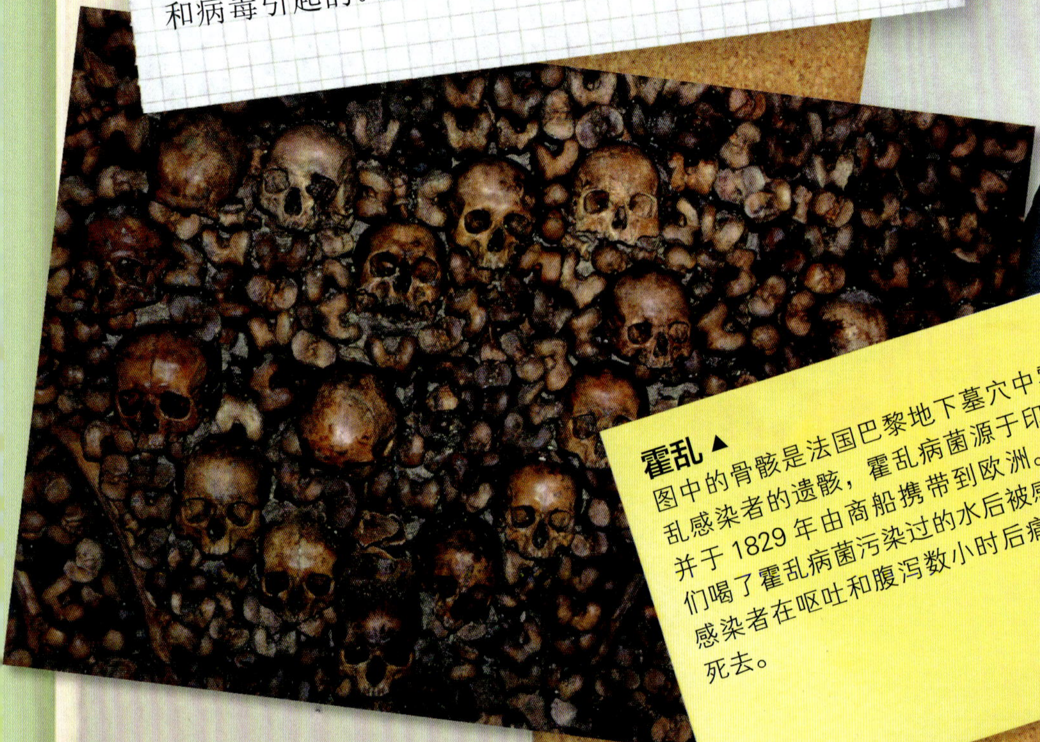

霍乱 ▲

图中的骨骸是法国巴黎地下墓穴中霍乱感染者的遗骸，霍乱病菌源于印度并于1829年由商船携带到欧洲。人们喝了霍乱病菌污染过的水后被感染，感染者在呕吐和腹泻数小时后痛苦地死去。

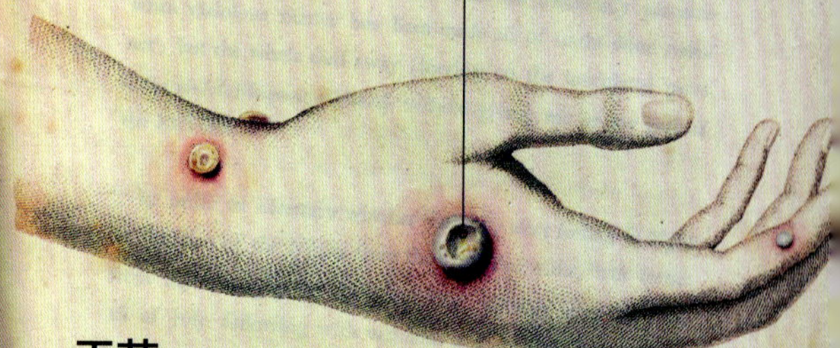

天花导致皮肤上产生令人疼痛的水疱，治愈后会留下疤痕

天花 ▲

天花这种疾病可能会使感染者的皮肤遗留疤痕，严重时还会致盲，甚至死亡。跟流感或其他普通感冒类似，天花是由一种病毒引起的。这是一种只能够在活体细胞内生长或繁殖的微小病原体。天花是一种已经被现代医学消灭的疾病。

大流感 ►

广泛爆发的疾病被称为流行病。历史上最严重的一次流行病大爆发发生在1918～1920年，当时，一种致命性的流感病毒蔓延全球，约5000万～1亿人因此而死亡。那时的人们之所以能够都佩戴口罩，是因为当时已经正确地判断出流感会通过咳嗽和打喷嚏传播。

图片为 19 世纪的宣传广告，一名护士正在用消毒剂洗手

◀ 卫生

在 19 世纪 60 年代以前，人们还没有意识到卫生对于预防疾病感染的重要性。甚至当时的外科医生在动手术前都没有洗手的习惯。1865 年，一位叫作约瑟夫·李斯特的英国外科医生发明了用石炭酸给病人清洁伤口的方法，有效地灭杀了感染伤口的细菌。

弗莱明在有盖培养皿中培养细菌

细菌 ▶

细菌属于单细胞微生物，可导致伤口感染和疾病。1928 年，苏格兰科学家亚历山大·弗莱明发现了一种霉菌可以杀死有害细菌。因此他利用这一发现研制了一种新型的抗菌药物——抗生素。

1845 年，伦敦在修建新的下水道

环境卫生 ▲

19 世纪，欧洲多次大规模爆发霍乱。这引发了排水设施的改造，并最终通过下水道系统的改造阻止了病菌对饮用水的感染。欧洲最近的一次大规模霍乱发生在 1923 年的俄罗斯。对亚洲和非洲而言，霍乱仍然是一个问题，2016 年曾在也门爆发。

◀ 接种疫苗

疫苗属于一种弱致病的生物制品，用于帮助人体抵抗更严重的疾病。英国医生爱德华·詹纳发现感染过牛痘（一种轻微的天花病）的人则不会再感染更严重的天花。1796 年，爱德华给 8 岁的小男孩詹姆斯·菲普斯注射了牛痘水疱里的脓液，然后再试图让他感染天花时，詹姆斯已经有了抵抗力。第一个疫苗便在此基础上制成。

货币

在货币产生之前，人们使用以物易物的方式，交换自己所需要的物资。但物物交换的前提是交换人双方都对对方的物品有需求。货币产生后，它便成为交易的媒介——专门用于购买货物的等价物品。早期的货币通常由稀有金属，如贵金属或色彩鲜艳的羽毛来充当。史上记载最早的货币可以追溯到美索不达米亚（其地理位置在今天的伊拉克南部）文明时期，他们在4500年前使用银作为货币。

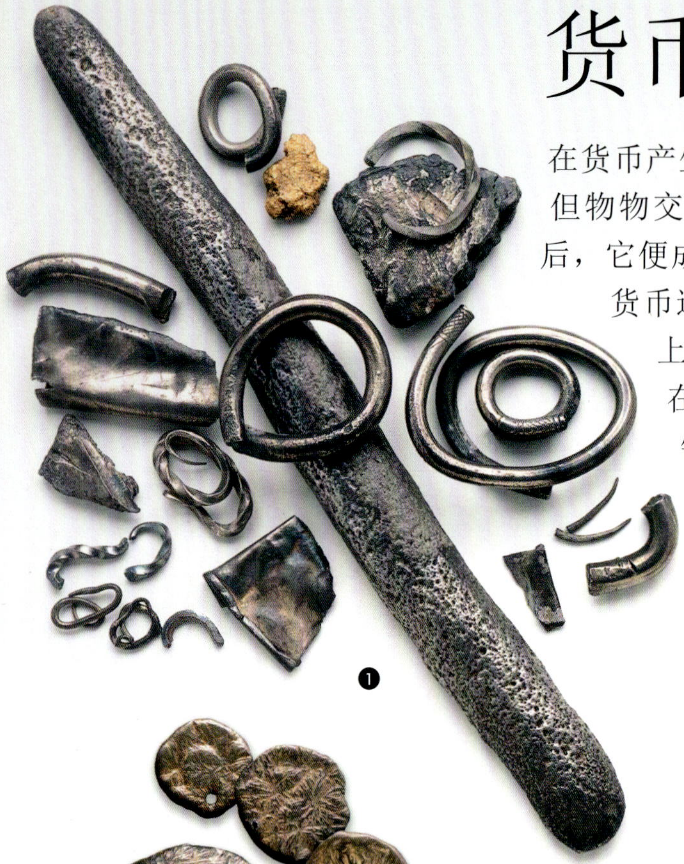

❶

❷

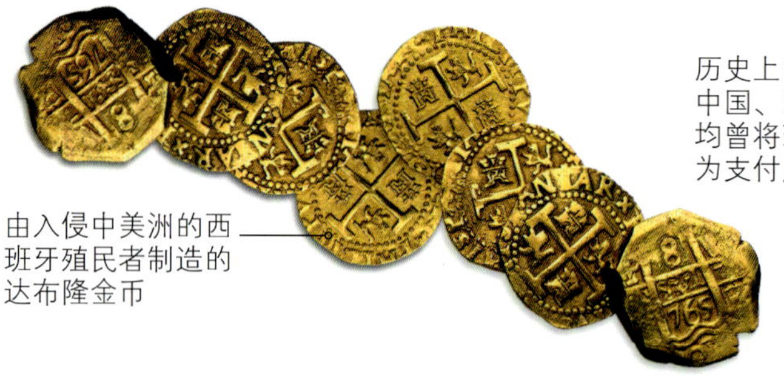

由入侵中美洲的西班牙殖民者制造的达布隆金币

在17~18世纪，北美的英国殖民者将烟叶作为货币

历史上的不同时期，中国、印度与非洲均曾将玛瑙贝壳作为支付用的货币

17 世纪之前，泰国使用马蹄银锭

❶ 埃及钱币
在古埃及，人们用各种各样的金属作为钱币，钱币价值的衡量基于其重量而不是形状。如此便导致埃及产生了大量由金、银、铜等制成的金属条、金属环和金属块。

❷ 缅甸银砝码
18 世纪期间，缅甸用银砝码作为钱币，称作“花银”。它是把银水注入模具并添加花卉的图案制成。

❸ 交易商手册
16 世纪，硬币成为海外贸易的常用钱币。为了识别不同硬币及其价值，荷兰商人使用详细介绍外汇的货币手册。

❹ 羽毛币
太平洋圣塔克鲁兹的岛民可以用羽毛制成的长线圈作为货币购买独木舟。羽毛越鲜亮、线圈越厚，则其价值越高。

❺ 中国古币
在公元前 500 年的中国，制成工具形状的铜币或玛瑙贝壳被当作早期的货币，但由于造型不便于携带而被后来的方孔圆形钱币所替代。

❻ 银行纸币
纸币最早起源于 10 世纪的中国。在商人提供手写收据的影响下，政府开始印制特定面额的纸质收据。

❼ 贝壳念珠币
印第安人编织了一种由白色或紫色贝壳作为材料的腰带，被称作“贝壳念珠币”。他们曾用这种腰带作为货币进行交易。

❽ 石币
太平洋雅浦群岛的岛民曾使用过这种沉重的货币。他们用于付账的巨大石盘通常重得搬不动，有的直径甚至达到 4 米。

❾ 支票
支票是现金的一种替代形式——详细标有从一个银行账户划拨到另一账户的金额。在中世纪时期，圣殿骑士便向朝圣者签发支票，他们便可以不带现金而周游欧洲。

❿ 信用卡
信用卡诞生于 20 世纪 20 年代的美国，最初用来购买汽油。如今，越来越多的人开始依赖这样一张塑料的小卡片。它由银行和企业发行，是现金的便捷替代品。

❸

4
贝壳储存在柳条容器中
5
用红色羽毛织成的线圈
6
罗马在1786年发行的纸币
日本在17世纪使用的铸造硬币，由金条或银条捶制而成
7
8
嵌入式芯片起着计算机的作用
9
10
CREDIT CARD
DEBIT CARD

20世纪

20世纪是人们生活方式发生巨大变化的世纪。人类在这个世纪发明了电视、计算机、互联网和核能。世纪之初以第一架飞机试飞成功开篇，这发生在1903年，飞机的飞行持续了12秒。1969年，美国宇航员成功登月，踏出了人类行走于月球表面的第一步。

抗议活动 20世纪60年代，许多人参加了反战运动。

联合国 联合国（UN）是1945年成立的国际组织，其宗旨是阻止战争、维护世界和平。

冲突

第一次世界大战（1914～1918）造成2000万人死亡，而大部分都是年轻的士兵。第二次世界大战（1939～1945）时，空军的产生使城市更容易受到袭击。大约6000万人死亡，其中多数为平民。随后又在美国和苏联之间爆发了长期对峙的冷战。

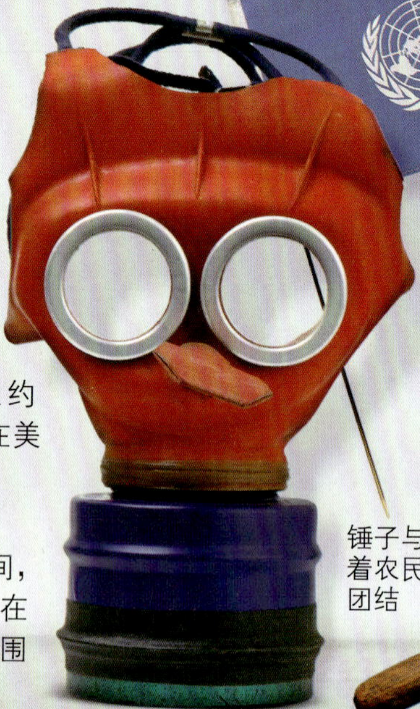

防毒面具 在第一次世界大战期间，这些防毒面具主要分发给士兵；而在第二次世界大战期间，它的分发范围扩大到了平民。

冷战象征 锤子与镰刀是冷战时期美国的对手苏联的象征。

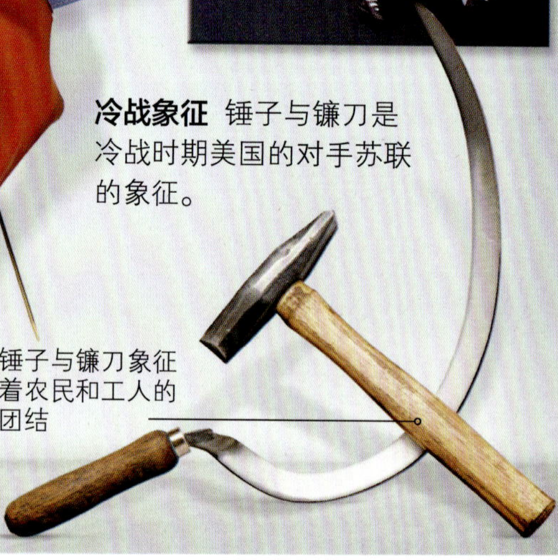

锤子与镰刀象征着农民和工人的团结

冰箱 家用冰箱的大规模生产始于第二次世界大战之后。

娱乐

收音机发明于20世纪初，并在20年代迎来了无线电广播。在二十世纪三四十年代，看电影成为时髦的休闲方式。二十世纪五六十年代，电影的受欢迎程度逐渐减弱，因为人们开始待在家里观看新发明——电视。

随身听 20世纪80年代，个人随身携带的卡式录音机让人们可以边走边听音乐。

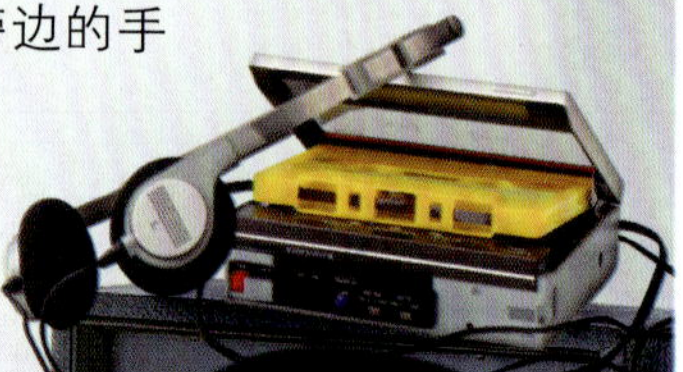

留声机 第一部唱片播放机需要通过摇动机器旁边的手柄播放。

电视 早期的电视机很小，并且是模糊的黑白影像。

收音机 20世纪初，全家人围坐在一起听收音机。

电影院 人们蜂拥至电影院主要是为了观看好莱坞影星。

艾滋病 20世纪80年代以来，一种被称作“艾滋病（AIDS）”的可怕疾病夺走了全球数百万人的生命。

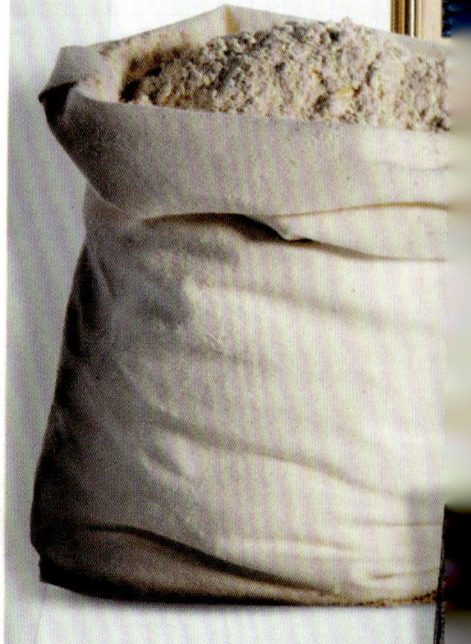

饥荒 许多国家都经历过饥荒。

家庭生活

20世纪，许多家用电器被发明出来，如冰箱、冰柜、洗衣机、洗碗机以及吸尘器。防止食品腐烂的冷冻技术使远距离运输食品成为可能，人们也能够采购并储存较大量的食品。不久，冷冻快餐的出现逐渐改变了人们的用餐时间。

电视餐 预包装的盒饭加热即食，可以坐在电视机前边看电视边吃。

旅行

20世纪交通的发展让人们的旅行变得更加方便。许多家庭拥有了汽车，高速公路的建设也使旅行更加快捷。20世纪30年代起，航空旅行业开始起步。以前的旅程坐火车或轮船需要几天才能实现，现在则变成了几个小时就能到达。

比基尼 又称三点式泳衣，是20世纪发明的知名服装。在海滩上身穿比基尼游泳戏水、沐浴阳光成为许多女性度假的活动。

全球 越来越快的交通工具让更多的人可以周游世界。

纪念品 随着海外旅行的增加，旅游业逐渐成为许多国家的支柱产业。

航空旅行 廉价的航空旅行让许多家庭实现了出国度假。

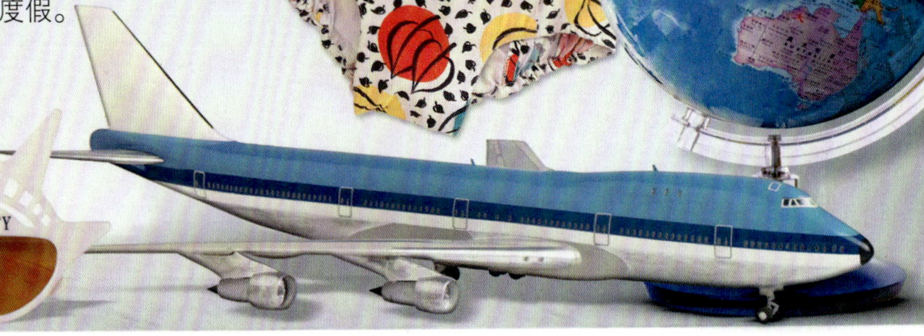

种族隔离 纳尔逊·曼德拉成功地为南非黑人赢得了平等的权利。

问题

20世纪，世界人口从16.5亿增长至60亿，富国和穷国之间的差距不断扩大。男女之间及不同种族之间都存在不平等现象。

选举 图中的奖章被颁发给一位为争取妇女选举权而绝食示威的女性。

工作

20世纪以来，女性在工作中的角色发生了重大变化。之前的几个世纪，女性可选择的职业寥寥无几，但步入20世纪之后她们获得了更多的就业权利和机会。工作场所也因新通信方式（包括计算机和因特网）的发明而有所改变。新技术带来了自动化工厂的产生，手工劳作的需求逐渐减少。

女性的工作 20世纪70年代，女性为获取与男性同工同酬而奋斗。

计算机技术 20世纪70年代末，个人电脑的出现开始彻底改变人们的工作环境。

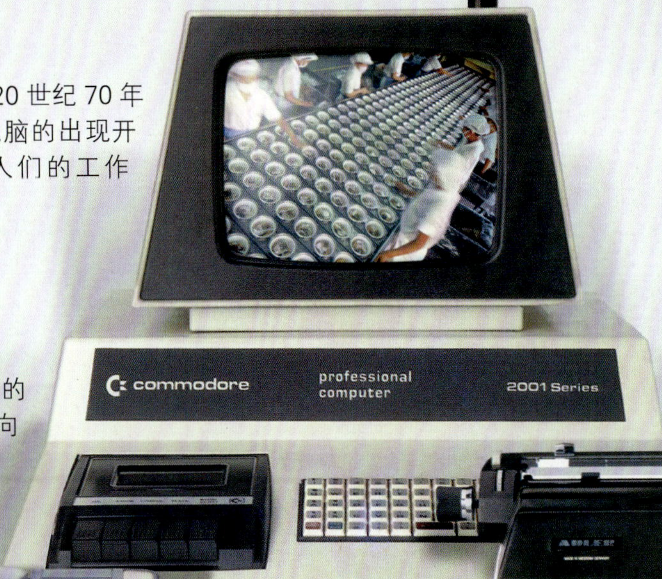

电话 通信技术的进步使贸易走向全球。

打字机 在20世纪的大部分时间中，办公室职员都使用打字机书写文件。

画廊

大卫・特尼尔斯在 1651 年创作的油画《利奥波德・威廉大公在他的布鲁塞尔画廊》中所描绘的画廊是当代馆藏量最大的收藏地之一，该画廊有编号的作品就达到了 1300 件。威廉大公管辖南尼德兰地区（比利时）。

文化艺术

艺术

有些艺术家致力于创作美丽的作品，而有些艺术家则通过艺术来揭示世界。在过去，艺术也曾用于宗教、巫术或玄学领域。不同文化背景下的艺术家展示人类形态的方式各有不同，其艺术风格甚至大相径庭。

最早的艺术品 图中的雕像展现的是一位孕妇（《维林多夫母神》），发现于奥地利，创作时间大约在25000年前。雕像的头发刻画得非常细致，但面部特征却不清晰。

墓穴艺术 埃及画师从最独特的角度对人体的各个部位进行描绘。头和四肢都是侧面的视角，而眼睛和躯干则都是正面的视角。

《蒙娜丽莎》 该画作是世界上最著名的艺术作品，画中那神秘的微笑倾倒世人。作品由意大利艺术家列奥纳多·达·芬奇创作于1503～1507年。

皇室肖像 德国画家汉斯·荷尔拜因是英格兰国王亨利八世的宫廷画师。他在1539年为亨利之子爱德华创作的肖像中，服饰刻画得细致入微。

自画像 为了练习绘画技术并记录自己的生活，荷兰画家伦勃朗·范·莱因（1606～1669）一生为自己画过60幅自画像。

印度艺术 图中的绘画创作于1770年，这并非一幅现实主义的图画，但却遵循一定的规则。图中壮汉的头部按侧面视角描绘，而胸部则按正面视角描绘。

情感艺术 挪威画家爱德华·蒙克的画作《呐喊》旨在表达情感而不是描绘真实的场景。

新形式 西班牙画家巴勃罗·毕加索（1881~1973）的绘画风格是将人的形体拆分开后再用一种惊人的形式重新组合起来。

装饰风艺术 波兰女画家塔玛拉·德·蓝碧嘉（1898~1980）属于装饰风艺术的代表人物，认为艺术纯粹是装饰性的。

自画像 墨西哥画家弗里达·卡罗（1907~1954）采用幻想中的场景画自画像。

兵马俑 公元前209年，8000多件真人大小的陶俑被埋葬在中国秦始皇的陵园外城东侧，象征着对皇陵的守护。每个兵俑都刻画着不同的面部表情。

清明上河图 中国北宋画家张择端（1085~1145）所绘。画卷5米多长，描绘了北宋都城东京（今河南开封）的城市面貌和人民生活。

非洲面具 这些精致的艺术品是在跳祭祀舞蹈时佩戴的。他们认为，佩戴面具者可与神灵沟通。

日本木版画 1794年，日本画家东洲斋写乐为演员大谷鬼次制作的木版画。大谷鬼次扮演的是一个扮鬼脸吓人的恶棍。

油画笔触 跟伦勃朗一样，荷兰画家文森特·凡高（1853~1890）也为自己画了许多幅自画像，在他生命的最后5年中就有30幅。他的画风自由，每个笔触清晰可见。

印象主义 法国画家埃德加·德加（1834~1917）创立了新的艺术运动，即所谓的印象主义。这幅芭蕾舞女演员的油画展现了他捕捉光线和运动变化的绘画风格。

曲线雕塑 英国雕塑家亨利·摩尔（1898~1986）的专长是将人的形体变成简单的曲线形状。

波普艺术 安迪·沃霍尔（1928~1987）所使用的题材多来源于流行文化。1962年，沃霍尔用电影明星玛丽莲·梦露的照片制作了这幅丝网印刷作品。

卡通艺术 美国艺术家凯斯·哈林（1958~1990）以涂鸦艺术家的身份开始了他的职业生涯，主要画卡通人物。

建筑学

建筑设计和与建造相关的科学与艺术被称为建筑学。在古代，人们设计建筑物的原因：一是实际使用，如修建住所；二是宗教原因，如修建墓地和神坛。经过几个世纪的演变，建筑学已经成为一种使用高质量的材料进行更加大胆创作设计的艺术形式。

❶ 古罗马圆形大剧场

古罗马时期修建的第一个至今屹立不倒的大剧场，于公元 80 年落成。它的惊人之处不仅体现在其规模宏大，也体现在其设计上。它设计有 80 个门，可以容纳 5 万名观众全天观看角斗士格斗或其他公共演出，并能确保观众安全出入。

❷ 博尔贡木板教堂

12 世纪，挪威人不再追随维京人的信仰而改信基督教，因此他们在挪威的贸易线路上兴建了数以千计的漂亮的木板教堂。教堂的门框上面刻有一些以动物为主题的图案。

❸ 格拉茨美术馆

被当地人亲切地称为“友善的外星人”的格拉茨美术馆是奥地利的一所艺术博物馆，于 2003 年落成。其外观以蓝色的塑料玻璃拼贴而成，可以显示图像和动画。在内部，两部分大空间能够适合不同的展览。

❹ 迪斯尼音乐厅

迪斯尼音乐厅从设计到 2003 年开幕共计用时 16 年，是美国洛杉矶爱乐乐团的新家。其引人注目的外观由不锈钢曲线组成，实木装饰的大礼堂搭配着最先进的音响设备。

❺ 克莱斯勒大厦

这幢 20 世纪 20 年代修建于美国纽约的摩天大楼至今仍是世界上最高的砖造建筑物，高 319 米。它是专门为克莱斯勒汽车公司设计的房子，建筑上突出来的怪兽状滴水嘴也设计成了汽车吉祥物样式。

❻ 德国国会大厦

德国国会大厦位于柏林市中心，1894 年建成，1933 年失火被毁，后被翻新。1990 年德国统一后，德国联邦议院搬回柏林，并于 1999 年迁入修复翻建过的国会大厦，国会大厦重新回到德国政治生活的中心。

❼ 杰内清真寺

马里的杰内清真寺是世界上最大的泥砖结构建筑，其历史可追溯到 1909 年。厚厚的墙皮上涂了一层像灰膏一样的泥巴，使墙的外表光滑平整。墙上的棕榈木支柱可以帮助人们在每年春天对墙皮进行修复。

观看比赛时，下等阶层的观众坐在大剧场的上层，而贵族们则坐在靠近表演场的建筑下层

建筑顶上的喷嘴设计能够让自然光照射进博物馆画廊

教堂木板外面涂了一层柏油和油脂的混合物，用来保护建筑上的木材

尖尖的山形墙顶上通常雕刻着十字架和类似于维京船上的龙头

2005年，由于附近的居民抱怨音乐厅外墙体反射的光既刺眼又产生热量，音乐厅的不锈钢面板便被进行了磨砂处理

5

克莱斯勒大厦顶上的尖塔由七层银色的拱门构成，每层拱门上设有三角窗

8 哈利法塔

迪拜的这座高 828 米的超级摩天大楼是世界上最高的建筑，被设计成沙漠之花蜘蛛兰的样子。哈利法塔有 160 多层，还有世界上最高的户外观景台。它的高度大约是巴黎埃菲尔铁塔的 2.5 倍。

9 瓦伦西亚歌剧院

这座西班牙歌剧院是瓦伦西亚附近的博物馆建筑群的一部分。它坐落在园林景观内，旁边是倒影池，下方是园林内部的关联通道。建筑顶部是一对弧形的钢壳，钢壳上面覆盖了混凝土和马赛克瓷砖。

10 安联球场

这座足球场位于德国的慕尼黑，是世界上唯一能够变换外观颜色的球场。安联球场于 2005 年投入使用，能容纳近 7 万名观众。由于外观像充气船，所以又被当地有些人笑称为“充气船”。

6

游客通过螺旋通道到达建筑的巨大玻璃穹顶，在此处可以观看柏林的全景

7

3 个巨大的塔楼顶部有鸵鸟蛋形状的椭圆形尖顶，象征着纯洁

8

建筑外观的覆盖层系统是为了抵御迪拜的极端高温

9

瓦伦西亚歌剧院被比喻成一艘远洋班轮，有着轮船般的光滑外表和甲板

10

组成球场外表的 3000 块充气箔板可以从内部点亮，与主场球队的颜色相匹配

符号

无论是喷火的龙还是四叶草，人们使用这些符号——图像、物体和图形——代表抽象的概念。符号可以很好地将不可见的东西描述为有形的东西。我们每天不假思索地使用它们。例如，我们所使用的语言文字和数字便是由符号组成的。

幸运标志
希望保护自己免受不幸或邪恶的人们可以佩戴幸运标志。它可能是一件小饰品、珠宝或取自大自然的物品。许多标志只有在特定的文化背景中才表示幸运的含义。这种迷信行为可以追溯到数个世纪之前。

宗教标志
不同信仰的追随者可以通过符号表达宗教的概念，例如神的观念。宗教符号代表着多种意义和用途，可以用于宗教场所或其他宗教习俗。

伊斯兰星月标志 星月图案与伊斯兰教的信仰息息相关，常出现在一些伊斯兰国家的国旗上

阿普萨拉丝 阿普萨拉丝是印度神话中的女精灵

阴阳 阴阳是道教的象征，代表宇宙的和谐统一

法轮 这一佛教符号带有八个轮辐，分别代表了八正道，即八条得道之路

大卫盾 大卫盾用以色列国王大卫的名字命名，是中世纪以来犹太教的象征

耶稣受难像 这个符号刻画了耶稣基督被钉死在十字架上的情形——使基督徒记住耶稣的牺牲

阿努比斯 古埃及神话中的死神，传说是阿努比斯指引了木乃伊的制作并保护死者

圣克里斯托弗 许多基督徒在长途跋涉的途中佩戴刻有圣克里斯托弗的吊坠，以祈求保护他们在旅途中的安全

"福"字 这个中国字被认为是可以带来好运的字符。农历新年，"福"字作为送给孩子的红包上的装饰

白色石南花 白色石南花在苏格兰被视为幸运的象征，也有人传说石南花生长在没有流血的战场上

四叶草 大多数苜蓿草只有三片叶子，所以迷信的说法是一旦发现有四片叶子的苜蓿草会带来好运

马蹄铁 在欧洲和美国，门前悬挂一块马蹄铁寓意带来好运

邪恶之眼 传说这个符号可以阻挡来自妒忌之人邪恶眼神的诅咒

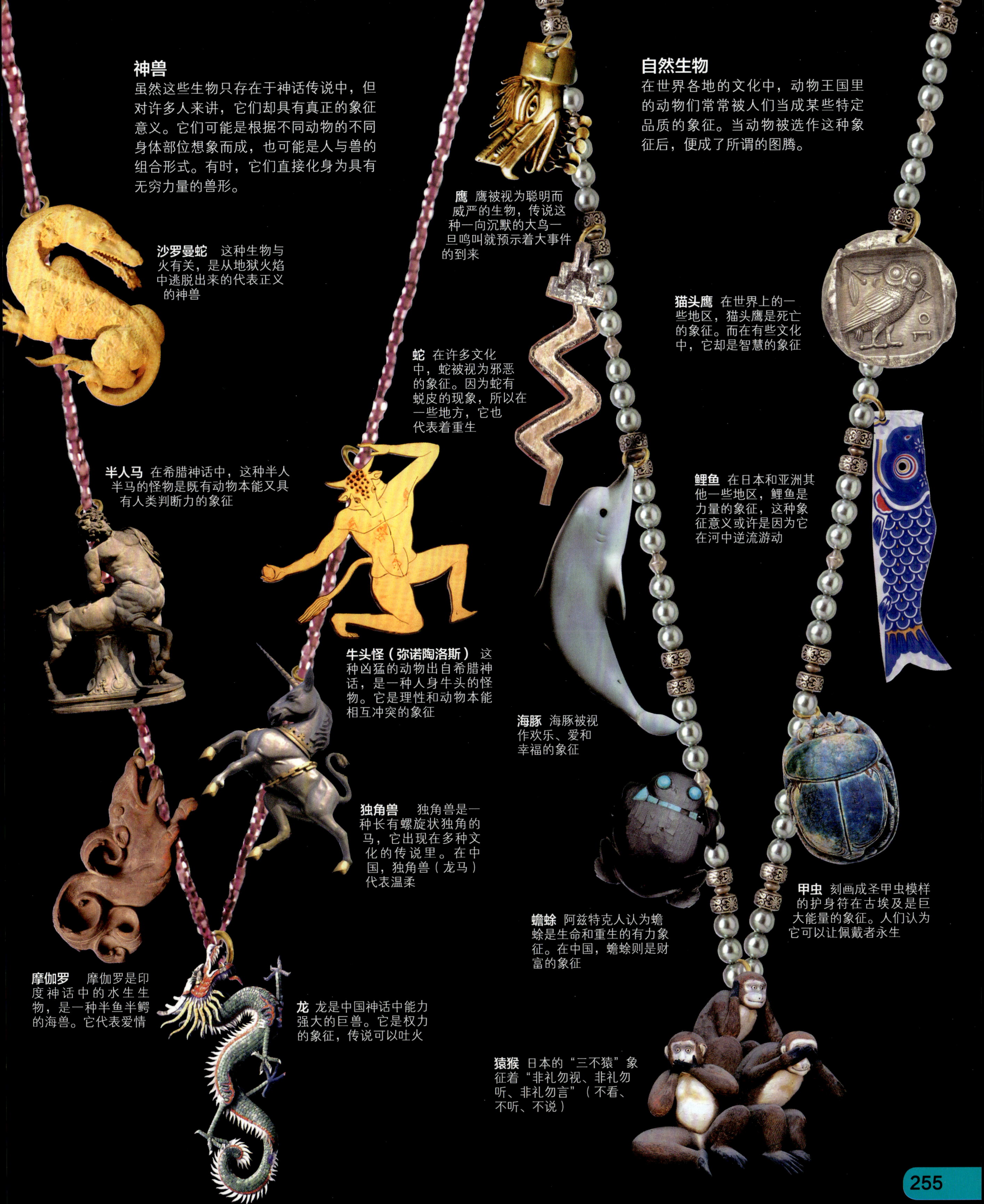

神兽

虽然这些生物只存在于神话传说中，但对许多人来讲，它们却具有真正的象征意义。它们可能是根据不同动物的不同身体部位想象而成，也可能是人与兽的组合形式。有时，它们直接化身为具有无穷力量的兽形。

沙罗曼蛇 这种生物与火有关，是从地狱火焰中逃脱出来的代表正义的神兽

半人马 在希腊神话中，这种半人半马的怪物是既有动物本能又具有人类判断力的象征

牛头怪（弥诺陶洛斯） 这种凶猛的动物出自希腊神话，是一种人身牛头的怪物。它是理性和动物本能相互冲突的象征

独角兽 独角兽是一种长有螺旋状独角的马，它出现在多种文化的传说里。在中国，独角兽（龙马）代表温柔

摩伽罗 摩伽罗是印度神话中的水生生物，是一种半鱼半鳄的海兽。它代表爱情

龙 龙是中国神话中能力强大的巨兽。它是权力的象征，传说可以吐火

鹰 鹰被视为聪明而威严的生物，传说这种一向沉默的大鸟一旦鸣叫就预示着大事件的到来

蛇 在许多文化中，蛇被视为邪恶的象征。因为蛇有蜕皮的现象，所以在一些地方，它也代表着重生

海豚 海豚被视作欢乐、爱和幸福的象征

蟾蜍 阿兹特克人认为蟾蜍是生命和重生的有力象征。在中国，蟾蜍则是财富的象征

猿猴 日本的“三不猿”象征着“非礼勿视、非礼勿听、非礼勿言”（不看、不听、不说）

自然生物

在世界各地的文化中，动物王国里的动物们常常被人们当成某些特定品质的象征。当动物被选作这种象征后，便成了所谓的图腾。

猫头鹰 在世界上的一些地区，猫头鹰是死亡的象征。而在有些文化中，它却是智慧的象征

鲤鱼 在日本和亚洲其他一些地区，鲤鱼是力量的象征，这种象征意义或许是因为它在河中逆流游动

甲虫 刻画成圣甲虫模样的护身符在古埃及是巨大能量的象征。人们认为它可以让佩戴者永生

语言

语言是人与人之间的交流工具，有口语也有书面语。目前，全球共有约7000种不同的语言。还有许多种语言属于以前使用过但现在已经被遗忘的。具有强大经济和政治实力的国家所使用的语言都有数以百万计以上的使用者。

❶ **汉语** 世界上超过 15 亿人以汉语语系中的一种语言为母语，其中约 8.8 亿人用普通话交流。汉语是联合国的官方语言之一。

❷ **法语** 全球有 2.2 亿人说法语。法语是罗曼语系中的一种，由拉丁语演变而来，是联合国的官方语言之一。

❸ **希伯来语** 希伯来语是犹太教的宗教语言，全世界有 900 万人说希伯来语。许多宗教典籍都用古希伯来语书写，古希伯来语主要在公元前 12 ~ 前 6 世纪使用。

❹ **阿拉伯语** 全世界大约有 3 亿人使用阿拉伯语方言交流，阿拉伯语是与希伯来语密切相关的非常古老的语言。伊斯兰教圣典《古兰经》就是用阿拉伯语写成的。阿拉伯语是联合国的官方语言之一。

法语书面语中有帮助发音的5个重音符号

希伯来字母共有 22 个，书写方式是从右向左

葡萄牙语有 26 个字母和 5 个重音符号

艺术家们在伊斯兰手稿中用书法笔书写阿拉伯文字

日语的书写方式通常是竖向的

在这件印地语手稿中，与印地语文字连接在一起的还有一条水平线

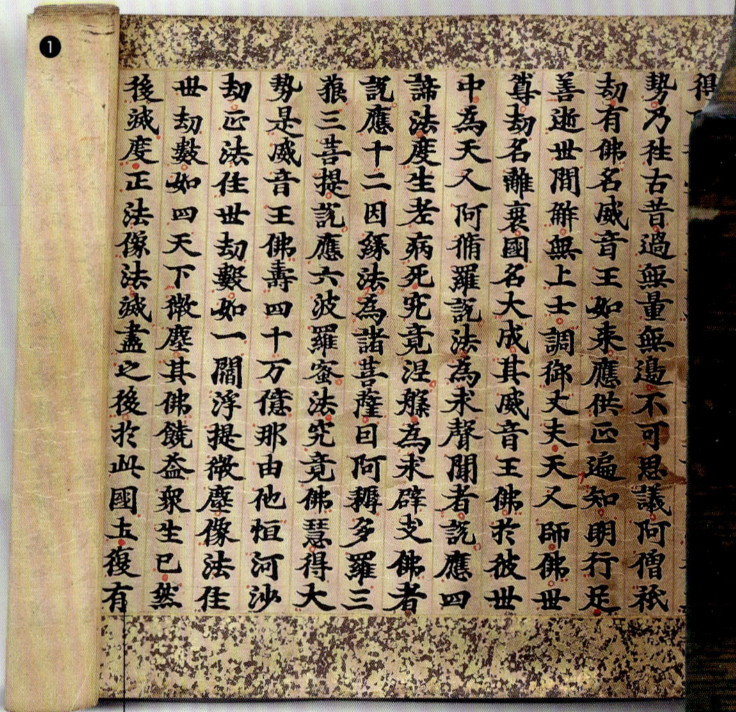

日常书写使用的汉字大约有 4000 个

❺ **印地语** 印度北部和中部的人口所使用的语言被称为印地语。除了 4.25 亿当地人将印地语视为自己的母语外，还有许多印度人将其作为第二语言使用。

❻ **葡萄牙语** 这种罗曼语系的语言起源于葡萄牙，但在 16~17 世纪广泛传播于南美洲。至今，全世界已有 2.3 亿人使用葡萄牙语。

❼ **日语** 世界上有 1.3 亿人使用日语。根据谈话对象的年龄和社会地位，说话者可以通过日语的敬语形式表达对对方的尊重。

❽ **西班牙语** 西班牙语也是罗曼语系的一种，源自西班牙北部，目前有 5.77 亿人使用该语言，是联合国的官方语言之一。西班牙语在中美洲和南美洲使用广泛。墨西哥是世界上说西班牙语人口最多的国家。

❾ **孟加拉语** 孟加拉语是印度的第二大语言。此外，南亚的其他地区也使用孟加拉语，共计有 2.3 亿人以孟加拉语为母语。

❿ **希腊语** 自公元前 9 世纪以来，这种古老的语言便使用与今天一样的字母表。如今，包括希腊和其他希腊语地区在内，全世界仍使用这种古老语言的人口大约有 1300 万。

⓫ **拉丁语** 拉丁语是古罗马帝国使用的语言，并发展成为罗曼语系，许多词汇还融入其他语言中。

⓬ **俄语** 世界上有 1.6 亿人以俄语作为母语，还有更多的人将其作为第二语言，因此俄语不仅是欧洲的重要语言，也是联合国的官方语言之一。

⓭ **英语** 这种广泛使用的语言是通过英国的殖民扩张而遍布全球的。英语是联合国的官方语言之一。如今，全世界大约有 4 亿人以英语为母语，同时英语也是互联网上最常用的语言。

在传统的西班牙书面语中共有 28 个字母

在早期的希腊语书写形式中，词与词之间没有空格

许多孟加拉语字符都是辅音和元音结合的发音

如今，拉丁语已很少使用了，但拉丁字母在全球各地广泛使用

俄语的文字使用的是西里尔字母，这是一种中世纪的书写体系，以其发明者圣西里尔的名字命名

英语的全球化注定了这种语言要不断地发展，它每年大约增加数千个新单词

文学

任何形式的创造型写作都被称为文学。文学包括小说、诗歌、戏剧等虚构类文学，也包括工具书、日记、信件、自传等非虚构类文学。无论使用哪一种文学形式，作者都需要利用他们丰富的想象力来构思。他们努力利用一种吸引读者的、清晰的、创新的方式来传达信息、思想和感受。

▲非虚构类文学 基于事实的写作形式被称为非虚构类文学。作者需要深入研究和理解所涉及的主题，这样才能让历史、政治或人物的真实事件跃然纸上。非虚构类文学还包括传记（人物生平事迹的叙述）和自传（作者个人生平事迹的叙述）。

安妮·弗兰克，犹太人，在她所撰写的《安妮日记》中描写了自己小时候在第二次世界大战期间躲避纳粹的经历

《罪与罚》是俄国作家陀思妥耶夫斯基创作的长篇小说

爱情小说 这种受欢迎的虚构类文学形式侧重于两人之间的爱情故事，通常有一个圆满的结局。它可能以当代或历史的某个时期为背景。

犯罪小说 犯罪小说是一种描述罪犯的手段、犯罪活动以及侦探如何破案并阻止他们的计划的虚构类文学。

▲虚构类文学 虚构类文学的作者用他们的想象力进行事件、背景和人物的创作。虽然有时作者会以真实的事件作为他们故事的原型，但作品中的很多元素都是虚构的。虚构类文学主要包括短篇小说、长篇小说（至少超过 6 万字）、诗歌和戏剧等。

科幻小说
作者通常利用科学事实和现代技术去想象并探索虚拟的世界，故事的时间背景是现在或未来。

戏剧 ▸

为特定的观众所写的故事情节属于戏剧的范畴，可以是剧场表演的形式或电影的形式，也可以是广播剧、电视剧。观看戏剧的观众期待着曲折的剧情，所以作者需要用语言刻画出吸引观众的人物和情节。

英国剧作家威廉·莎士比亚被认为是世界上最成功的剧作家

当一部作品受到欢迎后，作者可能会继续创作一部或多部续集，从而形成一个系列

畅销书

在销售的书籍中，拥有大量读者的非常受欢迎的书被称作畅销书。有史以来，全世界最畅销的书籍是《圣经》，因为这本书的销量大约有60亿册。中国的《毛主席语录》一书拥有10亿册的销量。伊斯兰教经典《古兰经》紧随其后，销量为8亿册。西方文学最重要的作品之一——西班牙小说家塞万提斯·萨维德拉的长篇小说《堂吉诃德》迄今销量约有5亿册。

- 英国著名女侦探小说家阿加莎·克里斯蒂的犯罪小说系列在全球的销量已超过20亿册。
- 最畅销的剧作家当属威廉·莎士比亚，他的剧作估计已售出40亿册。
- 英国女作家J.K.罗琳的《哈利·波特》七部曲至今销量已超过5亿册。
- 英国作家J.R.R.托尔金的《魔戒》迄今已售出1.5亿册。
- 中国四大名著之一《红楼梦》销量超过1亿册。
- 《圣经》迄今已有2000多种语言的译本。

▴ 儿童文学

如今，小读者们涉猎的文学作品范围很广，既有虚构类文学又有非虚构类文学。儿童文学作品的创作是一个非常专业的领域。为了使作品更生动，作者们有时还需要与插画师协作。一般来讲，儿童作品通常以与小读者年龄相仿的主角的冒险故事为题材。有些故事情节也可以是向小读者讲述主人公生活的艰辛与挑战，如被欺凌或失去亲人。

松尾芭蕉（1644~1694）是日本最著名的俳句诗人

◂ 民间故事

这些奇幻的故事通常讲述的是一些神奇的人物如何面对一些不可思议的挑战，背景往往是过去且时间不特定。世界上各种文化背景下的古老民间故事都已无法追溯其作者。这些故事最早针对的是所有年龄段的人，如今，民间故事通常被认为是儿童读物。这样的书籍往往还带有漂亮的插图。

带有精美插图的俄罗斯民间故事

◂ 诗词

诗词与散文不同，往往以“行数”计算。诗人和词人需要选取最贴切的词句来描述画面、思想或感受。许多诗词是押韵的。中国有许多著名的诗人，如诗仙李白、诗圣杜甫等。中国的唐诗宋词是中国文学史上的明珠。日本俳句也是一种古老的短诗形式，要求诗人以17个音节（语音的单位，即日语中的假名）组成一首诗来表达思想或画面。

媒体

将信息传播给大众的信息交流手段即为媒体。这些信息交流的媒介可以采用书面、口头、印刷或数字形式。纵观历史，从印刷术的发明到互联网的兴起，技术的飞速发展使信息传播变得更快、更便捷。如今，信息在几秒钟内就可以遍布全球。

❸ 电视和电影

自20世纪30年代有电视广播以来，电视便一直向广大观众播放新闻和娱乐节目。如今，人们可以在家看电视和电影。DVD、智能电视和世界著名的收费视频网站“网飞”等在线流媒体服务，允许观众在成千上万的节目中进行选择，以及录制、暂停和回放。

❹ 广播

1938年，无线电广播剧《世界大战》在美国播出后引起恐慌，听众认为火星人的入侵真的正在进行。如今，广播电台仍然通过无线电波传送音乐、访谈、新闻以及广播剧等。

❶ 数字媒体

“数字”一词是指信息在存储或传输前所转换成的二进制数字编码。互联网是数字媒体的主要形式，并促进大众媒体向个人媒体开放。

❷ 融合

在这个数字时代，媒体内容可以在许多不同的平台上获得。新闻、电影和电视节目可以在智能手机、平板电脑、电脑和智能电视上观看。此外，这些数字设备还使人们能够通过“微博”“脸书”和“推特”等社交媒体平台创作和消费媒体内容。

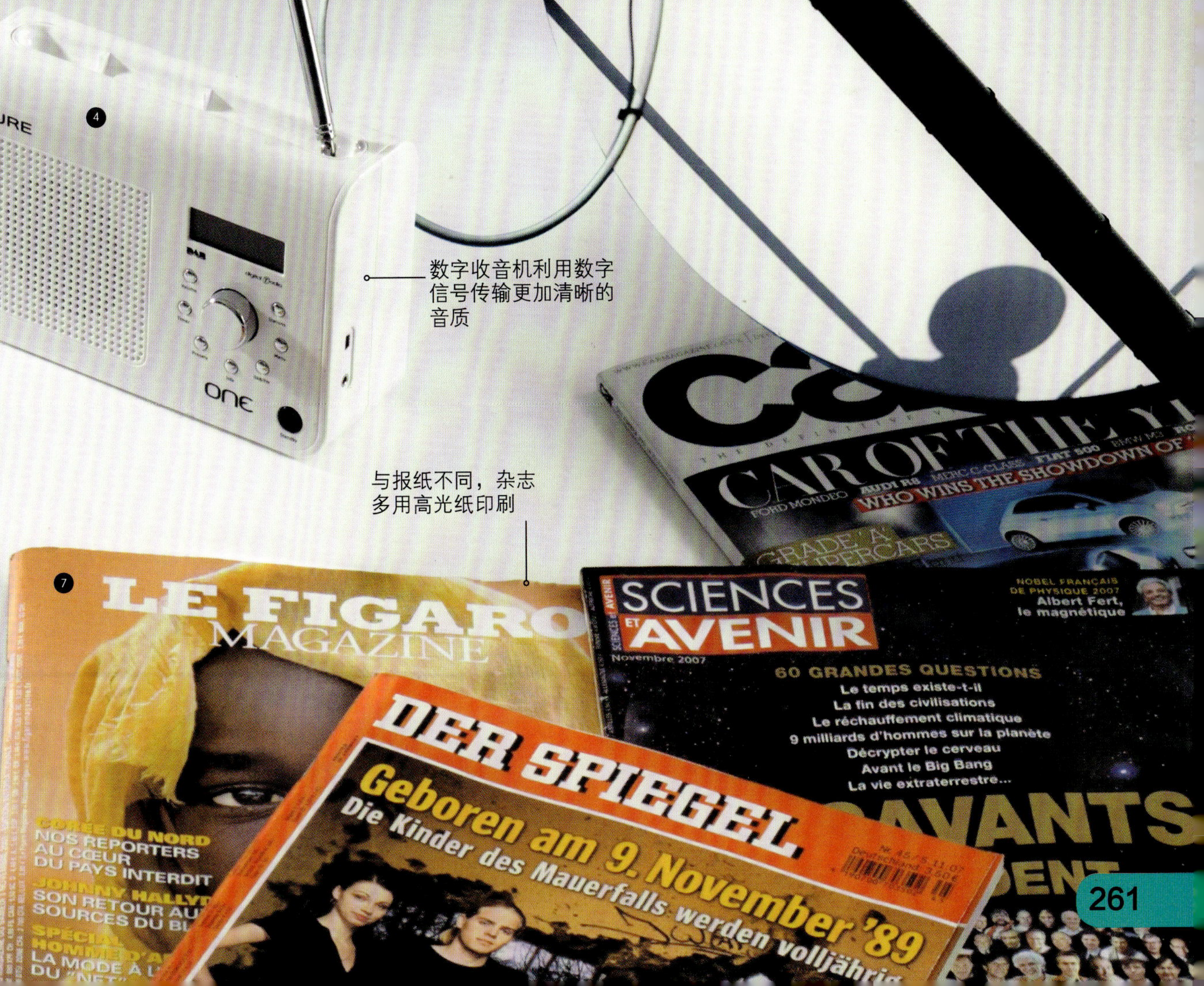

❺ 全球网络

媒体属于全球化的业务。世界上大多数的媒体都由少数的跨国公司控制。地球轨道卫星可以向世界各地发射电视广播信号。

❻ 报纸

报纸分为日报或周报，包含新闻、消息、专题报道和广告。中国的报纸发行量世界领先，每天发行超过1亿份。如今，许多报纸还实现了在线阅读。

❼ 杂志

杂志的内容更新速度往往没有报纸快。杂志可以报道时事，也可以为特定的读者群体服务，例如影迷或音乐迷。

摄影

摄影是一种通过捕捉物体反射光而形成真实画面的方法。光的捕捉依靠胶卷（涂有感光化学物质的塑料片）或电子传感器。自从19世纪初照相机发明以来，摄影师便改变了我们看世界的方式。他们通过摄影向我们展示了自然的奇观、微小的细菌、战争的残酷、遥远的星系、比赛胜利的瞬间和家人的肖像等。

这一快门速度可以捕捉到水滴溅起的瞬间

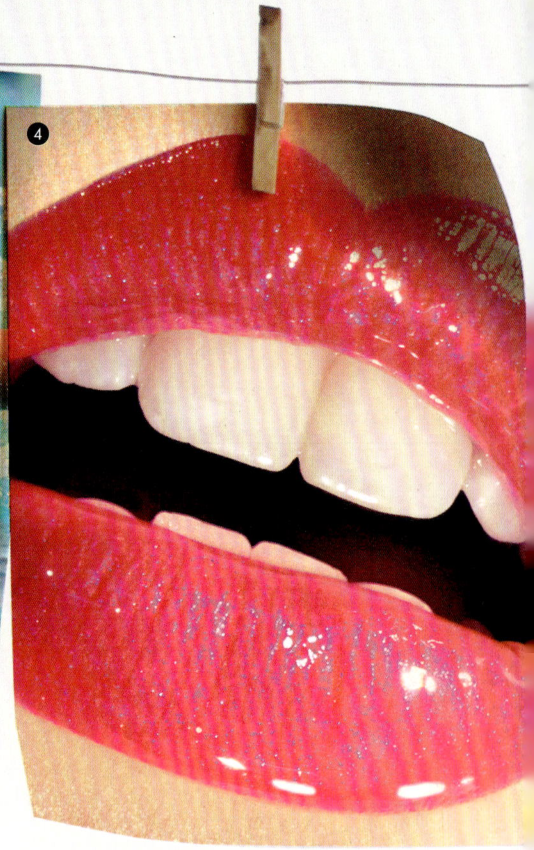

❶ 动作

现代相机灵敏度很高，快门的闭合可以在不到一秒的时间内完成。这样的快门速度可以实现将画面定格在某一瞬间，能够捕捉到足球运动员射门或游泳运动员划水的动作。

❷ 肖像

在摄影发明之前，只有富人才请得起画家为他们画肖像画。摄影发展的早期，人们拍照时都要穿上自己最喜爱的服装，在摄影工作室中摆好姿势。如今，家庭相册中不但记录了生日、假期、婚礼的画面，还记录了人们的日常生活。

❸ 早期的照相机

1839 年，第一台照相机产生，由大木箱组成，曝光时间（胶片或图像传感器感光的时间）非常长。早期被拍照人的表情僵硬、不自然，因为他们常常需要保持一个姿势长达 20 分钟。随着时间的推移，照相机的造型越来越小，感光也越来越灵敏。

乌贼墨颜料——一种取自墨鱼的棕色颜料，可以让冲洗出来的照片保存更加持久

❹ 广告艺术

我们最常看到的照片通常是广告，这些照片被放大后张贴在街道的广告牌上或出现在时尚杂志中。这些照片通常被“修整”过，这样才能让模特看上去更加完美。在口红的广告中，模特的牙齿会做增白处理，唇部则修整得光泽照人。

可折叠的照相机皮腔能够让镜头折叠收进照相机中

❺ 镜头

照相机的工作原理是通过光学玻璃聚焦物体反射的光，这种屈光镜片的集合即为镜头。变焦镜头（如上图）由多片光学玻璃镜片组成。摄影师通过调节镜片之间的距离将远处物体的画面拉近。

❻ 微距

这种摄影方式使用的是一种可以近距离拍摄微小物体（如苍蝇）的特殊镜头。微距镜头只能聚集在物体的有限区域，例如图中苍蝇的眼睛是锐聚焦（清晰区），而它的身体就模糊了。

❼ 图片新闻

摄影记者是以摄影手段进行新闻报道的工作者。他们带着相机，深入战争地区和自然灾害现场，如洪灾和火灾，甚至经常冒着生命危险用真实的镜头讲述报道新闻。

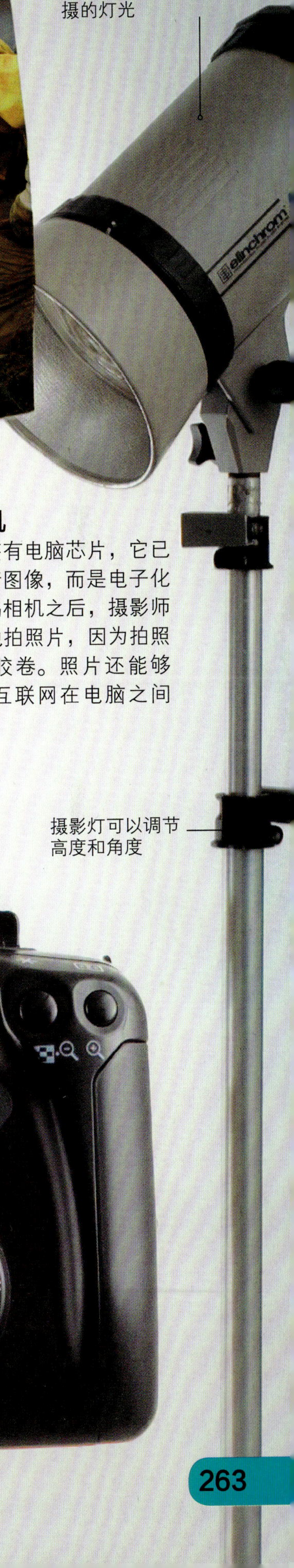

在摄影棚里，摄影师可以控制拍摄的灯光

摄影灯可以调节高度和角度

风景照一般不采用拍摄“肖像”所常用的纵拍，而是采用水平方向的横拍

❾ 风景

与绘画一样，摄影也被用于记录美丽的、引人注目的景色。很多优秀的风景照片都拍摄于刚刚日出或即将日落的时段。那时候的太阳，低垂在天空中，让整个世界都沐浴在温暖的金色光芒中。

❿ 数码照相机

现代的照相机装有电脑芯片，它已不再用胶卷存储图像，而是电子化存储。有了数码相机之后，摄影师可以随心所欲地拍照片，因为拍照已经不再浪费胶卷。照片还能够很方便地通过互联网在电脑之间传输。

❽ 胶片照相机

早期的照相机由沉重的金属和玻璃板组成。1888 年，胶卷诞生，因此相机的体积变小，价格降低。胶片上的成像是反相的即负片，需要在相纸上印放正像。

剧院

剧院发源于古希腊，用于演出歌剧、舞蹈以及其他表演。在中世纪，戏剧表演都是以宗教故事为蓝本，舞台直接用大型的四轮马车，搭在公共场所。直至17世纪，剧院中才修建了凸出的框式舞台，观众和舞台之间用幕布隔开。如今，现代化的剧院具备各种演出的条件，从话剧、哑剧到歌剧、芭蕾，样样俱全。

❼ 演员

戏剧表演的成功与否多取决于演员的演技，演员用神情、语调、手势等吸引观众，让观众投入到舞台上所表演的情节中。世界上第一位有历史记载的演员是希腊诗人泰斯庇斯。早在公元前 6 世纪，泰斯庇斯便撰写剧本并演出。

❽ 舞台背景

布景师利用布景营造舞台气氛，搭建剧情中的地理场景，设计舞台上场景的空间感和距离感。舞台上方是“飞行”空间，舞台布景和道具可以悬挂在这一空间。一套复杂的滑轮系统可以将布景师设计的沉重的场景吊起。

❾ 舞台

剧院的舞台就是演出用的平台。一般来讲，舞台都是用木板制作的，并安装有升降台。表演者和布景的升降可以通过升降台调节。

❶ 舞台口

带有装饰的拱门将舞台区和观众区分开，即所谓的舞台口。它像一个相框一样把舞台演出框了起来。这种拱门于 1618 年在意大利发明，但目前许多现代剧院都是开放式舞台，不再设有幕布。

❷ 幕布

幕布通常用天鹅绒等厚布料制作，在舞台工作人员变换舞台布景时，幕布用作观众和舞台之间的屏帐。防火安全幕布的作用则是在万一发生火灾时防止火势蔓延到舞台外的其他地方。

❸ 包厢

图中的观众席是剧院的私人包厢，剧院中一排一排的座位分为正厅前座区、前排座位和贵宾席。私人包厢的座位在剧院中价格最高，通常是距离舞台演出最近的位置。

❹ 侧台

幕布两侧的后台区称为侧台。上场表演之前，演员们在舞台口后面的侧台上等待入场。

❺ 戏服

演员的戏服由剧团戏服部门负责。戏服经理负责研究、设计和管理演员们的戏服，并在切换场景之时帮助演员换戏服。

❻ 乐队

舞台前方一块凹下去的地方称作乐池，是乐师和音响师就座的位置。指挥则面对舞台站立，根据需要及时指挥协调歌手、舞者和演员的动作。

电影

自1895年卢米埃尔兄弟创作了第一部电影到现在数十亿美元的电影产业，电影已经成为一个非常受欢迎的娱乐项目、一种重要的艺术形式、一种影响人们观念的手段。电影“魔法”的原理是由一系列单独的画面快速连续地播放而形成。

▼ **无声电影**

20 世纪 20 年代末之前，电影同步声音技术尚未成熟，电影中的关键对话或情节通过字幕和演员的肢体语言表达。当时，现场的钢琴伴奏也用于体现电影所需要表达的氛围。

▼ **西部片**

以美国西部艰苦环境为背景的西部片在二十世纪五六十年代吸引了大量的观众。西部片讲述的故事大部分是关于面临着边疆生活挑战的牛仔、歹徒、枪手和正义者。

▼ **恐怖片**

这类电影的创作目的主要是让观众感到恐怖和震惊。经典的恐怖电影中，其角色必须具有掌控邪恶的力量——可能是怪兽、幽灵，也可能是连环杀手。恐怖电影通常都比较暴力和血腥。

▲ **科幻片**

科幻片通常充满了科学奇想和强烈的视觉冲击力，电影制作人有着探寻未来世界的丰富想象力，并通过特效推测我们与科技之间的关系。

▲ **动作冒险片**

这类影片中通常伴有英雄事迹的剧情，还有大量快节奏的特技、追逐、搏斗以及枪战。无论是英勇的警探还是出色的特工，这些勇士们最终总能够力挽狂澜。

▲ **动画片**

这类电影是通过快速连续播放画幅（或模型）而形成运动影像的。动画片也采用电脑制图的技术。

▼ **宝莱坞**

从 20 世纪初开始，美国好莱坞成为世界电影制作中心。然而随着时间的推移，印度每年的电影制作也超过了 1000 部。许多影片都是大型的、生动的印度宝莱坞音乐片（宝莱坞的英文“Bollywood”首字母取自孟买的旧称“Bombay”的首字母，孟买现在的名称是“Mumbai”）。

▼ **喜剧片**

无论是闹剧还是恶搞，喜剧片永远都是观众们的最爱。一些喜剧片以台词博得观众的欢笑，另一些喜剧片则是通过演员的古怪行为为搞笑，或者两者兼而有之。虽然这些喜剧片也挖掘了生活中的黑暗面，但一般都有大团圆的结局。

▼ **灾难片**

小行星撞击地球、沉船、地震等都是灾难片惯用的主题。自 20 世纪 90 年代以来，电脑特效应用于电影，使灾难场景的视觉刻画容易多了。

▲ **惊悚片**

惊悚片具有引人入胜的情节和快速的节奏，在主人公努力战胜邪恶的对手时还会营造出一种紧张的气氛。一些惊悚片以动作题材为特色，而其他惊悚片则依赖于营造悬疑的氛围。

▲ **功夫片**

功夫片是以表现中国武术技艺为主要内容的影片，以一种或多种武术打斗场景为特色。在众多的武术家中，以其技能成为明星的人物主要有李小龙和成龙。

▲ **音乐电影**

以歌唱和舞蹈作为特色带动剧情发展的影片称为音乐电影，一般改编自舞台剧。近年来，好莱坞音乐电影以其古典风格吸引了大量的观众。

舞蹈

舞蹈即舞者运用运动技巧和自身的柔韧性优雅且充满活力地完成一系列动作，一般还伴有音乐。它可能是一种表演艺术的表达形式，也可能是一种特殊仪式的组成部分，抑或是一种欢愉的社交活动。古时候的舞者往往用这些动作表达他们对神灵的崇拜，并借此演绎传说故事。而现代的舞蹈中，舞者则一般根据编舞所预先设计的一系列的动作和步骤进行表演。

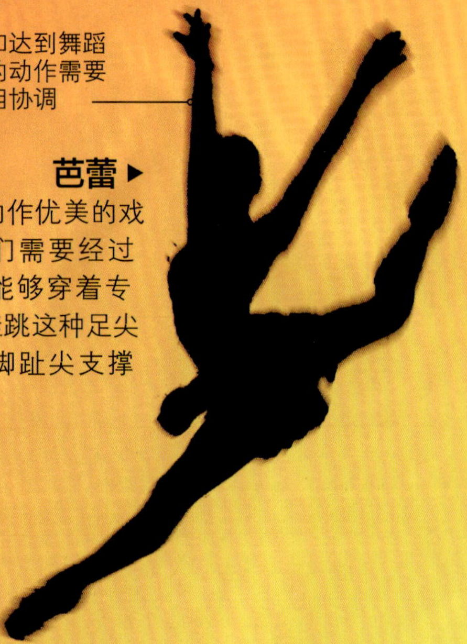

为保持平衡和达到舞蹈效果，手臂的动作需要与腿部动作相协调

芭蕾 ▶

芭蕾舞是一种动作优美的戏剧舞蹈。舞者们需要经过严格的训练才能够穿着专门的硬头芭蕾鞋跳这种足尖舞——需要用脚趾尖支撑身体。

◀ 迪斯科

在 20 世纪 70 年代，流行歌曲和强烈的舞曲节奏充斥着各个电台，人们都聚集在俱乐部里跳迪斯科。有些迪斯科舞蹈有固定的步伐，有些则是舞者自己创作的，或许他们的灵感来自电影《周末夜狂热》。

龙是权力和力量的象征。人们认为，龙设计得越长，它所带来的好运则越多

舞龙者通过调整竹竿的高度使长龙看上去栩栩如生

舞龙 ▲

这种典礼式舞蹈可以追溯到中国汉代（公元前 202 ~ 公元 220）。一个舞龙的团队用竹竿高举一条五颜六色的长龙，通过调节竹竿的高度让长龙翩翩起舞。舞龙是中国春节传统庆祝活动中的重要项目之一。

婆罗多舞 ▶

在古印度南部的印度教寺庙中，舞者用一系列的动作和姿势讲述有关神的故事。这些动作和姿势采用的是婆罗多舞蹈的风格。在这种舞蹈中，不同的姿势——尤其是手部的姿势——代表着不同的含义。

◀ 探戈

这种顿挫感强烈的双人舞蹈于19世纪80年代在阿根廷和乌拉圭的街头兴起。跳舞者紧紧握住对方的手，他们在有节奏的移动时，或面面相对，或同时朝向一方。探戈一词也用于指代与该舞蹈相关的音乐。

康康舞 ▶

这种高踢腿的艺术舞蹈在19世纪30年代起源于法国巴黎，最初为双人舞。后来法国舞蹈队很快便将康康舞搬进了音乐厅，并且由一排排舞女集体表演这种充满活力的舞蹈。

摆动裙子是康康舞表演的一种常见动作

◀ 部落舞蹈

这些传统的非洲舞蹈通常在鼓点的节奏下表演，是许多部落仪式的重要组成部分，或喜（婚礼以及成人礼的庆祝活动）或悲（葬礼）。部落舞蹈还可以帮助提升部落的团结和凝聚力。

林波舞 ▶

林波舞发源于加勒比海地区。舞者需要在一根横置的竹竿下表演，但不能碰到竿也不能失去平衡。每轮舞蹈后横置的竹竿都会降下一些，直至最后一位林波舞表演者胜出。

触碰到竹竿就意味着舞者出局

打响指最初并非“真正的”弗拉门戈舞动作，而是后来被吸收到这种舞蹈表演中的

弗拉门戈舞蹈服装的特点是上身为束胸紧身衣，下身为分层塔裙，漂亮且易于活动

▲ 弗拉门戈舞

弗拉门戈舞起源于西班牙安达卢西亚地区的小村庄。这是一种音乐和舞蹈相结合的极具韵律的奔放型舞蹈。舞者们通常用打响指和踢踏打点的方式与吉他音乐的节奏相配合。

音乐

音乐是一种由歌手和乐器的声音创作的表演艺术，有着各种各样的风格。它可以现场欣赏，也可以通过电视、广播及互联网等多种媒体欣赏。虽然音乐的创作与表演自古就一直存在着，但直到20世纪，记录和传播音乐的新技术出现之后，音乐家们才有了成为全球明星的机会。

❶ 迪斯科

20 世纪 70 年代，用于舞蹈节奏的流行音乐迪斯科（迪斯科英文“DISCO”源于法语“discothèque”，意为“夜总会”）风靡于全球的舞池。迪斯科音乐曾位于音乐排行榜首位，也曾塑造了许多大明星，但到了 20 世纪 80 年代以后，它就逐渐退出了流行乐坛。

❷ 古典音乐

古典音乐是指能够在音乐厅表演的各类型音乐的统称。它可以是针对管弦乐队（一个完整的交响乐团或一小班乐器组合）所创作的音乐，也可以是针对合唱队或歌剧队创作的音乐。例如巴赫和贝多芬这些作曲家的音乐，虽历经数个世纪，仍经久不衰。

❸ 音乐与视觉效果

从 20 世纪 70 年代末起，乐队开始制作音乐视频（MV）来辅助宣传他们的歌曲。音乐视频网和互联网的产生给音乐行业带来了巨大的繁荣。名叫“街头霸王”的一个虚拟乐队曾经是仅以卡通形象的 MV 存在的乐队，在 2005 年实现大转变，也像普通乐队一样举办了现场演出。

❹ 舞曲

音乐合成器等电子乐器的流行以及利用电脑进行音乐创作的技术的产生，使得新一代的音乐更多成为舞曲。DJ（迪厅、酒吧等场所的音响师）成为明星，用唱机转盘混制现场音乐。

❶ 悬挂在舞池顶上的迪斯科球是迪斯科舞厅的标配

❷ 乐谱（写有音乐符号的稿子）可以帮助古典音乐家提示自己演奏哪一部分

❺ 萨克斯管是一个相对现代的乐器，也是爵士乐的主乐器

❻

唱机转盘和黑胶唱片是 DJ 用来创作和混制现场音乐的工具

当DJ开始使用麦克风介绍音乐后，便被引入说唱形式（或称rap）

❸ ❹

如今，巡回演出已经成为国际流行大明星（如贾斯汀·汀布莱克）的主要经济来源

❺ 爵士乐

爵士乐诞生于 20 世纪初的美国，是欧洲音乐元素与非洲黑奴带到美国南部的韵律音乐混合的产物。

❻ 摇滚乐

二十世纪四五十年代，摇滚乐在美国兴起。它用电吉他、贝斯以及架子鼓伴奏，特点是拥有激动人心的唱声、朗朗上口的旋律以及强烈的节奏。这最终演化成摇滚乐，成为至今仍流行于世界的多风格音乐形式。

❼ 流行音乐

这一类型音乐的听众主要是年轻人。流行音乐的结构非常简单，韵律多有重复，所以很容易跟着一起唱。如今，流行音乐大明星的热门歌曲已经遍及全球。

❽ 节奏布鲁斯

节奏布鲁斯，简称 R&B，始自 20 世纪 40 年代的美国，最初主要以非洲裔美国人为主要观众。如今，节奏布鲁斯音乐风格非常接近于迪斯科和舞曲，但更加流畅柔和。

❾ 雷鬼音乐

这一风格的音乐起源于 20 世纪 60 年代的牙买加。它有一种特有的韵律风格和缓慢而平稳的节奏。贝斯的演奏可以带动这种韵律，是雷鬼音乐中最重要的乐器。雷鬼音乐与拉斯特法里教有着紧密的联系。

❿ 乡村音乐

乡村音乐融合了美国南部各州的传统音乐、摇滚乐以及其他音乐风格，是当今最畅销的音乐类型之一，拥有大牌明星、巨大的唱片销售量和成功的巡演。

摇滚乐队“杀手乐队”的第一张专辑*Hot Fuss*备受推崇，全球销量超过700万张

女性歌手——碧昂丝是世界上最卖座的流行歌星

牙买加的音乐传奇人物鲍勃·马利是最著名的雷鬼音乐明星

电吉他是多种风格音乐的主要乐器，尤其是摇滚

许多乡村音乐明星都采用了牛仔的形象

无线扬声器可以与许多设备无线配对，如智能手机，可以在任何地方播放音乐

智能手机现在被用来存储和播放音乐

管弦乐队

管弦乐队是指在指挥指导下的一大群乐器演奏者组成的大型团体。管弦乐队通常包括四组乐器：打击乐器、铜管乐器、木管乐器和弦乐器。乐器相似的演奏者座席相邻，指挥则在最前面掌控时间和节奏。

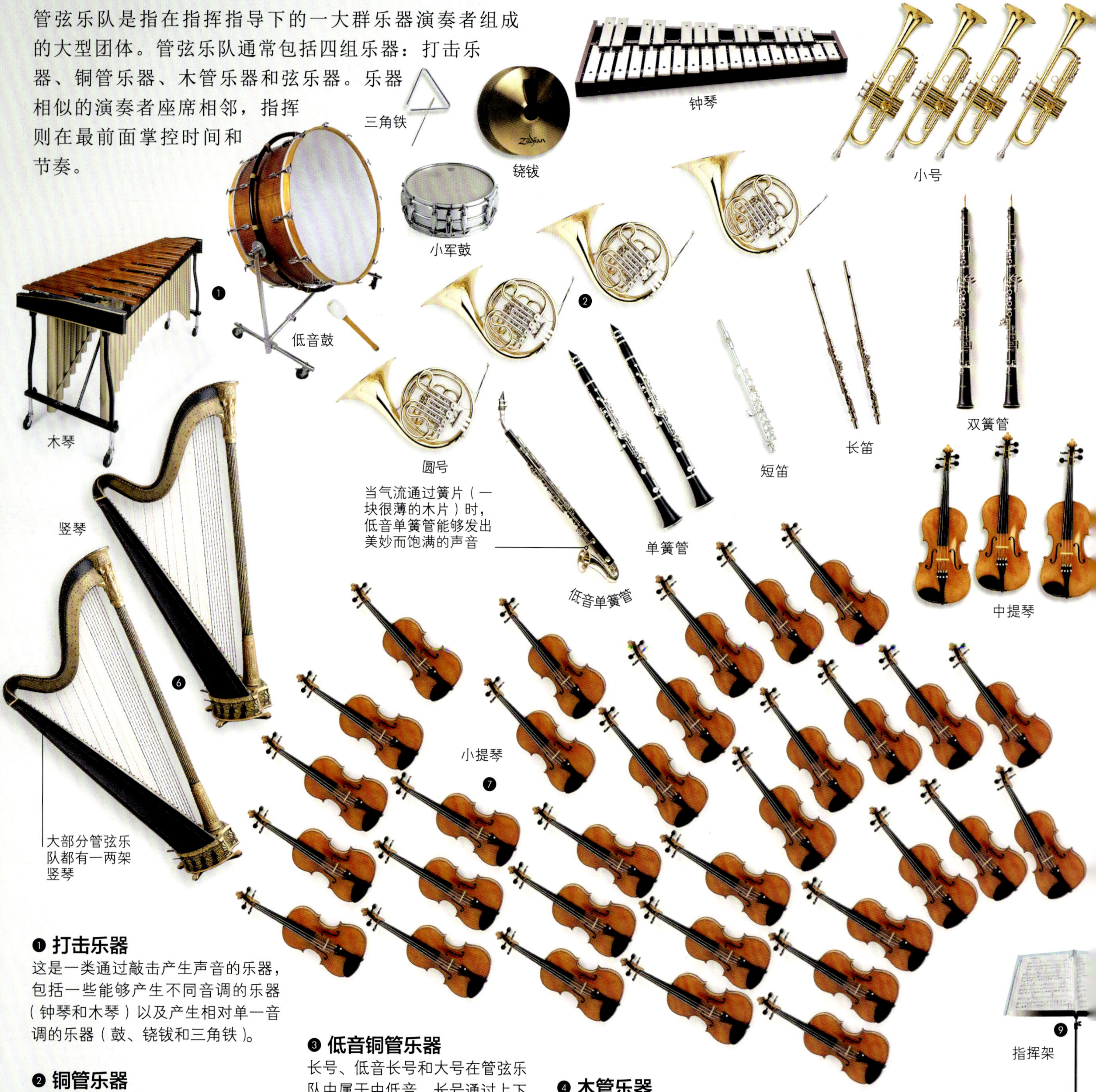

❶ 打击乐器

这是一类通过敲击产生声音的乐器，包括一些能够产生不同音调的乐器（钟琴和木琴）以及产生相对单一音调的乐器（鼓、铙钹和三角铁）。

❷ 铜管乐器

铜管乐器是一种将气流吹进吹嘴之后因产生振动而发声的乐器，例如小号和圆号。音符的变化是通过按下不同的阀键而实现的。

❸ 低音铜管乐器

长号、低音长号和大号在管弦乐队中属于中低音。长号通过上下拉动拉管改变音调。大号是音域最低的铜管乐器，低沉的声音从钟形的末端发出。

❹ 木管乐器

管弦乐队中的这一组乐器包括短笛、长笛、单簧管、低音单簧管、双簧管、中音双簧管、巴松管和倍低音巴松管。乐师通过向音孔或簧片吹气发音。

❺ 定音鼓

定音鼓是一种由铜碗形鼓身、皮质鼓面、羊毛头鼓槌构成的打击乐器，又被称作锅鼓。

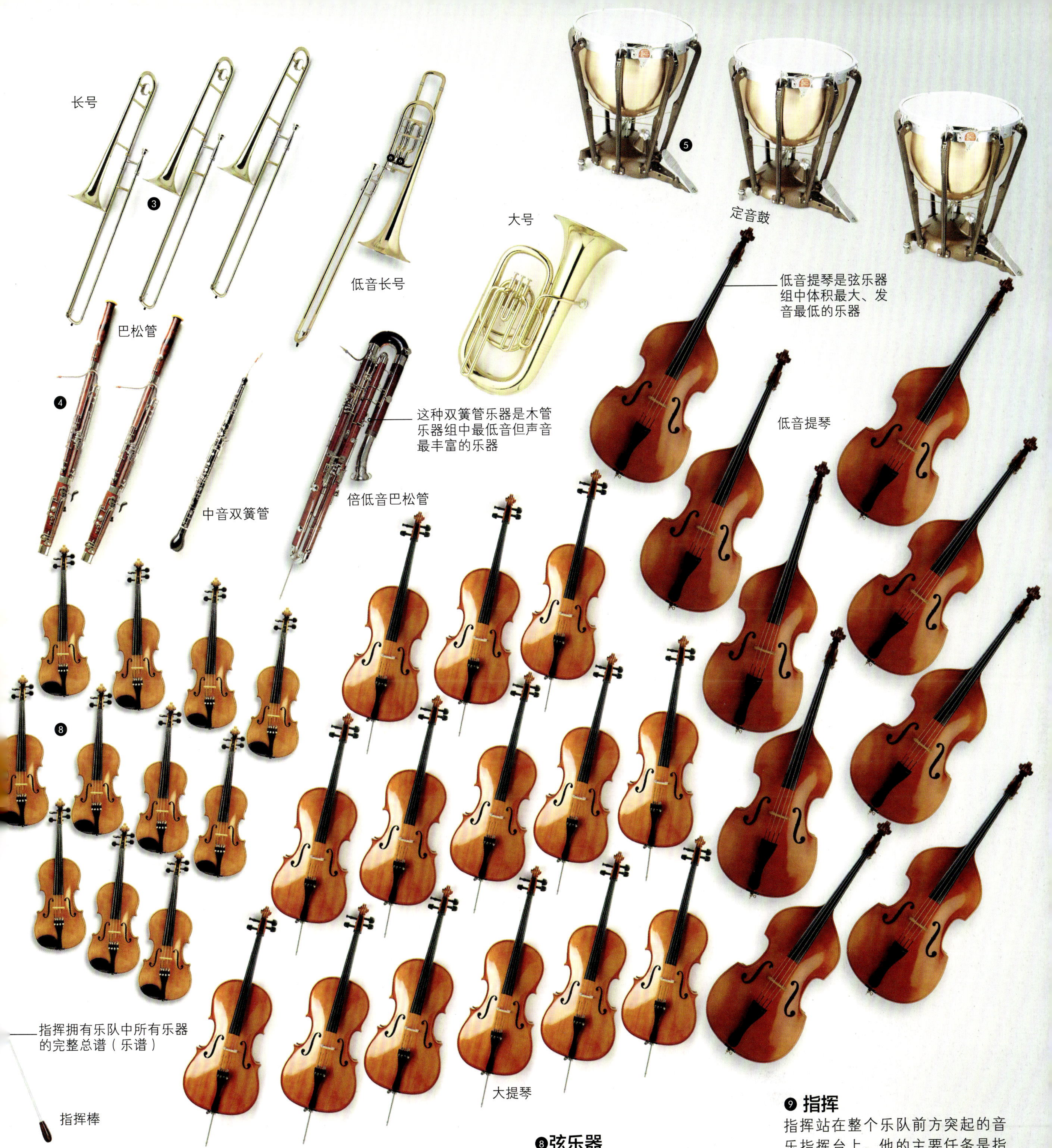

❻ **竖琴**

竖琴是一种由三角形木架和 47 根琴弦构成的乐器。细的琴弦音调高，粗的琴弦音调低。

❼ **小提琴**

在管弦乐队中，小提琴的数量最多。它是弦乐器组中体形最小的乐器。小提琴演奏者用琴弓在琴弦上划动而奏出美妙的乐声。

❽**弦乐器**

弦乐器通常弹奏音乐的旋律（曲调）。在管弦乐队中，弦乐器的数量比其他任何乐器的数量都多。这一组乐器主要有小提琴、中提琴、大提琴、低音提琴和竖琴。

❾ **指挥**

指挥站在整个乐队前方突起的音乐指挥台上。他的主要任务是指挥整个乐队，并通过挥舞指挥棒让所有的演奏者及时按音乐节奏弹奏。

体育运动

许多体育运动都源于古代，那时候跑和投掷技巧都是生存所必需的技能。任何有规则限定和体能需求的活动都属于体育运动——且许多体育运动都以球类为核心。

❶ **爱尔兰式曲棍球** 这种快节奏的爱尔兰运动每队有 15 名运动员，运动器材包括斧头形球棍、两个球门和一个小球。

❷ **美式橄榄球** 得分方式是运动员抱着橄榄球跑到对方端区或将球扔到对方端区。

❸ **马球** 这是一项骑在马背上击球的运动。运动员骑在马背上用长柄球槌将球击进球门。

❹ **足球** 这是世界上最受欢迎的运动。比赛双方每队上场球员 11 人，将球踢到对方球网内即得一分，每场比赛赛时 90 分钟。

❺ **曲棍球** 比赛中，双方队员手持曲棍球棍将球击进对方球网内即得分。

❻ **铅球** 运动员投掷 7 千克的金属球，投掷距离远者胜出。

❼ **盖尔式足球** 盖尔式足球源于一种叫作“caid”的古爱尔兰球类运动。运动员将球用脚踢进或用手击进“H”形球门即得分。

❽ **澳式橄榄球** 运动员用脚踢和用手掷的方式将橄榄形球传给队友。他们必须将球踢进场地两边的四根立柱间才能得分。

❾ **杂耍球** 杂技演员可以让多个球同时停留在空中。经验丰富的杂技演员还可以把球换成刀和火把。

❿ **长曲棍球** 这是印第安人发明的一种球类运动，运动员用带有网状袋子的长棍接球或掷球。他们必须把球掷进对方的球门才能得分。

⓫ **垒球** 在这项团队体育运动中，运动员用球棒将球尽可能地往远处击，这样能够为跑垒争取时间。

⓬ **英式橄榄球** 运动员的得分方式是让橄榄球落在对方球门线外或将球从“H”形球门上击出。

⓭ **健身实心球** 运动员在锻炼时将实心球放在身体上以增加肌肉力量。

⓮ **棒球** 这项体育运动与垒球类似，但比赛用球比垒球体积小、硬度大。

⓯ **板球** 投球手将球掷向三柱门（一组木杆），对方的击球手负责阻挡。

⓰ **高尔夫球** 这项运动是用一根球杆将一个小球远远地击进球场上的每一个球洞或使之尽可能地与球洞接近。

⑰ **地掷球** 在法国很受欢迎，比赛时选手们把重球扔向一个小得多的球。

⑱ **滚球** 在维护良好的草坪上面，运动员向前方丢掷滚球与目标色球，并让自己的滚球比对手的滚球更接近目标色球。

⑲ **斯诺克** 双人游戏，游戏双方都努力用撞球杆将15颗红球和6颗不同颜色的彩球分别击入球桌上的6个球袋中。球桌表面是一层特制的羊毛面料。

⑳ **圆场球** 两队轮流击球、防守的球类运动。跑一个圆场即得分，也就是说击球手将球尽可能地击到远处，待外场手将球传回之前，击球手必须绕4根标杆一周。

㉑ **篮球** 此项运动最早是将盛桃子的筐绑在栏杆上作为篮筐。当参赛队得分后，裁判需要爬梯子将球取下。

㉒ **无挡板篮球** 由篮球运动派生而来，是在球场上进行的团队性体育运动，非常受大洋洲女性的欢迎。

㉓ **排球** 排球比赛的两个球队各有6名队员上场，双方的半场中间用高高的球网隔开，球员只能用手击球过网。如果球在一方的半场内落地，则对方得分。

㉔ **门球** 14世纪，法国的农民用木槌将木球击进用树枝弯成的弓形小门中，由此发明了门球。

㉕ **网球** 网球通常在草地或红土球场上进行，分为两队的两名选手（单打）或4名选手（双打）用网球拍击球过网，运动所用的网球由一层毛毡覆盖。

㉖ **台球** 与斯诺克类似，两名选手用撞球杆分别将红色球或黄色球击入球袋。选手将所选颜色的球全部打入球袋后，才可以将黑球击入球袋。最先将黑球击入球袋的选手为获胜者。

㉗ **壁球** 在有围墙的场地上，选手轮流用球拍将橡胶球击向墙壁。

㉘ **沙滩排球** 最早的沙滩排球运动出现在20世纪20年代的加利福尼亚海滩上。如今，沙滩排球可以在人工沙滩场地中进行。

㉙ **乒乓球** 乒乓球最早起源于维多利亚时代的英国。当晚宴结束后，客人们将桌子摆成迷你网球场，把香槟软木塞当作球来打。

㉚ **水球** 水球运动员在比赛时以游泳的方式运动并防止对方队员将球打入自己的球门。

㉛ **保龄球** 运动员将一个重重的球从木制球道上掷出，目标是击倒球道上的10个球瓶。

㉜ **弹球** 弹球比赛的取胜方式是将玻璃弹球扔进指定的圆圈内或击中另外一个目标球。

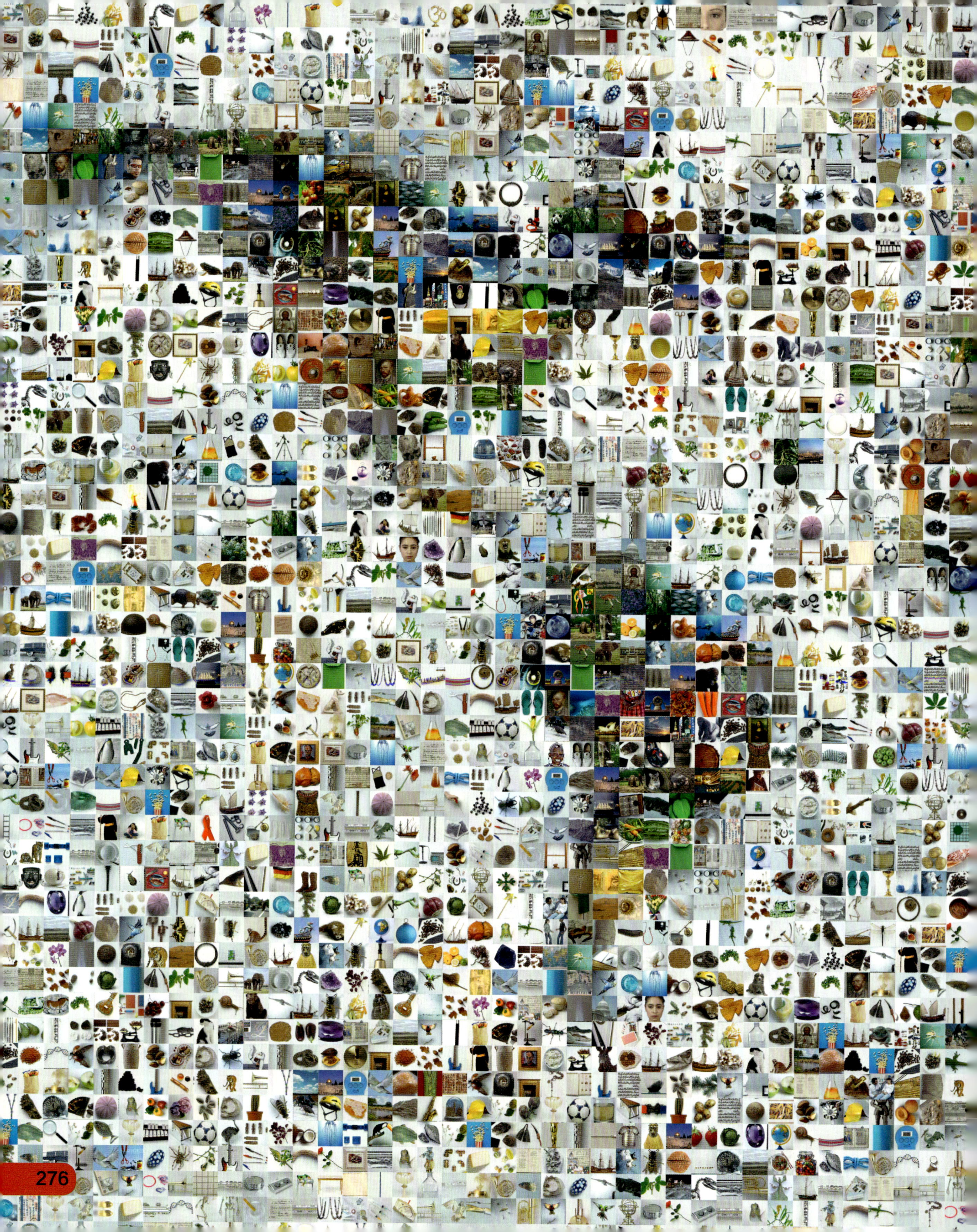

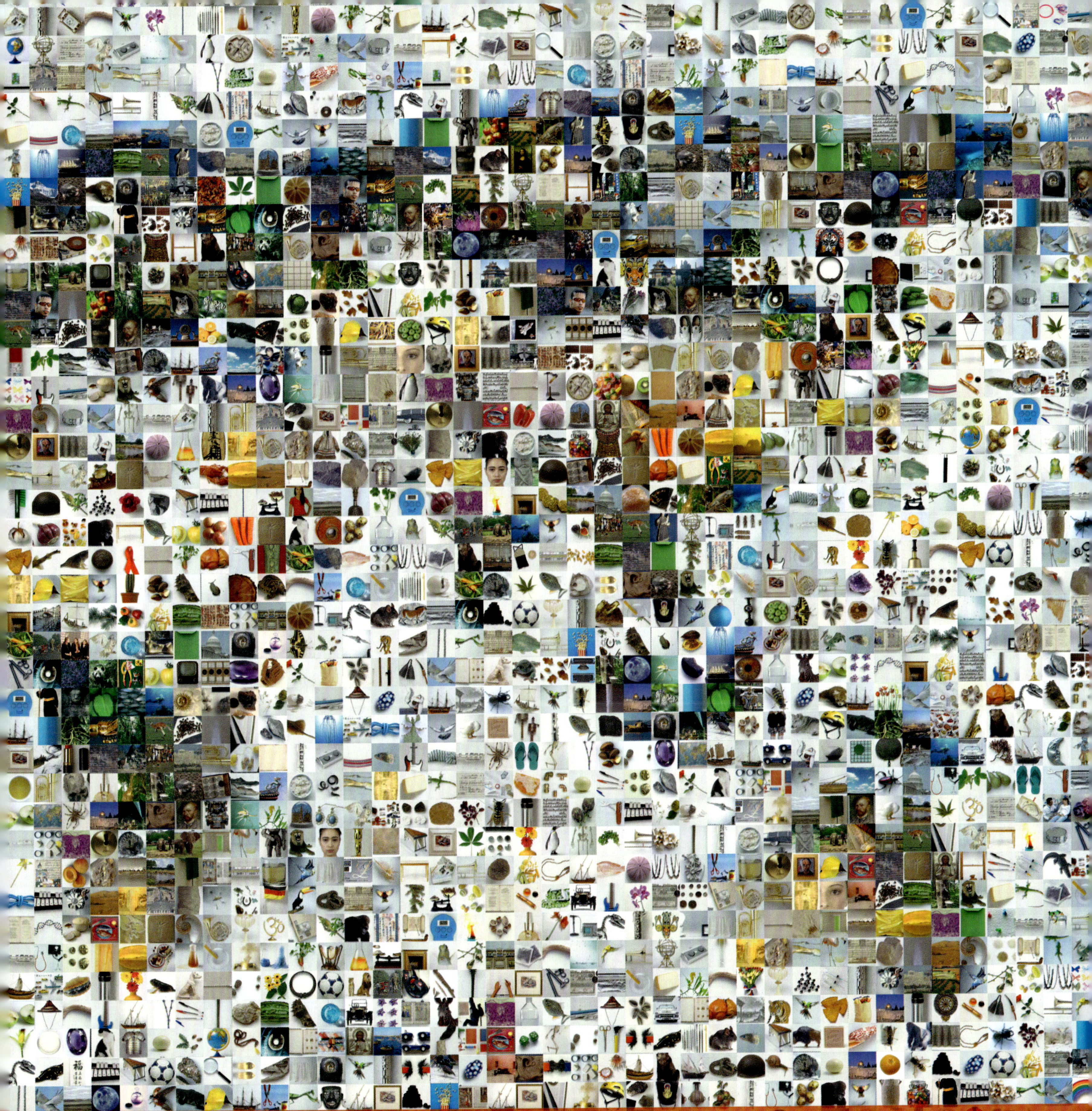

相关知识介绍

自然

地衣只有几厘米高，但它们能够在地球上最寒冷的地方生存很长时间。南极洲的某些地衣已经存活了

4000 多年。

树木枯死后，它之前吸收的二氧化碳最终会释放回大气中。树木燃烧或腐烂后也会释放等量的二氧化碳。

最大的水生植物是亚马孙睡莲。它的叶子十分巨大，可以让小孩子坐在上面而不下沉。

一张普通的床上大约有200万只尘螨。

许多沙漠植物的根都很长，它们能够吸收地下深处的水分。热带美洲牧豆树的树根长达

50米。

微小的纳米浮游生物，直径小于20毫米，是海洋中数量最多的生物。

最小的开花植物是无根浮萍，只有0.6毫米长。一片指甲上大约能放下25棵这样的植物。

蚜虫一生下来就能生殖，它们在出生10天后就能繁衍后代。

竹子能够长到50米高。

雄性海象的长牙可以长到1米。

雄性吼猴发出的声音可以传到5千米之外的地方。

淡水和咸水中生活的鳄鱼会流泪。它们这样做并不是因为悲伤，而是通过这种方式润滑眼睛，并排出体内多余的盐分。

鲨鱼有很好的嗅觉。它们能够探测到100000000滴海水中的1滴血液。

土拨鼠生活在巨大的地洞里。得克萨斯州的一个城镇里大约有400000000只土拨鼠。

木兰是最古老的开花植物之一。人类发现的木兰化石距今已有2000万年的历史。

欧洲鳗鱼把卵产在海洋中。幼年鳗鱼出生后会自己游往淡水河。一条雌性鳗鱼每年可产下400万个卵。

啄木鸟每秒钟能啄 20 次木头。

猪笼草是世界上最大的食肉植物。它用花瓶状的巨大叶子捕捉昆虫。有时，它也被称作“猴水瓶”，因为猴子喜欢喝瓶状叶里的东西。

所有植物中，海椰子的种子是最大的。它们的重量可达20千克。

有一种肺鱼在水中用鳃呼吸，在空气中用肺呼吸。

体重最小的哺乳动物是伊特鲁利亚鼩鼱，它只有1.8克重——比一枚硬币还轻。

鬣狗的胃里有盐酸，能够消化骨头。

真菌以其他生物的尸体或排泄物为食。水玉霉以牛粪为食。

人类发现的最大的真菌是生长在美国俄勒冈州的奥氏蜜环菌，这种真菌覆盖了约10平方千米，存活了约8500年。

斯蒂尔顿奶酪和丹麦蓝奶酪的条纹是由霉菌制成的，霉菌是一种微型真菌。

家养兔子每月可繁殖20只小兔子。

蜂鸟是唯一一种可以垂直向上、向下以及向后飞的鸟。

章鱼有3个心脏——其中2个把血液输送至鳃部，另外1个把血液输送至身体其他地方。

蚂蚁从来不睡觉。

一只毒箭蛙皮肤中的毒素能够杀死10000只老鼠。

雄性座头鲸每次唱歌的时间有20分钟甚至更长。它们这样做可能是为了向雌性座头鲸求爱。

印度象的孕期约为22个月。

体形最大的猫科动物是西伯利亚虎，其重量可达300千克。

一只鼹鼠每天可挖掘100米深的土地。

一些种类的跳虫是昆虫，能够在零下38摄氏度的低温下存活，因为它们的体内含有防冻剂。

骆驼可坚持两周不喝水，但如果周围有水，它们可以在10分钟内喝下200升水。

已知的甲虫种类超过37万种。

红袋鼠一次能跳8米远。

黑脉金斑蝶从北美出发，飞行4000千米来到墨西哥或者旧金山的蝴蝶林过冬，有些蝴蝶可能之前从未到过那里。

世界上最大的啮齿动物是水豚，其重量可达65千克。

白蚁蚁后每天可产30000枚卵。

鲸鱼乳汁里有近50%脂肪。

蜜蜂的嗡嗡声是由其翅膀的振动产生的，蜜蜂的翅膀每秒可振动250次。

一只狗可以做出100种不同的面部表情，其中许多表情都需要动耳朵。

狗大脑中负责嗅觉的部分比人类大40倍。

牛有4个胃，可以处理难以消化的草和植物。

蓝鲸是当前地球上最大的动物。仅它的心脏就重达180千克。

河狸坝有300米长，可能有几百年的历史。

蜘蛛通常喜欢单独行动，但是偶尔成群结出巨大的网。2007年，美国得克萨斯州的塔瓦科尼湖州立公园发现了一张长达180米的蜘蛛网。这张网是由很多种不同的蜘蛛联合织成的。

蓝鲸的哨声即使在水下100千米深仍能被听见。

鲸鱼和海豚的大脑一半清醒一半处于睡眠状态，所以它们并不会感到困倦。

一堆大象的粪便中可能含有7000只甲虫。

跳蚤一次可跳30厘米，相当于自己身长200倍的距离。

漂泊信天翁翼展可达3.5米，是所有飞行鸟类中翼展最长的，这意味着每只翅膀的**长度**几乎相当于一个**成人**的身高。

需要更详细地了解自然世界，请参阅8 ~ 59页

人体

人体每分钟可脱落成千上万的皮屑。人的一生可脱落20千克的皮屑。

人的大脑重量约占身体总重量的2%，但却消耗着20%的血液供给。

肝脏负责500份不同的工作，包括清理死亡细胞、制造蛋白质和储存糖分。

人体内有100万亿细胞，每20秒就有10亿细胞死亡。

人体最大的细胞是卵子。

毛毛虫的肌肉比人体的还多。

每天你有半个小时的时间都在眨眼。

左肺比右肺小，这样才能给心脏腾出空间。

吃进食物后经过肠道大约需要40小时排出。

成人的大脑重量是新生婴儿的3倍。从20岁开始，你的脑细胞开始死亡并且不再更新，因此你的大脑每年会减轻1克。

每个人的舌纹都不同。

当你进入青春期时，你的眼睛就会停止生长，在你的余生里，眼睛的大小也会保持不变。

鼻毛像一张网，拦截并处理掉空气中的不干净的颗粒。

手和脚的骨骼数量占人体骨骼的一半以上。

人在休息的时候每4秒呼吸一次，但运动的时候每2秒呼吸一次。

人每天在嘴里制造1升唾液。

人体内的细菌重量占人体总重量的3%。

女性的心脏比男性的小，但女性的心脏每分钟跳75下，而男性的心脏每分钟跳70下。

大约1/3的成年人打鼾。

如果把小肠拉直，它的长度大约是6米。

胃里的食物需要6个小时才能消化。

人体中最小的肌肉是镫骨肌。它位于耳朵里，长度不足2毫米。

人体内有600多块肌肉，肌肉的重量占人体总重量的40%。

血液每天流动19000千米，这是环绕半个地球的距离。

60岁的时候，你会失去一半的味蕾。

胃部不断地产生新的黏液层，可以保护胃壁不被自身消化。

人的一生要吃掉30吨的食物——相当于80匹马的重量。

人体内有1000万亿的细菌——相当于人体细胞的10倍。

最响的鼾声有80多分贝，相当于风钻工作时的声音。

人一般有10万根头发，不过红头发的人一般只有9万根。

成年人每天需要吃10000千焦的食物，而北极探险家们却需要3倍的热量才能在寒冷的环境中保持体能。

如果从来不剪指甲，它的长度能长到28米。中指的指甲长得最快，大拇指的指甲长得最慢。

人类和黑猩猩的体毛数量一样多。

挪威的汉斯·朗塞特拥有世界上最长的胡子，他的胡子长达

5米。

最大的器官是皮肤，表面积有2平方米，约重10千克。

婴儿没有膝盖骨，直到3~6岁时才会长出来。

婴儿体内73%都是水，而成年男性体内的水分有60%，成年女性体内的水分有55%。

站着的人每小时能消耗600千焦的热量。

每2000个婴儿中有1个出生的时候有牙齿。

人的一生走过的路程，其长度相当于环绕赤道5圈。

婴儿还没有出生的时候就已经会做梦了。

人平均每分钟眨眼23次，一年眨眼1200万次。

人每天通过打嗝或者放屁释放2升气体。

婴儿大多是在凌晨3点到4点之间出生的。

人的双脚上共有25万个汗腺，一天能产生0.25升的汗液。

打喷嚏的时候，你的眼睛一定是闭着的。

首例成功的心脏移植手术出现于1967年。如今，仅美国每天就要做8台心脏移植手术。

最大的动脉是主动脉，直径达2厘米。这和一根软管的宽度差不多。

处于青春期的男孩每年能长高9厘米。

孩子在春天长得更快。

睡觉的时候，你每分钟最多可减重42克。

人的一生会排出45000升尿液，足以填满一个游泳池。

人的一生会饮用70000升水。

200多种不同类型的病毒都能引起普通感冒。

咳嗽时，气流的速度能达到每小时100千米。

一个喷嚏可能含有10万个病毒。

第一次世界大战后由于患流感死亡的人数比第一次世界大战时死亡的人数还要多。

19世纪，英国外科医生罗伯特·利斯顿切断一条腿只需要28秒。

日本人的平均寿命为84.2岁，是全世界寿命最长的民族。

世界上最长寿的人是法国的雅娜·卡尔芒，她于1997年去世，一共活了122年164天。

需要更详细地了解人体，请参阅60 ~ 87页

科技

谷歌每天处理超过50亿条搜索。

科学家发现的**最小的粒子**是夸克，它是如此之小以至于没有人真正见过它，只能通过它对周围事物的**影响**而知道它的存在。

公元前875年左右，数字0首次在印度使用。

国际单位制中的**最小重量单位**是**幺克**，用来表示原子内的粒子的重量。而**最大重量单位**是**尧克**，用来表示**行星**和恒星的重量。地球的重量是6000尧克。

原子内主要是真空。如果把原子核比作足球场上的苍蝇，电子就像看台上飘着的灰尘。

质子比电子**重**1835倍。

密度最大的自然元素是锇，每立方厘米重23克。

欧洲科学家正在研制一种激光，这种激光的亮度将是太阳光的**10万亿**倍。

托马斯·巴贝奇在**19岁**时就有了关于**计算机**的设想。

飞艇之所以能漂浮起来是因为它里面充满了**氦气**，氦气比空气**轻很多**。

互联网的域名**business.com**由马克·欧斯特洛夫斯基于1999年以**750万美元**卖掉。

在大气压下，**二氧化碳**会在零下78摄氏度时直接由固体变为气体，不会经历熔化的过程。

瞬间指的是1/100秒。

2018年6月，Summit成为世界上最快的**超级计算机**。它可以以**每秒200千万亿次**的速度运行，也就是每秒2亿的速度来计算。

钨是**熔点最高**的金属，在**3422摄氏度**时才会完全熔化。

金属锂十分轻，能够漂浮在水面上。

钻石是由**碳**在地球表面以下150千米处形成的。

纯水的**pH值是7**，但**雨水**是**酸性**的，**pH值小于7**。

研究大数据的学科叫谷歌学。

科学家命名了**6种夸克**，分别是上夸克、下夸克、顶夸克、底夸克、**粲夸克**和**奇异夸克**。

19世纪，英格兰中部地区首次注意到由工业**污染**引起的**酸雨**问题。

计算机内存中的**1字节**由8比特构成。4比特相当于半字节。

在**计算机**的帮助下，过去**10年**产生的数据比之前所有的数据加起来还要多。

氢是质量最轻、结构最简单的元素，也是目前宇宙中**最基本**的元素——世界上所有物质构成的原子中，**93%**是氢原子。

1971年，美国人雷·汤姆林森发送了第一封电子邮件。电子邮件的信息从一台计算机传送到另一台计算机。

地球上现存的**水**和**20亿年前一样**多。

在室温下，**汞**是唯一的**液态**金属。

浴室用水占家庭用**水**的2/3。

当**冰面**达到**13厘米厚**时，**滑冰**才安全。

90分贝的**噪声**会损害**你的听力**，这相当于**交通严重拥堵**时所发出的音量。而声音达到130分贝时，也就是当**飞机起飞**时，你的耳朵会感到疼痛。

使用1000万赫兹高频声波的**超声波扫描**，能够形成子宫里婴儿的**图像**。

发电站使用**化石燃料**燃烧发电，但燃烧时，**大于2/3**的能量都流失掉了，大部分**流失**的能量都转化为热能。

噪声是不同**频率**的声音混在一起产生的。**音符**有一个主频率，如中央C的频率是256赫兹。

人们利用**X射线**技术发现在画作《蒙娜丽莎》的下面其实是**3层不同的**画作。

飞行数据记录器，也就是“**黑匣子**”，实际是**橙黄色**的。如果飞机失事，人们很容易发现它。它能够承受1000摄氏度以上的高温。

衡量光强度的单位是坎德拉。它最初是用**蜡烛**发出的光亮来定义的。一道**闪电**平均每平方米的光强度是8000万坎德拉。

2500年前，**古希腊**塔伦特姆的阿尔希塔斯发明了**第一个机械装置**。这是一只以**蒸汽**为动力的**机械鸟**。

在**真空中**，光的传播速度是每秒**299792458米**。

任何魔方都能在26步之内复原。

天气晴朗的时候，1000万亿**光子**每秒击中的面积相当于针尖大小。

磁悬浮列车是依靠**磁铁**运行的。最快的商用磁悬浮线路出现在中国**上海**。该线路全程约30千米，从机场到市中心只需**8分钟**，最高时速约为430千米。

世界上**最小的吉他**只有百万分之一米，由美国康奈尔大学制造。它弹奏的音符比正常吉他**高**17个八度。

一个普通的**电灯泡**只能把5%的电能**转化成光能**。

在可见光中，**红光**的**波长最长**，大约为**0.7**微米。

世界上最大的客机是空中客车**A380**，最多可承载853名乘客。

英国科学家艾萨克·牛顿的宠物狗撞翻了**蜡烛**，并引发了一场火灾，烧毁了牛顿**20年**的心血。

蓝光在**水中**传播的距离比波长较长的**可见光**，如红光和绿光，所传播的距离更远。这也是为什么海底**看起来**是**蓝色**的。

跳伞运动员如果收紧四肢，**最高时速**能达到**320千米**。

美国军队有**7000个机器人**，它们负责十分危险的工作，如**清理炸弹**等。

袖珍计算器是德州仪器公司于1966年发明的。

最强大的人造激光比太阳光还要亮**100万倍**。

1948年，**宝丽莱**公司发明了**第一台**快速照相机。

1956年在大西洋海底铺设了第一条电话电缆。

1901年，威廉·康拉德·伦琴因发现**X射线**获得了首届**诺贝尔**物理学**奖**。

牛顿是历史上**伟大的**科学家之一，他发现了**万有引力定律**。

需要更详细地了解科学家还发现了什么，请参阅88～125页

太空

在晴朗**无月的夜晚**，你能够凭肉眼看到**2500颗星星**。

太阳占太阳系总质量的99%以上。

1781年，人类发现了**天王星**。1846年，人类发现了**海王星**。

航天火箭需要达到**每小时40000千米**的速度才能逃脱地球的引力，这个速度被称为**逃逸速度**。

如果把土星放在浴缸里，它一定能**漂浮**起来，因为它的**密度**比水小。

地球是太阳系中密度最大的行星，每立方厘米约5.5克。

1930年，人们发现了**冥王星**，并一直认为它是行星。2006年，它被降级为**矮行星**。

月球表面的引力只有地球的**17%**。如果在地球上能够跳到1米高，你在月球上跳起的高度就能达到6米。

金星的云层是由硫酸组成的。它的大气中96.5%是二氧化碳。

降落在地球上的**陨石**超过**22500颗**，人们把它们**收集**起来并**分类**。

木星的体积是地球的**1321**倍，而**水星**的体积是地球的**0.05**倍。

月球每年远离**地球**3厘米。

火星上看到的太阳是从地球上看到的太阳的2/3。

月球总是以**同一面**对着**地球**。这是因为月球的自转周期与围绕地球的公转周期是相同的，都是**27.3天**。

天王星的整个**冬季**要度过长达**21个地球年**的漫长黑夜。

从地球上看，**月球**和**太阳**一样大。这是因为虽然太阳的体积是月球的**400**倍，但它到地球的距离也是月球的400倍。

矮行星谷神星是**最大的**小行星，直径为**960千米**。

太阳系中最大的火山是**火星**上的**奥林匹斯山**。它有648千米宽，24千米高。

木星大红斑是木星表面的**风暴气旋**，比两个地球还宽，过去**340年**中，它一直在**剧烈活动**。

木星**旋转**得十分快，它的中间会**膨胀**。

银河系中心的**黑洞**的质量是**太阳**的**410万倍**。

月球上既没有风也没有雨，因此宇航员在月球留下的**脚印**可以保存**数百万年**。

海王星是**风速最大的**行星，可达**每小时2160千米**。

宇航员的身高比在地球上**高5厘米**，因为他们的**脊柱**在**失重**的状态下会被拉长。

如果以每小时95千米的速度移动，你需要177年才能**到达太阳**。

天王星需要**84个地球年**才能环绕太阳一周。

太阳还剩下约**一半的寿命**。它已经**燃烧了46亿年**，还将燃烧**50亿年**。

银河系的中心有一个**黑洞**，**太阳**就围绕着这个黑洞以**每小时900000千米**的速度旋转着。太阳环绕一周需要**2.25亿**年。

宇宙以光速向各个方向扩展。

当看向太空时，我们看到的其实是**过去**的**宇宙**，因为遥远星系**发出的光**到达地球需要很长**时间**。

大彗星于**1843**年经过地球，它的尾部长达**8亿千米**——相当于从太阳到木星的距离。

1971年，美国宇航员艾伦·谢泼德站在**月球**上并击打**高尔夫球。**

1610年，**伽利略**首次使用世界上最早的望远镜之一观测到**土星的光环。**

恩克彗星是光顾地球最频繁的彗星，大约每**3.3年**经过一次。

在火星与木星的轨道之间的小行星带，有超过**100万**颗直径大于1千米的**小行星。**

大约每5000万年，就会有直径超过10千米的陨石撞击地球。

位于中国贵州的**500米**口径球面射电望远镜是世界上最大的望远镜，别称“中国天眼”。其反射面相当于**30个**足球场。

地球上发现的**最大的陨石**是位于非洲西南部**纳米比亚**的**霍巴**陨石。它重达**66吨**，于1920年被人们发现。

与地球一样，**火星**的**两极**也有**冰盖。**

太阳系中最大的峡谷系统是**火星上的水手谷**，全程长达**4000千米。**

上一次月球上的**火山**喷发是在32亿年前。

猎户座飞船是NASA的新航天器。从21世纪20年代初开始，它将航天员送上**月球**，然后去往**火星**完成第一阶段的任务。

最大的恒星比太阳体积大500倍，是太阳光亮的10万倍。

太空中**没有声音**，因为声音无法在**真空**中传播。

尤里·加加林的**母亲**是从新闻上得知他的儿子**飞到太空中**的。

航天飞机需要**8分钟**才能达到**每小时27000千米**的轨道速度。

宇宙中**最亮的**星体是**类星体**——它们是极其遥远的星系，其中心亮度很高。我们能够看到的类星体离我们很遥远，它们发出的光线要经过**数十亿**年才能到达地球。

国际空间站的**宇航员**开始在太空**种植物**。未来执行火星的任务时，他们开发的技术将派上用场。宇航员们需要种植他们所需的**食物**。

“旅行者”1号宇宙飞船于1977年离开地球，是目前在太空中离地球最遥远的人造物体。

如果你一秒钟数一颗**银河系的**星星，你大约需要**5000年**才能把它们都数完。

太阳系的行星占据了一个距离太阳**45亿千米**的圆盘状区域。

来自太阳的光只需要**8分钟**就能到达地球。而离地球第二近的比邻星，其发出的光到达地球则需要**4.3年。**

罗伯特·戈达德在1912年首次提议乘坐**火箭**去**月球**。当时人们认为他疯了。

需要更详细地了解太空，请参阅126 ~ 151页

地球

地球的自转速度正在逐渐变慢，所以每天的时间变长了。在**6000万年前**的恐龙时代，一个**地球日**只有不到**23小时**。

每年6月21日**午夜**，**北极圈**北部都会出现**极昼**现象。

从**沙滩**看向**海洋**，**地平线**大约在**5000米**远的地方。

大堡礁有**2000多千米**长，是地球上最大的珊瑚礁群。人们甚至从太空中都可以看见它。

10座火山中有9座都是在海下的。地球上的1500座活火山中，有1000多座位于南太平洋。

地球中心的压力是地表压力的**300万**倍。

20世纪，地球表面的温度增长了0.6摄氏度。

1883年，印度尼西亚的**喀拉喀托**火山爆发时，地球上1/4的地方都能听见它的声音。

煤炭是3亿年前死亡的植物在地下形成的。

1811年，某次地震甚至短暂地改变了**密西西比河**的流向。

地球上20%的**氧气**都是由**亚马孙雨林产生**的。

积雨云也就是大的雷雨云，里面含有的水分足够**50万人**洗澡。

地球上有超过一半的地方被水覆盖，且深度超过1.6千米。

600万吨**金**消失在世界各地的海洋中。

太平洋海水的**体积**与**月球**的体积差不多。

闪电每秒钟在地球上出现100次。

亚马孙雨林每公顷有**750**个不同种类的树木。

如果把一个重物投放到太平洋里深达11034米的**挑战者深渊**，则需要1个多小时才能从海面下沉到海底。

中国的**黄河**是世界上**泥沙**最多的河流。黄河每年能带走数亿吨泥沙。

刚下的雪里面90%都是不流动的空气。

史上**最强劲的**阵风出现在1958年的美国**威奇托福尔斯**，风速达到了**450千米/时**。

世界上最大的沙漠**撒哈拉沙漠**覆盖了**非洲**1/3的面积。

沙丘像海浪一样以每年1米的速度在沙漠中移动着。

目前已知有官方记录的最低温度出现在1983年7月21日南极洲的东方站，是零下**89.2摄氏度**。

世界上最干燥的地方是智利的**阿塔卡马沙漠**。**1971**年的降雨结束了持续**400年**的**干旱**。

目前已知有官方记录的最高温度出现在1913年7月10日**美国加利福尼亚州**的死亡谷，是**56.7摄氏度**。

世界上最干燥的大洲是南极洲，这里很少下雨。

海水在**零下2摄氏度**时才结冰，因为海水中含有盐，降低了水的冰点。

一道**闪电**产生的**电量**能够供一个小镇使用一年。

格陵兰岛是世界上**最大的岛屿**，面积达**2166000平方千米**。**澳大利亚**比它还大，不过人们把澳大利亚当作**大陆**而不是岛屿。

世界上**最大的钻石矿**在西伯利亚的米尔纳钻石矿。这个矿地上的洞直径有**1200米**——面积如此之大，如果**直升机**离地面太近的话，很有可能被**吸进去。**

约旦河谷中**死海**的湖面比海平面低**415米**。它的海水十分**咸**，除了海藻等简单的有机体以外，几乎没有生物可以在其中生存。

从**亚马孙河**流入大西洋的河水，每秒钟的流量足以供**200万**人洗澡。亚马孙河每秒钟的流量是**恒河**的**5倍**。

世界上有14座海拔超过8000米的山峰，它们大多在喜马拉雅山脉。

世界上**最短的河**是美国蒙大拿州的**北叉罗伊河**，全长只有**18米**。

夏威夷的怀厄莱阿莱峰一年中平均只有**5天**不下**雨。**

地球的大气层厚约**700千米**。

云是由飘浮在空气中的小水滴组成的。一粒雨点中含有**200万**个云滴。

1873年，美国的“堪萨斯城”下了一场“**青蛙**”雨。**1948年，**英国伯恩茅斯的一群高尔夫球手遇上了从天而降的**鲱鱼**。这些动物都是被猛烈的大风刮起来的。

1985年5月31日的下午，美国的宾夕法尼亚州和俄亥俄州一共发生了**41次龙卷风**，造成**75**人死亡。

如果**闪电**和**雷声**中间有**3秒钟**的延迟，这就意味着闪电位于**1000米**外的地方。

1980年5月18日，美国的**圣海伦斯火山**爆发，并引起了一场速度达**400千米/时**的**雪崩**。

每年，澳大利亚会发生**15000**起森林火灾。树木和灌木丛在高温下突然着火。许多植物依赖火灾释放种子。

岩石的坚硬程度是由**莫式硬度**来衡量的。硬度最小的是**滑石**，用**1**表示；硬度最大的是**金刚石**，用**10**表示。

美国大峡谷最**古老的岩石**形成于**20亿**年前。

最大的陨石坑在南非的弗里德堡，直径300千米。它是20亿年前一颗直径为10千米的陨石撞击地球所形成的。

在过去的10000年中，人类砍伐了世界上近**80%**的森林。

英格兰东部的霍尔德内斯海岸线受到北海的冲刷，每年后退1.5米。

随着**沙漠**的面积越来越大，**可耕作的面积**越来越小，耕地面积以每年**12万平方千米**的速度锐减。

没有两片**雪花**有相同的形状，但它们都有**6条**边。

新西兰超过**30%**的二**氧化碳**是由4500万只**羊**和1000万头**牛打嗝放屁**产生的。

地球上的**海洋**有**7%**都被**冰**覆盖着。

需要更详细地了解我们的星球，请参阅152 ~ 189页

人文地理

梵蒂冈城实际上不是一座城市，而是一个**国家**。它的**面积**相当于**50个足球场**那么大，常住**人口**只有**618**。

尼日利亚是非洲人口最多的国家，该国人口约**2.06亿**。**阿尔及利亚**是非洲面积最大的国家，面积达**2381741平方千米**。

尼日尔是世界上最年轻的国家。超过一半的居民都不到**18岁**。

新加坡既是城市，也是国家。它是联合国中唯一一个完全拥有城市人口的成员国。

中国和印度的人口都超过13亿。人口数量排名第三的国家是美国，人口约3.33亿。

土耳其的**伊斯坦布尔**是唯一一个横跨**两大洲**的城市——欧洲和亚洲。

叙利亚的**大马士革**是世界上**最古老的**城市，人类已经在那里居住了1万多年。

新西兰出现人类的1000年前，那里的**哺乳动物**只有蝙蝠。陆地上活动的都是像**几维鸟**这种**不会飞的鸟**。

卢旺达传统的**圆形泥屋**，是用**牛粪**把砖块粘在一起筑成的。

19世纪70年代，人们在**土耳其**发现了**特洛伊城**的**遗址**。在这之前，人们一直认为这是个**不存在的**地方。

世界上**最高的建筑**是迪拜的**哈利法塔**。它高**828米**，成为人类建造的最高的建筑物。

世界上有200多个国家和地区。

埃及胡夫金字塔的**石头足以**将整个法国包围并筑起1米高的**墙壁**。

只有**尼泊尔**的国旗不是矩形的。它看起来像是两个三角形叠在一起。

历届足球**世界杯**的冠军都是欧洲或者南美洲的国家。

足球是世界上最受欢迎的**运动**，共有**40亿**观众。

全球超过**30亿人**通过电视或数字平台观看了2021年举办的**东京奥运会**。

蒙古是世界上**人口最稀少**的国家。平均每平方千米只有**1.9**人。

美国沃尔玛是全球最大的连锁零售企业，员工达**230万**人。

法国是世界上**最受欢迎**的度假胜地，每年可接待**8900万**游客。

1800～2000年，世界人口从**10亿**增长至**60亿**。

公元27年，**罗马**成为第一个拥有**100万**居民的城市。

2008年，世界**城市**人口数量首次超过农村人口数量。

美国有**50**个州，最后一个加入的州是**夏威夷**，时间是1959年8月20日。

东京是世界上**人口最多**的城市之一。如果算上郊区人口的数量，总人口达到了**3700万**。

67个国家的官方语言都是英语。

世界上有**11万因纽特人**，分布在美国阿拉斯加、加拿大和丹麦格陵兰岛。

世界上大约有7000多种不同的语言，但几乎一半的语言，其使用者都不到1万人。

美洲的第一幅地图是德国制图家马丁·瓦尔德塞米勒于1507年绘制完成的。

世界上只有不到100人说**沃提克语**，这是俄罗斯北部的一种语言。

印度尼西亚有超过700种不同的语言。

澳大利亚人吃肉比其他国家的人都多。

每年有**200万**人聚集到沙特阿拉伯的圣城**麦加**朝圣。

人们已知的**最古老的地图**出现于**公元前2500**年左右，当时绘制在了泥板上，地图上画的是古巴比伦王国（**今伊拉克**）**幼发拉底河**附近的区域。

冰岛的**阿尔庭**是世界上最古老的议会。它的首次会议于公元930年举行。

1978年，阿根廷的**埃米利欧·马科斯·帕尔玛**成为第一位出生在**南极洲**的人。

夏季，**南极洲**大约有4000人，主要是科学家居住在这里。而冬天这里的人数就降到了1000人。

世界上**80%**的**玩具**都是**中国**制造。

大约**10亿**人**食不果腹**。

君主专制指的是世袭领导人拥有直接统治国家的权力。**沙特阿拉伯、文莱**、**阿曼和斯威士兰**等国家如今是君主专制国家。

西伯利亚大铁路从西部的**圣彼得堡**贯穿至东部的**符拉迪沃斯托克**，**全长9288千米**。整条线路经过了**8个不同的时区**，全部在**俄罗斯**境内。

世界上有**30**多个城市的居民人数都超过了**1000万**。

世界上最宽的街道位于阿根廷首都**布宜诺斯艾利斯**的**7月9日大道**，共有**12条车道**。

在一天中的任何时候，地球**上空**有**100多万人**。

专家预测，印度人口将于2030年超过中国，成为世界上人口最多的国家。

1893年，新西兰成为首个赋予女性投票权的国家。

联合国成立于**1945**年，当时由**51**个国家组成。自**2006**年黑山共和国加入后，现有**193**个会员国。

除了汉族外，**中国**还有**55**个**民族**。

俄罗斯是世界上面积最大的国家，其国土面积大约是排名第二的加拿大的2倍。

移动电话网络首次出现于1956年的瑞典。

世界上**最繁忙的机场**是美国的亚特兰大机场，年客流量达**8800万人次**。

世界上大约一半的人吃昆虫。有2000多种不同的品种出现在菜单上。

巴西的**里约热内卢狂欢节**是世界上最大的街头游行，大约有200万人参加。英国伦敦的**诺丁山狂欢节**是规模第二的狂欢节。

需要更详细地了解令人惊叹的人文地理，请参阅190 ~ 221页

历史

公元前**3100年**，**美索不达米亚人**（生活于今伊拉克地区）发明了楔形文字，也就是**最早的书写系统**。这种文字是在泥板上刻出楔形标记。

现代人类定居**大洋洲**的时间比他们到达欧洲的时间早了**10000**年。

公元前**2275**年，佩皮二世成为埃及国王，当时他只有**6岁**。他统治埃及**94年**后逝世，享年**100岁**。

罗马军队的士兵参军时间不得少于**25年**。

第一位女性国家元首是**女王美丽奈茨**，她于公元前**3000年**统治**古埃及**。

117年，**罗马帝国**的疆土达到了最大范围，从英国的西北部到波斯湾的东南部。

622年出现了**伊斯兰历法**，它的一年比太阳年少了11天。

罗马法律体系是欧洲和拉丁美洲所有国家法律的基础。

格陵兰岛是由**维京酋长红胡子埃里克**于**1000**年命名的，他之所以命名这个岛是为了吸引定居者。

公元前72年，角斗士**斯巴达克斯**带领超过**10万名奴隶**反抗**罗马帝国**的统治。.

大约**2000年前**，**中国**的商品贸易开始沿着“**丝绸之路**”到达**欧洲**和**非洲**。丝绸也是其中一种商品。

14世纪，阿拉伯探险家**伊本·白图泰**旅行了**117000万千米**，访问了每个**伊斯兰**国家。

1086年的**《英国土地志》**显示了当时英国的人口数量和土地状况，**10%**的英国居民是**奴隶**。

1000年前，**波利尼西亚水**手横跨太平洋，用小木棍制成的海图找到了路。

1519年，**阿兹特克**的**首都特诺奇蒂特兰**有**25万**居民，是当时伦敦人口的5倍。

1519年，在**斐迪南·麦哲伦**的带领下，从里斯本出发环游世界的**270**人中，只有**18**人完成了航行。麦哲伦自己也死在了半路。

印加人认为金子是**太阳**的**汗水**，银子是**月亮**的**眼泪**。

印加帝国的面积为**90万平方千米。**1532年，它被西班牙弗朗西斯科·皮萨罗带领的军队占领，当时他们只有168人。

阿兹特克人把可可豆当作货币。

英国探险家**玛丽·金斯利**在当地导游拒绝带领的情况下，只身一人爬到了非洲的喀麦隆火山山顶。

南美洲第一个说英语的殖民地是北卡罗来纳州的罗阿诺克，建立于1585年，但它只存在了一年。

古代的中国人发明了很多东西。“中国古代四大发明”指的是**造纸术**、**指南针**、**印刷术**和**火药**。

1760~1840年，**英国**修建了**7000千米**的**运河**，用于运送周围国家新工厂的货物。

津巴布韦以非洲南部**古城**大津巴布韦命名，11~15世纪由石头建成，但**古城里的人**后来被神秘地遗弃。

大约**20000年**前，人们开始在**北美**定居。这些人穿过了连接**西伯利亚北部**和**阿拉斯加**的大陆桥来到了这里。

1867年，美国从俄罗斯手中以**720万美元**的价格购得**阿拉斯加**。

1877年，为纪念美国独立**100周年**，法国将**自由女神像**赠予美国。

最早的成文宪法可以追溯到**1600年**，如今它还在欧洲小国**圣马力诺**使用。

英国的工业革命时期，第一批建立的工厂和煤矿常常雇用童工倒班（最小的才5岁），工作时长达16小时。

日本的**君主立宪制**从公元前660年一直沿用至今，其中出现了**126位天皇**。

1848~1855年，大约有30万人趁着**淘金热**来到美国**加利福尼亚州**寻找财富。

1900年，世界上有**1/4**的人口受到英国的统治。

英法之间的**百年战争**从1337年持续到1453年，经历了116年。

第二次世界大战时**苏联**大约有**1300万**士兵死亡，比其他国家的死亡士兵加在一起还要多。其中**斯大林格勒**保卫战就死了超过**100万**人。

目前在位时间最长的君主是英国的伊丽莎白二世，她于1952年登上王位，2022年逝世。

1783年，蒙哥菲尔兄弟的**热气球**上搭载了3名乘客：**绵羊、鸭子**和**公鸡**，它们是这个热气球上的首批乘客。

英国国王**理查二世**（1367~1400）废除了放纵的多个政党，党内人数超过**1万人**。

一个世纪前，埃塞俄比亚是唯一一个不受**欧洲**统治的非洲国家。现在，所有的非洲国家均已独立。

13世纪，**君士坦丁堡**和**巴格达**是世界上最大的城市，每个城市的人口都达到了100万。

维京人的法院叫“郡”。

在**中世纪的欧洲法庭**，动物也可以被判罪。一群**蝗虫**就因非法啃食庄稼**被定了罪**，不过它们并没有出庭。

1793~1794年，在**法国大革命**长达9个月的“**恐怖统治**”中，至少有**17000**人被处决。

1666年，**伦敦**的一场**特大火灾**结束了当时的**大瘟疫**，大火烧毁了所有被感染的区域。

黑死病是一种腹股沟腺炎，它于**1347**年在欧洲南部的西西里岛大面积爆发。不到3年，它就扩散到了距离北部 3500 千米的**北极圈**。

古代世界**七大奇迹**中，只有埃及**胡夫金字塔**还存留至今。

也门的萨那有一座古丹宫，它建于**3世纪**，可能是世界上第一座城堡。

中国的长城是为了保护中国北部边境而修建的，历代总长度为21196.18千米。

需要更详细地了解我们过去的生活，请参阅222 ~ 247页

文化艺术

公元前1世纪，**罗马**建立了第一批**房屋**。

12世纪，**埃塞俄比亚**的拉利贝拉有**11座**用岩石雕刻的基督教**教堂**。人们用了**30年**才建好。

第一座**摩天大楼**是**1885年**在美国**芝加哥**建成的**家庭保险大楼**，有**10层**楼高。

古罗马的**马克西姆斯竞技场**能够容纳**25万**人，相当于这个城市1/4的人口。

1923年，阿尔玛·卡明斯连续跳了**27小时**的舞蹈。之后，舞蹈马拉松开始在美国流行起来。

1991年，西班牙男高音**普拉西多·多明戈**在奥地利的维也纳表演完歌剧**《奥赛罗》**后，观众的掌声持续了1小时20分钟。

爱尔兰人詹姆斯·迪瓦恩是世界上速度最快的**踢踏舞表演者**。1998年，他在澳大利亚的悉尼表演时，速度达到了**每秒38下**。

古希腊剧院是露天的。最大的剧院可容纳10000名观众。

伊斯兰教的苏菲派表演**“旋转舞”**，有助于宗教**冥想**。

奇琴伊察的玛雅**棒球场**音效特别好，**150米**外的另外一端都可以听到球场一端传来的**窃窃私语**。

用来建造阿拉格**泰姬陵**的珍贵**大理石**是用**1000头大象**运送来的。

2016年，中国的电影屏幕已经达到了41056块，比世界上其他国家都多。

第一部长篇小说叫作**《源氏物语》**，由日本作家紫式部于**1000多年前**创作。

美国人平均每人每天看**5个小时**的电视。

打扑克可以追溯到**12世纪**的**波斯和印度**，一副牌有**48张**。

耗资最多的电影是**《加勒比海盗：惊涛怪浪》**，预算**3.785亿美元**。

世界上最大的影院屏幕是位于澳大利亚悉尼的**IMAX**巨幕。它有**8层**楼高。

好莱坞平均**8周**就可以将**正片**制作出来，但后期编辑和添加特效需要耗费几个月的时间。

法国作家马塞尔·普鲁斯特的**《追忆似水年华》**有150万字。

电影**《甘地传》**中有**294560名临时演员**。

J.K.罗琳的《**哈利·波特**》系列小说被翻译成**80**种不同的语言。

古印度史诗《摩诃婆罗多》的长度是《圣经》的5倍。

电影的**助理灯光师**不论男女一律叫**“好孩子”**。

世界上**最大的图书馆**是位于华盛顿特区的美国国会图书馆，藏书有**3200多万册**。

历史上最多产的**小说家**是南非的**玛丽·福克纳**，她一生写了**904本书**。

由勒内·戈西尼和阿尔伯特·乌德佐创作的**《阿斯特里克斯历险记》**已经在全球范围内售出超过3.7亿册。

1994年，**列奥纳多·达·芬奇**的**《莱斯特手稿》**由美国亿万富翁**比尔·盖茨**以**2900万美元**买下。

英国剧作家**威廉·莎士比亚**被认为创造了**1700**个新词汇。

阿加莎·克里斯蒂的侦探小说**《捕鼠器》**自1952年以来一直在伦敦西区上演。到目前为止，演出已经超过27500场。

1990年5月，荷兰艺术家**文森特·凡高**的画作**《加谢医生的肖像》**以**4900万英镑**的价格售出。凡高一生贫困潦倒，它的画作在他在世时一文不值。

意大利艺术家**米开朗琪罗**花了**5年**（1536~1541）时间，在罗马的**西斯廷教堂**顶部绘制圣经场景。

1872年，奥地利作曲家约翰·施特劳斯在美国波士顿指挥了一场交响乐。当时有**987**人参与演奏，**19000**人参与合唱。

最慢的音乐节拍叫**极缓板**，意思是尽可能地慢。最快的音乐节拍叫**最急板**，意思是尽可能地快。

1826年，法国发明家尼塞福尔·涅普斯拍下了第一张**照片**，当时需要8个小时的时间曝光。

1985年，大约有15亿人从电视上观看“拯救生命”慈善演唱会的现场直播。

法国肖维岩洞墙壁上的动物画像已经有大约36000年的历史。

世界上**最大的**雕像是萨达尔·瓦拉巴伊·帕特尔的雕像。他是印度独立运动的英雄之一。这座雕像位于印度古吉拉特邦，高182米。

1591年，意大利佛罗伦萨的**乌菲兹美术馆**成为第一家向公众开放的美术馆。

2006年12月，**荷兰**成为第一个**关闭**模拟**电视**信号的国家，并让居民开始使用数字接收器。

20世纪30年代，德国的博兰斯勒公司做出了一架**最小型的钢琴**。这架钢琴由**铝**和**猪皮**制成，它只有**180千克**，十分轻巧，因此能够带到**飞艇**上。

在歌剧演唱中，最低的声音叫“**重低音**”。

悲剧演员(thespian)一词来源于古希腊的泰斯庇斯，他是世界上第一位演员。

世界上速度最快的球类运动是**回力球**，居住在西班牙北部巴斯克地区和法国南部的人们经常玩儿这种游戏。这种球移动的速度高达**300千米/时。**

目前，最畅销的专辑是美国流行歌手迈克尔·杰克逊的**《战栗》**，累计销量超过6600万张。

第一张**唱片**于1982年销售。

位于意大利米兰的**斯卡拉**歌剧院可容纳**3600**人。

国际赛事中为出场球员颁发纪念**帽**起源于**1886年**的英格兰。当时的英格兰球员参赛时需要戴一顶绣有红玫瑰的白色**丝绸帽子**。

目前，全球有超过2000个不同的在线电视频道。

21世纪收入最高的运动员是迈克尔·乔丹，收入约为18.5亿美元。

田径运动是第一项有组织的**竞技运动**。第一场比赛可能出现在**5000年前的古希腊**。

1994年12月31日，英国流行歌手**罗德·斯图尔特**在巴西里约热内卢的**科帕卡巴纳海滩**上举行了音乐会，当时有**350万**人聚集在这里共同庆祝新年。

沃特·迪斯尼曾**64**次提名奥斯卡奖，其中获奖**26**次，这个数量无人能及。

马拉松全程长**42.195千米**。公元前490年，希腊战士**费迪皮迪兹**从马拉松镇不停歇地跑到雅典，宣布战胜波斯这一消息。这是他当时所跑的距离。

环法自行车赛有**21**个不同的赛段。2017年，大约有**1200万**人外出观看这一赛事。

英语有**50**万词汇，德语有**18.5**万词汇，法语有**10**万词汇。

需要更详细地了解文化艺术，请参阅248～275页

J

K

L

M

T

W

X

Y

Z

致谢

DK would like to thank:

Sonakshi Singh for design assistance; Dharni Ganesh and Aishvarya Misra for editorial assistance; Rituraj Singh for picture research; Ben Hung for DTP assistance; Adam Shorrock for creative retouching assistance; Caroline Gates for loaning knitted body parts; David Donkin for the machine model; Nikid for digital artworks; Tall Tree for supplying the reference section; Jackie Brind for the index; Hazel Beynon and Jenny Finch for proofreading; Nigel Sapp and the Ocular Prosthetics Department, Moorfields Eye Hospital; Jamie Owen and the Natural History Museum; Dr Tony Irwin, curator of natural history, Norwich Castle Museum and Archaeology Service; William Edwards and the Gordon Museum, Guys Hospital; Sean Rogg for kind permission to photograph his bottled water exhibition; Hanh Thi Luc for assistance with props; Zygmunt Podhorodecki for supplying and handling wasps and bees; Pia-Henrike Böttger, Cladia Vasconcellos, and Riley's Snooker Club, Walthamstow, for supplying props.

The publisher would like to thank the following for their kind permission to reproduce their photographs:

Key:
a–above; b–below/bottom; c–centre; f–far; l–left; r–right; t–top

123RF.com Laurent Davonst/daboost 249fbr jipen 249 fbr The Advertising Archives: 247tl, 250-251tc; **akg-images:** 262tr; Johann Brandste 104t; **Alamy Images:** AA World Travel Library 192cl; ArkReligion.com 258cr; Auscape International 202cl; Bill Bachmann 197tl; J.R. Bale 106-107c; David Barnes 182cl; Brett Baunton 184bl; Pat Behnke 194cl; blickwinkel 53b; Oote Boe Photography 240cl, 240cr (display cabinet), 241cl, 241cr; Tibor Bogna 163fcr; Paul Chauncey 197bl; CW Motorsport Images 105tr; David Noton Photography 163cr; Kathy deWitt 215t; Dennis Frates 196-197; David Hosking 183bl; Interfoto 201tc; Sean Justice 224-225c; Kim Karpeles 112-113c; James Kubrick 242-243c; Iain Masterton 271bc; Eric Nathan 192-193c (background); Gavin Newman 182bc; Ron Niebrugge 162cr; Nordic Photos 44-45c; M. Timothy O'Keefe 37cr; Pictorial Press Ltd. 271br; Christopher Pillitz 212tr; Sue Walsham 217cb Helene Rogers 202-203c; Alex Segre 270-271c; Jeff Smith 145r; vario images GmbH & Co.KG 120br; Visual Arts Library 226-227c; David Wall 180crb, 203cr; Andrew Woodley 223cr; World Religions Photo Library 258br; Krivosheev 265tl; **Andy Rouse Wildlife Photography:** Andy Rouse 8-9c; **The Art Archive:** Marco Polo Gallery, Paris / A. Dagli Orti 254fcr; Museo del Prado, Madrid / A. Dagli Orti 254cr; National Gallery of Art, Washington 254cl; São Paulo Art Museum / G. Dagli Orti 255cr; Tate Gallery, London / Eileen Tweedy / © DACS 2008 254bl; **the-blueprints.com:** Onno van Braam 122bl, 122tl, 122-123b, 122-123c, 122-123t, 123br, 123tr; **The Bridgeman Art Library:** Bibliotheque Nationale, Paris, France, Archives Charmet 246tr; British Library 255cl; The Chambers Gallery, London/Private Collection 243bl; City of Westminster Archive Centre, London 242br; Musee Conde, Chantilly, France / Giraudon 260cra (Hebrew); English School/Private Collection 245tr; Guildhall Library, City of London/Shepherd, Fred 247bl; The Estate of Keith Haring / Deichtorhallen, Hamburg / Wolfgang Neeb 255br; Louvre, Paris, France, Giraudon 233br; Moscow Museum of the Revolution 242-243tc; National Portrait Gallery, London, E.Seeman (after) 124cl; Peter Newark American Pictures/Private Collection 216cl; Peter Newark American Pictures/Private Collection 216c, 217c, 217cr, 217tl; Skelton, William/Bibliotheque de la Faculté de Médecine, Paris, France, Archives Charmet 246br; Vatican Museums and Galleries, Vatican City, Italy 233tl; Victoria and Albert Museum, London 234b, 234t, 235b, 235t; **British Library:** 262cl, 262-263bc; **The Trustees of the British Museum:** 229r; **Bryan and Cherry Alexander Photography:** articphoto/Troels Jacobson 204br; **Corbis:** 199br; Peter Adams/zefa 257cr; London Aerial Photo Library 222b; Albright-Knox Art Gallery / © DACS 2008 254fbr; Theo Allofs 198bl, 204-205c; Mario Anzuoni/Reuters 275c; Apple Handout/epa 119fbr; The Art Archive 125bc, 233c, 233tr; Yann Arthus-Bertrand/ 203tr; Asian Art & Archaeology, Inc. 263br; Simon Baker 202-203tc; Beateworks/ David Papazian 213c; Nathan Benn 199tl; Bettmann 124c, 125c, 160t, 216tc, 216tl, 216cr/2 (Truman items), 216tr/3 (all Harrison items), 217cla, 217tr/2 (Roosevelt items), 217tc/3 (McKinley items), 247tr; Jonathan Blair 144-145c; Gene Blevins 151cla; Christophe Bolsvieux 182tr; Gary Braasch 181tl (l); Tom Brakefield 31tl, 55cl; Burstein Collection / The Munch Museum / The Munch-Ellingsen Group / © DACS 2008 254fbl; Christie's Images / © DACS 2008 254br; Ashley Cooper 166-167c (background); Richard Cummins 233cr; Tim Davis 39bl; Michael DeYoung 179br; DLILLC 192tr; Momatluk-Eastcott 204bc; epa 161cl; epa/Jon Hrusa 251clb; epa/Larry W. Smith 177bl; epa/Marcelo Sayao 188c; epa/Valdrin Xhemaj 190-191c; Eurasia Press/Steven Vidler 197tr; Macduff Everton 195tc; Warren Faidley 176cl; Michael & Patricia Fogden 34-35c; David J. & Janice L. Frent Collection 217cl/2 (Eisenhower items); Paulo Fridman 223cl; The Gallery Collection 252-253c; Lynn Goldsmith 275clb; Michael Goulding 267tr; Darrell Gulin 178cl; Robert Harding World Imagery/Occidor Ltd. 179tr; Rune Hellestad 201crb; Chris Hellier 246cl; Jon Hicks 223tl, 257tl; Fritz Hoffman 251cb; Robbie Jack 201cr; Peter Johnson 205tr; Wolfgang Kaehler 225bl; Ed Kashi 192tl; Karen Kasmauski 223bl; Brooks Kraft 217br; Kurt Krieger 256bc; Owaki - Kulla 178cr; Frans Lanting 181br, 198cl; Danny Lehman 255tl; Charles & Josette Lenars 256bl; Liu Liqun 181bl; Araldo de Luca 232bl, 232c, 232tl; Joe Macdonald 39crb; Jamed Marshall 180cr, 198clb; Leo Mason 200tl; George McCarthy 39tl; Gideon Mendel 121tr; Minden Pictures/Michael & Patricia Fogden 178bl; Momatiuk - Eastcott 180tl; NASA 177cr, 181tr; Eric Nguyen 176tr; Nightlight/zefa 176bc; James Noble 110bl; Kazuyoshi Nomachi 192tc (sand dune), 222cr; Richard Nowitz 182br; Charles O'Rear 192br; Miyoko Oyashiki 120cr; Paul Hardy 28-29c, 257cl; PoodlesRock 160cl; Jim Reed 176tl; Reuters 160b, 189cr, 200tc (cyclists); Reuters/Jim Ruymen 274-275tc; Quentin Rhoton 183t; Lynda Richardson 53t; Galen Rowell 204tl; Pete Saloutos 178-179tc; Kevin Schafer 37bl; Joseph Sohm; Visions of America 215bl; Paul Souders 38cb; George Steinmetz 205tl; David Stoeklein 192crb; STScI/ NASA 126-127c, 128tc; Jim Sugar 124-125bc, 158-159c; Paul J. Sutton 266tc; Swim Ink 2, LLC 270tl; Gustavo Tomsich 201c; Peter Turnley 243br; TWPhoto 161t; Ultimate Chase/Mike Theiss 177cl; Alessandro Della Valle/Keystone 257bc; Francesco Venturi 259fcl; Visions of America/Joseph Sohm 242bl; Philip Wallick 176br; Michele Westmorland 52t; Nik Wheeler 188cl; Dennis Whitehead 188-189c; Haruyoshi Yamaguchi 120bl; Yann Arthus-Bertrand 152-153c; zefa/Frank Krahmer 54bl; **DK Images:** Academy of Motion Picture Arts and Sciences 197tfl; Angus Beare Collection 55cr; James Kuether 174bl. br. 175tl; Masato Hattori 175br; Archaeological Receipts Fund (TAP) 222cl; Australian Museum, Sydney 224tr; Birmingham Buddhist Vihara 195br; British Howson/Chas Howson 248b; British Library/Laurence Pordes 255tc; British Museum 230-231c, 236clb, 236cr, 237tl, 249bc, 259cl, 259crb, 259tr; British Museum/Chas Howson 248br, 248c, 248cl, 248tl, 249c, 249cr, 249cra, 249fcl, 249fcr, 249fcrb; Clive Streeter/American Express(Platinum Card)249br; British Museum/Museum of Mankind 202ca; British Museum/Museum of Mankind/Kate Warren 249bl, 249tr; The British Museum 232tr; Cecil Williamson Collection/Alex Wllson 192-193c (drum); IFREMER, Paris/Tina Chambers 171tl; Charlestown Shipwreck and Heritage Centre, Cornwall/Alex Wilson 249tl; Conaculta-Inah-Mex. Authorized reproduction by the Instituto Nacional de Antropologia e Historia 236b, 236br, 236cl, 236-237b, 236-237t, 237bc, 237bl, 237br, 237cb, 237crb; Crown copyright/Gary Ombler 214c; David Edge/Geoff Dann 241bl; Based on a Crown copyright image of the British Passport (c) Crown copyright material is reproduced with the permission of the Controller of HMSO and Queen's Printer for 214 c; Dinosaur State Park, Connecticut 173bl; Eden Camp Museum 250tc; Linda Esposito 192tc (Jump Dance); Football Museum, Preston 260-261 (Futebol poster); Glasgow Museums 255tr; Gordon Museum/Guy's, King's and St. Thomas' School of Medicine 76cr; Rowan Greenwood Collection 204tr; Henry Moore Foundation (The work illustrated on page 255 is reproduced by permission of the Henry Moore Foundation) 255bl; Jamie Marshall Collection 243tr (flag detail), 258cl; Kröller-Müller Museum 255c (Van Gogh); Lindsey Stock Collection 55tr; Museum of London 260-261c, 261cr; National Maritime Museum, London/ James Stevenson and Tina Chambers 239br, 239cr; National Maritime Museum, London/Tina Chambers 154-155bc, 238bl; Judith Miller / Cooper Owen / © DACS 2008 255bc; Judith Miller/Bibliophion 263cla; Judith Miller/JYP Tribal Art 202tc; Judith Miller/Lyon and Turnbull Ltd. 154-155; Judith Miller/Nigel Wright Collection 259cr; Moorfields Eye Hospital, London 82-83c; Musée du Louvre 254fcl (Mona Lisa); National Maritime Museum, London/ James Stevenson 125bl; Natural History Museum, London 172bc, 172cra, 173t, 254tc (figurine); Vincent Oliver 214br; Liberto Perugi/ Museum of Natural History of the University of Florence, Zoology Section 'La Specola' 66c, 66cr, 67c, 67cr; Pitts Rivers Museum, University of Oxford/Dave King 249cla; Rough Guides 223br; Courtesy Science Museum, London 244-245c; Science Museum, London 251bc; Scottish United Services Museum, Edinburgh Castle/ National Museums of /Geoff Dann 241fcl, 241tc; South West Shopfittings Ltd. 212-213c; The Science Museum, London/John Lepine 245bc; Wallace Collection/Geoff Dann 240cr; Wallis and Wallis/Judith Miller 275br (boots); Jerry Young 55br; Michel Zabe 259t; Dreamstime. com: Manaemedia 78cb; Grey 18(Mars surface)121cla; Viktorijareut Buur serstraat 386 257bl; **FLPA:** Nigel Cattlin 151bc; Mike Lane 46-47tc; Minden Pictures/ Gerry Ellis 202c; Minden Pictures/Jim Brandenburg 163bc; Minden Pictures/Suzi Eszterhas 51bl; Sunset 267tc; **Galaxy Picture Library:** 133tl, 142cb, 142cl, 142tc, 142tr, 142-143b, 142-143c, 143br, 143c, 143cra, 143tc; **Getty Images:** VCG/Visual China Group 1201; 121cr, 151c, 189br, 244tc, 250tr; AFP 150tc, 198tl, 214cra; AFP/Martin Bernetti 215clb; Steve Bonini 135c; Bridgeman Art Library 215br; S. Brimberg & C. Coulson 163cl; Peter Dazeley 274-275c (background); David De Lossy 62-63c; Phil Degginger 200clb; DigitalGLobe 161b, 161cr; Dave Hogan 274fbl; altrendo images 195ftl; Frank Micelotta 275cl; National Geographic/Gordon Wiltsie 163c; Dana Neely 125cr; Bob O'Connor 274-275t; Panoramic Images 178tl; Petrified Collection 251cl; Andy Ryan 176-177c; Time & Life Pictures/Nat Farbman 160cr; Time & Life Pictures/Terry Ashe 216bc, 216bl, 216br, 217bl; Time Life Pictures 246b; Untitled X-Ray/Nick Veasey 65ca, 65cb; Chumphon wanich/Eye Em 264crb; **Hutchison Library:** J. Wright 224tc; **Courtesy Intel Corporation Ltd:** 88-89c; **iStockphoto.com:** 274bc; Linda Bucklin 76-77c; Marc Dietrich 214crb; Eileen Hart 141l; Shaun Lowe 224cl; Gytis Mikulicius 224clb; James Steidl 215cla; **The Kobal Collection:** Dreamworks/LLC 270br; Universal 271bl; Warner Bros/DC Comics 270bc; **Leeds Library and Information Services, McKenna Collection:** 245tc; **Lumigenic Media / Marc Shargel:** Marc Shargel 37br; **Duccio Malagamba:** 257br; **Ian McKechnie:** 183cr; **Museum Of London:** 251bl; **NASA:** 90tl, 104l, JPL-Caltech121cla, 128cb, 129tr, 130-131cl, 132bl, 132c, 132cl, 132cra, 132crb, 132t, 133bc, 133br, 133cb, 133cl, 133crb, 133tc, 133tr, 136-137c, 139clb, 146t, 146-147tc, 147br, 147cl, 147crb, 147ftr, 147tr, 151; **National Geographic Image Collection:** David Liittschwager 22-23c; **Natural Visions:** Soames Summerhays 37clb; **naturepl.com:** Juan Manuel Borrero 52br; John Cancalosi 52r; Jim Clare 52l; Hans Christoph Kappel 37cla; Kim Taylor 52c; **NHPA / Photoshot:** Bryan & Cherry Alexander 50-51c; Linda Pitkin 30tc; Andy Rouse 197crb; T.Kitchen & V.Hurst 39tr; **Photographers Direct:** Chris Stock 274cr; **Photolibrary:** Gerard Soury 37crb; **PunchStock:** Stockbyte 64c; **reggie.net:** Reggie Thompson 183br; **Courtesy of Renault:** 106c, 107l, 107r; **Richard Revels:** 37ca, 37tr; **Rex Features:** 20th Century Fox/Everett 271tr; Peter Brooker 215cb; **rogersmushrooms.com:** Roger Phillips 18-19c; **The Ronald Grant Archive:** 270bl, 270cr, 270tc, 271tc; **Science & Society Picture Library:** Science Museum 119c; Science Museum, London 119tr, 119fcra,; **Science Photo Library:** Prof. P.Motta 78-79t; 63bc, 124cr; Agstockusa/B.W. Hoffman 10-11c; Anatomical Travelogue 75bl; Andrew Lambert Photography 90bl, 90cl, 90cr, 91br; Julian Baum 105c; Chris Bjornberg 112l; Martin Bond 178-179bc; British Antarctic Survey 204-205bc; BSIP, Cavallini James 109cl; BSIP/Kretz Technik 81bl; Jean-Claude Revy, A. Carion 144t; Jean-Claude Revy, A. Carion, ISM 145tr; Lynette Cook 129b; Kevin Curtis 72-73; Custom Medical Stock Photo/Richard Rawlins 80tr; Charles D.Winters 91cl; Edelman 80bc, 80bl, 80br, 81tc, 81tl; Eurelios/Karim Agabi 204tc; Eye of Science 31tr, 60-61c, 62br; Mark Garlick 128-129t, 129l; Genesis Films/Neil Bromhall 81tr; Pascal Goetgheluck 120tr; Steve Gschmeissner 62bl, 67clb, 67tl, 74tr; Gustoimages 112cl; Innerspace Imaging 70-71c; Mehau Kulyk 64-65b, 64-65t, 105br; Veronique Leplat 112cr; Living Art Enterprises 64-65c; Living Art Enterprises, LCC 64bl, 64tr, 65cra; Jerry Lodriguss 144l; George Mattei 65br; David McCarthy 63bl; Will McIntyre 189cl; Professors P.M. Motta, P.M. Andrews, K.R. Porter & J. Vial 63c, 67cla; Mount Stromlo and Siding Spring Observatories 132bc; Dr Yorgos Nikas 80cl; Susumu Nishinaga 63tl; NOAA 113l; David Nunuk 146l; Sam Ogden 120c, 121bl; Alfred Pasieka 64cl; Publiphoto Diffusion, P.G. Adam 112r; Victor de Schwanberg 113c, 128l; Volker Steger 120crb; Andrew Syred 75tl, 82-83b; Richard Wehr 74br; F.S. Westmorland 113r; Charles D. Winter 91cr; **SeaPics.com:** 188cr; **Sony Pictures:** SLB 271tl; **South American Pictures:** Tony Morrison 224-225b; **Still Pictures:** Norman Benton 162c; **SuperStock:** Carmel Studios 197cra; **TopFoto. co.uk:** A©Photri 247br; 233bl; **Transport for London:** 07/1010/LS 208clb